新编21世纪远程教育精品教材

• 公共基础课系列 •

政治经济学

（第二版）

张　宇　陈享光　主编

中国人民大学出版社
·北京·

作者简介

张宇，中国人民大学经济学院教授，经济学系主任，中国资本论研究会副会长。主要著作有：《过渡之路：中国渐进式改革的政治经济学分析》《市场社会主义反思》《过渡政治经济学导论》《论马克思主义的分析范式》《高级政治经济学》《中国的转型模式：反思与创新》等。曾主持霍英东教育基金会课题“制度变迁：中国的理论与实践”。

内容简介

马克思主义政治经济学的生命力在于实践，在于发展和创新，因此，本书的编写坚持以马列主义、毛泽东思想、邓小平理论和“三个代表”的思想为指导，广泛吸收和正确借鉴西方经济理论和有关学科的优秀成果，密切联系世界和中国改革与发展的实际，不断研究新情况和新问题，在实践中学习和发展马克思主义的政治经济学。

总　序

我们正处在教育史尤其是高等教育史上的一个重大的转型期。在全球范围内，包括在我们中华大地，以校园课堂面授为特征的工业化社会的近代学校教育体制，正在向基于校园课堂面授的学校教育与基于信息通信技术的远程教育相互补充、相互整合的现代终身教育体制发展。一次性学校教育的理念已经被持续性终身学习的理念所替代。在高等教育领域，从 1088 年欧洲创立博洛尼亚（Bologna）大学以来，21 世纪以前的各国高等教育基本是沿着精英教育的路线发展的，这也包括自 19 世纪末创办京师大学堂以来我国高等教育短短一百多年的发展史。然而，自 20 世纪下半叶起，尤其在迈进 21 世纪时，以多媒体计算机和互联网为主要标志的电子信息通信技术正在引发教育界的一场深刻的革命。高等教育正在从精英教育走向大众化、普及化教育，学校教育体系正在向终身教育体系和学习型社会转变。在我国，党的十六大明确了全面建设小康社会的目标之一就是构建学习型社会，即要构建由国民教育体系和终身教育体系共同组成的有中国特色的现代教育体系。

教育史上的这次革命性转型绝不仅仅是科学技术进步推动的。诚然，以电子信息通信技术为主要代表的现代科学技术的进步，为实现从校园课堂面授向开放远程学习、从近代学校教育体制向现代终身教育体制和学习型社会的转型提供了物质技术基础。但是，教育形态演变的深层次原因在于人类社会经济发展和社会生活变革的需求。恰在这次世纪之交，人类社会开始进入基于知识经济的信息社会。知识创新与传播及应用、人力资源开发与人才培养已经成为各国提高经济实力、综合国力和国际竞争力的关键和基础。而这些是仅仅依靠传统学校校园面授教育体制所无法满足的。此外，国际社会面临的能源、环境与生态危机，气候异常，数字鸿沟与文明冲突，对物种多样性与文化多样性的威胁等多重全球挑战，也只有依靠世界各国进一步深化教育改革与创新，促进人与自然的和谐发展才能得到解决。正因为如此，我国党和政府提出了“科教兴国”“可持续发展”“西部大开发”“缩小数字鸿沟”以及“人与自然和谐发展”的“科学发展观”等基本国策。其中，对教育作为经济建设的重要战略地位和基础性、全局性、前瞻性产业的确认，对高等教育对于知识创新与传播反应用、人力资源开发与人才培养的重大意义的关注，以及对发展现代教育技术、现代远程教育和教育信息化并进而推动国民教育体系现代化，构建终身教育体系和学习型社会的决策更得到了教育界和全社会的共识。

在上述教育转型与变革时期，中国人民大学一直走在我国大学的前列。中国人民大学是一所以人文、社会科学和经济管理为主，兼有信息科学、环境科学等的综合性、研究型大学。长期以来，中国人民大学充分利用自身的教育资源优势，在办好全日制高等教育的同时，一直积极开展远程教育和继续教育。中国人民大学在我国首创函授高等教育。1952年，校长吴玉章和成仿吾创办函授教育的报告得到了刘少奇的批复，并于1953年率先招生授课，为新建的共和国培养了一大批急需的专门人才。在20世纪90年代末，中国人民大学成立了网络教育学院，成为我国首批现代远程教育试点高校之一。经过短短几年的探索和发展，中国人民大学网络教育学院创建的“网上人大”品牌，被远程教育界、媒体和社会誉为网络远程教育的“人大模式”即“面向在职成人，利用网络学习资源和虚拟学习社区，支持分布式学习和协作学习的现代远程教育模式”。成立于1955年的中国人民大学出版社是新中国建立后最早成立的大学出版社之一，是教育部指定的全国高等学校文科教材出版中心。在过去的几年中，中国人民大学出版社与中国人民大学网络教育学院合作创作、设计、出版了国内第一套极富特色的“现代远程教育系列教材”。这些凝聚了中国人民大学、北京大学、北京师范大学等北京知名高校学者教授、教育技术专家、软件工程师、教学设计师和编辑们广博才智的精品课程系列教材，以印刷版、光盘版和网络版立体化教材的范式探索构建全新的远程学习优质教育资源，实现先进的教育教学理念与现代信息通信技术的有效结合。这些教材已经被国内其他高校和众多网络教育学院所选用。中国人民大学出版社基于“出教材学术精品，育人文社科英才”理念的努力探索及其初步成果已经得到了我国远程教育界的广泛认同，是值得肯定的。

2005年4月，我被邀请出席《中国远程教育》杂志与中国人民大学出版社联合主办的“远程教育教材的共建共享与一体化设计开发”研讨会并做主旨发言，会后受中国人民大学出版社的委托为“新编21世纪远程教育精品教材”撰写“总序”，这是我的荣幸。近几年来，我一直关注包括中国人民大学网络教育学院在内的我国高校现代远程教育试点工程。这次更有机会全面了解和近距离接触中国人民文学出版社推出的“新编21世纪远程教育精品教材”及其编创人员。我想将我在上述研讨会上发言的主旨做进一步的发挥，并概括为若干原则作为我对包括中国人民大学出版社、中国人民大学网络教育学院在内的我国网络远程教育优质教育资源建设的期待和展望：

● 新编21世纪远程教育精品教材的教学内容要更加适应大众化高等教育面对在职成人、定位在应用型人才培养上的需要。

● 新编21世纪远程教育精品教材的教学设计要更加适应地域分散、特征多样的远程学生自主学习的需要，培养适应学习型社会的终身学习者。

● 在我国网络教学环境渐趋完善之前，印刷教材及其配套教学光盘依然是远程教材的主体，是多种媒体教材的基础和纽带，其教学设计应该给予充分的重视。要在印刷教材的显要部位对课程教学目标和要求做明确、具体、可操作的陈述，要清晰地指导远程学生如何利用多种媒体教材进行自主学习和协作学习。

● 应组织相关人员对多种媒体的远程教材进行一体化设计和开发，要注重发挥多种媒体教材各自独特的教学功能，实现优势互补。要特别注重对学生学习活动、教学交互、学习评价及其反馈的设计和实现。

● 要将对多种媒体远程教材的创作纳入对整个远程教育课程教学系统的一体化设计和开发中去，以便使优质的教材资源在优化的教学系统、平台和环境中，在有效的教学模式、学习策略和学习支助服务的支撑下获得最佳的学习成效。

● 要充分发挥现代远程教育工程试点高校各自的学科资源优势，积极探索网络远程教育优质教材资源共建共享的机制和途径。

中华人民共和国教育部远程教育专家顾问
丁兴富

前　言

政治经济学是社会科学体系中的一门核心学科，是各门应用经济学和经济管理学科的理论基础，它具有重要的科学、知识和意识形态的功能。政治经济学作为一门科学的重要意义，是由这门科学的特殊性质决定的。按照历史唯物主义的观点，只有把社会关系归结于生产关系，把生产关系归结于生产力的高度，才能有可靠的根据把社会形态的发展看作自然历史过程。没有这种观点，就不会有真正的社会科学。马克思主义政治经济学的意义在于，它把社会的经济关系从一般的社会关系中抽象出来作为自己的专门的研究对象，在生产力与生产关系的矛盾运动中，揭示社会经济过程的内在规律，从而为人们认识和改造社会提供了科学的理论指导。学好政治经济学，一方面，可以为认识社会经济制度及其发展规律提供正确的立场、观点和方法，加深对马克思主义基本理论和中国特色社会主义理论的理解和认识，树立正确的世界观和人生观；另一方面，可以系统学习和掌握经济学的基本理论和认识与分析社会经济制度和资源配置方式的知识，提高分析和解决实际经济问题的能力，为学习部门经济学和应用经济学奠定扎实的基础。

马克思主义政治经济学是以辩证唯物主义和历史唯物主义的科学世界观为指导的，它是科学，而不是教条；是行动的指南，而不是包治百病的药方。因此，学习马克思主义政治经济学最重要的是学习它的立场、观点和方法，其核心思想是根据生产力决定生产关系的原理，从现实的经济条件出发，科学说明社会经济运动的规律。

马克思主义政治经济学的生命力在于实践，在于发展和创新，因此，政治经济学的教学和学习要坚持以马列主义、毛泽东思想、邓小平理论和“三个代表”重要思想为指导，深入贯彻落实科学发展观，广泛吸收和正确借鉴西方经济理论和有关学科的优秀成果，密切联系世界和中国改革与发展的实际，不断研究新情况和新问题，在实践中学习和发展马克思主义的政治经济学。

学习马克思主义政治经济学还必须正确借鉴西方经济学，深入研究西方经济学，一方面可以从中吸取其反映现代化大生产和市场经济一般规律的科学的成分，丰富、充实和发展马克思主义政治经济学理论；另一方面可以更加准确和科学地辨别其中错误的和不科学的东西，在对比中加深对马克思主义政治经济学的理解和认识。

本书第一版出版后，经济理论与现实都有了很大的变化与发展，特别是中国的改革开放和中国特色社会主义经济建设取得了新的巨大成就。党的十六大以来，以胡锦涛同志为总书记的党中央准确分析了我国改革和发展所面临的新形势和新任务，创造性地提出了科学发展观、构建社会主义和谐社会、完善社会主义市场经济体制、建设社会主义新农村、建设创新型国家和实现公平正义等重大战略思想。党的十七大站在一个新的历史高度对中国特色社会主义道路和中国特色社会主义理论体系作出了科学的阐述，极大地丰富和完善了中国特色的社会主义经济理论，开创了中国特色社会主义经济建设事业发展的新境界和新局面。根据理论与实践发展的要求，本书第二版在保留第一版基本框架和主要内容的基础上，对原书特别是社会主义部分作了以下几个方面的修改和补充：一是对中国特色社会主义经济理论的主要内容进行了说明。二是根据党和国家新的理论和新的政策，对社会主义基本经济制度、社会主义市场经济、社会主义收入分配和社会主义经济发展与国家调节等内容进行了修改，有的章节完全是重写的。三是重新撰写了经济全球化与当代资本主义经济的新发展一章。

需要说明的是，在进行上述修改和补充的过程中，本书较多地参考和引用了卫兴华和张宇所著的《社会主义经济理论》以及张宇和卢荻主编的《当代中国经济》两本教材。同时，何自力教授参与了本书第十章的撰写，在此表示感谢。

由于作者水平所限，本书难免会存在许多的不足和问题，欢迎广大读者和同行提出批评意见，以便我们以后加以修改和完善。

编者

目　录

第一章　绪论

重点问题

政治经济学与经济学、政治学和意识形态的关系
马克思主义政治经济学的产生与发展
马克思主义政治经济学的方法论原则
马克思主义政治经济学的对象和任务

作为一门独立的科学，政治经济学的发展已有几百年的历史，目前已经成为一个包括众多流派的大家族。本书所要研究的马克思主义政治经济学，不仅是这个大家族中最重要的学派，而且在我们看来也是最具科学性的学派。

在开始马克思主义政治经济学的学习之前，有必要首先了解这样一些问题：政治经济学到底是什么样的科学？它与通常所谓“经济学”是什么关系？它由“政治”和“经济学”两个词构成，与政治学又有什么因缘？在政治经济学这个学科家族的一般发展过程中，马克思主义政治经济学是如何产生和发展起来的？它如何界定政治经济学的研究对象？作为其整个理论体系灵魂的方法论原则是什么？对这些问题进行探讨，可以使我们初步把握政治经济学这个学科家族的概貌，为展开对马克思主义政治经济学的研究，奠定一个比较宽阔和坚实的基础。

第一节　什么是政治经济学

一、政治经济学与经济学

我国古籍中早有“经济”一词，但在古汉语中“经济”一词是“经邦济世”“经国济民”，即治理国家、拯救庶民的意思，其含义与西方语言中“经济”一词并不相同。“econom”一词来自希腊语，其中 eco 的意思是“家务”，而 nom 的意思是“规则”。oikonomike 或 economics 的传统含义是“家政管理”。早在古希腊时期，思想家色诺芬（约公元前 430—前 354 年）在《经济论》一书中，已将奴隶主组织和经营的生产活动概括

为“经济”。该书的目的是告诉奴隶主如何管理好自己的财产。

在拉丁语中，“oeconomia”一词同样意味着家庭事务管理。法语中 oeconnmie 接受了拉丁语扩展了的管理含义，并加进了政治含义，用来表示公共行政和国家事务的管理。17 世纪，在亨利四世和黎塞留统治下的法国，随着中央集权国家机构的发展，公共行政管理的范围随之扩大，因而出现了“政治经济学”一词。通常认为是法国重商主义的代表人物安·德·蒙克莱田在 1615 年出版的《献给国王与王太后的政治经济学》一书中第一次使用了“政治经济学”这个词，目的在于表明他所论述的经济问题已超出家庭或庄园经济范围，涉及的是国家或社会的经济问题。

作为一门学科的政治经济学，最初是由法国的重农学派创立的。在重农学派的代表人物魁奈那里，政治经济学开始用来概括对财富性质、再生产和分配的讨论。在以后的几十年，后一类含义的政治经济学占了主导地位，并逐渐成为一个独立的学科。到了 18 世纪 70 年代，政治经济学几乎专指与国家资源相联系的财富的生产和分配。18 世纪、19 世纪英法两国的经济学家大多把他们的著作冠名为政治经济学。如李嘉图的《政治经济学及赋税原理》(1817)，马尔萨斯的《政治经济学原理》(1820)，萨伊的《政治经济学概论》(1803)，西斯蒙第的《政治经济学新原理》(1819)，李斯特的《政治经济学的国民体系》(1841)，西尼尔的《政治经济学大纲》(1836)，约翰·穆勒的《政治经济学原理》(1848) 等等。

詹姆斯·斯图亚特是第一个把“政治经济学”作为自己书名的经济学家。他在这本书的前言中说：政治经济学作为一门学科研究的是“如何保证所有居民得到维持生存的必需资金，消除可能引起生活不稳定的各种因素，提供满足社会需求的一切必需品以及居民就业，用自然的方式使公民间建立相互依赖的互惠关系，以便通过他们各自的利益引导他们相互满足对方的需要。”亚当·斯密的《国民财富的性质和原因的研究》(简称《国富论》)一书，虽然未将政治经济学作为书名，但在该书的“序论及全书设计”中谈及“政治经济学的不同学说”，并在第四篇中对政治经济学作了如下定义：“被看作政治家或立法家的一门科学的政治经济学，提出两个不同的目标：第一，给人民提供充足的收入或生计，或者更确切地说，使人民能给自己提供这样的收入或生计；第二，给国家或社会提供充分的收入，使公务得以进行。总之，其目的在于富国裕民。”① 斯密的这一观点被后来的许多经济学家所因袭。萨伊认为，政治经济学是“阐述财富的科学”，它“阐明财富是怎样生产、分配和消费的”，并强调政治经济学“是我们所能够使用的最好的词语”②。约翰·穆勒在谈到政治经济学“研究的主题”时说，“这个主题就是财富”，“政治经济学家们声称是讲授或研究财富的性质及其生产和分配的规律，包括直接或间接地研究使人类或人类社会顺利地或不顺利地追求人类欲望的这一普遍对象的一切因素所起的作用”③。麦克库洛赫认为：“政治经济学是研究具有交换价值的并为人所必须、有用或喜爱的物品或产品的生产、分配和消费的规律的科学。”④

---

① [英] 亚当·斯密：《国民财富的性质和原因的研究》(下卷)，1 页，北京，商务印书馆，1974。

② [法] 萨伊：《政治经济学概论》，15 页，北京，商务印书馆，1982。

③ [英] 约翰·穆勒：《政治经济学原理》，1 页，北京，商务印书馆，1997。

④ [英] 图·雷·麦克库洛赫：《政治经济学原理》，3 页，北京，商务印书馆，1997。

19世纪中叶，出现了对政治经济学上述定义的两种批评。一种批评是针对政治经济学的研究内容的，另一种批评则是针对政治经济学的名称的。古典政治经济学最优秀的代表人物大卫·李嘉图在1820年10月9日致马尔萨斯的一封信里，就曾明确反对把政治经济学说成是研究财富的学问。他这样写道："你认为政治经济学是研究财富的性质和原因。我认为不如说，它研究决定劳动产品在共同生产它的诸阶级之间的分配的规律。不能确定关于数量的规律，但能够相当正确地确定一个关于比例的规律。我日益感到满意，前一种研究是徒劳和虚妄的，后一种研究才是科学的真正的目的。"李嘉图在否定政治经济学是研究财富的学问的同时，意识到它是研究生产过程中人与人的关系或阶级与阶级的关系的科学。马克思和恩格斯肯定了李嘉图的这一观点，他们坚决反对把政治经济学当做研究财富或研究人与物的关系的一门技术性科学，而把政治经济学的研究对象确定为资本主义生产方式以及和它相适应的生产关系和交换关系。

另一种批评意见主张改变政治经济学的名称，认为它已经使人们产生了误解。赫恩建议把政治经济学改名为财富学或努力满足人类需要的学说。麦克劳德建议把它改称"经济学"，并将其定义为"探讨支配可交换物品数量关系的规律的科学"。1879年，杰文斯在《政治经济学原理》再版序言里提出，Political Economy（政治经济学）是一个双名，比较麻烦，应尽早放弃。最好的名称是Economics（经济学），因为它既与旧名称比较接近，又在形式上与Mathematics（数学）、Ethics（伦理学）、Aesthetics（美学）及其他各种科学的名称可以类比，且从亚里士多德以来就已通用。① 在最后一次出版他的经济学著作时，杰文斯把书名改为《经济学原理》。经济学这一名称的广泛使用一般归因于新古典经济学的代表人物马歇尔。他在1890年出版的《经济学原理》一书，统治了西方经济学半个世纪之久。在该书中，他对经济学作了这样的定义："经济学是一门研究在日常生活事务中生活、活动和思考的人们的学问。但它主要是研究在人的日常生活事务方面最有力、最坚决地影响人类行为的那些动机。"② "经济学"一词从此以后开始得到普及。特别是在1932年英国经济学家莱昂内尔·罗宾斯发表了《经济科学的性质和意义》这篇著名的论文之后，经济学这一名称不仅在形式上，而且在内容上，都与古典政治经济学明确区别开来。在这篇论文中，罗宾斯第一次正式地把经济学定义为研究稀缺资源配置的科学，他说："经济学是一门研究作为目的和具有不同用途的稀缺手段之间关系的人类行为的科学"，"愿望和稀缺之间的关系意味着经济学可以代替政治经济学"。罗宾斯关于经济学的这一定义几十年来一直被西方国家的经济学界所广泛采用。

但是，罗宾斯的观点也遭到许多批评。从内容上看，一些经济学家批评罗宾斯定义的经济学范围太窄，忽视了制度、权力、政治、文化和社会发展等重要因素，不具有普遍意义。事实上，虽然"经济学"一词广泛使用，但"政治经济学"一词也并未完全消失。在许多场合，经济学与政治经济学被当做相同的概念而交替使用。例如，马歇尔虽然将其著作称为《经济学原理》，但是该书开宗明义的第一句话却是"政治经济学或经济学是一门研究人类一般生活事务的学问"。在当代广为流行的萨缪尔森的经济学教科书中，也有"经济学或政治经济学"的提法。正如一本权威的经济学词典所说："在即将进入21世纪

---

① 参见［英］斯坦利·杰文斯：《政治经济学理论》，6页，北京，商务印书馆，1984。

② ［英］马歇尔：《经济学原理》（上），34页，北京，商务印书馆，1964。

的今天，‘政治经济学’和‘经济学’这两个名词都还存在。自它们产生以来，含义都有所变化，然而，两者基本上可以看做是同义语，这个术语上的特征反映出它所描述的这门学科的有趣特征。”①

在本书中，政治经济学与经济学是作为同义语来使用的，马克思主义政治经济学也可以称做马克思主义经济学，资产阶级经济学也可以称做资产阶级政治经济学。但是，由于以下两个原因，本书仍然使用了政治经济学这一术语作为学科的名称：第一，在历史上，马克思主义理论中比较多地使用的是政治经济学而不是经济学这一名称，为了尊重传统和习惯，我们继续使用政治经济学这一术语。第二，在当代，经济学已经被赋予了特殊的含义，它通常是指以研究稀缺资源配置为对象的西方主流经济学，许多重大的社会经济问题，如不同社会阶级或集团利益关系、经济发展、技术创新、制度变迁、政治与经济的相互作用等，被排除在其视野之外。为了和这一褊狭的定义相区别，在本书中我们仍然采用政治经济学这一名称。

二、政治经济学与政治学

虽然政治经济学与经济学是同义语，但是，在经济学前面加上“政治”一词还是经常引起误解。政治经济学与政治学到底是什么关系？准确地把握二者的关系有助于科学理解政治经济学的性质和含义。

前面我们已经说明，“政治经济学”一词最初产生于法国的重商主义时代，是与公共行政和国家作用的增大相联系的。在英国最早使用政治经济学这一术语的威廉·配第也用“政治算术”一词来表示政治经济学的性质。在德国，19 世纪盛行的历史学派特别强调国家的作用。当美国的库柏宣称“政治学实质上并非政治经济学的一个组成部分”时，历史学派的代表人物李斯特严厉批评道：“那位苏格兰理论家的信徒竟然荒谬到如此地步，尽管他们为自己研究的学科所选择的名称是政治经济学，却要我们相信政治经济学与政治无关。如果他们研究的学科该称为政治经济学，那么，在其中政治学就必须与经济学处于同等地位；如果其中根本就不包括政治学，那就不该称为政治经济学，而仅仅是经济学。”②

随着资本主义经济制度的确立和完善，重商主义的政策逐步让位于自由放任政策，政治对经济的干预开始受到批评。这种变化反映在经济理论上，就是要求政治与经济分离。亚当·斯密这个“自由放任”理论的鼻祖这样说：“一切特惠或限制的制度，一经完全废除，最明白最单纯的自然自由制度就会树立起来，每一个人，在他不违反正义的法律时，都应听其完全自由，让他采用自己的方法，追求自己的利益，以其劳动及资本和任何其他人或其他阶级相竞争。这样，君主们就被完全解除了监督私人产业、指导私人产业、使之最适合于社会利益的义务。”③ 同政治与经济分离的要求相适应，一些经济学家主张将政治从政治经济学中排除出去。萨伊在《政治经济学概论》绪论中特别强调，应当把“研究社会秩序所根据的原则的政治学”与“阐明财富是怎样生产、分配与消费的政治经济学”区别开来。他认为，“财富本来不依存于政治组织。一个国家不管政体怎样，只要国家事务

---

① 《新帕尔格雷夫经济学大辞典》，第 3 卷，970 页，北京，经济科学出版社，1992。

② ［德］弗里德里希·李斯特：《政治经济学的自然体系》，208 页，北京，商务印书馆，1997。

③ ［英］亚当·斯密：《国富论》（下卷），252 页，北京，商务印书馆，1974。

处理完善，就能达到繁荣”[①]。19 世纪 70 年代以后，随着新古典经济学的兴起，经济学与政治学分离的倾向更为明显。

在现实生活中，经济与政治是紧密地结合在一起的。特别是随着第二次世界大战之后国家干预主义的兴起，政治活动对市场经济的影响日渐增大，又产生了经济学与政治学联姻的要求。[②] 20 世纪 70 年代以后，一些学者主张应当把经济学与政治学结合起来，这种结合被称做新政治经济学。新政治经济学重视对公共决策、宪法制度、利益集团和经济与政治相互关系的研究，强调市场在法律和政治制度的保护下协调个人的行动，认为宪法和政治秩序的选择在逻辑上比关于市场行为主体相互作用过程的讨论更为重要。新政治经济学的代表人物唐斯在《民主的经济理论》一书中说：为了在规范或实证层面上解释政府在经济中的地位和作用，经济学家必须考虑社会的政治体制；因此，经济学和政治经济学必须综合为统一的社会行为理论。美国著名的经济学和政治学教授查尔斯·林德布洛姆说，“不管是政治学或者是经济学，从一定程度上讲，由于它们各自孤立地研究问题，都已陷入了贫乏枯竭的状态，结果是两头空。”[③]

我们认为，对于政治经济学与政治学的关系应当做这样的理解：一方面需要看到，政治与经济、政治经济学与政治学的确存在着密切的联系，政治经济学的研究如果离开了对政治因素的考虑，其结论一定是空洞贫乏的；另一方面又不应忘记，政治经济学既不是政治学，也不是经济学与政治学的相加，它是以社会经济运动的规律为对象的一门科学，政治经济学就是经济学的另一种称呼。

三、政治经济学与意识形态

政治经济学是一门科学吗？对这一问题历来存在着不同的回答。针对亚当·斯密在《国富论》中把政治经济学的研究对象定义为“富国裕民”这一观点，一般均衡理论的创始人，19 世纪末 20 世纪初最重要的经济学家瓦尔拉斯在《纯粹经济学要义》一书中提出了这样一种批评：“在我看来，严格地说，这并不是一门科学的目的。实际上，科学的一个主要特征是，在全然不计成果好坏的情况下，不断追求纯粹的真理。”他认为，把政治经济学的目的说成是“富国裕民”，“就同把几何学的目的说成是为了建筑高楼大厦，把天文学的目的说成是为了要在大海中安全航行一样”[④]。当代美国经济学家弗里德曼认为，经济学应当是一门实证科学，它的性质与自然科学完全相同。他这样写道：从原则上说，实证经济学是独立于任何特别的伦理观念或规范判断的；它要解决的是“是什么”而不是“应该是什么”的问题；它的任务是提供一套一般化的理论体系，其正确性可以通过它所取得的预测与实际情况相比的精确度、覆盖率及一致性等指标来加以考察。

但是，另外一些学者则对经济学能否成为一门科学持怀疑态度。早在 1898 年，美国制度经济学家凡勃伦在一篇题为《经济学为什么还不是一门进化科学》的论文中就提出，当时的经济学还不是一门科学。1985 年后，美国经济学家艾克纳在题为《经济学为什么还不是一门科学》的书中专门论证，目前流行的经济学是由毫无现实基础的理论构成，它

---

① ［法］萨伊：《政治经济学概论》，15 页。

② 参见《新帕尔格雷夫经济学大辞典》，第 3 卷，909 页。

③ ［美］查尔斯·林德布洛姆：《政治与市场》，1 页，上海，上海三联书店，1992。

④ ［法］莱昂·瓦尔拉斯：《纯粹经济学要义》，31～32 页，北京，商务印书馆，1997。

根本不是科学，而只是一种意识形态。[①] 美国著名经济学家熊彼特则认为，经济学是不是科学的问题取决于“科学”一词的含义；如果我们规定采用与数学、物理学相类似的方法是科学的观点，那么整个经济学就不是一门科学。在这种情况下，经济学中只有一小部分是“科学的”。如果我们把科学理解为一种知识，一种寻找事实和解答或者推理的专门技巧，那么，经济学就是一门科学。[②]

马克思认为，一方面，政治经济学是一门科学，它研究客观的社会经济生活，其正确与否取决于它是否准确地反映了客观世界的运动规律，在这一点上它与自然科学是相同的；另一方面，像绝大多数社会科学学科一样，政治经济学又不可避免地具有社会意识形态的意义，或明或暗地反映了一定社会集团或阶级的利益和价值观，这一点与自然科学明显不同。政治经济学的这种强烈的意识形态色彩，也为当代的一些西方经济学家所承认。

事实上，任何经济学说都不可避免地在不同程度上具有意识形态色彩或阶级性。而马克思主义的经济学追求的是科学性与阶级性的统一。马克思主义经济学毫不掩饰自己对工人阶级和被压迫人民的同情和支持，明确宣布自己的经济理论代表的是工人阶级的利益，是工人阶级的意识形态。同时，马克思主义政治经济学又是一门科学，它的首要目的是揭示社会经济发展的客观规律。马克思认为，社会经济形态的发展是一个自然历史过程，经济学的任务在于揭示这一自然过程的内在规律，并根据经济发展的客观规律，为社会的改造提供正确的理论指导，以实现代表着社会经济发展必然趋势的先进阶级的利益要求。因此，科学性和阶级性在马克思主义经济学中是统一的。

科学性与阶级性的冲突通常发生在保守阶级的身上。保守阶级的利益与生产力发展的要求是矛盾的，出于自身利益的考虑不愿意或不能揭示经济发展的客观规律，因而作为这类阶级的意识形态的经济学理论具有明显的辩护性。马克思认为，资产阶级政治经济学在古典时代还具有一定的科学性。因为，英国古典政治经济学产生于封建社会晚期和资本主义初期，当时资产阶级作为先进生产力的代表，承担了推翻封建地主阶级统治的历史任务，无产阶级与资产阶级的对立还处于萌芽状态，公正无私的研究在一定程度上还可以进行。例如，李嘉图有意识地把当时社会的三大阶级（地主、资本家和工人）的利益冲突，包括工资和利润的对立、利润和地租的对立，当做他的研究的出发点。但是，随着资本主义社会的发展，其固有的矛盾日益激化，资产阶级经济学说的科学性就大打折扣，其辩护性则日益凸显。马克思在谈到这一点时指出：

> “法国和英国的资产阶级夺得了政权。从那时起，阶级斗争在实践方面和理论方面采取了日益鲜明的和带有威胁性的形式。它敲响了科学的资产阶级经济学的丧钟。现在问题不再是这个或那个原理是否正确，而是它对资本有利还是有害，方便还是不方便，违背警章还是不违背警章。不偏不倚的研究让位于豢养的文丐的争斗，公正无私的科学探讨让位于辩护士的坏心恶意。”[③]

这样，科学性与阶级性的冲突就成为了西方资产阶级主流经济学的主要特征。那些作为资产阶级代言人的西方经济学家，为了维护本阶级的利益，往往牺牲经济学的科学性，

---

① 参见［美］A. S. 艾克纳主编：《经济学为什么还不是一门科学》，179～180 页，北京，北京大学出版社，1990。

② 参见［美］约瑟夫·熊彼特：《经济分析史》，第 1 卷，23～24 页，北京，商务印书馆，2001。

③ 《资本论》，第 1 卷，17 页，北京，人民出版社，1975。

用市场交易的生意经取代对社会经济关系本质的探究。正是从这个意义上，马克思将他那个时代的资产阶级经济学称为“庸俗经济学”。当然，这并不是说一百多年来西方经济学发展没有任何科学意义。现代的西方主流经济学同样具有二重性：一方面，它反映了现代化大生产和发达市场经济国家经济运行的一般规律，具有一定的科学性；另一方面，它具有浓厚的意识形态色彩，往往体现着资本家阶级特殊的价值观和利益要求。

第二节　马克思主义政治经济学的产生和发展

马克思主义政治经济学是在批判性地继承英国古典政治经济学的基础上产生的。古典政治经济学率先研究了资本主义的生产过程，把资本主义生产看做增加国民财富的最有效的源泉，论证了资本主义自由竞争制度相对于封建制度的合理性和优越性，在一定程度上揭示了资本主义生产方式的内部联系。但由于历史和阶级的局限性，它把资本主义当做了自然和永恒的社会制度，不可能正确揭示资本主义社会经济关系发展的规律。马克思继承了古典经济学的科学成分，克服了它的阶级局限和历史局限，全面深刻地揭示了资本主义生产方式的内在矛盾和发展趋势，完成了政治经济学发展史上的伟大革命。

马克思在大学时的专业是法律，但他对哲学和历史尤有兴趣，获得了柏林大学授予的哲学博士学位。求学时期的马克思，对政治经济学还一无所知。是什么原因促使马克思跨进政治经济学这座科学的殿堂呢？

首先，他遇到了要对物质利益问题发表意见的“难事”。1842 年 10 月到 1843 年 3 月，马克思担任《莱茵报》主编，第一次要对所谓物质利益问题发表意见。当时，莱茵省议会根据资产阶级和贵族议员们的要求通过了所谓的“林木盗窃法”。这项法律把贫民自古以来就有的拾捡枯枝的习惯权利，说成是盗窃行为。马克思从民主主义的立场出发，十分同情广大的贫苦群众，在他担任《莱茵报》主编后的第一个月，就发表了《关于林木盗窃法的辩论》一文。由于他当时对政治经济学还一无所知，因而只能从法学和哲学的角度对法案进行抨击，而提不出有力的经济学论据。同时，他还碰到了另一些有关物质利益的问题，例如摩塞尔地区农民贫困的原因、关于自由贸易和保护关税的辩论等等。这些“难事”都促使他下决心去研究政治经济学。

其次，要对共产主义进行“理论论证”。《莱茵报》在马克思担任主编之前，先后刊登了几篇有关社会主义的论文，报道了法国学者关于社会主义学说的会议。这被奥格斯堡保守派报纸《总汇报》当做借口，指责《莱茵报》是“普鲁士的共产主义者”。作为《莱茵报》主编的马克思，驳斥了《总汇报》的指责，认为在报刊上讨论共产主义问题是有意义的。同时，他认为当时流行的社会主义、共产主义思潮，在理论上是软弱无力的，在实际上是行不通的，当时最重要的问题，不是按照这些理论去进行“实际实验”，而是对共产主义进行“理论论证”。

最后，为了解剖“市民社会”即社会经济关系。1843 年 3 月，《莱茵报》被普鲁士专制政府查封。马克思也迁居到莱茵省的一个小镇克罗茨纳赫，在此期间马克思深入研究了费尔巴哈和黑格尔的哲学著作，还阅读了大量有关法国、英国和德国历史的著作，写下了《克罗茨纳赫笔记》及《黑格尔哲学批判》手稿。这部手稿研究的中心问题是国家同市民社会的关系。马克思认为，不是国家决定市民社会，而是市民社会决定国家。后来，马克思在《〈政治经济学批判〉序言》中写道："法的关系正像国家的形式一样，既不能从它们本身来理解，也不能从所谓人类精神的一般发展来理解，相反，它们根源于物质的生活关系，这种物质的生活关系的总和，黑格尔按照18世纪的英国人和法国人的先例，概括为'市民社会'"[①]。所谓"市民社会"，就是"物质的生活关系的总和"，也就是我们现在通行的"生产关系的总和"，即社会经济制度。

马克思研究政治经济学的动因，正好反映了政治经济学这门科学所具有的理论和现实意义。那就是，对市民社会的解剖应该到政治经济学中去寻求。然而，正如恩格斯所说，关于市民社会的科学，也就是政治经济学，而当时要想切实地研究这门科学，在德国是不可能的，只有在英国和法国才有可能。

马克思于1843年10月底离开故乡，来到巴黎，开始了对政治经济学的研究，到1845年11月离开巴黎前夕，马克思已写下了7本涉及经济学原理、经济学史和现实经济问题的笔记。这些笔记被称做《巴黎笔记》。马克思在1844年上半年完成的《1844年经济学—哲学手稿》，是他建立政治经济学理论体系的第一次尝试。1845年马克思移居布鲁塞尔后，进一步钻研了大量的关于政治经济学理论和经济史的文献。这一时期，马克思在他写的一系列著作中，都涉及或专门阐述了政治经济学理论问题，其中最重要的著作有《德意志意识形态》（与恩格斯合著）、《哲学的贫困》、《雇佣劳动与资本》、《关于自由贸易的演说》和《共产党宣言》（与恩格斯合著）。

1848年欧洲资产阶级革命失败，马克思被驱逐出德国，以后定居伦敦。从1850年8月开始，马克思利用大不列颠博物馆图书馆收藏的政治经济学著作和资料，研读了可能发现的所有重要的经济学文献，1853年底，马克思已写下了24个笔记本的笔记，这些笔记被称做《伦敦笔记》。

1857年到1858年5月马克思写下了一系列经济学手稿，被称做《1857—1858年经济学手稿》。手稿是马克思自1843年以后的15年间政治经济学研究的结晶，对政治经济学的研究对象、研究方法以及政治经济学理论体系的结构作了详细的论述，对劳动价值论、货币理论、剩余价值理论和资本主义经济运动趋势作了科学论述，标志着马克思主义政治经济学理论的基本形成。

1859年6月，马克思的《政治经济学批判》第一册公开出版，这是马克思计划出版的政治经济学著作的六个分册中第一分册的一个部分。1863年7月，马克思完成了一部包括23个笔记本的手稿，被称做《1861—1863年经济学手稿》。在这部手稿中，马克思进一步完善了劳动价值论，周详地阐述了剩余价值理论，并在更深的层次上，对资本主义经济运动趋势作了论述。在写作第二分册时，马克思决定将这一册的内容扩展为一部独立著作，题名为《资本论》，而把《政治经济学批判》作为副标题。1867年9月14日，《资本论》第1卷终于在德国汉堡出版，它标志着马克思主义政治经济学的最终形成和科学社会主义理论的最终确立。

恩格斯是马克思主义政治经济学的重要奠基人之一。1843年恩格斯发表的《国民经济学批判大纲》，对资产阶级政治经济学的方法和一些主要理论观点作了严肃的批判，这

---

① 《马克思恩格斯选集》，2版，第2卷，32页，北京，人民出版社，1995。

是无产阶级政治经济学的第一部重要文献。1845 年，恩格斯发表了《英国工人阶级状况》，从政治经济学理论的视角，探讨了工人阶级的贫困化问题。随后，他和马克思一起撰写了《德意志意识形态》、《共产党宣言》等重要著作，为马克思主义政治经济学的形成奠定了理论基础。在马克思创作《资本论》的过程中，恩格斯提出了许多重要的意见，为马克思主义政治经济学的形成做出了重要贡献。《资本论》第 1 卷发表后，恩格斯写了大量的文章，介绍这部巨著的光辉思想和伟大意义。马克思逝世后，恩格斯花了整整 11 年零 9 个月的时间整理出版了《资本论》第 2 卷和第 3 卷。在这一过程中，他还根据理论和实际发展的新情况，对马克思的手稿进行了重要的补充和完善。此外，恩格斯还创作了《反杜林论》、《家庭、私有制和国家的起源》等重要著作，把马克思主义政治经济学的研究，从资本主义生产方式扩展到了人类社会的各种经济形态，为建立广义政治经济学理论奠定了理论基础。

19 世纪末 20 世纪初，资本主义进入了帝国主义阶段，以列宁、卢森堡、希法亭、布哈林等为代表的马克思主义者分析了当时资本主义经济发展的新变化，提出了帝国主义是垄断资本主义的理论，使马克思主义政治经济学发展到了一个新的阶段。

十月革命后，列宁依据马克思主义的基本理论分析了十月革命后俄国面临的经济和政治形势，对落后国家从资本主义向社会主义的过渡道路和方法进行了深入的探索，丰富和发展了马克思主义政治经济学理论。以列宁、布哈林等为代表的马克思主义经济学家，还对社会主义条件下政治经济学的对象、商品生产的前途和命运、两大部类的平衡和工业化道路的选择等问题展开了深入的讨论，推动了马克思主义经济学的发展。

在列宁以后，斯大林领导苏联人民进行了社会主义经济建设，创立了第一个社会主义经济制度，实现了社会主义工业化，推动了经济的高速增长。1953 年斯大林发表了《苏联社会主义经济问题》，总结了社会主义建设的经验，对政治经济学研究对象、所有制、社会主义商品生产等一系列重要问题提出了看法。这些看法成为当时社会主义国家政治经济学理论的主导意见。在这一时期，随着高度集中的计划经济体制的建立，经济理论的发展受到教条主义的干扰，出现了停滞趋势。

第二次世界大战结束以后，马克思主义政治经济学在西方学术界也取得了一些重要进展。一些马克思主义经济学家运用马克思经济学的理论研究了现代社会经济，提出了“现代垄断资本主义”“晚近资本主义”“资本主义调节理论”“福特主义与后福特主义”“资本主义发展的长波”“资本主义的第二种矛盾”“中心—外围—半外围”“市场社会主义”等新的理论，出现了诸如法国的调节学派（Regulation School），美国积累的社会结构学派（SSA），英美的分析的马克思主义（Analytical Marxism），日本的宇野（Uno）学派，拉美的依附理论（Dependency Theory），华伦斯坦等人的世界体系理论（World System Theory）、生态马克思主义经济学等学派，促进了马克思主义经济学的发展。

在中国，随着解放思想、实事求是的思想路线的贯彻，通过对现实的反思，通过与西方经济学各种理论的比较和对话，通过对改革开放和建设有中国特色社会主义实践经验的总结，产生了一系列政治经济学新成果，取得了许多重要的进展，主要表现为：马克思主义与时俱进的品质得到了弘扬，注重理论的创新成为马克思主义经济学者的共识；政治经济学的研究范围得到拓展，经济运行、经济发展、资源配置等问题日益受到重视；社会主义初级阶段理论和社会主义市场经济理论逐步形成和完善；以研究从计划经济向市场经济过渡为对象的过渡经济学取得了丰硕成果，推动了人们对市场经济和制度演进的认识；对经济信息化和全球化的研究不断深入，加深了人们对当代社会经济生活新变化的认识；对国外经济学发展的研究和借鉴不断全面和深入，促进了马克思主义经济学的丰富和发展。

第三节　马克思主义政治经济学的理论基础

恩格斯在《在马克思墓前的讲话》中概括了马克思一生的两大发现，首先，“正像达尔文发现有机界的发展规律一样，马克思发现了人类历史的发展规律”，这个发现就是唯物史观。其次，马克思“发现了现代资本主义生产方式和它所产生的资产阶级社会的特殊的运动规律”①，这个发现就是剩余价值理论。这两个发现是紧密相联的。唯物史观是政治经济学的理论基础和指导思想，政治经济学则是唯物史观的详尽证明和具体运用。

那么，什么是唯物史观呢？唯物史观的主要思想和基本观点是什么呢？在《〈政治经济学批判〉序言》中，马克思对以上问题的答案作了如下经典性的概括：

> “人们在自己生活的社会生产中发生一定的、必然的、不以他们的意志为转移的关系，即同他们的物质生产力的一定发展阶段相适合的生产关系。这些生产关系的总和构成社会的经济结构，即有法律的和政治的上层建筑竖立其上并有一定的社会意识形式与之相适应的现实基础。物质生活的生产方式制约着整个社会生活、政治生活和精神生活的过程。不是人们的意识决定人们的存在，相反，是人们的社会存在决定人们的意识。社会的物质生产力发展到一定阶段，便同它们一直在其中运动的现存生产关系或财产关系（这只是生产关系的法律用语）发生矛盾。于是这些关系便由生产力的发展形式变成生产力的桎梏。那时社会革命的时代就到来了。随着经济基础的变更，全部庞大的上层建筑也或慢或快地发生变革。在考察这些变革时，必须时刻把下面两者区别开来：一种是生产的经济条件方面所发生的物质的、可以用自然科学的精确性指明的变革，一种是人们借以意识到这个冲突并力求把它克服的那些法律的、政治的、宗教的、艺术的或哲学的，简言之，意识形态的形式。我们判断一个人不能以他对自己的看法为根据，同样，我们判断这样一个变革时代也不能以它的意识为根据；相反，这个意识必须从物质生活的矛盾中，从社会生产力和生产关系之间的现存冲突中去解释。无论哪一个社会形态，在它所能容纳的全部生产力发挥出来以前，是决不会灭亡的；而新的更高的生产关系，在它的物质存在条件在旧社会的胎胞里成熟以前，是决不会出现的。所以人类始终只提出自己能够解决的任务，因为只要仔细考察就可以发现，任务本身，只有在解决它的物质条件已经存在或者至少是在生成过程中的时候，才会产生。大体说来，亚细亚的、古代的、封建的和现代资产阶级的生产方式可以看作是经济的社会形态演进的几个时代。资产阶级的生产关系是社会生产过程的最后一个对抗形式，这里所说的对抗，不是指个人的对抗，而是指从个人的社会生活条件中生长出来的对抗；但是，在资产阶级社会的胎胞里发展的生产力，同时又

① 《马克思恩格斯选集》，2版，第3卷，776页，北京，人民出版社，1995。

创造着解决这种对抗的物质条件。因此，人类社会的史前时期就以这种社会形态而告终。"①

唯物史观是马克思主义政治经济学的理论基础，它为人们认识和观察社会经济现象提供了科学的方法论原则，这一原则可以概括为以下三个基本论点：

（1）唯物史观首先强调用唯物论的观点看待社会。

在政治经济学的研究中存在着两种相互对立的方法论原则，即主观唯心主义和历史唯物主义。主观唯心主义理论把个人行为的动机作为思考问题的出发点，认为所有的经济现象最终都可以从个人行为心理中得到解释。比如奥地利学派的代表人物杰文斯就把政治经济学定义为追求"以最小痛苦的代价购买快乐，从而使幸福增至最高度"②，"商品的'价值'完全定于效用"③，"劳动是心或身所忍受的任何含有痛苦的努力"④，"资本是指这一切有用的物品，它们供给劳动者的普通的欲望与愿望，使他所担任的工作的结果，可以在或长或短的时间内延迟"⑤。哈耶克的观点更为极端，认为人的知识、信息和价值都是主观的，特别是在社会领域根本不存在什么客观事实，比如，药是否为药，主要取决于人是否相信它为药，工具、食物、机械、武器、词汇、句子、通讯和生产活动之所以为这些东西，并不是因为它们具有某些客观物质，而是因为人们愿意这样叫它。⑥

马克思的政治经济学是与这种主观唯心主义截然对立的，它的出发点是这样一个简单而朴素的事实：

"人们首先必须吃、喝、住、穿，然后才能从事政治、科学、艺术、宗教等等；所以，直接的物质的生活资料的生产，因而一个民族或一个时代的一定的经济发展阶段，便构成为基础，人们的国家制度、法的观点、艺术以至宗教观念，就是从这个基础上发展起来的，因而，也必须由这个基础来解释，而不是像过去那样做得相反。"⑦

在马克思看来，社会经济形态的发展不是任意的杂乱无章的，而是具有自己内在的客观规律，这些规律不以个人的主观意志和动机为转移，反而制约着人们的思想和行为。社会发展过程的客观性和规律性又是以物质生产为基础的。物质资料的生产是人类社会生存和发展的基础，社会的政治、文化、科学、艺术、宗教等其他所有的活动都是建立在这一客观物质前提之上的。正如恩格斯所说："唯物主义历史观从下述原理出发：生产以及随生产而来的产品交换是一切社会制度的基础；在每个历史地出现的社会中，产品分配以及和它相伴随的社会之划分为阶级或等级，是由生产什么、怎样生产以及怎样交换产品决定的。所以，一切社会变迁和政治变革的终极原因……不应当到有关时代的哲学中去寻找，而应当到有关时代的经济中去寻找。"⑧ 这一基本观点的确立，为马克思主义政治经济学的建立奠定了牢不可破的基础。

---

① 《马克思恩格斯选集》，2版，第2卷，32～33页。

② ［英］斯坦利·杰文斯：《政治经济学理论》，42页，北京，商务印书馆，1984。

③ ［英］杰文斯：《政治经济学理论》，29页。

④ 同上书，133页。

⑤ 同上书，207页。

⑥ 参见［英］哈耶克：《个人主义与经济秩序》，56～57页，北京，北京经济学院出版社，1991。

⑦ 《马克思恩格斯全集》，中文1版，第19卷，374～375页，北京，人民出版社，1963。

⑧ 《马克思恩格斯选集》，2版，第3卷，740～741页。

（2）唯物史观还强调从社会结构的整体制约中分析个人行为。

从古典政治经济学开始，西方经济学家们就形成这样的一个传统，即喜欢从离群索居的孤立的个人出发考察问题。按照这种传统，社会阶层、社会集团、阶级、国家等等都是虚幻的东西，只有个体才进行选择和行动；社会总量被认为只是个体所做的选择和采取行动的结果，社会制度被看做是理性个人自由契约的产物，所有的社会现象都可以还原为个体行为和亘古不变的个人利己动机。个体主义的这种观点仍以奥地利学派为代表。哈耶克说："我们在理解社会现象时没有任何其他方法，只有通过对那些作用于其他人并且由其预期行为所引导的个人活动的理解来理解社会现象。"①

马克思认为，社会整体与个人行为的关系是辩证的。一方面，社会由个人组成，历史不过是追求自己的目的的人的活动，"社会结构和国家总是从一定的个人的生活过程中产生的。"另一方面，他强调，"这里所说的个人不是他们自己或别人想象中的那种个人，而是现实中的个人，也就是说，这些个人是从事活动的，进行物质生产的，因而是在一定的物质的、不受他们任意支配的界限、前提和条件下活动着的。"②这里所说的界限、前提和条件，是指与生产发展的一定水平相适应的经济关系，以及人们在这种经济关系中所处的地位。人们的行为，无论从表面上看如何随心所欲，最终都无法摆脱这种界限、前提和条件的限制和支配。在《资本论》序言中马克思有这样一段名言说明了社会关系对个人的制约性：

> "不过这里涉及到的人，只是经济范畴的人格化，是一定的阶级关系和利益的承担者。我的观点是：社会经济形态的发展是一种自然历史过程。不管个人在主观上怎样超脱各种关系，他在社会意义上总是这些关系的产物。"③

（3）唯物史观还强调用历史的观点看待社会现象。

从孤立的个人而不是社会的个人出发考察经济问题，必然把历史和时间排除在经济学的视野之外。例如，有许多经济学家自觉不自觉地把资本主义经济制度当做某种先验的超历史的现象，比如奥地利学派的代表人物庞巴维克把资本主义经济中出现的资本定义为"作为财富获取手段的产品总和"，这样一来，"在野蛮人用来投掷他所追逐的野兽的第一根棍子上"，"我们就发现了资本的起源"。马克思坚决反对这种超历史的经济学观点。马克思认为，"资本不是物，而是一定的、社会的、属于一定历史社会形态的生产关系，它体现在一个物上，并赋予这个物以特有的社会性质。"④ 对于政治经济学的历史性质，恩格斯在《反杜林论》中讨论政治经济学的对象与方法时作了明确的阐述，他说：

> "人们在生产和交换时所处的条件，各个国家各不相同，而在每一个国家里，各个世代又各不相同。因此，政治经济学不可能对一切国家和一切历史时代都是一样的。……谁要想把火地岛的政治经济学和现代英国的政治经济学置于同一规律之下，那么，除了最陈腐的老生常谈以外，他显然不能揭示出任何东西。因此，政治经济学本质上是一门历史的科学。它所涉及的是历史性的即经常变化的材料；它首先研究生

---

① ［英］哈耶克：《个人主义与经济秩序》，6～8页。

② 《马克思恩格斯选集》，2版，第1卷，71～72页，北京，人民出版社，1995。

③ 《资本论》，第1卷，12页。

④ 《资本论》，第3卷，920页，北京，人民出版社，1975。

产和交换的每个个别发展阶段的特殊规律，而且只有在完成这种研究以后，它才能确立为数不多的、适用于生产一般和交换一般的、完全普遍的规律。”①

马克思承认，生产的一切时代有某些共同的标志、共同的规定，这就是所谓的生产一般。这个一般本身又是有许多组成部分的、分为不同规定的东西。其中有些属于一切时代，例如，所有的生产都要使用工具，都存在着自然的或社会的分工，都具有节约劳动的倾向等等，这就是所谓的人类社会共有的经济规律。另外一些是几个时代所共有的，例如商品生产和商品交换。因此，一切生产阶段所共有的、被思维当做一般规定而确定下来的规定，是存在的，没有这些一般规定，任何生产都无从设想。但是，所谓的一切生产的一般条件，不过是一些抽象的要素，仅仅用这些要素不可能正确、全面地理解任何一个现实的、历史的生产方式或社会经济形态。每个时代和各种不同的制度具有不同的运动规律，这才是理解问题的关键所在。

历史唯物主义的两个命题，即生产力决定生产关系、经济基础决定上层建筑，就是运用上述基本方法论原则考察社会现象得出的结论。这两个命题又成为马克思主义政治经济学解析社会经济现象、解释经济运动规律所遵循的基本范式。对这两个基本命题，我们将在本书第二章中详细加以阐述。

第四节　马克思主义政治经济学的研究对象

对于政治经济学的研究对象，历来就存在着不同认识。古典政治经济学或者把政治经济学的主题看做是“富国裕民”，或者把政治经济学当做研究财富分配规律的科学，或者把政治经济学说成是研究资源配置的科学，或者把它看做“人们的物质福利问题”。当代美国经济学家保罗·萨缪尔森在其《经济学》一书中，把现代西方经济学家对政治经济学或经济学的研究对象的不同定义罗列如下：

（1）经济学或政治经济学研究人与人之间用货币或不用货币进行交换的种种有关活动。

（2）经济学研究人们如何进行抉择，以便使用稀缺的或有限的生产资源——土地、劳动、资本（如机器、技术知识）来生产各种商品（如小麦、牛肉、外衣、游艇、音乐会、道路、轰炸机），并把它们分配给不同的社会成员以供消费。

（3）经济学研究人们日常的生活事物，即如何谋生，如何过得快活。

（4）经济学研究人类如何组织他们的消费和生产活动。

（5）经济学研究财富。

（6）经济学研究如何改善社会。②

关于经济学研究对象的观点还远不止以上这些。例如有的经济学家认为“经济学是研究节约的科学”，“经济学是关于自发秩序的科学”等等。

对于马克思主义政治经济学的研究对象，多年来也一直存在着不同的认识。比较普遍

---

① 《马克思恩格斯选集》，2版，第3卷，489～490页。

② 参见［美］萨缪尔森：《经济学》（上册），4～5页，北京，商务印书馆，1979。

的观点认为，马克思主义政治经济学是关于社会生产关系及其发展规律的科学。也有一些学者认为，马克思主义政治经济学应当研究生产力和资源配置。为了弄清这一问题，让我们首先看一下经典作家的说法。在《〈政治经济学批判〉导言》中，马克思指出："摆在面前的对象，首先是物质生产。"[①]《资本论》序言中，马克思这样说："我要在本书研究的，是资本主义生产方式以及和它相适应的生产关系和交换关系……本书的最终目的就是揭示现代社会的经济运动规律"[②]。在《反杜林论》中，恩格斯专门讨论了政治经济学的对象和方法。他这样说："政治经济学，从最广的意义上说，是研究人类社会中支配物质生活资料的生产和交换的规律的科学。"恩格斯还说，政治经济学是研究"人类各种社会进行生产和交换并相应地进行产品分配的条件和形式的科学"[③]。

上述论述虽然各有侧重，但是都强调了政治经济学的研究对象首先是物质资料的生产，它包括两个方面的内容：一方面是生产的物质内容，即人类与自然界进行物质变换以生产出满足自身需要的产品的方式，即马克思所说的"生产方式"，亦即恩格斯所说的生产和交换的物质"条件"；另一方面是生产的社会形式，即人与人在生产资料和物质产品占有、交换和分配等方面形成的社会关系。前一方面的内容可以用生产力来表示，后一方面的内容可以用生产关系来表示。显然，从经典作家的论述来看，政治经济学既要研究生产力，也要研究生产关系，而进行这种研究的目的是揭示经济运动的规律。换句话说，政治经济学要在生产力和生产关系的相互联系中来理解和说明一定社会经济制度的内在结构、运行机理和演化趋势。

政治经济学首先需要考察生产力的发展规律。按照历史唯物主义的观点，只有把社会关系归结于生产关系，把生产关系归结于生产力的高度，才能有可靠的根据把社会形态的发展看做自然历史过程。马克思关于生产力的首要性的命题是建立在这样一个不可颠覆的事实之上的，即："全部人类历史的第一个前提无疑是有生命的个人的存在。因此，第一个需要确认的事实就是这些个人的肉体组织以及由此产生的个人对其他自然的关系。"[④] 从人的自然属性中产生出的人的需要及其满足，是全部经济和社会活动的基础，以满足人的需要为目的的生产力的发展，自然就成为了全部社会发展的基础。脱离开对生产力的研究，就无法正确地把握社会经济运动的内在规律，不可能科学地揭示一定生产关系产生、发展以致灭亡的根本原因。但是，这里要强调的是，政治经济学对生产力的研究，不能归结为自然科学对具体的生产技术和工艺的研究。政治经济学研究生产力的着眼点，是在科学技术的一定发展基础上形成的生产活动的一般组织形式，亦即人们普遍采用的劳动方式。

虽然社会经济形态中，生产力相对于生产关系居于首要地位，但是决不能据此将政治经济学的研究对象局限于生产力。应当强调，尽管政治经济学不能不研究生产力，但其研究的重点是生产关系，因为马克思主义经济学的研究目的毕竟是揭示社会经济制度或社会生产关系的发展规律。恩格斯对于政治经济学研究对象的说明指出了这一点：

---

① 《马克思恩格斯选集》，2版，第2卷，1页。

② 同上书，100、101页。

③ 《马克思恩格斯选集》，2版，第3卷，489、492页。

④ 《马克思恩格斯选集》，2版，第1卷，67页。

“政治经济学从商品开始，即从产品由个别人或原始公社相互交换的时刻开始。进入交换的产品是商品。但是它成为商品，只是因为在这个物中、在这个产品中结合着两个人或两个公社之间的关系，即生产者和消费者之间的关系，在这里，两者已经不再结合在同一个人身上了。在这里我们立即得到一个贯穿着整个经济学并在资产阶级经济学家头脑中引起过可怕混乱的特殊事实的例子，这个事实就是：经济学所研究的不是物，而是人和人之间的关系，归根到底是阶级和阶级之间的关系；可是这些关系总是同物结合着，并且作为物出现。”①

总结上面的讨论，可以对马克思主义政治经济学的研究对象做这样的界定：政治经济学研究由生产力和生产关系的相互联系和相互作用决定的社会经济运动的规律；对一定历史阶段生产力的发展水平的把握是基础，而对生产关系即社会经济制度的内在结构、运行机理和演化趋势的研究是重点。通过这种研究，马克思主义政治经济学试图对人类社会经济制度变迁的趋势作出科学的预测，为人民群众改造社会的实践提供正确的理论指导，以建立和发展为社会生产力的发展提供广阔的空间，从而极大地增进广大人民群众福利的社会经济制度。

第五节 马克思主义政治经济学的研究任务

在不同的历史阶段和不同的社会制度下，马克思主义政治经济学承担的任务是不同的。马克思主义政治经济学产生于资本主义发展的前期。19 世纪后半期，随着 10 年一次的周期性经济危机的发作，资本主义经济制度对社会生产力发展的桎梏日益凸显，同时，前期资本主义剥削的那种不加任何克制和掩饰的野蛮性，使得工人阶级与资产阶级的冲突日益激烈。当时，作为代表着生产力发展要求的工人大众自觉阶级意识的马克思主义政治经济学，其主要任务是揭示资本主义生产关系的本质及其内在矛盾，说明生产力的发展必然冲破资本主义的桎梏，为无产阶级革命提供思想武器，并对建立社会主义制度的条件进行初步探索 。由于在马克思主义旗帜下联合起来的国际工人运动艰苦卓绝的长期斗争，西方发达国家的资产阶级不得不放松剥削锁链，在所谓“福利国家”的名义下进行了社会改良，这些国家工人阶级的生活状况因而有所改善，但资本主义的基本矛盾和阶级鸿沟并未因此弥平。同时，在世界上许多经济落后的资本主义国家，目前仍在不同程度上重演着发达国家资本主义前期的野蛮戏剧。因此，在当代，揭示资本主义的基本矛盾和阶级对立在新的历史条件下的具体表现形式，探索工人阶级和广大劳动人民争取解放的道路，仍然是马克思主义政治经济学的一项基本任务。

20 世纪上半叶，世界上第一个社会主义国家在第一次世界大战的炮火硝烟中诞生，第二次世界大战之后又有一批国家冲破世界资本主义的薄弱链条，建立了社会主义制度。这时，马克思主义政治经济学就增加了为实践中的社会主义服务的新任务，即根据不同国家的生产力发展水平和具体历史条件，阐明建立和发展社会主义经济制度的方向、道路和步骤；在总结社会主义建设的经验教训的基础上，为通过改革不断完善社会主义生产关系

---

① 《马克思恩格斯选集》，2 版，第 2 卷，44 页。

的具体形式，为国家经济政策的制定、调整和实施，提供经济学理论的支持。马克思主义政治经济学在社会主义条件下的任务，最终归结为探索最有利于生产力发展的社会主义生产关系的具体形式和经济政策，以使社会财富充分涌流，人民群众的福利得到不断增进。

目前，在学术界关于马克思主义政治经济学的研究任务的讨论中，是否以及如何研究资源配置，还是一个有争议的问题。所谓资源配置，是指各种有限的经济资源根据社会对不同产品的需要，在不同生产部门之间的分配。这个概念，是由现代西方经济学提出来的。我们认为，虽然马克思主义的经典作家没有使用过“资源配置”这个概念，但是，他们曾明确地指出，社会总劳动在不同生产部门的分配，是在任何社会都存在的基本经济问题。根据马克思主义政治经济学的原理，任何自然资源都要通过人类劳动，才能够成为对人类有价值的经济资源。从这个意义上说，资源配置归根结底是社会总劳动在不同部门的分配。马克思主义的经典作家还深入地研究了资本主义生产关系条件下不同生产部类的比例问题，揭示了通过经济危机表现出来的比例失调的原因。这实际上也就是对资本主义经济中资源配置失当的研究。可见，马克思主义政治经济学从一开始，就没有将资源配置排斥在自己的研究视野之外。

但是，需要说明的是，在对资源配置问题的研究上，马克思主义政治经济学与现代西方经济学的研究相比，有着根本的区别。许多西方经济学家，具有脱离社会经济关系，而将资源配置当做纯技术问题来处理的倾向。马克思主义则认为，不存在脱离一定社会生产关系的资源配置。因为，资源配置的主体是人，而任何人都是处在一定的社会生产关系之中的，资源配置也就总是通过一定的社会生产关系来实现的，因而在不同的经济关系或经济制度下具有不同的社会内容和形式。

关键术语

政治经济学	经济学	政治学
马克思主义政治经济学	历史唯物主义	经济规律
资源配置	意识形态	

思考题

1. 政治经济学含义的历史演变说明了什么？
2. 如何理解政治经济学是一门科学？
3. 历史唯物主义的基本原理是什么？
4. 政治经济学与政治学有什么关系？

第二章

生产力与生产关系

重点问题

生产力的实质
生产力的要素
生产要素的配置
生产力发展水平的表征
生产力发展中的三次革命
分工的产生与发展
社会分工的两个层次
分工的作用及其内在矛盾
生产关系的形成与本质
生产关系的功能
生产关系的层次和结构
生产资料所有制与产权

生产力决定生产关系是历史唯物主义的基本原理，也是马克思主义政治经济学的理论基础。理解马克思主义政治经济学首先需要对生产力和生产关系这两个基本范畴有一个深入的了解。

第一节　生产力

一、生产力的发展与人的需要

劳动是人通过自身有目的的活动来引起、调整和控制人和自然之间的物质变换的过程。这一过程如果从结果的角度，即从产品的角度考察，表现为生产过程。也就是说，任何劳动过程的目的都是生产出能够满足人们需要的有用物品，人们在劳动过程中形成的与自然界进行物质交换的能力，或生产有用物品的能力，就是生产力。

人类的生产以满足人的需要为目的，人的需要是社会生产发展的根本动力。而人类需要的产生首先有它的生物学基础。“全部人类历史的第一个前提无疑是有生命的个人的存在。因此，第一个需要确认的事实就是这些个人的肉体组织以及由此产生的个人对其他自然的关系。”① 从人的自然属性中产生出的人的需要及其满足，是全部经济和社会活动的基础。人类是一种高级哺乳动物，与别的动物一样，他需要通过与自然界进行物质交换获得能量和养分，维持和延续自己的生命。人类的这种自然需要是由生物学的规律决定的。但是，人类的需要与动物有着根本的不同，动物只是本能地适应自然，它们的需要以及满足需要的能力，基本上是停滞不前的，而人类的需要以及满足需要的能力，却具有无限发展的倾向。为什么会出现这种差异呢？答案包含在人类从事的劳动之中。

由于从事劳动，作为人类生理器官延长的工具从而人类的劳动能力逐渐得到改进；主动地改变自然的物质形态以使之适应人类需要的技术发明不断出现。因而，人类的需要就不像动物那样完全受天然生理器官的局限，始终停滞在某种天然的狭隘的范围之内，而是随着人类能力的扩张而不断发展，永无止境。人类不仅有生存需要，而且有享受和发展的需要；不仅有吃喝穿住等物质方面的需要，而且有文化、艺术、教育等精神方面的需要；随着生产的发展，人类的需要在不断发展，例如，火的发明使人类具有了消费熟食的能力，从而产生了对熟食的需要；汽车的发明使人们产生了对汽车的需要；电脑的发明使人们产生了对电脑的需要。在一种需要满足之后，新的需要就会产生；为满足生活的需要而进行生产活动本身又会引起对生产要素的需要。例如，使用铁器进行耕作，就会产生对炼铁和铸造的需要，使用汽车作为交通工具，就会产生出对钢铁、汽油和机械设备等生产资料的需要。正因为人类的需要是无限的，因而，满足需要的能力即生产力的发展也就不会停滞不前，如果人们总是安于茹毛饮血、穴居野处，他们就只能永远停留在野蛮状态。

人类的需要就像古人所说的那样：“食必常饱，然后求美；衣必常暖，然后求丽；居必常安，然后求乐”，在不断求新求变。对于这一点，当代著名的心理学家马斯洛曾从需求层次的角度作了说明。他把人的基本需要按重要性依次定为生理需要、安全需要、爱的需要、尊重的需要和自我实现的需要。他认为，人的各种需要沿着从基本到高级的顺序逐次展开，一种需要已经得到满足，就不再是一种现实的需要，新的更高的需要就会随之而来，因而，人的需要很少能够达到满足的状态。从唯物史观的观点看，人类的这种无限丰富的需要，并不是动物的天然属性，而只是人类劳动能力不断扩展的产物。

人类的需要是无限的，但是，满足需要的能力即生产力在一定时期却是有限的。这里就产生了所谓资源的稀缺问题。但是，在马克思主义经济学看来，所谓资源的稀缺问题，并不是像许多西方经济学教科书所说的那样，是人类经济生活的出发点和永恒的前提。相反，历史学证明，人类在生产和生活资料方面并不从来就是稀缺的。在长达几百万年的旧石器时代，人类是以采集为生计的。那时候，由于人口稀少而生产能力有限，因此，土地、湖泊、森林以及各种各样的天然的动物和植物对人类来说，就像现在的空气一样取之不竭。美国历史学家斯塔夫里阿诺斯作过这样的描述：“对旧石器时代的食物采取者来说，他们的自然环境就像一个总是装得满满的、随时可取用的冰箱。一群食物采集者只要发现当地可作食物用的动植物快耗尽，便迁移到一个新的营地。因此，旧石器时代的一群群食

---

① 《马克思恩格斯选集》，2版，第1卷，67页。

物采集者总是处在迁移中，他们差不多是从一个营地一路吃到下一个营地。”[①]这是一种原始的“丰裕”。不过，虽然当时的物质资源对人类来说并不稀缺，但是，与现代人的生活相比，旧石器时代人类的生活显然不能说是富裕，而只能说是贫困。

那么，是什么制约了人们生活水平的提高呢？应当说是劳动时间和劳动能力的有限性。人的生命以及他所拥有的脑力和体力总是有限的。在有限的生命中，人类还要把相当部分时间花在满足睡觉、吃饭等纯生理的需要上，在其他的时间内，人们才能从事劳动，生产他们所需要的各种产品，满足生存和发展的需要。因此，劳动时间对人来说永远是稀缺的，这是他们所无法超越和克服的客观约束。这样，就产生了一个根本性矛盾，即人类必须用有限的时间和能量去满足他们无限增长的需要。人类的经济活动就是在协调这一矛盾中产生的。为了解决这一矛盾，人们在生产过程中必须考虑劳动时间的节约问题，必须要对劳动的消耗和劳动的成果进行比较。节约劳动时间，用最小的劳动消耗获得最大的劳动成果，被马克思称做人类社会首要的经济规律。因此，社会的发展、社会的享用和社会活动的全面性，都取决于时间的节省。一切的节约归根结底都归结为时间的节约。而劳动时间的节约就等于生产力的发展。劳动时间的节约，是人类劳动过程的必然要求，是适用于一切社会的普遍规律，这个规律不会因为社会制度的变化而消失，改变的只是它的实现方式。因此，社会生产力由低到高的发展具有必然性。

二、生产力的要素

社会生产力是由以下一些基本因素结合而成的有机体系。

（一）自然资源

所谓自然资源是指可以用于生产满足人类需要的产品以及为人类生存提供良好环境的一切自然物质。自然资源可分为物质资源和生态资源。物质资源是指可以用于生活或生产消费的自然资源，包括矿产资源和生物资源，生物资源又包括微生物、植物和动物三大类。生态资源是指能确保生物圈生态平衡，因而也能确保人类正常生活环境的各种因素，如空气、水、土地、动植物等。它的特点是，在完成供人类消费的职能之后，还可以作为分解人类活动所产生的所有废物的反应器，消除它们对生命活动的有害影响。自然资源在生产力发展中的主要作用表现为：

（1）为人类的生产和生活提供必要的空间和基地。人类的生产和生活都是在一定的土地上和空间中进行的，而且这些土地和空间在一定时期对人类来说并不是无限的，它们对人类生产和生活的容纳力有一定的限度。

（2）为人类的生产和生活提供必要的物质资源。如矿藏、江河、森林可以为人们提供能源和原料。这类自然资源大多是不可再生的，破坏性地过量利用，会使它们的供应无以为继。在农业或采矿业中，在生产资料和劳动力的投入相同的条件下，自然资源贫富不等的企业在产量和收益上有很大差别。可见，自然资源的状况对生产活动的持续和效率有着重要的影响。

（3）为生产过程提供必要的生态保障。维持经济增长必然要消耗资源和排放废物，造

---

① ［美］斯塔夫里阿诺斯：《远古以来的人类生命线：一部新的世界史》，21页，北京，中国社会科学出版社，1992。

成环境污染。生态资源的存在保证了这种污染被及时消解，使人类的再生产过程得以顺利进行下去。但是，如果这种污染超出了生态环境的承载限度，就会破坏生态平衡，使再生产过程失去生态保障，从而阻碍生产力的发展。

（二）劳动力

劳动力是具有劳动能力的人，是生产过程的主体，因而劳动力是生产力的首要因素。离开了从事劳动的具有思维和知识的人，生产力的概念就失去了活的灵魂。归根结底，生产力不过是人类劳动的能力，是人与自然进行物质交换的能力。谁来发展生产力？掌握知识和技能的人才能发展生产力。因此，生产力的发展归根结底是人类劳动能力的发展，是人类科学知识、实践经验、操作技能和社会结合能力不断累积和提高的结果。正如马克思所说，自然界没有制造出任何机器，没有制造机车、铁路、电报、走锭精纺机等等，它们是人类劳动的产物；是变成了人类意志驾驭自然的器官或人类在自然界活动的器官的自然物质。它们是人类的手创造出来的人类头脑的器官；是物化的知识力量。

一个社会生产力的发展状况，取决于其劳动力的数量和质量。劳动力的数量决定于社会总人口的规模和结构，而人口受教育的程度则是决定劳动力质量的关键因素。

（三）生产资料

生产资料包括劳动资料和劳动对象。劳动资料是劳动者置于自己和劳动对象之间、用来把自己的活动传导到劳动对象上去的物或物的综合体，也就是劳动工具。劳动资料的使用和创造，是人类劳动过程独有的特征。正是由于制造和使用工具，人类才突破了自身脑力和体力的局限，增强了与自然进行交换的能力。因此，马克思说："各种经济时代的区别，不在于生产什么，而在于怎样生产，用什么劳动资料生产。劳动资料不仅是人类劳动力发展的测量器，而且是劳动借以进行的社会关系的指示器。"① 从生产力发展的角度看，各个经济发展时代的区别是以生产工具的革命为标志的。

劳动对象是人们在物质资料生产过程中将劳动加于其上的一切东西。它包括两大类：(1) 天然存在的劳动对象，即前面所说的自然资源。它们未经人的加工，就作为人类劳动的一般对象而存在。(2) 已经被以前的劳动改造过的劳动对象。如制造机器用的钢材、加工服装用的布料、生产化肥用的原油等等。劳动对象的种类随着科学技术的进步和生产力的发展而不断增加，其范围在不断扩大。劳动对象日益由天然的存在变为人工材料。

（四）信息

信息是反映物质存在方式和运动状态的一种属性，是人们同外部世界进行交流的具体内容。在社会生活中，人们随时随地都在交流和使用信息；没有信息，人们就不可能进行思维；没有信息，人们就不可能认识自然规律，不可能发明和学习生产技术；没有信息，劳动中的各种要素就无法组织起来；没有信息，社会秩序将是一片混乱。如何获得准确、有用的信息，如何快速有效地处理信息，如何以最快的速度、最低的代价传输信息，如何克服信息交流中时间与空间的限制等，是影响生产力水平提高的重要因素。

信息技术的发展是随着人类生产力的发展而发展的，并且呈几何级数增长。据科学家估计，"现代人" 只不过存在了 3.5 万年～5 万年。但是直到 6 000 年前，人类才发明了文字，4 000 年前，才创造出最早拼写的字母。到公元 11 世纪，中国开始出现印刷的书籍，

① 《资本论》，第 1 卷，204 页。

而欧洲则在1451年才在德国约翰尼斯谷登堡印出第一本书。印刷术的出现，使数以百万计的人能接触文字，大大增强了人类存储、交换和传播信息的能力。近100年来，人类信息交流能力得到了飞速发展。1872年诞生了第一台打字机，1876年传送了第一个电话信息，1895年发送了第一个无线电信号，1922年出现了有声电影，1926年出现了电视机，1946年出现了第一台数字计算机，1971年出现了第一台微型计算机，20世纪60年代出现了通信卫星，70年代出现了光纤通信，80年代出现了移动通信、多媒体技术、互联网技术、信息高速公路等全新的信息系统，信息技术的发展成为了生产力发展的巨大动力。

虽然人类的活动始终离不开对信息的利用，有文字记载的信息活动也可以追溯至遥远的上古时期，但是在农业社会和工业社会，信息主要附着于生产资料、劳动力等其他要素之中，而没有成为独立的生产要素。随着信息技术的进步，信息日益成为了一种独立于人的大脑和物质资料而存在的生产要素。特别是数字化技术的出现，使信息开始成为了一种可数字化的产品。任何信息载体——图书、报刊、音像、数据都可以转化成为数字化的东西，可以通过计算机进行加工、整理和传送。分散在不同时间、地点的信息可以储存和积累起来，成为“社会的记忆”。信息获得了相对独立的存在和运动方式，它不再是生产中的辅助性因素，反过来成了决定其他生产要素的决定性力量，因而也成了决定生产力发展的最重要的因素。

信息因素在生产过程中的作用主要体现在以下方面：（1）渗透力——渗透到劳动力、劳动工具、劳动对象和管理活动等各个要素中，改进了这些要素的性能，提高了它们的使用效率。（2）联结力——把社会生产力中各个要素联结成一个有机整体，形成现实的生产力。（3）调控力——调节和控制社会生产力系统内部各个方面以及与环境之间的相互关系，最大限度地发挥整体功能。（4）决策力——在全部决策过程中通过信息的收集、加工处理、储存传递，形成科学的系统目标和行动方案。（5）辐射力——通过信息及其传递，使空间相对缩小，时间绝对缩短，节约劳动时间，提高劳动的效率。（6）再生力——通过信息自身的运用，使信息资源得到再生和增值。①

什么是信息：对于信息的准确含义，目前还没有统一的认识。《现代汉语词典》中信息的定义是“信息论中指用符号传送的报道，报道的内容是接受符号者预先不知道的。”美国韦伯字典的解释是“用来通信的事实，在观察中得到的数据、新闻和知识”。英国牛津字典的定义是“信息就是谈论的事情、新闻和知识”。信息论的奠基人、美国科学家申农（C. E. Shannon）把信息理解为“用以消除随机不定的东西”。控制论的创始人、美国科学家维纳（N. Wiener）认为，“信息是人们在适应外部世界并且使这种适应反作用于外部世界的过程中，同外部世界进行交换内容的名称”。我国有的学者认为，信息资源与材料和能源资源相比，具有以下显著特点：第一，信息可以多次重复使用，而不会损耗和消失。第二，信息可以脱离它所反映的事物而被存储、保留，被传播到很远的地方。第三，信息的表现与传播需要有一定的载体，这种载体可以使用多种形式，例如，可以用文字记载信息，可以用声音记录信息，可以用数字、图形、图像作信息的载体，也可以用触觉、气味、电磁、光学等手段来作载体。第四，宇宙中所有事物都有信息。第五，信息反映的是事物的状态、特征与变

① 参见马费成等：《信息经济学》，57页，武汉，武汉大学出版社，1998。

化，因此，相对于材料与能源而言，信息更能表现事物的内在规律，反映事物更为本质的内涵。第六，信息是可以无限增长的资源。以上这些特点，都是材料和能源两种资源无法比拟的，正是以上特点，才使得信息社会与工业社会相比，成为生产力发展水平更高的一个社会形态。[①]

总之，信息作为生产力的一个组成部分，其作用随着生产力的发展而不断加强。在信息化的时代，它已经成为了现代生产力体系中不可缺少的重要因素。

（五）科学技术

生产力的发展归根结底是人的能力的发展，而人的能力的发展归根结底又是科学技术的发展。科学是指关于客观世界发展规律的知识，而技术则是指利用和改造自然的实际技能。早在100多年以前，马克思就提出“生产力中也包括科学”，“社会的劳动生产力，首先是科学的力量”，“生产过程成为科学的应用，而科学反过来成了生产过程的因素即所谓职能”。20世纪，科学技术迅猛发展，对生产力发展的推动作用日益增强，面对这种形势，邓小平明确提出了“科学技术是第一生产力”的论断，丰富和发展了马克思主义理论。

在历史上，科学和技术曾经是分离的，彼此联系不多。生产力的发展，比如石器的制造，火的使用，制陶和冶金技术的发明，动物的驯养，都不是现代意义上那种具有数学的精确性的系统科学研究的结果，而是劳动者根据长期的实际经验摸索出来的。20世纪以来，科学与技术的联系日益紧密，出现了一体化的趋势，科学技术日益转变为现实的生产力，形成了以“科学—技术—生产”为特征的生产力发展模式，科学通过革新生产工具和生产技术、扩展新的劳动对象、提高劳动者素质和促进管理的科学化等多种途径，被运用于生产过程，从理论知识转化为物质力量，形成现实的生产力。在科学技术日新月异的现代社会，生产力的发展和现实财富的创造，越来越少地取决于劳动时间和已经耗费的劳动量，越来越多地取决于科学水平和技术进步，取决于科学技术在生产上的应用。在这样的条件下，科学、知识将代替体力的消耗而成为劳动过程的基础。在这个时代，科学真正成为第一生产力。

三、生产要素微观配置和宏观配置

以上我们讨论了构成生产力的五个要素，自然资源、劳动力、生产资料、信息和科学技术。不论生产的社会形式如何，它们始终都是构成社会生产的基本因素。但是，在彼此分离的情况下，它们只在可能性上是生产的要素。凡要进行生产，就必须以一定方式使这些要素结合起来。不同生产要素的这种结合过程，就是生产力诸要素的配置过程，这与资源的配置是等价的概念。它包括两个方面的内容，即微观配置和宏观配置。

（一）生产要素微观配置与劳动时间的节约

从微观的角度看，在生产过程中，自然资源、劳动力、生产资料、科学技术和信息等各种生产要素或资源，必须按照一定的技术要求组织起来，才能形成现实的生产能力，生产出满足人们需要的具体产品。生产要素的这种微观配置的组织形式称做生产组织，它使相互分离的各种要素组合起来，形成作为一个整体的能动的生产力。生产的这种组织对于

① 参见李衍达：《信息世界漫谈》，74页，清华大学、暨南大学出版社，2000。

所有的社会生产都是必需的。生产过程越复杂，组织的作用越重要。有组织的生产可以实行专业化生产，提高劳动者的技能和经验；可以节约生产资料，充分发挥机器设备的效能，降低原材料消耗；可以抵消劳动者个人生产力的差别，使每个人的劳动具有社会平均劳动的性质；可以大规模运用先进科学技术，等等。总之，合理的生产要素配置，可以节约劳动时间，提高劳动生产率。这是节约劳动时间这一人类经济活动的一般规律的要求。

（二）生产要素宏观配置与按比例分配劳动

从宏观的角度看，资源的配置实质上是生产与需要的相互适应的问题，亦即社会总劳动根据社会对不同产品的需要，在不同生产部门按比例分配的问题。我们在前一章讨论政治经济学的任务时，已经涉及过这个问题。现在需要加以进一步的论述。

我们知道，人类的需要是多方面的而且是无限的，但获取满足人们多方面需要的资源，以及将它们加工成产品的劳动时间却总是有限的，因此，在经济活动中人类社会就始终面临着这样的选择，即如何把有限的资源和劳动合理地分配在社会生产的各个部门，使生产和需要达到平衡，避免由于二者的脱节而导致的资源浪费。同节约劳动时间一样，这是任何社会形态下都存在的一般的经济问题。对此，马克思曾这样论述：

> "……要想得到和各种不同的需要量相适应的产品量，就要付出各种不同的和一定量的社会总劳动量。这种按一定比例分配社会劳动的必要性，决不可能被社会生产的一定形式所取消，而可能改变的只是它的表现方式，这是不言而喻的。自然规律是根本不能取消的。在不同的历史条件下能够发生变化的，只是这些规律借以实现的形式。而在社会劳动的联系体现为个人劳动产品的私人交换的社会制度下，这种按比例分配劳动所借以实现的形式，正是这些产品的交换价值。"①

社会总劳动的按比例分配是人类社会所面临的永恒问题。但是，在不同的社会历史条件下，人类解决这一问题的具体方法不同。例如，在传统农业社会，社会总劳动在不同部门的分配主要依靠传统、习惯和超经济强制；在市场经济中，社会总劳动的分配主要依靠市场机制；在计划经济中，社会总劳动的分配主要依靠政府指令。社会总劳动在不同历史时期的具体分配形式，可以称做社会生产的调节机制。对经济调节机制问题的具体讨论，将在本书后面的有关章节进行。

四、生产力发展水平的表征

生产力的发展是人类社会的必然趋势。那么，生产力的发展表现在哪些方面呢？生产力发展水平的高低是以什么为标准来加以衡量的呢？换句话说，生产力的发展水平有哪些表征呢？对于这一问题可以从以下四个方面来说明。

（1）如果产品结构或社会生产的部门结构不变，生产力水平的高低和生产力的发展程度，就可以用该种产品的劳动生产率，即单位时间内生产的劳动产品的数量来表示。劳动生产率的提高表明在单位劳动时间内生产了更多的产品，或者说生产同样数量的产品需要较少的劳动时间。这种意义上生产力的发展取决于许多因素，其中主要的有：劳动者的技术熟练程度，生产资料特别是生产工具的质量或性能，信息传递的效率，劳动组织的状

---

① 《马克思恩格斯选集》，2版，第4卷，580页，北京，人民出版社，1995。

况，科学技术发展和应用的程度，以及各种自然条件的优劣等。比如，1800 年美国生产 1 吨小麦需要用工 137 小时，1 吨玉米需要用工 136 小时，1 吨棉花需要用工 2 759 小时，而由于科学技术的发展，到 1970 年生产 1 吨小麦、玉米和棉花的用工则分别为 3.3 小时、2.8 小时和 119 小时，生产这些农产品的劳动生产率在这 170 年中提高了十几倍到二十几倍。这说明，美国农业的劳动生产率在这一百多年里大幅提高了。但是，用劳动生产率的高低来衡量生产力发展的水平是以产品结构不变为假设前提的，这时整个社会生产力的发展表现为单纯的数量扩张。一旦我们改变假设，考虑到产品结构的变动以及不同产品之间的相互关系，问题就复杂了。比如，从上述的资料中我们只能得出美国生产小麦、玉米和棉花的生产力发展了，而不能说明 1970 年美国全社会的生产力也高于 1800 年。因为，当代美国居民消费的产品与一百多年前美国居民消费的产品不仅在范围和数量上不能相比，即使像食物、衣服、住房等类似的产品，无论在数量、质量还是内容上，也有着不少差别。由于不同时期和不同国家的产品结构或部门结构不同，如果我们要在整体上对不同时期和不同国家的生产力发展状况进行比较，仅仅依靠劳动生产率这一概念显然是不够的。这就需要引入产品结构变动或部门结构升级的概念。

（2）在产品结构或生产的部门结构是向着日益复杂化和高级化的方向变动的情况下，生产力的发展就不能仅仅用既定产品结构条件下劳动生产率的提高来衡量。在这种情况下，生产力的发展体现为劳动分工的发展。这种发展一方面表现为分工在原有部门结构基础上的深化，即同一部门内部不同环节的生产活动分解为专业化的独立行业（这是劳动生产率提高的一项重要原因）。另一方面，分工的发展还表现为其范围的扩展，即新技术和新生产方式的出现所导致的新产品、新部门的产生和发展。这增加了产品的种类，扩大了生产的范围，提高了人类总体劳动的复杂程度，使人类的需要在更多方面得到满足。事实上，历史上社会生产力的每一次重大革命，都是通过产品创新来实现的。农业的出现，把人类社会从野蛮状态带入文明时代；工业革命导致了纺织、能源、机械、电子、采掘、冶金、化工、电信等一系列新部门的出现；以信息产业为代表的现代高新技术的发展，创造了计算机软件和硬件、卫星通信、信息网络、新材料、新能源、生物工程、环境保护等新的部门，每一个新部门内部又在不断演化出一系列新行业。除了少数几类生活必需品以外，现代社会居民所消费的绝大多数产品，对于古代社会的居民来说是闻所未闻的。

（3）社会生产力的发展还表现为剩余劳动的增加。为维持和再生产劳动力所需要的社会产品，称做必要产品，生产必要产品的劳动称做必要劳动。超出劳动力再生产需要的产品是剩余产品，生产剩余产品的劳动就是剩余劳动。剩余产品的增多和剩余劳动时间的增加，是社会劳动生产力发展的一个重要表现。在劳动时间和必需品的数量一定的条件下，劳动生产力的提高必然表现为剩余产品的增多和剩余劳动时间的增加。人类社会生产力发展的历史就是必要劳动时间不断缩短和剩余劳动时间不断增加的历史。在原始社会的早期，人们进行渔猎和采集，利用自然界现成的东西维持生活，生产力水平极其低下，食物的产量不足以充分满足消费需要，全部劳动都用来生产必要产品，即维持生存和繁衍后代所必需的食物、衣服、住所和少量的劳动工具，没有经常性的剩余。后来，在长期的生产实践中，人们学会了饲养牲畜和耕种土地，发明了弓箭、制陶和冶金技术，发生了两次社会大分工，劳动产品除了维持生存外有了经常性的剩余，必要产品和剩余产品、必要劳动和剩余劳动的区分开始出现了。

剩余产品的出现，使人们有可能留出一定的后备用来应付各种自然灾害，有了经常性的食物和物资储备，从而为人口的增长和生活质量的提高提供了物质前提。剩余产品的出现，使人们有可能追加对生产过程的各种投入，扩大生产规模，从而为生产力的不断发展奠定了可靠的基础；剩余产品的出现，使一部分社会成员可以从提供食物等必需品的部门中解脱出来，促进了劳动的分工和专业化；生产力的发展使必要劳动时间不断减少，从而为个人的全面发展和多方面能力的提高创造了条件。如果说，在原始状态下人们的所有劳动时间都是必要劳动时间，剩余劳动时间为零，那么，随着生产力的不断发展，总有一天会达到这样一种水平，那时，必要劳动时间减少到了最低限度，已经趋向于零，从这时开始，人类社会就从必然王国进入到了自由王国。

(4) 生产力的发展水平还体现在是否具有可持续性上。18 世纪工业文明兴起之后，人类对自然界的改造能力以超乎想象的规模和速度膨胀起来，自然界开始被人类当做征服和统治的对象，人们日益被自己征服自然、统治自然的能力所陶醉，为了追求经济增长的速度，对自然的大规模开发日益失去节制。然而，正如恩格斯在一百多年前就曾警告过的那样："我们不要过分陶醉于我们人类对自然界的胜利。对于每一次这样的胜利，自然界都对我们进行报复。每一次胜利，起初确实取得了我们预期的结果，但是往后和再往后却发生完全不同的、出乎预料的影响，常常把最初的结果又消除了"①。一百多年来人类工业化的实践，完全证实了恩格斯的预言。20 世纪既是经济飞速发展的世纪，也是"全球规模环境破坏的世纪"，由氟利昂所引起的臭氧层破坏、酸雨所带来的湖泊酸性化及森林破坏、海洋污染、土地的沙漠化、自然资源的枯竭和物种的减少等全球性环境问题日益严重。生物圈已经无力承受人类文明所产生的有害废物的污染，并开始逐步退化，地球上生命本身的存在面临危险。下面的一些数据反映了目前环境退化和破坏的过程：

——每天有 6 000 万吨废气作为工业和运输业的附加产品进入大气层；

——每天有 55 万公顷热带森林被砍伐或被破坏；

——由于太平洋的污染，每天有 22 万吨鱼类死去；

——每天有 22 万公顷土地变成沙漠；

——每天有 10～20 种动植物灭绝和消亡。

正是在这样的背景下，20 世纪 70 年代初以来，"可持续发展"的概念日益深入人心。"可持续发展"实际上是一种综合考虑了人口因素、人权理念和生态约束的整体发展观、系统发展观。可持续发展意味着关系到所有经济活动，包括工业、能源、农业、林业、渔业、运输、旅游和基础设施的生产和消费能长久地持续下去，以无害生态的方式最佳地利用资源，尽量少地产生废物。② 人们开始意识到，生产力的发展和人类的经济活动必然受到生态的限制，对于自然资源的过度开采，对于生态环境的大规模的破坏，虽然可能会在短期内增加物质产品的数量和品种，但从长期来看却会成为生产力持续发展的障碍。生产力的发展绝不意味着人类对自然的征服，而是意味着人类对自然规律认识的深化，协调自身与自然的关系的能力的提高。正像恩格斯所说的那样："我们统治自然界，决不像征服者统治异族人那样，决不是像站在自然界之外的人似的，——相反地，我们连同我们的

① 《马克思恩格斯选集》，2 版，第 4 卷，383 页。

② 参见《人口与发展国际文献汇编》，180 页，北京，中国人口出版社，1995。

肉、血和头脑都是属于自然界和存在于自然之中的；我们对自然界的全部统治力量，就在于我们比其他一切生物强，能够认识和正确运用自然规律”①。合理地保护和利用自然，形成人与自然之间更加和谐的关系，是持续发展的保障，是生产力具有向更高水平继续进步的强大后劲的表现。如果当前两个国家在表征生产力发展的其他方面都水平相当，但其中一国生态和环境保护得好，发展后劲足，而另一国情况相反，显然应当说前者的生产力发展水平高于后者。

五、生产力的三次革命：农业化、工业化与信息化

迄今为止，人类社会生产力的发展经历了三次大的革命。

（一）农业革命

在人类社会产生以后最初的几百万年中，人们只能通过采集和渔猎，利用自然界提供的现成的动植物维持生存，剩余产品很少。农业的兴起是第一个转折点。在长期的采集和渔猎实践中，人们逐步学会了农作物的栽培和动物的驯养。大约在公元前 1 万年前后，原始的农业和畜牧业出现了。这意味着人类不再消极地接受自然界的馈赠，而是通过直接控制动植物的生长过程，主动地生产所需要的生活资料。这样，就摆脱了天然资源对人类生活的限制，生产力的发展发生了历史上第一次革命性的飞跃。后来，随着灌溉和休耕技术的采用，金属工具的发明和使用，农业劳动的生产率不断提高，剩余产品越来越多，从而为手工业、商业、城市和文化的发展创造了物质前提。因此，农业是人类文明的摇篮。

以农业为基础的社会被称做农业社会。在农业社会，土地是主要的生产资料，农业是主要的生产部门，手工劳动基础上的简单协作和按年龄和性别实行的自然分工，是主要的劳动方式。虽然存在着农业、畜牧业、手工业和商业的分工，但它们都只是作为农业的附属而存在的。整个社会的经济基本是以农业为主导的自给自足的自然经济，生产者和消费者合而为一。在这种社会中，人们之间只有以宗族关系和统治服从关系为基础的狭隘的地域性联系。所谓“小国寡民，鸡犬之声相闻，民至老死不相往来”，就是对这种社会的描述。

（二）工业革命

近代自然科学的进步，使人类由农业社会迈入工业社会。18 世纪中叶爆发于英国的工业革命，彻底改变了人类社会发展的面貌。通过原始积累，英国拥有了大量的资本和充足的劳动力，建立了欧洲最先进的手工工场，工业生产特别是纺织业得到迅速发展，推动了劳动工具的革新。工作机的发明是工业革命的起点。在使用手工工具的条件下，人能够同时使用的工具的数量，受到其自己身体器官数量的限制，而同一工作机同时使用的工具的数量，一开始就摆脱了手工工具所受的人的生理器官的限制，极大地扩展了人类改造自然的能力。

工作机规模的扩大和工作机上同时作业的工具数量的增加，需要较大的动力机械。发明和制造一种强大、稳定而又方便的动力机械，成为工业革命继续发展的关键。于是，蒸汽机被发明、改进并应用起来。继工作机代替人手之后，动力机取得了独立的、完全摆脱

---

① 《马克思恩格斯选集》，2 版，第 4 卷，383～384 页。

人力和畜力限制的形式。在动力机发展的同时，将动力传送到工作机的传动系统也发展起来。从工作机的发明开始，在产业革命过程中逐渐形成了由工作机、传动机、动力机这样三个组成部分构成的经典的机器体系。

机器生产拉开了工业化的序幕，推动了科学技术突飞猛进的发展，科学技术的发展反过来又成为推动工业化发展的巨大动力。麦克斯韦尔电磁场理论导致电力技术革命，量子化学、化学键理论导致以煤和石油为原料的现代合成化工工业的发展。在钢铁冶炼、热机、运输、电力、化工合成以及电信技术等诸方面，新的发明不断涌现，终于形成以电力革命为核心的第二次工业革命。

在工业化过程中，农业社会逐渐被工业社会所代替。在工业社会，机器是主要的生产资料，工业是主要的生产部门，依托机器体系建立的工厂是生产力的基本单元。劳动过程的协作性质和科学组织，成了由机器体系这种劳动资料本身的性质所决定的技术上的必要性。劳动的方式和组织也发生了相应的变革，大规模的集体生产成为生产活动的主要形式。机器工业的发展还极大地促进了传统农业的改造，农业机械、化肥和农药的使用使农业劳动生产率空前提高。在此基础上，农业劳动力大量向工业转移，形成人口由农村向工业密集的城市迁移的浪潮，城市化的进程迅速推进。在工业社会，传统农业社会的闭塞状态，也被个人、地区以至民族、国家之间的全面依赖和频繁交往所代替。

（三）信息革命

信息革命是继农业革命和工业革命之后，人类社会生产力发展正在经历着的第三次革命。这场革命目前才刚刚拉开幕布的一角。

从它所引起的生产方式的变革来看，信息时代是在生产过程中用机器控制机器，用机器执行某些原来由人脑完成的重要的控制和协调功能的时代。这种转变的发生，是以信息技术特别是计算机技术的发展为基础的。信息技术是信息的获取、传递和处理的所有技术的总称。信息革命的实质，是在计算机技术与通信技术融合的基础上，通过先进的信息技术实现整个经济体系的自动化和网络化控制。

在信息化的过程中，传统的机器体系开始向自动化机器体系发展。新的机器在传统机器的三个组成部分之外，加入了一个新的部分，即自动化的控制系统，它的主要功能是搜集和处理外部信息，并根据外部环境的变化，自动调节自己的运动，从而克服了人脑在感知和处理信息上的生理局限性。这不仅使机器摆脱了人脑控制对其运转效率的限制，使产品的数量和质量空前提高，而且还为最终将劳动者从机器的束缚下解放出来，创造了技术上的可能性，展现出使劳动者超脱于生产现场和直接生产过程的诱人前景，预示着人类劳动方式的又一次变革。

信息技术的发展还使社会生产的部门结构高级化、复杂化。包括信息设备的制造业、信息生产加工业、信息服务业在内的信息产业在整个社会生产中的比重持续增长，对经济增长的贡献大大提高。信息技术对传统产业的渗透日益加深，所谓“夕阳”产业（指作为工业革命成果的制造业、冶金业和采矿业等）并没有因为信息工业的发展而完全衰退，而是在信息化的推动下进行着改造和升级，生产率和产品质量大幅度提升，产品种类也日益多样。

第二节　劳动分工

分工是社会生产力发展的基本形式，也是生产力决定生产关系的中介环节。了解生产力与生产关系的相互作用过程，还需要对分工这一范畴作具体说明。

一、分工的产生和发展

从最广泛的意义上说，社会分工是劳动在不同部门和不同劳动者之间的划分，也就是不同劳动者分别固定地从事不同种类的劳动，即生产职能的专业化。我们所生活的社会，就是用劳动分工的网络组织起来的。在这一网络中，有人做工，有人务农，有人经商，有人从事科学研究等等。根据社会分工的不同，人们被划分为工人、农民、商人、知识分子等不同的群体，产生了管理者与被管理者、脑力劳动与体力劳动的差别。分工使得劳动主体的活动与其个人的消费需要相分离，专业化的个人的劳动产品都是为了满足别人的需要而生产的，同时其自身的多方面需要也都依赖他人的专业化劳动产品才能得到满足。

分工并不是人类社会与生俱来的，而是生产力发展到一定阶段的产物。在原始社会，由于人类的生产能力非常低下，单个人的力量不足以自卫和谋生，因而人们过着群居的生活，共同劳动，共同消费，共同生活。这时候，只存在简单协作而没有劳动的分工。关于这一点，很多文献曾作过详细的记载。美国人类学家约翰·普罗文斯在描写居住于婆罗洲的商·狄阿克部落的工作制度时说，部落的所有成员，包括巫医在内，轮流在自己的稻田和另一家的稻田上劳动，所有的人都去打猎、捡柴和从事家务劳动。德国探险家卡文史坦宁造访巴西中部的印第安人时，土著人不断询问他的裤子、蚊帐和许多日用品是不是自己制造的，当他们听说不是的时候，感到非常惊讶。[①]

不同劳动产品在自然形态上的差别，是分工产生的一般基础。从劳动的自然形态看，不同产品的物质属性和使用价值不同，需要使用不同的原材料和不同的工具，按照不同的方法进行生产。但是，据此并不能解释分工为什么会产生，并发展成为文明社会基本的劳动方式或生产方式。因为，人们完全可以上午种地，下午干木工活，而不必使自己专业化为农民或木匠。那么，分工产生和发展的条件和原因究竟是什么呢？

最早出现的分工是一种纯粹的自然分工，它是从两个起点上产生的：一是在原始公社内部，由于性别、年龄等各个方面的差别，在纯生理的基础上建立起来的分工。例如，男子打猎、捕鱼、耕田，妇女制备食物和衣服等；二是在各个原始共同体之间，由于各自所处自然环境的差别，在自然条件和自然产品的差异基础上形成的分工。例如，草原地带的居民以游牧为主，平原地带的居民以农业为主，沿海地带的居民以渔业为主等等。自然分工的出现，在某种程度上能够促进劳动生产率的提高。但这种分工，是以人们生理上的差别和自然环境的差别为基础的，发展水平极低。

剩余产品的出现，是社会分工发生的条件。在原始社会，由于生产力落后，人们的全部劳动时间都用来生产少数几种生活必需品，劳动的分工不可能发生，简单协作是劳动的

① 参见［比］曼德尔：《论马克思主义经济学》下卷，13～21页，北京，商务印书馆，1979。

主要方式。随着生产力的发展、新的生产工具的发明和新的生产方法的采用，劳动规模日益扩大，劳动种类日益增多，这促进了劳动生产率的提高，导致剩余产品和剩余劳动时间增加，使一部分社会成员有可能从食物等基本生存资料的生产中解脱出来，从事其他产品的专业化生产。同时，剩余产品的较大量出现，也使得由于自然环境的差异而生产不同产品的民族之间的交换从偶然变得经常。社会分工的产生导致了商品交换的出现，商品交换的发展，市场规模的扩大，又反过来促进社会分工的扩展。

专门从事某种特殊种类的劳动，不仅可以提高生产某种产品的劳动生产率，而且可以节约全社会的劳动时间。社会分工所具有的这种作用，正是它自身不断发展的重要原因。对于社会分工如何提高了劳动生产率，如何节约了社会的总劳动时间，我们在后面专设了一节分析，在此暂不展开论述。在这里要说明的是，生产资料、生产工艺和产品方面的重大技术创新，是推动社会分工发展的基本力量。因为，技术创新使生产活动的方式发生变化，而这又必然要求分工的劳动组织发生相应的变革。例如，生产流水线的出现就使得工厂内部的分工空前细化，而电子技术的发明导致通信、广播电视、电脑软硬件、计算机网络等一系列新的生产部门和行业的出现。同时，还应当注意到，分工自身的发展也会为生产工具等方面的技术创新创造条件。作为工业革命发端的工作机的产生，就是以手工工场内部分工导致的工人生产职能的简化和生产工具的专门化为重要条件的。

在早期人类史上，发生过三次意义重大的社会大分工。第一次是游牧业同农业的分离，第二次是手工业同农业的分离，第三次是商业的出现。在三次社会大分工的基础之上，形成了生产劳动和非物质生产劳动之间的分工、脑力劳动与体力劳动的分工以及城市和乡村的分离。在生产力发展的进程中，劳动分工的种类越来越多，社会分工的体系日益庞大。

二、社会分工的两个层次及相互关系

社会的分工可以分为两个层次：部门或行业分工和生产机构内部分工。所谓部门或行业分工是指社会总劳动在不同产品生产之间的划分，我们也可以把它称做宏观分工，它的结果是形成众多的劳动部门。生产机构内部分工则是劳动在同一生产机构（例如一个农场或一个工厂）内部不同操作环节之间的划分，我们也可以把它称做微观分工，其结果是形成一定规模的劳动集体或生产团队。宏观分工是各种社会经济形态所共有的，它产生于原始社会的末期，并随着劳动产品和劳动部门种类的增加而不断增多，即社会生产部门结构日益复杂化和高级化。微观分工的发生虽然可以追溯到古希腊时代的奴隶制庄园和工场，但主要是在资本主义工场手工业条件下发展起来的，并在机器大工业中达到其完成的形式。

我们知道，在相当长的时期内人类社会的主要生产方式是个体劳动和简单协作。15世纪—18世纪的西欧，由于航海技术的发展和新航路的开辟，美洲金银产地的发现，对殖民地的征服和掠夺，重商主义政策的实行，海外贸易得以急剧扩大，工商业的发展空前高涨，资本积累急剧膨胀，个体劳动已经无法满足急剧膨胀的世界市场对工业品的需要，以分工为基础的协作劳动方式迅速发展起来，这就是手工工场。在手工工场中，劳动者使用手工工具进行生产，但由于手工工场对劳动过程进行了细分，实行了劳动的

分工与协作，因而其劳动方式同一家一户的小生产，和封建社会时期的小作坊（产品的制作过程由行会师傅一个人从头到尾依次完成，顶多有一两个帮手或徒弟的协助）有着本质的不同。

工业革命，使纺纱机、机械织机和蒸汽锤代替了纺车、手工织机和手工锻锤；需要成百上千的人进行协作的工厂代替了小作坊。与手工劳动不同，在机器体系中，整个过程是客观地按其本身的性质分解为各个组成阶段，并按照机器运动的本身的规律，形成完整和严密的分工体系，造成了各个局部的操作环节和局部的工人之间的全面的相互依赖，没有一个人可以独立地生产出商品来，他们集体的劳动才能形成商品。劳动过程的协作性质或团队性质，要求各个局部劳动者在劳动过程中保持统一性和整齐性，以使在制品按计划准时、顺利地通过各道生产工序；任何一个工序环节出现问题，都会破坏整个生产过程的连续性，从而造成效率的损失。而且，生产的规模越大，这种连续性的中断所造成的损失也越大。这就要求对劳动过程实行有计划、有组织的管理，这种以分工协作为基础并实行严格的集中化管理的组织就是一般意义上的企业。

较多的工人在同一时间、同一空间，为了生产同种商品，在统一指挥下工作，是企业内部分工的前提。在这一前提下，制造一种产品的各种不同操作，不再由同一个工人按照时间先后顺序来完成，而是由许多工人在空间上并列去完成，每一个工人只完成某种局部操作，制造一种产品的全部操作由结合劳动者或协作工人同时进行和共同完成。因此，企业内部分工只有在生产规模发展到一定程度后才会出现，随着劳动规模的扩大，劳动工具日益分化，劳动环节日益增加，劳动过程日益复杂，企业内部的分工也日益发展。

虽然企业内部分工和行业分工是分工的不同层次，但它们之间有着密切的联系。一方面，随着生产规模的扩大，企业内部分工的不同的操作过程和操作环节，在许多场合分化为独立的生产部门，推动了社会分工的发展。这一点在工业革命以后的机器大生产条件下，表现得十分明显。随着机器大生产的发展，许多原来企业内部的生产环节独立化为特殊的社会生产行业。除了成品生产的专业化，又发展起零部件、工艺以至于技术后方等方面的专业化。这种独立化，是由机器生产方式的一个重要特性，即大规模批量生产决定的。而行业划分越细，企业的产品越专门化，也就越是能大批量生产。马克思曾谈到过这一点。他说："产品本身越片面，它所交换的商品越多样化……产品就越能作为商品来生产，因而也就越能大量地进行生产。"①

另一方面，在一些场合，社会分工又与企业内部分工发生重合。在不同企业的产品之间存在密切联系的场合，这种联系表现得尤为明显。比如，在采油企业生产出原油，炼油厂把原油提炼成成品油，化工厂再把成品油加工成化工产品的场合。假设有一个大型的跨行业的联合性企业，把所有上述生产过程合并到这一企业中，那么，社会的分工和工场的分工就完全重合了。因此，包括亚当·斯密在内的一些经济学家认为，社会分工和工场分工的区别只是主观的，也就是说，只是对观察者才存在的。它们的区别只是范围大小的区别。然而，这完全是一种误解。生产机构内部分工和社会分工不仅有程度上的差别，而且有着性质的区别：首先，在企业内部分工的场合，局部工人不生产完成形态的产品，他们生产的是中间产品，完成形态的产品是局部工人的共同产品；而在社会分工场合，每个独

① 《马克思恩格斯全集》，中文1版，第26卷，第三分册，296页，北京，人民出版社，1974。

立的企业的生产结果都是完成形态的产品。其次，社会分工以不同部门之间产品互为需求为媒介，不同产品生产者之间的关系是自由的横向关系，而企业内部分工条件下各局部劳动者之间的联系则是通过科层组织实现的，以服从上级权威、接受其统一指挥为前提。

显然，部门或行业分工不是工场内部分工的简单外在化。一个企业的规模再大，即使大到囊括了整个部门，企业内部的分工仍然是生产机构内部分工而不是部门或行业分工。理解了部门和行业分工与生产机构内部分工的区别，可以更清楚地认识企业与市场之间存在的本质区别。企业是一种生产组织，它产生于生产机构内部分工基础上形成的劳动的团队性、协作性或社会性；而市场是一种交换关系，是由部门和行业分工决定的不同产品生产者之间的交易。

三、分工的作用

分工是生产力发展的重要表现。对于分工的重要作用，马克思曾作过这样的概括：一个民族的生产力发展的水平，最明显地表现于该民族分工的发展程度。任何新的生产力，只要它不是迄今已知的生产力单纯的量的扩大（例如，开垦土地），都会引起分工的进一步发展。在马克思之前，古典经济学的创始人亚当·斯密也曾有过类似的看法，他认为，劳动生产力上最大的增进，以及运用劳动时所表现的更大的熟练、技巧和判断力，都是分工的结果。我们在前面谈到的生产力发展水平的两个表征，即劳动生产率的提高和部门结构的高级化和复杂化，其实就是分工发展的结果和表现。

那么，为什么分工具有如此巨大的作用呢？它是如何促进生产力发展的呢？我们从宏观分工和微观分工两个不同层次来分析这一问题。

（一）宏观分工对生产力发展的促进作用

从社会生产划分为不同部门和行业的角度看，分工对生产力的促进作用主要体现为节约社会总劳动的时间。对此，可以从绝对优势和比较优势两个方面加以说明。

1. 绝对优势

假定有两个生产者，都能做鞋和帽子，但各自在做鞋和帽子方面的能力不同。甲做一双鞋要花 10 小时，做一顶帽子只要 5 小时；乙相反，做一双鞋需要 5 小时，做一顶帽子需要 10 小时，在这种条件下，甲在做帽子方面有着绝对优势，乙在做鞋方面有着绝对优势。如果这两个人不实行分工，各自制作所需要的鞋和帽子，则甲、乙各做成一双鞋和一顶帽子都要花费 15 小时，这时的社会总劳动时间是 30 小时。如果他们按照各自的绝对优势实行分工，甲只做帽子，乙只做鞋，然后相互交换产品，这时两个人各取得一顶帽子和一双鞋的总劳动时间，由 30 小时减少为 20 小时，社会总劳动时间节约了 10 小时。这时候，不同产品生产者之间的分工，是以他们生产不同产品的劳动生产率的绝对差异为基础的，因此而取得的总利益增加或总劳动时间节约，就是分工的绝对优势。绝对优势原理是由亚当·斯密首先阐述的。

2. 比较优势

再假定，甲在鞋、帽两种产品的制造上都比乙强，甲做一双鞋需要花费 10 小时，做一顶帽子需要花费 5 小时；乙做一双鞋需要花费 14 小时，做一顶帽子需要花费 6 小时，甲在制帽子上比乙只强百分之二十，而在制鞋上强百分之四十。在这种条件下，虽然甲在制鞋和制帽子上都比乙强，但相对来说，甲在制鞋上有着比较优势或相对优势，乙在制帽子上有着比较优势。如果两人不实行分工，则甲、乙各做成一双鞋和一顶帽子要分别花费15小时和20个小时，这时的社会总劳动时间是35小时。如果他们按照比较优势实行分工，甲专门制鞋，乙专门制帽，然后进行交换，这时两个人各取得一顶帽子和一双鞋的总劳动时间，由35小时减少为32小时，社会总劳动时间节约了3小时。这时候，不同产品生产者之间的分工是以他们生产不同产品的相对效率差异为基础的。因此而取得的总利益增加和总劳动时间节约，就是分工的比较优势。这一原理，是由英国古典经济学的另一代表人物李嘉图阐明的。

（二）微观分工对生产力发展的促进作用

所谓微观分工对生产力的促进作用，也就是生产机构内部分工对提高劳动生产率的促进作用。对生产机构内部分工的种种好处，古典经济学家早就有过许多描述，例如，分工使劳动者专注于特殊的操作，提高了劳动技能和熟练程度；分工减少了因工作的变换而造成的时间损失，保障了生产的连续性，加快了生产节奏等等。总之，生产机构内部分工大大提高了劳动生产率。但是，对于为什么分工具有提高劳动生产率的作用，经济学家们却一直语焉不详。这里，我们以机器大生产这一在当代社会仍然占主导的生产方式为背景，对生产机构内部分工提高劳动生产率的原因作一解释。

可以将机器大生产看做一个人和机器的共生系统。在这个系统中，人和机器这两个元件的工作方式和所起的作用是很不同的。机器通常是按其自身构造所决定的运动方式不变地依一定规则传输和接受信息，而人则能自主地对机器运转过程中发生的信息作出各种随机反应。他可以充当静态或动态联结，可以根据信息的变化不断矫正自己的动作，按信息的大小成比例地调节自己的活动，或完成某些非线性变换。在反复进行同一操作的过程中，会形成人对信息的模式化反应，但即使在这种情况下，人对机器所用的控制方法，也不是一成不变的，而是可以在重复操作过程中自觉改进处理信息的方式，使机器的运行状态逐渐接近最优化。

正是由于在生产过程中，人感知和处理生产过程信息的作用是机器所无法替代的，所以生产过程离开了人就无法进行，监督与调整生产过程的工作仍需人工来完成。工人要不断照料机器的动作，用眼、耳和神经系统来直接获取生产过程的信息，然后由大脑对这些信息进行处理，作出要不要改变机器运行状况的决定，并通过手对机器的直接调整来执行这一决定。没有工人对机器运转过程中产生的各种信息的感知和处理，就不可能形成能动的生产过程。但是，由于生理条件的限制，人感知和处理信息的能力又是很有限的。因此，为了使人能够尽量迅速和准确地处理按照一定速度和节奏不断运动的机器所产生的信息，就不仅要使人所进行的操作包含的信息量与人本身可以承受的信息量相适应，而且需要把包含着较大信息量的复杂操作分解为较简单的、包含较少信息量的操作。操作过程越简单，需要加工处理的信息量越小，加工处理的速度就越快，从而生产效率就越高。这可以说是机器生产由其特殊的技术和工艺条件决定的内在要求。而这种要求又只有通过机器工厂内部工人之间日益细密的分工才能实现。机器生产的核心部门即机械制造业的某些生产领域中，过去那种具有高度复杂技巧的装配工，为流水线上高度分工的操作工所代替的过程，就是传统机器生产固有的技术和工艺条件推动分工发展的典型表现。这种流水线作业方式在20世纪40年代最先出现在美国亨利·福特的汽车厂里，因而被称为“底特律式的自动化”。

四、分工的内在矛盾

分工促进了生产力的发展，同时又蕴含着深刻的内在矛盾。这就是劳动的局部性与社会性之间的矛盾。

在宏观上，分工使全体劳动者都分属于不同的部门或行业，使劳动者的生产活动及其产品单一化；在微观上，分工使不同劳动者在同一产品生产过程的各个职能之间相分离，使劳动者的生产活动及其结果片面化。总之，分工使人们的劳动具有了局部性。所谓劳动的局部性就是指分工导致的这种单一化和片面化。但是，属于特殊行业、执行特定职能，从而只生产单一和片面产品的劳动者，其自身生存和发展的需要又是多方面的。例如，炼钢工人只生产钢材，但像所有的人一样要吃饭、穿衣，而不能吃钢材、穿钢材。由此可见，分工使得劳动者的活动与其需要相分离。在这种情况下，每个劳动者都会将自己所从事的单一和片面的生产活动，看做是为满足自身多方面需要所支付的代价。换句话说，分工条件下的劳动，具有谋生手段的性质。这导致了一系列重要后果：劳动者自身多方面的需要，只有通过与其他劳动者的产品交换才能得到满足，而劳动的谋生手段性质使得这种交换要以不同劳动者各自在生产过程中付出的劳动为尺度；这样，就形成了劳动者与他人相区别的特殊利益，在我的劳动和你的劳动、我的劳动产品和你的劳动产品之间划出了明确的界限。分工越发达，这种界限就呈现得越清晰。

分工在使不同劳动部门和不同劳动者相互分离的同时，又造成了不同部门和不同劳动者之间的相互依赖，使每一种局部劳动具有了社会性。劳动的社会性也主要表现在两个方面。从部门或行业分工的角度看，分工造成了不同生产部门的不同生产者之间全面的相互依赖。每一个劳动者生产的产品都不是为了直接满足自己的消费需要，而是作为一定的有用劳动来满足他人或社会的需要，而他自身各种需要的满足也有赖于他人的劳动。比如，工业为农业提供生产资料，农业为工业提供原料和食物；生产部门为非生产部门提供物质产品，非生产部门为生产部门提供精神产品和服务；生产资料部门为消费资料部门提供物资设备，消费资料部门为生产资料部门提供消费品等等。

从生产机构内部分工看，由于实行劳动分工，每个劳动者都只能承担某种产品生产的一个环节或一道工序，工厂所出产的纱、布、金属制品，都是许多工人的共同产品，都必须顺次经过他们的手，然后才变为成品。他们当中没有一个人能够说：这是我做的，这是我的产品，每一个产品都是结合劳动的产物。在这种结合劳动中，每个劳动者都只是一个特殊的器官，执行一种特殊的职能。从而造成了各个局部的操作环节和局部的工人之间的全面的相互依赖。

在分工生产中，每一个人的劳动同时具有局部性和社会性两种属性，是局部性与社会性的统一。但是，这两种属性之间又存在着矛盾。首先，在不同劳动者具有自身的特殊利益的情况下，特殊利益与集体利益和社会利益并不总是一致的，而存在着发生脱节、矛盾以至冲突的可能性和现实性。其次，在生产和消费分裂的条件下，要使局部劳动及其产品为社会所需要和承认，并不是一件容易的事情。一旦产品不为社会所需要，生产这种产品的劳动就是社会不承认的无效劳动。最后，劳动的片面化虽然提高了生产效率，但又导致了劳动者能力的片面化和劳动活动的单调化，制约了个人的自由全面发展，在极端情况下还造成了劳动者个人能力和素质的畸形。卓别林的喜剧《摩登时代》中的许多场景，就是对这种情况的夸张描写。

分工所包含的这些内在矛盾是支配人类社会经济活动的基本矛盾。可以说，这是一切以分工为基础的社会经济形态所共有的一般特征。社会生产关系的形成与发展，如商品、货币、私有制、国家、企业以及产业结构等，都是在分工的基础上展开的。因此，马克思认为，分工“从某一方面来看，是政治经济学的一切范畴的范畴”①。

第三节　生产关系及经济制度

一、生产关系的形成和本质

前面我们在说明劳动的组织形式时已经谈到，人类的生产总是在社会结合中进行的，人们在与自然界进行物质交换的同时，彼此之间必然会结成一定的经济关系，这也就是生产关系。这些关系是通过一系列具体的行为规则体现出来的，它们被人们称做经济制度。从一定意义上说，生产关系与经济制度是一对等价的概念。但是，我们可以观察到，即便基本生产关系相同，由于文化传统的差别，不同的国家和民族的具体制度还是有差异的。如果要进行更深入和细致的研究，可以更精确地将制度定义为作为生产关系实现形式的社会行为规则。不过，为了简化分析，抓住本质，在这里，我们暂时仍然把生产关系和经济制度当做等价的概念来处理。我们首先要探讨的问题是：生产关系或经济制度是如何产生，又是如何演进的。对这一问题历来存在种种不同的解释。

从 18 世纪的启蒙学派开始，迄今许多西方学者仍然喜欢从孤立的个人出发来解释制度的起源和发展。这种观点假定，人类社会最初处于某种“自然状态”。在这种状态下，每个人都是绝对独立的，没有国家，也没有法律。无法无天的人们各行其是，冲突和摩擦不断，形成 18 世纪英国哲学家霍布斯所谓“人与人的战争”状态，最终损害了冲突双方的利益。在多次自尝恶果之后，具有理性的个体之间便在自由交易的基础上缔结社会契约，规定了他们的行为准则，这样便出现了产权、国家、法律、伦理规范等各种各样的制度。这就是关于制度起源的个人契约主义观点。这种观点虽然娓娓动听，但与历史的真实相去甚远。大量的考古资料证明，人类从一开始就是群居的社会动物，丛林中离群索居的个人只是一种虚构。

马克思不同意对制度起源的这种解释。关于这一问题，马克思曾经这样说：“在社会中进行生产的个人，——因而，这些个人的一定社会性质的生产，当然是出发点，被斯密和李嘉图当作出发点的单个的孤立的猎人和渔夫，属于 18 世纪的缺乏想象力的虚构。这是鲁滨逊一类的故事……同样，卢梭的通过契约来建立天生独立的主体之间的关系和联系的‘社会契约’……只是大大小小的鲁滨逊一类故事所造成的美学上的假象。”马克思强调人类生产活动的社会性，认为“人是最名副其实的政治动物……而且是只有在社会中才能独立的动物。孤立的个人在社会之外进行生产……就像许多个人不在一起生活和彼此交谈而竟有语言发展一样，是不可思议的。”②

① 《马克思恩格斯全集》，中文 1 版，第 47 卷，304 页，北京，人民出版社，1979。

② 《马克思恩格斯选集》，2 版，第 2 卷，1、2 页。

马克思是从劳动过程出发分析生产关系或经济制度的起源和演进的。他认为，劳动过程既是人与自然的物质变换过程，又是人与人之间的社会交往过程。“人们在生产中不仅仅影响自然界，而且也互相影响。他们只有以一定的方式共同活动和互相交换其活动，才能进行生产。为了进行生产，人们相互之间便发生一定的联系和关系；只有在这些社会联系和社会关系的范围内，才会有他们对自然界的影响，才会有生产。”① 为了使社会生产能够进行，人们就必须按照一定的劳动方式组织起来，即根据一定技术发展水平条件下劳动资料的特殊性质，进行一定的以分工为基础的协作。而当人们按一定分工协作方式组织起来的时候，就出现了生产资料归谁占有、劳动过程由谁指挥、劳动产品如何分配、不同劳动产品的交换如何进行等一系列社会问题。在解决这些问题的过程中就形成了占有生产资料和社会产品以及支配劳动的社会规则，即生产关系。随着生产的反复进行，不仅源源不断地生产出物质产品，而且一定的社会生产关系也被不断地再生产出来。

说到这里，读者或许会问：分工的劳动组织方式难道不是一种生产关系吗？说一定生产关系形成的基础是一定发展水平的分工，不就等于说生产关系决定生产关系吗？事实上，在马克思主义政治经济学界，这确实是一个有争论的问题。正是由于将分工归入生产关系范畴，不少学者将同样发展水平的分工按社会制度的不同，区分为“新式分工”和“旧式分工”。我们认为，这种看法是值得推敲的。不错，分工也是一种生产过程中人与人之间的关系。但是，人与人在生产过程中形成的关系包括性质不同的两个方面：一方面是人与人之间的技术关系，另一方面是人与人之间的社会经济关系。技术关系就是分工与协作的关系，这种关系就其实质来说，属于生产力的范畴而不是生产关系的范畴。因为，在这种关系中，人与人是作为生产过程的一种物质要素发生联系的，这种联系受自然规律和技术规则的支配，是人与自然进行物质交换的劳动的技术组织形式。相同的分工与协作组织，并不会因为社会经济制度不同而具有性质上的区别。比如，无论是在社会主义经济还是在资本主义经济中，都存在着工人与农民、车工与钳工、脑力劳动与体力劳动、管理者与被管理者、复杂劳动与简单劳动的区别。与生产过程中形成的劳动的技术组织形式不同，生产关系是生产过程中形成的人与人之间的社会关系，或者说是劳动的社会组织形式，其实质是人们之间的经济利益关系。比如，同样是管理者与被管理者的分工，由于所有制关系不同，体现的经济关系就不同。在资本主义私有制企业中，管理者与被管理者的关系是雇佣劳动关系；而在社会主义公有制企业中，管理者与被管理者的关系是平等的生产资料共有者之间的联合劳动关系。从分工是属于生产力范畴的劳动技术组织形式的意义上说，可以说劳动的技术组织形式是劳动的社会组织形式形成的基础。

从上面所举的例子中，细心的读者很可能会引出另一个问题：既然在发展水平相同的分工基础上，有可能形成不同的生产关系或经济制度，“生产关系适应生产力的要求”这一说法还能成立吗？这样提出问题，虽然不无道理，但反映出提问者对这个论断的理解过于机械和绝对。事实上，劳动的技术组织同与之相适应的生产关系之间的关系，绝不是一对一的精确对应关系。一方面，一定的生产关系一旦形成，对于生产力的发展，即对于分工的劳动技术组织的变化，就具有相当大幅度的包容性。在生产力的发展已经与既有生产

---

① 《马克思恩格斯选集》，2版，第1卷，344页。

关系发生冲突，提出了建立新的生产关系的要求的条件下，作为既有生产关系代表的统治阶级，为了避免旧制度的崩溃，会以保留既有生产关系基础构架为前提，对旧制度作某些改良来局部地满足生产力发展的要求，将更高发展阶段的生产关系的一些要素引入旧制度的框架，从而缓和了社会矛盾和冲突，暂时延续了自己的统治，而这同时也并非出自统治者本意地为新生产关系取代旧生产关系准备了条件。另一方面，劳动的技术组织的发展，对不同的生产关系又具有相当大范围的兼容性。与生产力进一步发展要求相适应的先进生产关系的确立，需要经历一个从产生到壮大、从局部扩展到整体的过程，因而往往是在旧制度的缝隙中产生，在旧世界的局部得到确立和发展。正是由于这两方面的原因，形成了在相近的生产力发展水平上，或者说在相似的劳动方式基础上，新旧生产关系并存的局面。显然，这种局面本身就是生产关系适应生产力发展要求的具体表现。

二、生产关系的功能

人类社会历史上相继出现的各种各样的生产关系或经济制度，都是适应生产力发展的需要建立起来的。一般来说，生产关系具有如下经济功能。

首先，生产关系使人们能够按照一定的劳动技术组织的要求结合起来，使社会生产成为可能。

生产关系是不同社会集团、不同社会阶层、不同社会阶级之间的关系。它规定了分属于不同社会集团、不同社会阶层和不同社会阶级的社会成员在生产过程中的地位，规定各种经济资源的支配权在这些集团、阶层、阶级之间分布的规则，从而规定了人们在生产过程中的主导和从属关系，以及不同生产部门或行业之间产品交换关系的形式。而只有具备了这些规定，作为生产力体现的一定劳动技术组织才能建立起来。举例来说，在 17 世纪，生产力的进步体现在工场手工业的产生这一劳动技术组织的重要变革上，而手工工场形成的技术条件是：分别承担不同生产职能的劳动者在工场范围内集中，并服从一个中央权威的指挥。新兴的资本主义经济关系为这种技术要求的实现，开辟了中世纪农奴制度和行会制度无法提供的生产关系的新途径，手工工场因此应运而生。作为这种生产关系核心内容的雇佣劳动制度和资本家在生产过程中对工人的统治，为将执行不同生产职能的众多劳动者集中于一个中央权威支配下进行生产活动提供了制度保证。换句话说，手工工场这种劳动的技术组织，是以资本主义生产关系这种劳动的社会组织形式为媒介建立起来的。

其次，生产关系调节人们的利益关系，为社会生产提供有效的激励。

人们所从事的经济活动都与利益有关，而生产关系实质上是一种利益关系。合理的生产关系或经济制度，能够保证生产要素所有者的投入得到相应的回报，充分调动要素所有者的积极性和创造性，使各种生产要素都能得到充分利用，尤其是使劳动者这个生产中主导的、最具能动性的要素具有高昂的积极性和不断创新的动力，从而推动生产力的发展。不健全的生产关系、不合理的经济制度，则会造成相反的状况。事实上，一种生产关系，或作为某种生产关系实现形式的具体经济制度，是否以及在多大程度上适应了生产力的要求，总是最直观地从它们能否为人们的经济活动提供足够的激励表现出来的。人们从事经济活动的热情减弱，尤其是占人口多数的劳动群众缺少生产积极性，往往是需要对现存生产关系进行调整或变革的信号。

最后，生产关系提供共同的行为规范，减少由信息不对称引起的经济联系的不稳定，为社会生产在正常秩序下进行提供了基本保障。

生产关系也可以说是人们之间的经济交往关系。当人们进行经济交往时，同时也就发生了他们相互间的信息交流。在分工条件下，在不同部门或行业的生产者之间，在执行不同生产职能的劳动者之间，在生产机构中处于主导和从属、支配和被支配、管理和被管理地位的不同人之间，信息的分布具有明显的不对称性。这种不对称性，来自分工条件下个人所掌握的信息的不完全性。信息的不完全性，是由个人的认知能力的有限性决定的。分工将人们的经济活动限制在狭隘的专业范围内，进一步加深了信息的不完全性和不对称性。所谓“隔行如隔山”，可以看做是对分工条件下信息的不完全性和不对称性的描述。在分工是基本的劳动方式的条件下，总是会存在信息不对称问题。而且，分工越发达，这个问题就表现得越突出，要想从根本上消除它是不可能的。但是，我们已经知道，发达的社会分工的另一面，就是人们的全面相互依赖。而这种全面依赖，又要求在社会成员之间形成比较稳定的经济联系形式。而严重的信息不对称，不利于人们对相互间经济交往活动的后果形成较可靠的预期，可能带来社会经济秩序混乱的不良后果，从而削弱人们之间经济联系的稳定性。这是我们在前面已经讨论过的分工所包含的劳动的局部性和社会性的矛盾的一种表现形式。

那么，解决矛盾的办法是什么呢？显然，要使人们的经济联系具有稳定的形式，使社会生产有序地进行，就必须在不同社会成员间形成某些必要的共同信息。这种信息告诉人们，应该做什么，不应该做什么，以及若不这样做会导致什么样的后果。而生产关系或经济制度作为约束全体社会成员的经济行为的统一规范，提供了这种信息，从而在保障社会生产正常秩序所必须的范围内，加强了人们的经济预期的可靠性，减少了经济活动后果的不确定性，提高了人们经济联系形式的稳定性。在生产关系的基本构架能够适应生产力的一般要求的前提下，一个社会的生产关系以及作为其实现形式的具体经济制度发展得越成熟、越完善，人们对它所提供的共同信息的认同度就越高，人们的经济行为就越规范，不同社会成员之间的经济联系就越稳定，这个社会的生产力也就发展得越快，反之则反是。不过，这里还要指出的是，生产关系提供的共同信息，久而久之，会演化为人们的思维定势和习惯；在生产力的进一步发展已经要求突破旧制度的条件下，这种习惯会成为维护旧生产关系的保守力量，甚至那些深受旧制度之害的人们也会因此而对变革旧制度缺少积极性。

三、生产关系的层次和结构

以上我们讨论了生产关系的形成、本质和经济功能，下面需要进一步说明的问题是生产关系的内部层次和结构。

生产关系分为广义与狭义两个层次。狭义的生产关系是指直接生产过程中形成的社会经济关系。广义的生产关系是指再生产过程中的社会经济关系。人类社会不可能停止自己的消费，因而也不可能停止自己的生产，连续不断的社会生产就是再生产，它包括了生产、分配、交换和消费四个相互联系的环节。在这四个环节上形成的社会经济关系的有机总体，就是所谓广义的生产关系。

社会再生产的一般过程是：在生产中，人们通过一定社会形式的劳动，生产出满足人类需要的物质产品；分配决定个人分取这些产品的比例；交换给个人带来他想用分配给他的一份去换取的那些特殊产品；最后，在消费中，产品变成享受的对象，生产的目的得到了实现。在再生产的四个环节中，直接生产过程中的生产关系即狭义的生产关系，是基础性的生产关系，在社会再生产的四个环节中起支配作用。狭义的生产关系的这种特殊地位是由直接生产过程在整个再生产过程中的核心地位决定的。

首先，直接生产过程生产着消费：（1）生产为消费创造材料和对象。（2）生产决定消费方式，因为人们所消费的对象不是一般的对象，而是作为一定直接生产过程产物的特殊对象，比如用刀叉吃熟肉来解除的饥饿不同于用手、指甲和牙齿啃生肉来解除的饥饿。（3）直接生产过程通过它起初当做对象生产出来的产品，在消费者身上引起需要。艺术对象创造出懂得艺术和具有审美能力的大众，物质产品的生产也是这样。因而，直接生产过程生产出消费的对象、消费的方式、消费的动力。

其次，生产的结构决定着分配的结构。就对象来说，能分配的只是生产的成果；就形式来说，参与生产的一定方式决定分配的特殊形式。从表面看，分配表现为产品的分配，它似乎是独立于生产的，但是，在分配之前，它包括两方面：（1）生产工具的分配；（2）社会成员在各类生产之间的分配。这种分配包含在生产过程中并决定着生产的结构，产品的分配是这种分配的结果。因此，所谓分配关系，是同生产过程的历史规定的特殊社会形式，以及人们在他们生活的再生产过程中互相之间的关系相适应的，分配关系只是生产关系的一个方面。

最后，生产决定着交换。在生产中发生的各种活动、能力和产品的交换，直接属于生产，在生产过程之外进行的为了消费而发生的交换从表面看独立于生产，实际则不然，原因有：（1）没有分工就没有交换；（2）私人交换以私人生产为前提；（3）交换的深度、广度和方式都是由生产的发展和结构决定的。交换或者是直接包括在生产之中，或者是由生产决定的。

正是由于直接生产过程在整个社会再生产中的这种基础和核心的地位，分配、交换和消费方面的经济关系都是由它决定和派生出来的，马克思才把全部的社会经济关系称做生产关系。也正是由于直接生产过程中的关系在整个生产关系体系中具有这样的地位，它也是历史上不同社会经济形态相互区别的特征性环节。抓住了这个要素，就抓住了理解一定经济形态特殊的历史和社会性质的关键。而社会生产关系体系中的某些次一级的环节，则有可能在不同的经济形态中都具有某种共同性。例如，除了原始公社的早期阶段，商品交换在人类历史的各个相继的阶段都存在和发展着。不过，在不同的经济形态中，商品交换覆盖的范围、对社会经济生活影响的深度是不相同的。

四、生产资料所有制

（一）生产资料所有制的基本概念

我们已经说明，在社会生产关系体系中，直接生产过程中的关系具有基础和核心的地位。而所谓直接生产过程中的关系，也就是生产资料所有制。

在思想史上，所有制（property）最初只是一个法权概念，是指一个人或一部分人对某物排他性的独占权，在中文中译作所有权。在马克思主义政治经济学产生之前，研究这种权利主要是哲学家和法学家的事情，在政治经济学中基本上找不到它的位置。在这一点上，庸俗经济学的重要代表让·巴·萨伊的说法具有代表性，他说："就政治经济学来说，它只把财产所有权看做鼓励财富的积累的最有力的因素，并满足于财产所有权的实际稳定性，既不探讨财产所有权的由来，也不研究财产所有权的保障方法。”①

在经济思想史上，马克思第一次明确地把所有制的法律形式与经济内容区别开来，从而对于所有制和所有权的概念作出了科学的规定。马克思认为，所有权绝不仅仅是人与物的关系，同时也是人与人之间的关系，是社会生产关系的法律表现。例如，同样是私有制，奴隶主所有制、封建土地所有制和资本主义所有制就有本质差别。在奴隶主所有制下，劳动者像牛马一样，是奴隶主的“会说话的牲畜”；在封建制度下，劳动者是封建地产的附属，可以连同地产一起被转让，但以服劳役或交地租为条件而取得了一定程度的经济自主性；在资本主义制度下，劳动者获得了完全的人身自由，成为出卖劳动力的雇佣劳动者。再如，同样是商品所有权，资本主义商品所有权与小商品生产的性质也不同，前者是以占有他人的劳动产品为基础的，后者则是建立在自己劳动的基础上的。因此，离开了客观的经济关系和经济过程，仅仅从物的归属或人对物的支配意义上认识所有权，是不可能真正了解一定社会经济制度中的所有权与其他社会制度中的所有权相区别的本质的，而只能得到一些没有任何具体经济关系内容的空洞的物权概念。

就我们刚才所说的各种在历史上相继出现的、具有根本不同的经济内容的私有制而言，凭借这种空洞的权利概念，我们所能了解的，只是在这些不同类型的私有制条件下，都普遍适用的“财产由少数人占有、同时大多数人不占有”这样一种简单的物权关系。如果把它当做这些不同类型的私有制的全部内容，这些私有制的区别岂不就只能归结为物权主体称谓上的区别？这个主体被称为奴隶主，就是奴隶主所有制；被称为地主，就是地主所有制；被称为资本家，就是资本主义所有制。这样，区别这些所有制还有什么实质意义？同样，仅仅知道财产归公共所有，我们也无从确定这是原始部落的公有制，还是古希腊城邦时代的氏族奴隶主集团的公有制，是中世纪欧洲农村公社土地公有制，还是社会主义公有制。可见，不能简单地将所有制问题与物权等同起来。拿封建土地所有制来说，其区别于奴隶主所有制和资本主义所有制的特征性要素，在于地主与农奴的关系同奴隶主与奴隶的关系、资本家与雇佣工人的关系相区别的特殊形式，而不在于它作为一种私有制而适用关于私有权的一般法律规定。正是这种特殊的生产关系形式，规定了物权主体作为奴隶主、封建地主或资本家的特定经济关系属性。换句话说，一定经济形态中的各种社会集团在生产中的地位和相互关系，赋予人们对客观生产条件的占有以特定的社会性质和经济形式。

总之，在马克思主义政治经济学中，所有制不再仅仅是一个抽象的物品归属概念，而成了一个重要的生产关系范畴。马克思主义政治经济学对所有制问题的认识，从此超越了传统的“形而上学或法学的幻想”。如果要给马克思主义政治经济学的所有制概念下定义，那就是：通过一定生产关系实现的对经济资源和劳动产品的占有，或占有经济资源和劳动产品的一定生产关系形式。这个定义突出了所有制的生产关系含义，强调了不能将所有制简单地归结为物的归属。但是，这里要特别指出的是，不能因此而认为物的归属与所有制无关，或者以为马克思将归属问题排斥在了所有制之外。事实上，撇开了物的归属或人对物的占有，是谈不上什么所有制的。马克思的意思是，物的归属或人对物的占有，总是通

① ［法］让·巴·萨伊：《政治经济学概论》，136页，北京，商务印书馆，1994。

过一定生产关系来实现的，离开了生产关系是无法确定这种占有的历史和社会的性质的。

马克思还确立了另一个重要的原则，即把生产资料所有制从一般的财产占有制度中分离出来，并把它当做决定一个社会经济关系和社会制度的决定性因素。因此，马克思主义政治经济学所说的所有制通常指的就是生产资料所有制，而不是包括消费资料在内的一切有用资源的一般所有制。为什么要把生产资料所有制独立出来而特别强调它的重要性呢？这是因为，生产资料是生产过程得以展开并反复进行的前提条件和关键要素，对于生产过程具有持续不断的决定性影响。谁控制了生产资料，谁就控制了包括生产、分配、交换以至消费等社会经济的各个环节。因而，生产资料所有制是整个生产关系体系形成的基础。

（二）生产资料所有制在直接生产过程中的展开及其结构要素

在说明了生产资料所有制的概念之后，我们接着来讨论它的内容。我们在前面已经指出，生产资料所有制是指人们在直接生产过程中形成的社会经济关系，但未做解释。那么，为什么说生产资料所有制是直接生产过程中的社会经济关系呢？回答是：既然生产资料是进行生产活动的手段，我们当然不能离开生产过程来谈论生产资料所有制。对此，马克思有过深入而精辟的阐释。

在《1857—1858年经济学手稿》中，在谈到所有制（财产）时，他指出："既然生产者的存在表现为一种在属于他所有的客观条件中的存在，那么，财产就只是通过生产本身才实现的。实际的占有，从一开始就不是发生在对这些条件的想象的关系中，而是发生在对这些条件的能动的、现实的关系中，也就是这些条件实际上成为的主体活动的条件。"① 在写于同一时期的《〈政治经济学批判〉导言》这篇马克思主义经济学方法论的经典文献中，他在分析与分配、交换相区别的狭义的生产过程时，针对资产阶级经济学家将财产的分配，即所有制，看做是与生产过程无关的、在这个过程之外由人们的权力意志决定的东西这一错误观点，又有这样一段论述："一切生产都是个人在一定社会形式中并借这种社会形式而进行的对自然的占有。在这个意义上，说财产（占有）是生产的一个条件，那是同义反复……如果说在任何财产形式都不存在的地方，就谈不到任何生产，因此也就谈不到任何社会，那么，这是同义反复。什么也不占有的占有，是自相矛盾。"② 这些话清楚地表明，生产资料所有制，即人们借助一定生产关系对自然的占有，是通过直接生产过程实现的。换句话说，生产资料所有制也就是直接生产过程得以展开的社会形式。马克思的结论是：生产条件的分配即生产资料所有制，"这种决定生产本身的分配究竟和生产处于怎样的关系，这显然是属于生产本身内部的问题。"③

作为在直接生产过程中展开的社会经济关系，生产资料所有制是由以下三个相互联系的环节或结构要素组成的有机整体：

第一，生产资料的占有关系，即支配、处置生产资料的权利在不同社会成员之间的分配关系。这是生产过程借以展开的社会关系即生产资料所有制的前提性要素。这个要素决定了生产过程将在谁的控制下进行。但是，仅凭这个要素，即生产资料的归属，正如前面已经说明的，我们还无法确定这个"谁"是谁，即无法确定生产资料所有者的特殊的社会

---

① 《马克思恩格斯全集》，中文2版，第30卷，486页，北京，人民出版社，1995。

② 《马克思恩格斯选集》，2版，第2卷，5～6页。

③ 同上书，14页。

规定性。

第二，劳动者与生产资料的结合方式。任何生产过程都是由劳动者使用生产资料进行的，因而任何生产过程的展开都以劳动者与生产资料的结合为条件。这种结合又是通过劳动者与生产资料所有者的一定社会关系来实现的。正是这种关系，决定了生产资料所有者的特殊社会规定性，决定了奴隶主所有制、封建地主所有制、资本主义所有制这些历史上相继出现的不同所有制形态的区别。这正如马克思所说："不论生产的社会形式如何，劳动者和生产资料始终是生产的因素。但是，二者在彼此分离的情况下只在可能性上是生产因素。凡要进行生产，就必须使它们结合起来。实行这种结合的特殊方式和方法，使社会结构区分为各个不同的经济时期。"①

第三，对经济剩余即剩余劳动或剩余产品的占有关系。静态地看，这是以一定的生产资料占有关系为前提、以一定的劳动者与生产资料的结合方式为条件而展开的生产过程的结果。动态地看，这又是一定的生产资料所有制形式存续的条件。正是奴隶主、封建地主、资本家对经济剩余的占有，使得作为奴隶主所有制、封建地主所有制、资本家所有制的前提性要素的生产资料占有关系，以及这些所有制所特有的劳动者与生产资料的结合方式，不断被重新生产出来。

举例来说，在资本主义生产资料所有制中，由中世纪晚期的资本原始积累过程造成的货币财富在少数人手中的积累和广大劳动者丧失土地等基本生产资料，构成这一所有制形态形成的前提；获得人身自由的劳动者将自己的劳动力作为商品出卖给生产资料所有者，即雇佣劳动关系的形成，是这一所有制形态中劳动者与生产资料结合的社会形式，正是这种形式将资本主义所有制与历史上的其他生产资料私有制区别开来；资本家对作为直接生产过程结果的剩余价值的无偿攫取这样一种经济剩余的占有关系，则使得劳动者与生产资料的分离和雇佣劳动关系被再生产出来，从而使整个资本主义私有制被再生产出来。

五、产权

（一）作为生产关系法律表现和实现形式的产权

所谓产权，也就是财产的所有权。其实，产权与所有权是同义词。作为法律范畴，产权概念的核心是所有者对所有物的排他性独占，其一般定义是所有人依法对自己的财产享有占有、使用、收益和处分的权利。占有、使用、收益和处分这四项权能，构成完整的所有权。

（1）占有权。占有权系指人对财产加以控制的权能，是所有者与他人之间因对财产进行实际控制而产生的权利义务关系。占有权作为所有权的一项权能，在一定的条件下与所有权是重合的，因为所有权只有从占有开始，才能由客观权利变为主观权利，而且只有当占有权回复到所有者手中，所有权才最终恢复其完整状态。

（2）使用权。使用权是指不改变财产的所有和占有性质，依其用途而对其加以利用的权能，是人与人之间因利用财产而产生的权利义务关系。使用权是直接于所有物之上行使的权力，因而使用权的存在首先以占有物为前提。当物与所有者分离以后，所有者的使用权亦与所有权发生分离。

---

① 《资本论》，第2卷，44页，北京，人民出版社，1975。

（3）收益权。收益权是指获取基于财产占有而产生的经济利益的权能，是人们因获取追加财产而产生的权利义务关系。人们拥有财产的目的就是通过一定手段获取能够满足自己需要的某种经济利益，即所有收益权是在经济上的实现形式。没有收益，所有权在经济上就没有价值。

（4）处分权。处分权是指为法律所保障的实施旨在改变财产的经济用途或状态的行为的权能，它所反映的是人在变更财产的过程中所产生的权利义务关系。对财产的使用属于事实上的处分，对财产的转让属于法律上的处分。处分权在所有权的各项权能中占有极为重要的地位，是决定所有者可否将自己的意志体现在其拥有的财产上的关键环节。

上述产权定义的核心要素，即所有者对事物的排他性的独占，以及由此而衍生出来的各种权能，其形成可以追溯到古代罗马法以至某些更古老的成文法。从表象上看，产权是由国家立法来肯定和实施的所有者对所有物的意志关系。体现这种意志关系的抽象的法律定义，似乎对一切存在私有财产的社会形态都具有普遍的适用性。但是，正如我们在说明马克思的所有制概念时已经指出的那样，这些表面上具有普适性的法律规定，在不同的社会生产关系条件下，包含的具体经济内容是十分不同的。现在我们要进一步指出的是，一定的社会生产关系赋予产权所包含的各种权能以特定的经济内容，也就意味着生产关系为这些权能规定了特殊的经济界限，而产权的各种权能的实施则成为一定生产关系的实现形式。还以资本主义为例，作为资本主义生产资料所有制核心内容的雇佣劳动制度即劳动力的买卖关系，就是通过适用于一切商品交换的产权关系实现的，即通过以买卖双方彼此承认对方的所有权为前提自愿达成的契约关系实现的。同样，在奴隶制条件下，奴隶买卖也可以看做是一种劳动力的买卖，这种买卖也是通过奴隶主之间类似的产权关系实现的，但显然体现了与资本主义根本不同的生产关系。因此，在这两种不同的生产关系条件下，所有权主体及其实施所有权的各种权能的经济界限，也是根本不同的。在资本主义条件下，作为生产资料所有者的资本家，与作为劳动力所有者的工人，是作为具有平等权利的不同的所有权主体进行交易的；资本家对买来的劳动力所能实施的权利只限于劳动契约所规定的时限，且不能涉及作为自由人的工人的人身。在奴隶制条件下，进行奴隶交易的所有权主体是不同的奴隶主，以奴隶身份被买卖的劳动力不具有任何产权，而只是交易的对象；奴隶主对奴隶的各种所有权权能可以无时限地实施于奴隶的人身，生杀予夺悉听其便。可见，同一个抽象的产权规定，在不同生产关系条件下，具有多么不同的经济内容。换句话说，在不同的历史发展阶段，同一个抽象的产权规定，是作为不同的生产关系的实现形式而发挥其经济功能的。

作为一定生产关系的实现形式，产权在广义的生产关系的各个环节都发挥着重要的经济功能。无论是人们在直接生产中的经济行为，还是人们在分配、交换、消费方面的经济行为，无不表现为在给定的生产关系界限内对占有、支配、收益和处分这些所有者权能的实施。这可以说是相对于广义的生产关系而言的广义的产权概念。也许正是在这个意义上，马克思认为，要给资本主义的所有权下定义，就必须将整个资本主义生产关系描述一遍。

（二）生产资料所有制与产权

与狭义的生产关系即作为直接生产过程的社会形式的生产资料所有制相对应，从上述广义的产权概念衍生出更加具体的所有者权能，包括控制权、剩余索取权和转让权。这些权能的实施，都与生产资料所有制在直接生产过程中的展开和实现有着密切的联系。

(1) 控制权。即所有者按照自己的意志对包括生产资料和劳动力在内的生产要素和生产过程加以支配的权利。这种权利以上面所说的占有权为前提，是由占有权衍生出来的支配权在直接生产过程中的表现形式。在一定的经济条件下，占有权与控制权会发生分离。无论在资本主义还是社会主义条件下的现代企业制度中，都可以观察到这种分离，即占有权主体（所有者），将生产过程的控制权委托给代理人即职业经理来执行，在所有者与经理之间形成委托—代理契约形式的产权关系。但是，无论所有者委托给代理人的控制权限有多大，最终的处分权仍然属于所有者。从生产力发展的角度看，委托—代理关系的形成，是生产机构内部分工发展的产物。当然，在资本主义私有制企业和社会主义公有制企业中，委托—代理关系的经济内容是有区别的。对此，我们将在后面有关的章节讨论。

(2) 剩余索取权。即所有者占有经济剩余即剩余劳动或剩余产品的权利。这是所有权所包含的收益权能的一种表现形式，也是生产资料所有制包含的经济剩余占有关系的实现形式。

(3) 转让权。即所有者按照自己的意志对生产资料和劳动产品进行转让的权利。这种权利同样以占有权为根据，是对所有权具有最终保障作用的处分权的一种表现形式。转让权对于市场经济条件下的生产活动，具有特别重要的意义。撇开赠与和继承等与生产无直接联系的经济活动不说，在市场经济条件中，所有权的转让主要是通过市场交易实现的，而市场交易也就是所有者对其所有物的转让权的实施。对于生产资料所有者来说，生产要素的购买和产品的销售，都是通过在生产交易中实施转让权来完成的。显然，转让权的实施是生产活动不断顺利进行的条件。

六、经济制度

（一）基本经济制度与经济体制

迄今为止，我们一直将生产关系与经济制度当做等价的概念。现在，在完成了对生产关系范畴的讨论的基础上，我们要对社会经济制度作进一步的分析。在前面，我们已经将经济制度定义为作为生产关系实现形式的社会行为规则。事实上，我们刚刚讨论过的产权，就已经属于经济制度层面的现象。

在整个经济制度体系中，有些制度处于基础的地位，另一些制度则是由处于基础地位的制度派生出来的。据此，我们可以把经济制度分为基本经济制度和经济体制两个层次。一个社会的基本经济制度是由生产资料所有制决定的，反映了基本的生产关系。生产资料是一个社会最基本的经济资源，拥有生产资料的社会集团，实际上占有着对生产的控制权和对经济剩余的支配权，从而决定着一个社会的生产、交换和分配的基本规则，并由此而成为这个社会政治和意识形态上的统治者。因此，生产资料的所有制不仅是一个社会基本经济制度的基础，也是一个社会基本的政治和法律制度的基础。社会的基本经济制度又被称为宪法秩序。作为制定规则的规则，它从根本上决定了一个社会的性质和发展方向。与基本制度或宪法秩序不同，经济体制是在宪法秩序的约束下制定的具体的经济行为规则。例如，生产资料公有制和按劳分配是社会主义的基本经济制度，而公有财产的管理方式和劳动报酬的支付形式，则是属于经济体制的范畴。

与经济制度体系中的两个层次相对应，社会经济制度的变迁过程体现在两方面。一是在给定的基本制度的框架内，寻求实现基本制度的适当形式。这个意义上的制度变迁是经济体制的改革，它只涉及基本制度的实现形式，而不改变基本制度的性质。二是基本制度的变革，这种变迁是社会所有制结构、阶级关系和国家政权的根本变化。制度变迁的这两种方式是相互联系的。一方面，宪法秩序决定着经济体制，宪法秩序不同，具体的经济体制必然会产生差异，宪法秩序的变化必然引起经济体制的变化。另一方面，基本制度是通过经济体制实现的，经济体制变化到一定程度，必然会导致基本制度的相应调整。

（二）正规制度与非正规制度

经济制度还可以分为正规制度和非正规制度两种类型。正规制度是上升为法律的、由国家强制实施的行为规则。非正规制度是指人们在长期生产实践中自发形成但没有成为法律的行为规则，主要包括人们在处理经济关系时所形成的道德、习俗和习惯等。这些规则虽然没有法律效力，不由国家强制实施，但它们作为一种文化和传统，事实上在约束着人们的行为，承担着经济制度的实际功能。在任何社会，非正规制度都在经济活动中发挥着重要的调节作用。

在私有制出现以后，单纯依靠道德和习惯无法维持正常的经济秩序，正规制度逐步取代非正规制度成为社会经济制度的主体部分。作为社会的意识形态，从总体上说，非正规制度是随着被立法肯定为正规制度的生产关系的变革而变化的，尽管这种变化往往是滞后于生产关系和正规制度的变革。同时，作为一种文化传统，非正规制度还反映着一个民族在特殊的地理和资源环境条件下形成的特定生活方式以及特殊的宗教理念等等。不同民族之间文化上的这种差异，是在生产关系基本构架相同的条件下，作为生产关系实现形式的不同国家的经济制度存在这样或那样的差别的原因。

（三）经济制度与社会分层

社会分层，即社会成员由于在一定生产关系内地位不同而分化为不同的社会集团，是一个重要的制度现象。作为生产关系实现形式的制度即社会行为规则，在使人们的行为方式与他们在一定生产关系中的地位相称的同时，也就将他们划分成了具有不同的利益目标、价值观念、生活方式和政治要求的社会集团。在一定的生产关系中，这些集团，有的处于主导地位，有的处于从属地位，因而又表现为不同的社会阶层。

社会分层是在原始社会解体之后，随着分工和私有制的出现而发生的。分工和私有财产的产生，使人们在社会生产体系中所处的地位逐渐产生了差别，社会成员由此开始被划分为不同的利益群体。具有相同地位和利益的人，形成了一定的社会集团，并在此基础上形成特殊的价值观念、政治要求和生活方式。在社会群体的分化过程中，阶级的分化具有决定意义。所谓阶级，就是这样一些集团，这些集团在历史上一定社会生产体系中所处的地位不同，对生产资料的关系（这种关系大部分在法律上是明文规定了的）不同，在社会劳动组织中所起的作用不同，因而，领得自己可支配的那份社会财富的方式和多寡也不同。所谓阶级，就是这样一些集团，由于它们在一定社会经济结构中所处的地位不同，其中一个集团能够占有另一个集团的劳动。阶级的划分是以生产资料占有上的差别为基础的，这种差别发展到一定程度，即一个阶级占有了另一个阶级的剩余劳动时，就产生了阶级对立，例如，奴隶与奴隶主、农奴与封建主、雇佣工人与资本家的对立等等。其中奴隶、农奴和雇佣工人处于被统治、被压迫的地位，奴隶主、封建主和资本家阶级处于统治、压迫的地位。

阶级的划分是社会分层的重要内容，但不是唯一的内容。同一阶级内部的不同成员在生产体系中的地位以及在产品的占有上也不可能是完全相同的，而总会存在这样那样的差异。这使同一阶级内部又分化出了各种不同的利益集团。例如，在资产阶级内部，存在着农业资本家与工业资本家、垄断资本家与非垄断资本家、金融资本家与产业资本家等不同的利益集团；在工人阶级内部，也存在着农业与工业、脑力劳动与体力劳动、白领（管理者）与蓝领（普通工人）等不同的利益集团。

即便一个社会消灭了阶级压迫，只要分工仍然是社会劳动组织的基本形式，不同社会成员之间的利益差别，从而导致的社会分层，就仍然会存在。不过，这时不同社会阶层之间的相互关系不再具有压迫和被压迫的性质，他们相互间的利益矛盾不再表现为不可调和的对立，不再以剧烈的政治冲突的形式来解决。

（四）生产关系适应生产力发展的规律

以上我们分别讨论了生产力与生产关系，但是，生产力与生产关系不是割裂的，而是一个有机的整体。任何历史阶段的社会生产都是生产力与生产关系的统一。因此，在分析了生产力与生产关系之后，我们需要把生产力与生产关系作为一个整体来加以研究。那么，生产力与生产关系相互之间是一种什么样的关系呢？这就是生产关系必须适应生产力的发展，或者说生产力决定生产关系。

在生产力与生产关系的矛盾统一中，生产力居于首要地位。社会制度的演进从根本上来说，是由生产力的发展决定的。生产力的首要性的观点是历史唯物主义的基本观点，这一观点的确立，使得人们对社会历史的认识真正具有了科学的性质，正如列宁曾经说过的那样："只有把社会关系归结于生产关系，把生产关系归结于生产力的水平，才能有可靠的根据把社会形态的发展看作自然历史过程。不言而喻，没有这种观点，也就不会有社会科学。"①

承认生产力的首要性，并不是要否定生产关系的重要作用。实际上，社会生产关系对生产力的发展同时具有促进和阻滞的反作用。事实上，我们在前面讨论过的生产关系的三项经济功能，并不总是随着生产力的进步而自然地发挥出来的。历史上，在旧制度中具有巨大既得利益的统治阶级，人为地拖延和阻碍生产关系适应生产力发展的要求而进行调整和变革的现象是屡见不鲜的。这时，生产力的发展就会受到遏制。而一旦代表旧制度的既得利益集团的统治被冲破，新的生产关系建立起来，生产力的发展就会呈现飞速前进的态势。对于生产关系对生产力的这种反作用，必须有充分的认识。

但是，应当强调的是，生产力对生产关系的决定作用与生产关系对生产力的反作用在性质上是不同的，它们之间的关系不能简单地用相互作用、互为因果来加以描述。在生产力与生产关系的相互关系中，生产力是第一性的，这是历史唯物主义的核心。也许有人会问，既然生产关系对生产力也有着巨大的反作用，制度合理与否在很大程度上制约着生产力的发展，为什么要强调生产力是首要的，而生产关系是被决定的呢？其实，只要仔细想一想就会发现，离开生产力的首要性，生产关系对生产力的反作用就无法得到合理解释。比如，什么样的制度是合理的制度？制度的"好"与"不好"以什么标准来确定？制度是如何产生的又是如何选择出来的？这些问题都只有在坚持生产力的首要性观点的基础上才

---

① 《列宁选集》，3版，第1卷，8～9页，北京，人民出版社，1995。

能得到解答。所谓“好”的制度实际上就是能够适应生产力的要求、促进生产力发展的制度；所谓“不好”的制度实际上就是不适应生产力的要求、阻碍生产力发展的制度。这充分证明生产力相对于生产关系的首要性。

那么，生产力是如何决定生产关系的呢？实际上，在前面关于生产关系的形成、本质以及经济功能的讨论中，已经包含了这个问题的答案。这里只需根据前面已经阐明的道理，对生产力决定生产关系的问题作一简要的总结：一定性质的生产力对与此相应的社会经济关系的决定作用，是以劳动方式为中介而实现的；劳动方式是劳动者与生产资料结合的技术组织形式，在这种技术组织的基础上产生了劳动者与生产资料结合的社会形式，即生产资料所有制，在一定的生产资料所有制基础之上，产生了全部的社会经济关系。在马克思主义政治经济学中，劳动方式的发展主要体现为分工，分工是生产力决定生产关系的一个关键环节。在《德意志意识形态》一书中，马克思和恩格斯指出：“分工发展的各个不同阶段，同时也就是所有制的各种不同形式。”① 他们还具体说明了分工与所有制的关系：分工使物质活动和精神活动、享受和劳动、生产和消费由各种不同的人来分担成为可能和现实；“与这种分工同时出现的还有分配，而且是劳动及其产品的不平等的分配（无论在数量上或质量上）；因而也产生了所有制”②。马克思和恩格斯还特别强调脑力劳动和体力劳动的分离对于阶级分化的重要作用。他们认为，奴隶制庄园、封建领地、资本主义企业的内部分工尽管千差万别，但精神活动和物质活动的分离，即从事单纯体力劳动的群众同从事监督和管理的特权分子间的分工，始终是它们的共同特征。通过各种形式的生产机构内部分工形成的精神活动和物质活动的分离，是各种剥削阶级所有制内剥削者和被剥削者之间统治和从属关系的基础。也就是说，剥削者与被剥削者之间的阶级关系，不过是这一形式的生产机构内部分工所采取的社会经济形式。

总之，生产关系适应生产力发展的规律，是社会经济制度演进的首要规律。深刻理解这一规律，才能科学把握社会经济制度演进的逻辑和历史趋势，掌握马克思主义政治经济学的基本方法论原则。

关键术语

劳动	生产力	生产力的要素
自然资源	劳动力	信息
科学技术	生产力发展水平的表征	生产要素的配置
社会分工	宏观分工与微观分工	生产关系
经济制度	所有制	正规制度与非正规制度
产权	基本制度与经济体制	生产资料

思考题

1. 为什么说在一定意义上劳动创造了人类社会？

① 《马克思恩格斯选集》，2版，第1卷，68页。
② 《马克思恩格斯选集》，2版，第1卷，83页。

2. 为什么说劳动时间的节约是生产力发展的基本规律？
3. 分工出现的原因是什么？
4. 如何理解分工的矛盾？
5. 制度是如何形成的？它对生产力的发展有什么影响？
6. 如何说明生产力对生产关系的决定作用？

第三章　商品

重点问题

商品经济的产生与发展
商品的二因素
劳动的二重性
商品的价值量
商品拜物教

在当今世界，无论是实行资本主义经济制度的国家，还是实行社会主义经济制度的国家，商品都是财富的元素形式或细胞形式，社会财富都表现为一个庞大的商品堆积，经济运行都以商品关系或市场关系为基础。因此，对资本主义和社会主义两大现代社会经济形态的特殊运动规律的研究，都应当以对商品关系这个现代经济生活中最普遍、最一般的经济关系的把握为前提。

第一节　商品与商品经济

一、什么是商品

生活在现代社会中，我们几乎每时每刻都要同商品打交道。作为消费者，我们消费的是商品；作为生产者，我们生产的是商品；而且我们是在用商品生产商品，因为在现代商品经济条件下，生产过程中使用的各种要素，绝大多数都是作为商品购买来的。那么，什么是商品呢？让我们从一个看似简单的问题来开始分析。显然，商品首先应当是对人有用的物品，如果对人没有用处，它就不可能拿到市场上去出售。但是，为什么空气、阳光是人类生存之必需，却没有价格，不能在市场上作为商品出售呢？显然，“对人有用”可以是物品成为商品的一个必要理由，但并不是充分的理由。你或许会进一步补充说，物品要成为商品，还必须是人类劳动的产品。但很遗憾，这仍然不能算是正确的答案。不错，商品是有用的人类劳动产品，但并不是在任何条件下这种劳动产品都必然成为商品。例如，古代自给自足的农家男耕女织，种出来的粮食和织出来的布尽管都是有用的劳动产品，但并不拿到市场上去交换或出售，只是供家庭成员自用，因而这些劳动产品并不成为商品。而在现代经济中，纺织企业生产出来的布匹，农场生产出来的粮食，却是不折不扣的商品，因为这些产品从一开始就是为交换或出售而生产的，并不是为了生产者自身的消费。可见，只有通过交换，通过市场，有用的劳动产品才成为商品。换句话说，商品就是为交换而生产的对他人或社会有用的产品。

二、什么是商品经济

从上面关于“什么是商品”这个问题的回答不难看出，使有用的劳动产品成为商品的关键条件是交换。交换是不同的商品生产者之间的社会经济关系。作为商品的劳动产品既是这种经济关系的产物，又是这种经济关系的体现。正是这种经济关系，而不是物品作为有用的劳动产品所具有的自然属性和特殊用途，赋予了物品以商品的属性。如果这种经济关系成为某个社会里人们发生经济关系的最一般、最普遍的形式，这个社会的经济就可以归入商品经济的范围。商品经济是商品生产与商品交换的统称。在奴隶社会和封建社会中，自然经济占统治地位，存在小商品经济或称简单商品经济。资本主义社会和社会主义社会，是人类的经济活动以商品的生产和交换为一般基础的社会经济形态。由于商品交换是在市场中发生的，因而商品交换与市场是同生共存的。“市场”的原本意义为交换的场所。但商品经济发展以后，商品交换不一定都通过某一个“场所”。除交换场所外，一切商品交换的渠道和纽带，也都是市场。当市场发展到能起资源配置作用时，就成为市场经济。因此，市场经济是市场在资源配置中起基础性作用的商品经济。

第二节 商品经济的产生和发展

一、资本主义社会产生之前的商品生产和交换

商品经济或市场经济是如何产生和发展起来的呢？回答出这个问题，我们也就弄清了商品生产和交换形成和发展的一般条件。

18 世纪的英国经济学家亚当·斯密曾经断言，商品交换关系之所以产生和发展，是因为人类天生具有相互进行交易的自然倾向。按照这种说法，既然商品交换产生于人类的自然本性，那么它就应当像饮食男女一样，是伴随人类的产生而产生的现象，因而一开始就应当是人类经济活动的基本形式。但是，人类社会发展的历史却表明，商品关系并不是从来就有的，在原始社会的漫长岁月中，人类不知商品交换为何物。商品关系是在人类的历史发展进程中，随着社会生产力的发展和社会分工的发展而逐渐形成的。

人类社会发展的初期，在以氏族和部落的形式组织起来的原始人群内部，只存在按性别和年龄划分的自然分工。原始先民们在氏族和部落的狭小范围内从事集体生产活动，产品按照长期形成的惯例在氏族成员之间平均分配。由于生产力水平极其低下，人们通过采集和狩猎获取的产品往往仅够糊口，没有多少剩余。在这种情况下，既无交换的必要，也无交换的可能，经济因而处于自给自足状态，即自然经济状态。在自然经济条件下，生产是直接为自身的消费而进行的，生产与消费之间，不存在交换这个中介。对于生活在原始

社会蒙昧阶段的人们来说，生活必需品应当也只能由自己亲手制造。在他们看来，通过交换借他人之手满足自身的需要是不可思议的事情。19世纪，有个德国探险家在巴西中部旅行时，他所接触到的印第安人反复询问他的裤子、蚊帐及其他物品是不是自己做的，而当这些印第安人听说不是的时候，感到十分惊讶，难以理解。在原始的氏族之间以及氏族成员之间，有互送礼物的习俗，但这并不是商品交换，而是具有亲缘关系的人们之间的相互帮助、余缺互补的一种形式。尼日利亚南部的奥楚姆德—伊波部族中存在着每年6月、7月和8月这三个月互赠礼物的习俗。据当地人解释，这种习俗源于粮食有余者在农作物收获前有责任帮助缺少口粮者的古制。原始人之间的这种礼物馈赠，显然不具有商品交换的性质。

到了原始社会野蛮时代的中级阶段，由于农业耕作技术和动物驯养技术的进步，在满足自身需要之外有了剩余产品。这时，发生了第一次社会大分工，即游牧部落与其他部落分离开来，农业部落与游牧部落之间的产品交换随之发生，起先是偶然的交换，后来变得越来越经常。一开始，交换是在不同的部落或不同氏族的边界上进行的。据史料记载，交换的最初往往采取所谓“沉默的物物交换”的形式，即人们将自己的产品放在某个易被发现的场所，然后躲到一边等待他人将用于交换的物品放在同一场所，而后各自取走对方的产品。在西方国家被称为历史学之父的古希腊学者希罗多德曾记述过直布罗陀海峡西部的摩尔人与黑人之间的这种原始的物物交换。在我国，直至20世纪40年代末50年代初，在边远的山林地区，某些以狩猎为生的少数民族在拿皮毛与内地来的行商交换食盐等必需品时，采取的仍然是这种方式，这显然是“沉默的物物交换”的遗风。在野蛮时代中级阶段的进一步发展过程中，随着氏族成员私有财产的产生，同一氏族内部不同成员之间的交换关系也开始产生并逐步发展起来。“沉默的物物交换”为喧闹的集市贸易所取代。集市在约定俗成的固定地点和时间进行，中国古典文献中关于“日中而市”的记载，说的就是这种情形。在这一时期，出现了被亚当·斯密称为“流动的大轮毂”的货币，铜、铁、金、银等金属开始执行货币的职能，并逐渐成为人们所普遍使用的货币。货币的出现，极大地方便了商品交换，刺激了商品生产的发展。以货币为中介的商品交换，就成为商品流通。

人类社会发展到野蛮时代的高级阶段，随着青铜和铁的冶炼技术的相继发明以及金属工具的广泛使用，在使农业生产较以前有很大发展的同时，还使得原来附属于农业的手工业生产技术大大改进，手工业产品也日益多样化。这时，原来与农业集合在一起的手工业分离出来，形成与农业相区别的独立生产行业。这就是所谓的第二次社会大分工。社会生产力在第二次社会大分工的刺激下进一步发展，氏族成员之间的贫富分化加剧，私有制的发展加快，奴隶制逐渐形成。随着社会生产分为农业和手工业两大部门，商品生产和交换的规模扩大了。在我国西周至春秋战国时代，不仅有了为君主服役的各种专业化手工匠人，即“百工”，而且专门为市场而生产的私营手工业也很发达。春秋战国时代城市中已有了按产品类别划分的“肆”，即各种专业工匠设立作坊店铺的场所。《论语》中就有“百工居肆，以成其事”的说法，城市市场已比较繁荣。在西方国家的历史上，也有类似的发展。古希腊城邦时期以及罗马帝国时期，都有规模相当大的奴隶工场，城市中的市场也很发达。

人类社会进入文明阶段之后，在商品交换日益频繁、交换地区不断扩大的形势下，出现了不事生产而专门从事商品交换业务的商人，发生了第三次社会大分工。商人的经营活动便利了商品交换，缩短了商品买卖的时间，扩大了商品的销路，拓展了商品交换的空间，又一次推进了商品生产和交换的发展。在商人的作用下，远距离异地贸易以至海外贸易出现了。而商品市场的扩大，又反过来促进商品生产规模进一步扩大。早在春秋时代商贾已被列为“四民”（士、农、工、商）之一，可见当时商人阶级已在我国形成。我国最早见于文献的商人，可能要算那个“矫君命以犒秦师”的郑国人弦高。著名的齐国政治家管仲，在从政之前从事过商业活动。孔子的高足自贡也是个从事长途贩运的商人。我国西汉的著名历史文献《史记》专门为商人设“货殖列传”，记述了以陶朱公、白圭为代表的商人所进行的“周流天下”的经营活动和“人予我取”的高明经营策略。这些都是商人在当时经济中的作用变得越来越重要的反映。

二、商品经济的确立

在奴隶社会，商品交换关系逐渐发展，到了封建社会末期，商品关系达到了相当高的发展水平。但只是到了资本主义时代，商品关系才成为社会经济关系最普遍、最一般的形式。在前资本主义的各种社会经济形态中，尽管发生了三次社会大分工，但从总体上说，自给自足的自然经济的生产方式一直占据着主导地位，因而商品关系在经济生活中还只是处在补充和从属的地位。在现代资本主义社会产生的前夜，航海术的进步带来的美洲的发现、绕过非洲的航行以及随之而来的殖民化浪潮和殖民地贸易，使一些具有海外贸易传统、国内商品关系发展程度较高的西欧国家的商品市场空前扩大。市场的扩大使既有的社会分工体系和商品生产组织发生了重大改组和创新。以众多不同劳动者的细密分工和密切协作为基础、通过雇佣劳动关系形成的大规模专业化的商品生产组织——手工工场，逐渐排挤了封建行会制度下的狭小手工作坊。资本主义的大规模专业化商品生产组织的形成，意味着作为商品关系一般基础的社会分工发生了深刻的变化，前资本主义的传统社会分工体系已演进为现代社会分工体系。资本主义生产方式在经济中的统治地位确立以后，现代自然科学导致了机器代替人力的技术创新，而这种技术创新又引致生产组织的创新，最终实现了产业革命，手工工场制度为建立在机器体系基础上的工厂制度所代替。机器生产以手工劳动所无法比拟的生产率，横扫了一切自然经济的残余，将一切经济活动都编织进现代社会分工体系的巨大网络中，从而使商品关系或市场关系渗透到社会经济的一切领域，成为人们发生经济联系的最普遍、最一般的形式。

以上对商品关系形成和发展历史的简略回顾，说明商品经济或市场经济的产生和每一步进展，都是以社会分工的发生和发展为条件的。在生产技术进步推动下发生的社会分工，使不同产品生产者之间的交换关系成为必要。而社会分工的不断深化，在提高人类劳动生产率的同时，又导致商品交换范围不断扩大，最终成为现代社会生活必不可少的条件。

第三节　商品的二因素：使用价值与价值

在关于“什么是商品”的论述中，我们已经知道，商品就是为进行市场交换而生产的有用的劳动产品。商品的这个定义虽然简略，但实际上其中已经暗含了构成商品的两个因素，即使用价值和价值。所谓商品的使用价值，简单地说，就是这个定义所说的物品的有用性。价值这个范畴没有直接出现在这个定义中，但是，它所包含的使物品成为商品的关键条件——市场交换，本身就意味着一切商品都具有可以用某种相同的尺度来衡量的价值。对商品的使用价值和价值的分析，不仅可以极大地丰富和加深我们对“什么是商品”这个问题的认识，而且还可以进一步揭示出商品经济的内在矛盾。

一、商品的使用价值

我们先来讨论商品的使用价值。对商品的最为直观的认识是，它是能够用来满足人们的某种需要的物品，即对人有用的物品。马克思主义政治经济学所说的使用价值，就是指物品的这种有用性。而不同的物品由于自然属性（物理的或化学的性质）不同，它们的用途即使用价值也就各异。例如，粮食能够满足人们对营养物质的需要，房屋能够满足人们遮蔽风雨或起居舒适的需要，机器能够满足人们进行生产活动的需要，书籍能够满足人们精神和文化方面的需要等等。物品的有用性寓于物品自身之中，因而马克思主义政治经济学在使用“使用价值”这一概念时，有时指物品的有用性，有时又指有用物本身。比如，我们既可以说粮食有使用价值，又可以说粮食是使用价值。不同的物品或不同的使用价值的数量，是用不同的度量单位来计量的，例如，布的数量用长度单位来计量，粮食用重量单位来计量等。

在一切社会形态中，使用价值都构成财富的物质内容。某种物品所具有的使用价值，并不随社会生产关系的变化而变化。比如小麦，无论是农奴生产的，还是雇佣工人生产的，它所具有的满足人类对营养物质的需要这样一种使用价值，并不会有什么不同。也就是说，物品的使用价值是不体现特定社会经济关系的。因此，考察各种商品的特殊使用价值是商品学的任务，而不是以社会经济关系为研究对象的政治经济学的任务。那么，我们为什么又要在这里讨论商品的使用价值呢？政治经济学涉及使用价值的着眼点不在于物品的使用价值本身，而在于以使用价值为物质承担者的商品交换关系。没有使用价值的东西，谁也不会去交换它，因而不会具有使用价值，不成其为商品。这意味着作为交换对象的使用价值是商品交换价值的承担者。所以，政治经济学虽然不以使用价值本身为研究对象，但在研究商品关系时，又必须涉及使用价值。

二、商品的价值

具有使用价值的物品一旦进入市场交换，就具有了交换价值。交换价值首先表现为一种使用价值与另一种使用价值相交换的数量关系或比例。比如，在古代进行物物交换的集市上，某个农民用 10 公斤小米换了另一农民的 3 米布，3 米布就是 10 公斤小米的交换价值。这个农民还可以拿 10 公斤小米与其他使用价值相交换，比如从铁匠那里换回 1 把锄头。这时，10 公斤小米的交换价值又表现为 1 把锄头。可见，一种商品在与其他多种商品相交换时，会形成不同的数量比例关系，因而可以有多种交换价值。一种商品的交换价值会随时间和地点的变化而变化，但在相同的时间和地点，它大体上是既定的。一般来说，在同一时间的同一市场上，每一种商品都有为众多交易者共同认可的同一交换价值。

为什么 10 公斤小米的交换价值等于 3 米布或 1 把锄头？不同商品之间的交换比例是

由什么决定的？或者说，商品的交换价值是如何决定的？早在古希腊时代，哲人亚里士多德就注意到并力图回答这些问题。他认识到，用5张床交换1间房，意味着床与房这两种不同的物品之间有着某种本质上的等同性。他说，两种物品如果没有等同性就不能交换，没有可通约性，就不能等同。这一认识无疑是正确的，而且就亚里士多德所处的时代而言无疑是天才的见解。但是，床和房这两种商品的物质形态都是使用价值，是不可能在质上等同从而可以在量上加以比较的。亚里士多德在这个悖论面前困惑了，只好说5张床在交换中之所以等于1间房，是为了“应付实际需要”。他实际上并未回答出上述问题。那么，问题的正确答案究竟是什么呢？目前在西方国家流行的经济理论认为，是商品的效用决定商品交换的数量比例。所谓效用，是指物品满足人们的欲望的能力。按照这种理论，5张床之所以可以换得1间房，是因为二者满足人们的欲望的能力相等。但是，对床的欲望和对房的欲望，是由床的使用价值和房的使用价值来满足的；正如这两种物品的使用价值一样，由它们所满足的人类的欲望也是性质不同的东西，根本就不能在数量上相互加减。可见，这种理论也犯了亚里士多德想要避免的错误。为了摆脱这种困境，一些西方学者企图用所谓序数效用论来代替这种基数效用论。他们争辩说，虽然不同商品的效用不能加减，但不同商品的效用对于人们的重要性是不同的，因而可以按重要性对不同商品效用进行排队，从而区别这些商品的价值的大小。虽然这种效用论往往用复杂的数学模型装点着，但也是一种与常识相悖的杜撰。因为，对不同商品效用的重要性排序是因人而异的。瘾君子和禁烟主义者对香烟的效用排序完全颠倒，餍足肥甘的富人与食不果腹的穷人对大米的效用排序更是天差地别，但是香烟和大米都只有一个价格，并不因人而异。

显然，要得到正确的答案，就必须撇开商品的使用价值属性，另辟蹊径。而一旦将商品的使用价值属性撇开，它就只剩下一个属性，即人类劳动产品这个属性。而我们在撇开商品的特殊使用价值的同时，也就撇开了生产特殊使用价值的劳动的特殊形式。这样，就从生产各种使用价值的形式各异的劳动中抽象出作为人的脑力和体力支出的一般人类劳动。凝结在商品中的这种无差别的人类劳动，是性质相同因而数量上可以比较的，它构成商品的价值。两种使用价值不同的商品所以能够按一定数量比例交换，原因就在于在交换双方的产品中耗费的劳动量是相等的，或者说双方的价值是相等的。而商品的不同交换价值，即一种一定数量的商品与相应数量的其他商品的交换比例，不过是同一劳动量或同一价值量的表现形式。

三、商品使用价值和价值的关系

任何商品都是使用价值和价值这两个因素的统一体。缺少这两个因素中的任何一个，物品都不可能成为商品。但是，在这两个因素中，价值是商品的最本质的因素。因为物品的使用价值的存在，是不依赖于交换的。在商品交换关系还没有产生的远古时代，人类生存和发展所需要的各种物质资料，对于人们也是有使用价值的。而商品的价值这个经济范畴，则是商品交换关系本身的产物，它体现着不同商品生产者之间的社会关系，并且只有在这种社会关系中才能存在。人们在生产各种使用价值时所耗费的形式上千差万别的劳动，正是通过他们相互间的交换关系，才被抽象为无差别的一般人类劳动即价值。

商品的二因素虽然统一在一个商品之中，但二者又是矛盾的。为了说明这个问题，让我们再一次用前面那个农民用小米换布的例子来说明。显然，当这个农民出现在市场上时，他具有双重身份：米的生产者和布的消费者。作为生产者，他关心的问题不仅是自己用10公斤小米换得3米布，而且关心所交换的商品的价值是否相等，即3米布所包含的劳动量是否与自己耗费在10公斤小米生产上的劳动量相等。也就是说，他要实现小米的价值。作为消费者，他关心的是布作为制作衣被等的材料的有用性。也就是说，他要取得自己需要的使用价值。作为商品生产者，他为了实现小米的价值，就必须将小米这种使用价值让渡给别人；作为消费者，他为了取得布这种使用价值，就必须支付布的价值。对于他来说，不可能既实现小米的价值，又占有其使用价值。同样，他也不可能既占有布这种使用价值，又不支付布的价值。这就是矛盾。这个矛盾只有通过交换才能解决。通过与布的所有者的交换，这个农民在实现了小米的价值的同时，取得了布这种使用价值。而布的所有者也在实现了布的价值的同时，取得了小米这种使用价值。于是，商品二因素的矛盾解决了。但是，在现实生活中，商品二因素的矛盾并不一定能够顺利解决。生产小米的农民可能无法在市场上将自己的产品交换出去，结果是小米的价值和使用价值都无法实现。

第四节　体现在商品中的劳动的二重性

一、具体劳动创造商品的使用价值

商品是由劳动生产出来的。构成商品的二因素与生产商品的劳动是什么关系？同一个劳动过程为什么能够在创造使用价值的同时又创造价值？

让我们首先对劳动过程进行直观的考察。我们在这种考察中看到的劳动，总是以一定的具体形式同某种特殊的使用价值联系在一起的。例如，“缝”这种劳动的具体形式，就是同衣服这样一种特殊的使用价值联系在一起的；“织”这种劳动的具体形式，则是同布这样一种特殊的使用价值联系在一起的，如此等等。由此不难推知，每一种商品所特有的使用价值都是某种具体形式的劳动的产物，或者说，具体劳动创造了商品的使用价值。商品世界中的使用价值多种多样。这种多样性反映了具体劳动的多样性，表现了按部门、行业和职业分类的社会分工。我们已经知道社会分工是商品生产存在的条件。社会分工意味着打破自然经济条件下不同具体劳动相互结合的状态（例如男耕女织结合在农民家庭中），使各种具体劳动分离开来，成为相互独立的专门化的职业、行业和部门。

二、抽象劳动形成商品的价值

具体劳动是使用价值的创造者。这是不以社会形态为转移的人类生存条件，是人和自然之间的物质变换即人类生活得以实现的永恒的自然必然性。无论在何种社会形态下，人类要获得自身生存和发展所需要的各种使用价值，都必须从事各种形式的具体劳动。这是不言而喻的事情。这里需要附带说明的是，我们说具体劳动是使用价值的创造者，并不是说物品的使用价值是由具体劳动凭空创造出来的。具体劳动创造使用价值的过程，也就是人们以特定的劳动方式来改变自然物质的形态，以适应自身的特定需要的过程。离开了土地、矿藏和其他自然物质，具体劳动创造不出任何使用价值。因此，具体劳动与自然物质共同构成使用价值的源泉。17世纪的英国学者威廉·配第的名言“劳动是财富之父，土地是财富之母”，说的就是这个意思。不同的具体劳动只能创造出不同的使用价值，而不能创造出不同的商品都具有的同质的价值。但价值的创造又离不开劳动。这表明，人们的劳动除了有具体形式不同的一面，还有同质的一面：不管劳动的具体形式如何不同，它们都是人类劳动力的支出，即人们的脑力和体力的支出性质不同的生产活动，例如前面提到的缝和织，不过是人的大脑、肌肉、神经、骨骼等等的生产耗费的具体形式。这种撇开具体形式的无差别的人类劳动，就是一般劳动或抽象劳动。我们已经知道，正是这种抽象劳动形成商品的价值。

三、劳动的二重性

在第一章中我们曾经指出，人类的劳动具有二重性，即自然属性和社会属性。在商品生产条件下，人类劳动的二重性表现为具体劳动和抽象劳动这两种属性。商品的任何一种劳动，一方面是与其他劳动不同的具体劳动，另一方面又是与其他劳动相同的抽象劳动，这就是体现在商品中的劳动的二重性。正是劳动的二重性决定着商品的二因素。具体劳动生产使用价值，抽象劳动生产价值。不同的具体劳动在性质上不同，因而在数量上不可比；而凝结在不同商品中的抽象劳动在质上没有区别，只有数量上的差别，因而使用价值不可比的各种商品的价值是可比的。具体劳动是同自然物质结合起来成为使用价值的源泉的，抽象劳动则是价值的唯一源泉。具体劳动与人类社会共始终，是不以社会形态为转移的永恒范畴；而抽象劳动作为商品价值的实体，则是与商品交换相联系的范畴。

劳动二重性理论是理解马克思主义政治经济学的枢纽。马克思以前的资产阶级古典经济学家虽然最早创立了劳动价值论，但由于他们不能把创造使用价值的劳动和创造价值的劳动区别开来，不能区分具体劳动和抽象劳动，从而无法解决什么劳动创造价值，在什么条件下创造价值，怎样创造价值以及价值本质是什么等一系列问题。劳动二重性理论解决了这一系列问题，为剩余价值学说的创立奠定了基础。不仅如此，这个理论还是理解我们在以后章节中将会讲到的资本有机构成理论、资本积累理论、社会资本再生产理论的钥匙。

第五节　商品的价值量

以上我们主要是从质的规定上来讨论商品的价值的。现在我们转而分析商品价值的量的规定，即价值的大小如何决定的问题。既然价值是凝结在商品中的抽象劳动，那么商品价值量的大小就是由它所包含的抽象劳动的多少决定的。而由于计量劳动量大小的天然尺度是劳动时间，价值量便是由生产商品所耗费的劳动时间来衡量的。到此，我们是否已经把价值计量的问题完全说清楚了呢？当然不是，这还远未将全部问题说清楚。

一、复杂劳动与简单劳动

这里需要弄清的第一个问题是复杂劳动和简单劳动的换算关系。生产不同商品的劳动的复杂程度是有差别的。例如，编制计算机软件的劳动就比制作蛋糕的劳动要复杂得多。在比较不同商品的价值量时，不仅需要将生产它们的各种具体劳动看做是无差别的抽象劳动，并且需要将复杂程度不同的劳动化为复杂程度相同的劳动，而不能简单地按劳动时间的长短来确定价值量。将复杂程度不同的劳动化为复杂程度相同的劳动，是通过将复杂劳动换算为简单劳动来实现的。

所谓简单劳动，是指那些不需要经过系统的学习和较长时间的专业训练，每一个健全的人都能够从事的劳动。而复杂劳动则是需要经过系统的学习和较长时间的专门训练才能胜任的劳动。当然，简单劳动与复杂劳动的区别是相对的，它在不同历史阶段和经济发展水平不同的国家有不同的标准，但就一定时期和一定国家而言，简单劳动与复杂劳动的区别还是明显的。而二者的区别，如果撇开劳动的具体形式，最终还是可以归结为脑力和体力支出上的数量差别。这不仅是指体力劳动者与脑力劳动者的劳动差别，也包括比如技术工人和非技术工人、师傅和学徒等等之间的劳动差别。大家知道，人们掌握从事复杂劳动所必需的知识和技能也是要耗费劳动的，无论这种劳动的耗费是发生在人们实际从事生产活动的时间之内还是之外（即无论是脱离生产专门从事必要知识和技能的学习，还是在生产过程中边干边学），它都是为生产特定的商品所必要的，因而必须计入商品的价值，否则这部分劳动就无法通过交换得到补偿。而如果这部分劳动得不到补偿，那谁都不会有积极性去掌握从事复杂劳动所需要的技能。复杂劳动包含着大于简单劳动的脑力和体力的支出。就是从这个意义上，我们说比较复杂的劳动是自乘的和多倍的简单劳动。这样，也就可以以单位时间内的简单劳动为基准，将同一时间单位内的复杂劳动换算成多倍的简单劳动。复杂劳动与简单劳动之间的这种换算关系，是在商品生产和交换的实践中，经过反复多次的调整，逐渐确定下来并为社会所公认的。

二、社会必要劳动时间

社会必要劳动时间具有两种含义。首先，从同一部门的某种商品来看，社会必要劳动时间是在现有的社会正常的生产条件下，在社会平均的劳动熟练程度和劳动强度下制造某种使用价值所需要的时间。在现实生活中，我们经常可以看到，生产同一种产品的不同商品生产者，由于生产的主客观条件的差异，生产单位产品所花费的劳动时间是长短不一的。生产者所使用的设备、自然资源等客观条件越好，其技术熟练程度越高、体力和脑力越强、劳动态度越积极，他的生产效率就越高，生产单位产品所花费的劳动时间就越少；反之则反是。这样，就产生了一个问题：如果生产同一种商品的众多生产者按生产效率的差别分为高、中、低三类，这三类生产者的单位商品的价值是不是各自由生产它们的个别劳动时间决定的呢？当然不是。因为，在同一时间的同一个市场上，一种商品与他种商品的交换比例是大体统一的，并不因为生产这种商品的各个生产者的生产效率有差别而存在三种交换比例。那么，商品的价值是由哪一类生产者的劳动时间决定的呢？事实上，一种商品的价值是由生产这种商品的各类生产者的个别劳动时间的平均数决定的。一般说来，中等生产率条件的生产者总是占大多数，中等生产率条件下商品生产的个别劳动时间与这个平均数最为接近，甚至有可能相等，因而可以说商品价值是由中等生产率条件下的个别劳动时间决定的。这个平均数又被称为社会必要劳动时间。

上述含义中的社会必要劳动时间是对单个商品而言的，并没有涉及社会各部门之间的相互关系。如果我们从全社会的角度来考察价值量的决定问题，就会产生新的认识。我们知道，商品具有使用价值和价值两个因素，使用价值是价值的物质承担者，一个商品只有在满足了社会的需要的前提下，才可能具有交换价值和价值。也就是说，并不是所有的劳动都能创造价值，创造价值的劳动首先必须是能够满足社会需要的劳动。这里就涉及社会必要劳动时间的第二种含义。

第二种含义的社会必要劳动时间是指满足社会需要总量所必要花费的总劳动。对此，马克思作了这样的阐述："事实上价值规律所影响的不是个别商品或物品，而总是各个特殊的因分工而互相独立的社会生产领域的总产品；因此，不仅在每个商品上只使用必要的劳动时间，而且在社会总劳动时间中，也只把必要的比例量使用在不同类的商品上……社会劳动时间可分别用在各个特殊生产领域的份额的这个数量界限，不过是整个价值规律进一步发展的表现，虽然必要劳动时间在这里包含着另一种意义。"[①] 也就是说，某种商品的价值不仅取决于生产该种商品所消耗的平均的劳动时间，而且要取决于由按比例分配劳动时间规律决定的满足某种特殊社会需要所应当消耗的社会必要劳动时间。"如果某个部门花费的社会劳动时间量过大，那末，就只能按照应该花费的社会劳动时间量来支付等价。因此，在这种情况下，总产品——即总产品的价值——就不等于它本身所包含的劳动时间，而等于这个领域的总产品同其他领域的产品保持应有的比例时按比例应当花费的劳动时间。"[②] 在这种情况下，超过社会总需要的劳动时间即第二种含义的社会必要劳动时间的劳动就得不到社会的承认。反之，如果某个部门花费的社会劳动时间过少，低于由按比例分配社会总劳动时间规律决定的社会必要劳动量，那么，生产这些商品的劳动就会按照高于其价值量被承认。总之，只有得到社会承认的必要劳动，才是能形成价值的劳动。

三、劳动生产率与价值量的变动

社会必要劳动时间是随社会的劳动生产率的变化而变化的。劳动生产率即生产某种使用价值的效率，通常有两种表示方法，一是单位时间内生产的产品数量；一是生产单位产品所耗费的劳动。决定劳动生产率高低的主要因素有：科学技术发展的水平及其在生产中的应用，劳动者的素质及熟练程度，生产过程的分工和协作的合理程度，生产的规模，自然资源的丰富程度等等。显然，劳动生产率越高，单位时间内生产产品越多，则生产单位商品所需的社会必要劳动时间就越少，从而单位时间决定的商品的价值量就越小；反之则反是。这也就是说，单位商品的价值量与劳动生产率成反比。这一点可以从许多事实中得到说明。例如，英国产业革命中由于将新的科学技术应用于生产，劳动生产率大幅度提高。1820 年，英国的工业生产量占到世界工业生产总额的一半。结果，产品的价值和价格随之大幅度下降。1786 年，英国每磅棉纱的价格为 38 先令，1800 年降为 9.5 先令，1830 年又降为 3 先令。从不同的国家的比价关系看，经济发达国家的劳动生产率高，其产品的国内价值与价格通常低于发展中国家。比如，美国的汽车比中国自己生产的汽车科技含量高、质量好，但在美国市场或世界市场上的汽车售价远比中国国产的汽车低。当然，影响价格变动的因素是多种多样的，除了价值之外，还要受货币供给和供求等因素的影响，因此，单位商品价值与劳动生产率成反比的运动趋势，有时不会直接表现为商品价格随劳动生产率的不断提高而相应下跌，甚至会表现为价格上涨。但是，在其他条件一定的情况下，劳动生产率的提高必然会引起商品价值的下降。

---

① 《资本论》，第 3 卷，716～717 页。

② 《马克思恩格斯全集》，中文 1 版，第 26 卷，第一分册，235 页，北京，人民出版社，1972。

劳动生产率的提高与单位商品的价值量成反比的定律似乎与科学技术在财富创造中所发挥的日益重要的作用是相矛盾的。在日常生活中我们不难发现，在同样的劳动时间内，那些知识和科技含量高的产品的价值一般要高于知识和科技含量低的产品的价值，比如，在中国目前的条件下，单位劳动时间内工业部门所创造的价值要高于农业，单位时间内IT行业所创造的价值又高于纺织业，这不是说明知识和科学含量越高的劳动创造的价值越大吗？其实，这种情况与上述定律并不矛盾。劳动生产率的提高与单位商品的价值量成反比的定律是就一个部门一种产品而言的。在同一个部门，科学技术的发展和知识的广泛应用可以大幅度提高劳动生产率，增加单位时间所生产的物质产品的数量，降低单位商品的价值量。而不同部门的使用价值和生产使用价值的劳动生产率则是不可比较的。至于单位时间内高科技产品的价值量一般要高于单位时间内普通产品的价值量，主要是由于劳动的复杂程度不同所致。高科技部门的劳动力通常需要经过长期的学习和培训，其劳动的复杂程度远远高于普通的生产部门。在相同时间内，高科技部门的复杂劳动所创造的价值要大大高于普通生产部门的简单劳动所创造的价值。另一方面，在高科技部门，“总体劳动”的范围日益扩大，信息的收集和处理、产品的研制和开发、劳动力的培训和管理等方面的劳动所占的比重日益增大。由于生产工人的范围扩大了，因而单位时间内高科技部门创造的价值总量必然增加。

第六节　商品拜物教与商品经济的基本矛盾

一、商品拜物教产生的原因

商品拜物教是马克思对物支配人这种社会现象以及由此产生的社会观念所作的形象比喻。在以私有制为基础的商品经济中，商品生产者之间的关系是通过物与物，即商品与商品的关系来表现的。这些物本来是人手的产物，一旦成为商品，却成了支配商品生产者命运的力量。人们对待商品就像对待神一样顶礼膜拜，充满了神秘的感觉。

那么，商品的神秘性是从何而来的呢？显然，这不是来源于它的自然属性，因为从使用价值的角度看，商品和普通的物品并没有什么区别；也不是来源于价值决定的内容即劳动消耗，因为对于劳动消耗的关心在一切社会中都是存在的。马克思指出，拜物教性质是来源于生产商品的劳动所特有的社会性质。随着劳动产品取得商品形态之后，人类劳动的同一性质，便表现为商品的价值；用时间计算的人类劳动力的支出，便表现为商品的价值量；而人们之间互相交换劳动的关系，则表现为商品与商品互相交换的关系。这样“商品形式在人们面前把人们本身劳动的社会性质反映成劳动产品本身的物的性质，反映成这些物的天然的社会属性，从而把生产者同总劳动的社会关系反映成存在于生产者之外的物与物之间的社会关系”①。在以私有制为基础的商品生产条件下，虽然每个商品生产者的劳动都是社会总劳动的一个组成部分，具有社会劳动的性质，但是私有制的存在决定了他们的劳动在直接形态上仍是私人劳动。商品生产者的劳动的社会性质，不能在生产过程中直接地表现出来，而只能通过商品交换，即通过劳动产品之间的对等关系，间接地表现出来。

① 《资本论》，第1卷，88～89页。

这样，生产者之间的劳动关系便表现为商品之间的价值关系了；而原来人与人之间的生产关系，便表现为物和物的关系了；而人们生产商品所耗费的社会必要劳动时间的变化，便表现为商品价值量的变化了。但商品生产者无法正确认识到这一点，因此商品便成为了他们头脑中一种充满了神秘性的东西。所以说，人们对商品的拜物教观念起因于生产商品的劳动的特殊的社会性质以及商品形式本身。马克思认为，只要存在商品关系的生产形式，就必然有商品拜物教的存在。

在资本主义制度下，商品经济发展到了最高点，与此相联系，商品拜物教也发展到了最充分的程度。在这里，一切劳动产品都转化为商品，一切生产者的社会联系都要通过价值关系来实现，价值规律广泛地支配着生产领域和流通领域，人们完全屈服于市场的自发力量的统治。在资本主义社会中，不仅有商品拜物教，而且有货币拜物教、资本拜物教等等。人们的一切生产关系，都掩盖在物与物的交换之中。

二、商品拜物教与商品经济的基本矛盾

商品拜物教反映了商品经济的本质和内在矛盾。商品交换是建立在社会分工基础之上的，社会分工一方面造成了不同的生产者的相互分离，另一方面造成了他们之间的全面的相互依赖，由此导致了劳动的个体性与社会性之间的矛盾。在商品经济中，这一矛盾表现为私人劳动与社会劳动的矛盾，它是商品经济的基本矛盾。一方面，社会分工的存在，使得生产者的劳动具有社会劳动的性质，他们的生产是为了满足社会的需要，各自的劳动都是社会劳动的一部分；另一方面，生产资料私有制，决定了生产者的劳动具有私人劳动的性质，生产者独立进行生产决策，产品归生产者私人占有。私人劳动与社会劳动之间的这种矛盾只能通过市场交换得到解决，在市场交换中，私人劳动只有转化为社会劳动，得到社会承认，私人生产者的个体利益才能得到实现。而私人劳动要想实现向社会劳动的转化，首先就必须撇开各个商品生产者私人劳动的具体差别，把不同形式的有用劳动即具体劳动，还原为同质的一般人类劳动即抽象劳动。这样就产生了劳动二重性——具体劳动和抽象劳动。由于具体劳动创造使用价值，抽象劳动形成商品的价值，这样又产生了商品的二重属性——使用价值和价值。商品经济所具有的各种矛盾归根结底是由生产商品的劳动具有私人劳动与社会劳动的二重性以及它们的矛盾所决定的。

随着简单商品经济发展到资本主义商品经济，商品经济的基本矛盾——私人劳动与社会劳动的矛盾，就进一步发展为资本主义的基本矛盾，即生产社会化与资本主义私人占有形式之间的矛盾。

商品	商品经济	使用价值与价值
具体劳动与抽象劳动	简单劳动与复杂劳动	社会必要劳动时间
商品拜物教		

思考题

1. 商品经济是如何产生的？
2. 如何说明使用价值和价值的关系？
3. 为什么说价值是一种特殊的生产关系？
4. 为什么复杂劳动是简单劳动的倍加？

第四章　货币

重点问题

价值形式的发展
货币的本质
货币的职能
货币对经济发展的作用
货币的供给与需求
通货膨胀与通货紧缩
货币的虚拟化

在前面关于价值的讨论中，为了分析的方便，我们都假设商品交换采取的是物物交换的形式，而没有货币介入其中。然而，在现实经济生活中，一切商品交换都以货币为中介，货币成为一切商品的价值的表现形式，从而成为社会财富的一般代表。因此，理解商品经济离不开对货币的了解。

第一节　价值形式的发展与货币的产生

货币是如何产生的呢？它的本质是什么呢？让我们从这一基本问题出发，展开我们的分析。而货币的起源问题，也就是作为商品价值表现形式的交换价值或价值形式的发展问题。研究这个问题，就是要说明商品的价值表现怎样从最不显眼、最简单的形式，发展到炫目的货币形式。商品的价值表现，是从简单价值形式开始，经过扩大的价值形式、一般价值形式，逐渐发展成货币形式的。

一、简单价值形式

这种价值形式是同第一次社会大分工发生前后的原始部落之间的物物交换联系在一起的。物物交换是商品交换的最简单的形式。原始部落之间最初的交换往往带有偶然性，因而这种价值形式又被称为偶然的价值形式。分析简单价值形式，实际上也就是分析一切价值形式共有的内容或普遍的规定。

假设有一个畜牧部落用 1 头羊与一个农业部落交换 15 公斤谷子。这次简单交换可以用等式表示为“1 头羊＝15 公斤谷子”。在这个等式中，1 头羊的价值通过 15 公斤谷子表现出来。“1 头羊”是要求将自己的价值相对地表现为一定量的其他商品，在这里称为相对价值形式；而“15 公斤谷子”在这里充当的是一定量的另一种商品的等价物，因而叫做等价形式。处于相对价值形式的商品，能够将自己的价值表现在处于等价形式的商品的使用价值上，是因为两种商品都是劳动的产品，都凝结着抽象劳动。而商品的相对价值量，则是由相互交换的两种商品包含的社会必要劳动量决定的。无论是生产处于相对价值形式的商品还是处于等价形式的商品的社会必要劳动时间的变化，都会导致相对价值形式的具体数量规定的改变。如果养羊的劳动生产率提高 1 倍，种植谷子的劳动生产率不变，1 头羊的相对价值表现就不再是 15 公斤谷子，而是 7.5 公斤的谷子。如果种植谷子的劳动生产率提高 1 倍，养羊的劳动生产率不变，1 头羊的相对价值表现就变成 30 公斤谷子。

处于等价形式的商品，作为反映另一种商品的价值的镜子，具有三个特点。第一，其使用价值成为价值的表现形式，成了价值的化身；第二，生产其使用价值的具体劳动成为抽象劳动的表现形式或实现形式；第三，在这种商品的生产上花费的私人劳动直接成为社会劳动。对于前两个特点，用不着多加解释。问题在于，为什么说私人劳动直接成为社会劳动？在以私有制为基础的商品经济中，生产各种商品的劳动都是私人劳动。同时，这些私人劳动又都是社会劳动分工体系的一部分，其产品是为他人、为社会生产的，因而具有社会性。但是，私人劳动的这种社会性是间接的，只有通过交换才能被证明或实现。如果产品在交换中无人需要，私人劳动的社会性就无法实现。而如果产品顺利地通过了交换，私人劳动的社会性被证明，私人花费在某种产品生产上的劳动就被承认为社会必要的劳动，这同时意味着私人劳动产品的价值得到了实现。而处于等价形式的商品既然是价值的化身，可以代表他种商品的价值，也就意味着生产这种商品的私人劳动直接成为社会劳动。

从上面关于价值形式的两极的分析不难看出，在价值形式之中，一种商品只是作为使用价值存在，另一种商品则只是作为价值而存在。依前例，在“1 头羊＝15 公斤谷子”这一简单的价值关系中，羊作为使用价值存在，而谷子作为价值存在。在这里，我们又一次看到了商品二因素的矛盾。这时，潜藏在单个商品中的使用价值与价值的对立，通过两种商品的价值关系，外化为分处于相对价值形式和等价形式的两种商品的对立。

二、扩大的价值形式

简单价值形式是价值形式的胚胎。在这种价值形式中，只能看到一定量的一种商品与一定量的另一种商品相等，还看不出一种商品是否可以与其他一切商品在质上相等同、在量上相比较。可见，这种价值形式对于商品价值的表现是不完全、不充分的。第一次社会大分工之后，产品交换变得越来越频繁，一种商品不再是偶然和另一种商品交换，而是经常同其他许多商品交换，简单价值形式就发展为扩大的价值形式。这种价值形式也可以用等式表示如下：

1 头羊 { =15 公斤谷子
=2 把斧子
=6 米布
=2.5 公斤茶叶
=一定量的其他商品 }

在扩大的价值形式中，处于相对价值形式的商品将自己的价值表现在无数的其他商品上。这样，一种商品的价值才真正表现为无差别的人类劳动的凝结。同时，这也说明，这种商品的价值与它借以表现出来的使用价值的特殊形式是没有关系的。扩大的价值形式与简单的价值形式相比，价值表现的范围扩大了，这为商品生产和交换的发展提供了更大的空间，是一种进步。但是，扩大的价值形式仍有明显的局限性，每一种商品都有一个不同于其他商品的价值表现系列。这意味着就全体商品而言，价值还没有一个统一的表现，还没有一个为所有商品生产者所公认的一般的等价形式。这种局限性常常会妨碍交换。19 世纪，一个在乌干达旅行的欧洲人曾叙述他在尼奥罗集市上听到卖牛奶的人喊："买牛奶的拿盐来!"卖盐的人喊："买盐的拿矛头来!"而卖咖啡的人喊："买便宜咖啡的拿红珍珠来!"试想，如果红珍珠的所有者要的不是咖啡而是牛奶，而卖牛奶的人又不需要红珍珠，同时又找不到其他中介，这个市场上的交易就会碰到困难。商品交换的范围越是扩大，这种矛盾就会表现得越突出。

三、一般价值形式

扩大的价值形式发展为一般价值形式，使这一矛盾得以解决。一般价值形式可以用等式表示为：

15 公斤谷子=
2 把斧子=
6 米布=
2.5 公斤茶叶=
一定量的其他商品= } 1 头羊

在这个价值形式中，各种商品的价值统一地表现在唯一的商品上，这个商品成为一切商品价值的一般等价物。生产者只要把自己的产品换成这个一般等价物，他就可以用它与自己所需要的任何商品相交换。这样，一切商品的价值作为无差别的人类劳动的凝结的性质，便充分地表现出来了。

一般等价物的出现，克服了扩大的价值形式的缺点，大大促进了商品交换的发展。但是，一开始，一般等价物的职能还不是由固定的商品来执行的。据古典文献和考古发掘证明，大约在 2 000 年前的夏代，产于南方沿海的贝就成为在我国北方流行的一般等价物(当然，这种作为一般等价物的贝，不是随便在海滩上谁都可以拾到的贝壳，而是少见的、有独特形体的贝)。商、周的甲骨文和青铜器铭文中，都有以贝作赏赐的记载。汉字中许多与财富和交换有关的字，如财、货、贸、贷等，都以贝作偏旁，也是贝壳曾在夏、商、周三代长期充当一般等价物的反映。西晋以后很长的时期内，布、绢等纺织品是流行的一般等价物。在古代的埃及、波斯、希腊、罗马，牲畜曾是流行的一般等价物。在《荷马史诗》中，也经常用牛来标示物品的价值，如格劳科斯的铠甲值9头牛，给获胜的决斗士的奖品值12头牛等等。在美洲，烟草、可可豆曾被当做一般等价物。

四、货币形式

一般等价物的不固定、不统一显然是不利于商品交换的发展的。因此，需要用一种价值高、易于分割、不易磨损、便于保存和携带的商品来固定地充当统一的一般等价物。由于金、银、铜、铁等金属能够满足这些要求，它们就逐渐取代其他商品而成为普遍采用的等价物，即一般等价物。于是，一般价值形式就过渡到货币形式。货币形式与一般价值形式没有本质的区别，所不同的只是某些金属取得了固定地担当一般等价物的独占权。在货币形式中，处于相对价值形式的商品是用金属货币来表示自己的价值的，而商品价值的这种货币表现就是商品的价格，这样，商品的相对价值形式又转化为价格形式。在货币形式中，整个商品世界被分为两极：一极是作为使用价值存在的各种各样的商品；另一极是作为价值的化身存在从而随时可以转化为任一使用价值的货币。这时，商品内部二因素的对立统一外化为商品与货币的对立统一。

货币产生之后，其形态经历了许多变化。作为货币的金属最初是以块状流通的。在这种情况下，每做一笔交易都要称金属的重量，并鉴定其成色，有时还需要切割金属块，很不方便。后来出现了按一定形状铸造、标明重量和成色的铸币。我国春秋战国时已经有布币、刀币、环钱等形状各异的铸币。秦始皇为统一币值，铸造了圆形方孔铜钱，即“秦半两”，钱因此被称为“孔方兄”。以后历朝历代，圆形铜钱都是我国最重要的铸币。

铸币在流通中会因为磨损而贬值，但不足值的货币一样在市场上执行媒介交换的职能。因为，作为交换媒介，货币的作用是转瞬即逝的，只要它名义上代表的价值为社会所公认，人们不会计较它实际上是否足值。这样，铸币就逐渐变成了价值符号，成为一定量货币的金属的象征。由于同样的道理，纯粹的价值符号——纸币出现了。我国是世界最早使用纸币的国家。北宋时的“交子”和“钱引”，南宋时的“会子”，已是真正的纸币。马可·波罗在元代的中国看到纸币在市场上使用，“竟与纯金无别”，感到是一件奇事。其实，这并没有什么可奇怪的。与金属货币相比，纸币的优点在于便于携带，可以大大节约作为币材的金属以及货币铸造和运输上的各种费用。不仅如此，纸币的使用还缓解了贵金属供应不足对商品交换规模的限制，使所谓“币荒”得以避免。在15世纪的威尼斯，由于前往君士坦丁堡和亚历山大港的商船和商队要采购香料和棉花等货物而带走大量货币，每年总有几个月要闹“币荒”，当地的商品交易受到很大影响。不过，当时的欧洲人似乎还没有想到可以用纸币来代替贵金属。

到了近代，随着商业的发展，银行等信用机构产生了，于是又出现了以银行券为主要形式的信用货币。与纸币一样，信用货币本身没有价值，只是价值符号，其流通是以发行者的信用为基础的。银行券虽然可以作为货币使用，但它毕竟是一种不定期的债务凭证，发行者必须保证随时可以兑现为金币或银币。与银行券同时流通的，还有一种由国家强制发行的纸币。本身没有价值的银行券和纸币之所以能够代替黄金作为货币使用，是因为它们象征性地代表了一定数量的作为一般等价物的黄金。20世纪初，西方各国政府一般都为本国的纸币规定法定的含金量。一国纸币的发行往往与该国的黄金储备相联系，纸币可以兑换为黄金，这就是所谓金本位制。第一次世界大战以后，西方国家相继放弃了金本位制，银行券也就停止兑换黄金，变成了不可兑换的纸币。现代世界各国发行的纸币都已不能在银行直接兑换为黄金。20世纪80年代以来，由于信息技术的飞速发展，“无纸贸易”日益流行，许多人手持信用卡进行交易，交易可通过银行的计算机系统转账，无须使用纸币。我们可以预言，在不久的将来，纸币这种有形的价值符号会被电子货币这种无形的价值符号所取代。

与黄金切断了联系的现代纸币以及电子货币这些现代的货币形式，可以说是纯粹的价值符号。这些由纸张和电子符号构成的价值符号将沉重的黄金排除出货币的王座，使内在于商品中的使用价值和价值的矛盾的外在化达到了极致：在金属货币条件下商品只有通过一个固定充当一般等价物的特种商品的使用价值，才能将自己的价值表现出来；现在，商品的价值已经完全脱离开任何有形的使用价值而获得与自己的本性完全一致的表现形式，因为价值的实体是抽象劳动，它本来就是无形的、不包含任何自然物质的一个原子。

当代的货币虽然是纯粹的价值符号，但它仍然是由不同商品以抽象劳动为尺度、按一定的比例相交换这样一种交换价值形式衍生出来的。为什么我们用5 000元人民币可以买2台电冰箱，但只能买1台电脑？换句话说，为什么1台电脑值2台电冰箱？回答是：因为生产1台电脑的劳动耗费2倍于生产1台电冰箱。而古代农民之所以会认为自己的15公斤谷子值某个铁匠的2把斧子，因而用15公斤谷子换回了2把斧子，原因也在于前者包含了2倍于后者的劳动。从这个意义上说，现代人用纸币和信用卡买东西，与古代的以物易物并无本质区别。我们还可以进一步假设农民与铁匠之间的交换是以黄金为媒介的。比如说，农民将15公斤谷子卖得0.5克黄金，然后再用这0.5克黄金从铁匠铺买回2把斧子。在这里，0.5克黄金在15公斤谷子和2把斧子之间充当了价值的一般代表即一般等价物。让我们回过头来看看某个现代商场中的电冰箱和电脑。在这里，纸制的或塑料制的信用卡表示的某个银行电脑户头上的5 000元人民币，虽然不像古代农民手中的黄金那样光闪闪、沉甸甸，但仍然在一定量的两种商品，即1台电脑和2台电冰箱之间充当一般等价物。当然，这里的一般等价物中的“物”，不再是一种间接表示商品价值的特殊使用价值，而是直接象征存在于我们的观念中的商品所包含的社会劳动的价值符号。可见，无论是闪闪发光的金属货币之谜，还是无形无影的现代货币之谜，谜底都藏在本节分析过的价值形式之中。

第二节　货币的职能

货币在社会经济生活中执行的各种职能，是随着商品经济的发展而逐渐发展起来的。这些职能包括价值尺度、流通手段、贮藏手段、支付手段和世界货币。其中，价值尺度和流通手段是最基本的职能。

一、价值尺度

这是货币的首要职能，即作为尺度衡量和表现一切商品的价值的职能。我们已经知道，商品的价值也就是凝结在商品内的抽象劳动，商品所包含的抽象劳动的量的多少决定商品价值量的大小，以时间为计量单位的抽象劳动是衡量商品价值的内在尺度。但是，商品的价值量很难直接用劳动时间来表现，而只能在交换过程中通过作为价值代表的货币间接地表现出来。可见，货币执行价值尺度的职能，无非是充当商品价值的外在尺度。通过一定数量的货币表现出来的商品价值，就是商品的价格。因此，说货币执行价值尺度的职能，与说货币具有为商品定价的职能，是同一个意思。在为商品定价时，不需要实际地使用货币。比如商店卖货，就只需为每种商品写个价格标签，而不必将与商品价格相等的人民币摆在商品旁边。也就是说，货币是以想象的或观念的形式执行价值尺度的职能的。

要用货币来显示商品价值量的大小，就必须为货币确定一种计量单位。这种计量单位就是所谓价格标准。例如，在我国的人民币价格标准中，基本单位为“元”，1 元分为 10 角，1 角分为 10 分。在历史上，曾长期用金属货币，金属的自然计量单位即重量单位，就成了货币单位即价格标准。如秦朝的“半两”铜钱，汉朝的“五铢”铜钱，据说都“重如其文”，即重量与钱上所印文字相符，而“两”和“铢”都是重量单位。唐以后，铜钱单位变为“文”，“文”仍然代表一定重量的铜。人民币的基本单位“元”，其来源是 20 世纪 30 年代以前流通的银币的单位，它也有确定的重量（7 钱 2 分）。英国的货币单位“镑”原来也是重量单位名称。原先，人们说某件商品值多少“文”、多少“元”、多少“镑”，与说这件商品值多大重量的金、银、铜，是一个意思。但是，随着商品经济的发展，货币日益成为价值符号，这些货币单位作为金属重量单位的意义逐渐在大众的意识中消失了，好像它们天生就具有计量价值的本领。这样，价格标准就常常被错误地等同于价值尺度。实际上，这两者是不能混为一谈的。须知，价格标准并不是货币的一个独立职能，它是由货币的价值尺度职能派生出来的技术性规定。虽然货币的价值尺度的职能要借助这种技术性规定来实现，但两者是有区别的。它们的主要区别在于，作为价值尺度，货币是价值即凝结在商品中的社会劳动的化身，而价格标准则是货币的计量单位。

二、流通手段

货币是商品交换的媒介。以货币为媒介的商品交换包括卖和买两个先后衔接的阶段。商品所有者首先将自己的商品卖出去，取得一定数量的货币，然后再用这笔钱买回自己需要的其他商品。这种以货币为媒介的商品买卖，就是商品流通。所谓货币的流通手段的职能，也就是它作为买卖之间媒介的职能。货币的流通手段职能是以其价值尺度的职能为前提的，因为只有用一定量货币确定了物品的价格，买卖行为才可能发生。在执行价值尺度的职能时，只要有观念上的货币或价格标签就够了，但执行流通手段职能的货币必须是实在的货币。

我们可以用一个公式来表示商品流通过程：W—G—W，其中 W 代表商品，G 代表货币。流通过程的第一个阶段 W—G，即商品转化为货币，对于商品生产者来说具有关乎命运的重要意义。如果商品卖不出去，这种转化不能实现，耗费在商品生产上的劳动就无法得到补偿，产品就成了无人需要的废物，商品生产者本身就会处于亏损甚至破产的悲惨境地。因此，马克思将 W—G 这一形式转换称为“商品的惊险跳跃”。这个“跳跃”不成功，“摔坏”的不一定是商品，但一定是商品所有者。至于商品流通的第二个阶段或形式变换 G—W，即货币转化为商品，与第一个变换相比，一般说来不那么“惊险”。在正常情况下，有钱总能买到需要的东西。但是，由于 G 在两个 W 之间，流通过程可以分成在时间和地点上分开的卖和买两个阶段，如果市场上出现一些光卖不买的状况，就必然会使另一些人的商品卖不出去。

在商品流通过程中，货币不断在卖主和买主之间转手。这种连续不断的货币转手，形成一个同商品流通 W—G—W 相伴随的货币流通 G—W—G。商品流通是货币流通的基础，货币流通由商品流通引发并为商品流通服务。通过连续不断的转手，同一些货币可以为许多次商品交换服务。这样，就产生了一个问题。就一定时期而言，一个国家的商品流通需要多少货币？决定货币流通量的因素有两个：一是一定时期的商品价格总额，即各种商品的价格与商品量的乘积的总和；二是货币流通速度，即同一时期内货币在买主和卖主之间转手的次数。显然，流通中所需要的货币量或货币需求，与商品价格总额成正比，与货币流通速度成反比。这是货币流通的一般规律。如果用 M 代表货币需求，P 代表商品价格指数，Q 代表流通的商品数量，V 代表货币流通速度，货币需求量的公式就是：$M=(P\cdot Q)/V$。这个公式表明了货币需求量变动的基本规律。从这个公式可以看出，货币需求量取决于价格、流通的商品数量和货币流通速度三个因素。显然，这三个因素按同方向、反方向以及不同比例变化的多种多样的组合，可能形成许多不同的货币需求量。

商品流通所需要的货币量能否得到满足，取决于货币的供应。因此，还有一个与货币需求相对应的货币供应量问题。在历史上贵金属作为货币的情况下，只要社会有足够的贵金属贮藏，货币供应就是有保证的。如果流通中的货币少于上述公式表示的需求量，贮藏中的贵金属就会投入流通。相反，过多的贵金属就会自动退出流通，进入贮藏。可见，金属货币流通条件下，有一个使货币供应和需求保持一致的自动调节机制。在这种情况下，决定货币需求量的因素也就是决定货币供应量的因素。

在现代市场经济中，作为流通手段的不是贵金属，而是不能兑换的纸币和各种信用货币。这种货币的供应有狭义和广义之分：狭义货币供应由现金和活期存款构成，是衡量货币供应的基本的指标。广义货币除包括狭义货币之外，还包括商业银行的定期存款和储蓄存款以及国库券、商业票据等短期证券。根据各种信用变现的容易程度即所谓货币的“流动性”，广义货币又被分为若干层次。对货币供应的复杂构成的具体分析，是货币银行学的任务。这里，我们只需要笼统地知道货币供应量是一定时期可以充当流通手段的纸币和各种信用货币的数量就够了。这些货币只是价值的符号，本身没有价值。如果其他条件不变，商品流通中这种价值符号供应过多，它们所代表的价值或象征的社会劳动就会越小，即发生货币贬值。在货币贬值的条件下，同样价值的商品，或者说花费了同样多的劳动生产出来的商品，其价格就会表现为更多的货币量，即价格总水平脱离价值而上涨。这就是被称为通货膨胀的经济现象的一般含义。相反，假若商品流通中的货币供应量过少，则会导致货币升值，引起物价下跌，而这也就是所谓通货紧缩的一般含义。

三、贮藏与储蓄手段

如果商品出卖以后没有继之以买，商品流通的形式变换就中断了，货币因而退出流通领域成为贮藏货币，这时它执行贮藏手段的职能。在卖和买之间难免有一个时间间隔，若间隔很短，暂时从流通中游离出来的货币应当视为处于准备状态的流通手段，而非贮藏货币。

一般说来，贮藏货币只是人们达到一定经济目的的手段。家庭为了购买住房、汽车等耐用消费品，需要在较长时间里积存货币；企业为了扩大生产或保证资金正常周转，也需要积累货币；人们为了防老、防病同样需要积蓄养老金、保险金等等。当然，巴尔扎克笔下欧也妮·葛朗台式的守财奴在现实生活中也是有的，但为数不多。

贮藏金银在历史上曾经是货币贮藏的最重要形式。现在，虽然世界各国的货币已割断了与黄金的法定联系，但由于黄金始终保有很高的价值（主要原因是受自然条件的制约和限制，开采和提炼黄金的劳动生产率与其他产品相比提高缓慢），且有便于保存、不易损坏的自然特性，无论私人还是国家，仍然把黄金当做最保险的贮藏手段。但是，黄金并不具有货币执行职能。纸币由于自身没有价值，不能作为一般财富的代表执行贮藏手段的职能，但纸币具有储蓄手段的职能。纸币作为储蓄手段，实质上是人们将价值符号形式的货币所代表的、对社会财富的现期的索取权，通过银行这类信贷机构，转变为对未来财富的索取权。纸币的储蓄手段与金属货币的贮藏手段职能的区别在于：黄金由流通转入贮藏，意味着流通领域中商品供应量的缩减和货币供应量的相应缩减；而储蓄存款形式的货币贮藏，则不一定意味着处于流通领域的商品供应量和货币供应量的减少。货币执行储蓄手段职能，从持币者个人的角度看，是现期商品索取权的延期；但从整个社会的角度看，不过是现期商品索取权在不同社会成员之间的再分配，因为储蓄存款会通过银行等金融机构转化为贷款，形成现期的商品购买力。

我们知道，在金属货币作为流通手段的情况下，货币供应量是随着需求量的增减而自动增减的。这种自动调节机制发生作用的必备条件，就是贮藏货币的存在。货币贮藏好比是一个蓄水池，当流通所需要的货币量减少，部分贵金属就退出流通，变成贮藏货币；在相反的情况下，贮藏货币会重新投入流通，执行流通手段的职能。但是，在纸币和信用货币作为流通手段的条件下，这种天然的蓄水池是不存在的。因此，在现代经济中，货币供应量的调节不是由商品流通中货币职能的自发转换来实现，而是由处于流通过程之外的政府货币管理当局加以控制的。

四、支付手段

货币作为支付手段的职能，最初是由商品的赊购赊销引起的。在赊购者清偿对赊销者的债务时，货币所执行的就是支付手段的职能。货币在执行这个职能时，先要执行价值尺度的职能，表示处于赊购赊销关系中的商品的价值，亦即计量买卖双方的债务和债权的数额。还要执行观念上的流通手段的职能，因为商品转手时没有同时发生方向相反的货币转手，只是买者向卖者作了按约定期限支付货币的承诺。只是到了支付期限，作为支付手段的货币才实际地进入流通，用来清偿债务，从买者手中转到卖者手中。可见，货币支付手段职能的产生，是以价值尺度和流通手段的职能的存在为前提的。随着商品经济的发展，货币作为支付手段的职能还扩展到商品流通之外的领域，例如在税收和租金的交纳、工资收入的发放、银行的存贷款、国家财政资金的划拨等经济活动中，货币也是作为支付手段来使用的。总之，在一切没有商品于同时、同地与之相向运动的经济活动中，货币所执行的都是支付手段的职能。

货币作为支付手段，解除了“一手交钱一手交货”的交易方式对商品的交易规模和生产规模的限制，促进了商品经济的发展。在现代市场经济中，大宗的商品交易有很大一部分是以延期付款等信用买卖方式进行的。即便是现款交易，由于种种技术上的原因，交货的时间和地点与付款的时间和地点也往往难以一致，常常无法像小额零售交易那样真正做到“当面钱货两清”。而且，大宗商品的现款交易也难免需要银行信用因素的介入，如买卖双方委托自己的开户银行收付款。在这种现款交易中，货币作为流通手段的职能是通过它的支付手段的职能来实现的。除了商品交易之外，国家财政和银行系统集中的巨量货币作为支付手段的运动，对整个经济的正常运行也是必不可少的。可见，没有货币作为支付手段，现代市场经济是根本无法运转的。

货币作为支付手段在促进经济发展的同时，也加深了商品经济的矛盾。随着作为支付手段的货币的广泛运用，商品的买者和卖者之间以及其他经济行为人之间，形成错综复杂的债权债务关系链条，只要一个债务人不能如期偿还债务，就会引起一系列连锁反应，使社会经济发生紊乱。在严重的情况下，还会形成金融危机。当然，我们不能说金融危机的发生是把货币作为支付手段使用的过错，因为危机的形成还取决于其他社会经济条件。但是，我们可以说货币作为支付手段包含着引发金融危机的可能性。

五、世界货币

随着国际贸易的发展、世界市场的形成，货币走出国内市场，在国际市场上发挥作用，于是具有了世界货币的职能。所谓货币的世界货币职能，是前述各种货币职能在世界范围内的应用。不言而喻，离开了货币作为价值尺度、流通手段、贮藏手段、支付手段的职能，国际贸易、国际投资、国际金融以及其他国际经济活动，都是无从设想的。当今随着经济全球化进程的加快，世界货币在人类社会的经济发展中扮演着日益重要的角色。在很长的历史时期内贵金属曾经是唯一能够执行世界货币职能的货币。在各国国内的纸币割断了与黄金的联系之后很长一段时间，黄金在国际交往中仍然充当世界货币，各国中央银行持有的国际储备资产大部分为黄金，各国货币的兑换比率（汇率）是以不同国家货币的法定含金量（货币金平价）为基础的。

第二次世界大战中，欧洲各国的经济遭到严重破坏，而美国经济则得到空前发展，1945 年其国民生产总值占西方国家的 60%，黄金储备相当于西方国家的 3/4。在这种形势下，第二次世界大战后形成了以美元为中心的国际货币体系，各国货币与美元挂钩，美元与黄金挂钩。这样，除美元以外的其他货币不仅在国内市场，而且在世界市场上也割断了与黄金的直接联系。

进入 20 世纪 50 年代以后，随着西欧一些国家以及日本等国经济的崛起，美元的霸主地位逐渐被打破。由于美国的外汇收支逆差不断增大，黄金储备大量外流，到 1960 年出现了其黄金储备不足以抵偿短期外债的情况，导致人们在国际金融市场上大量抛售美元，抢购其他货币和黄金，甚至用美元向美国挤兑黄金。1971 年，美元贬值之后，美国政府被迫宣布停止按官价为各国政府和中央银行兑换黄金。这意味着美元与黄金脱钩。在这种情况下，一些西方国家的货币实行浮动汇率，不再盯住美元。1973 年，国际金融市场又一次爆发金融危机，美元再次大幅度贬值，西方主要国家的货币对美元也都开始实行浮动汇率，以美元为中心的固定汇率制度解体。于是，逐渐形成了以美元、德国马克、日元、瑞士法郎、英镑为主的多元世界货币体系。尽管美元仍然是国际经济活动中使用最多的货币，但它作为世界货币的垄断地位被打破了。目前在欧盟国家统一使用的欧元，是一种新的世界货币形式。

纸币等价值符号取代黄金而成为世界货币的原因，与它们在其国内市场取代黄金的原因是一样的。既然货币作为世界货币的职能不过是它固有的价值尺度、流通手段、贮藏手段、支付手段的职能在世界范围的延展，既然这些职能在国内市场上可以由纸符号和电子符号来承担，那就没有理由认为这些符号不能在世界市场上发挥同样的作用。但是，与黄金充当世界货币的情况相比，在价值符号担当世界货币的条件下，国际货币体系处于极不稳定的状态。由于缺少黄金流通条件下的自动稳定机制，汇率随各国经济实力的消长以及国际货币市场短期供求变动而频繁变化，不仅不利于国际贸易和国际投资的健康发展，而且成为滋生过度的国际货币投机的温床。

以上所论及的货币的五种职能，共同表现了货币作为一般等价物的本质，而且相互间在历史和逻辑上有着有机的联系。从历史上看，价值尺度和流通手段是货币的最基本的职能，它们是与一般等价形式转变为货币形式同时形成的，在它们形成之后才顺次出现了贮藏手段、支付手段、世界货币这些职能。从逻辑上看，货币必须首先完成价值尺度的职能，才能进而执行流通手段的职能；只有这两项职能充分发展了，才会发生贮藏手段的职能；支付手段的职能则不仅是流通手段职能发展的结果，而且以贮藏货币的存在为前提；至于世界货币的职能，显然是以前四项职能在国内的发展为基础的。

第三节　货币与经济发展

以上我们讨论货币的职能都是在价值关系的范围内进行的，没有涉及使用价值或所谓的实物经济问题，在本节中，我们专门来讨论一下这方面的问题。

货币与使用价值的关系实际上就是货币与经济发展的关系问题。西方古典经济学家一般认为，货币只不过是覆盖于实物经济上的一层面纱，对实际经济过程不发生实质性影响，这就是所谓的货币中性论。这种看法，抹杀了实物经济与商品经济的本质区别，是不正确的。

在实物经济条件下，人们之间的交换是通过物与物之间的直接交换进行的，储蓄和投资、商品买和卖、价值运动和实物运动具有直接统一性，储蓄者就是投资者，卖者就是买者，卖的过程就是买的过程，实物运动与价值运动相统一。与实物经济不同，商品经济打破了这种直接统一性，实现了储蓄决策与投资决策分离，买卖过程变成两个相对独立的过程，价值运动与实物运动统一的过程变成两个相对独立的运动过程。在这种情况下，货币直接影响资源的配置过程进而影响经济发展进程。

首先，在物物交换的实物经济中，卖和买是直接同一的，每一次卖同时就是买，而每一次买同时就是卖。在这种情况下不会有严重的供求失衡问题。但是，在货币出现以后，简单的物物交换被商品流通所代替。在商品流通中，每个商品生产者都必须将自己的商品卖出，变成货币，然后才能用货币购买自己需要的其他商品，买和卖在时间上、空间上都分成了两个独立的行为，供求的失衡已经包含在了商品流通的特殊形式之中。在这种条件下，如果货币的供应不够充分，不能满足生产和流通的需要，商品生产者就不可能完成从商品到货币的“惊险跳跃”，耗费在商品生产上的劳动就无法得到补偿，再生产过程就可能萎缩甚至中断，更不可能进行积累和扩大再生产。因此，货币的供应以及由此决定的市场需求的状况就成为制约经济发展的一个重要条件。

其次，从储蓄的形成和分配看，货币虽然不是生产要素，货币的积累也不等于资本的积累，但货币能够积极地影响储蓄的形成和分配过程。在没有货币的情况下，储蓄决策与投资决策是由同一主体作出的，储蓄就是投资。货币的引入使储蓄决策与投资决策发生分离，储蓄者并不一定是投资者，他可以是单纯的储蓄者，为将来投资进行先行的货币积累，也可以把自己的储蓄提供给其他投资者；同样，投资者并不一定需要自己的储蓄来源，他既可以利用自己的储蓄积累进行投资，也可以利用他人的储蓄进行投资，通过货币的借贷及中介机构的货币经营和货币创造，储蓄能够及时有效地转化为实际的投资，推动生产发展和经济增长，从而有助于提高资源配置的效率。在这种情况下，货币不再是一个完全被动的要素，仅仅充当交换的媒介，它对实际的经济增长具有了重要影响。

最后，在货币经济中，由于实物运动与价值运动变成两个相对独立的运动过程，整个国民收入的分配和再分配都要借助于货币形式来实现，货币的变动必然对实际经济变量产生影响。新古典货币中性论是建立在一系列假设之上的，这些假设包括没有货币幻觉，价格水平和利率的变动不产生分配效应，劳动市场、商品市场、债券市场上存在完全竞争，价格和工资具有充分的弹性等。然而这些假设是不现实的，现实经济中并不具备这些条件或不完全具备这些条件，货币的变动会通过一定的机制和途径影响实际经济活动。实际上，即使存在这些条件，货币也不是中性的，因为货币的产生，不仅降低了交易成本，而且促进了储蓄部门和投资部门的分工，这种分工同其他分工一样，促进了效率的提高；同时货币的产生促进了金融中介的发展和金融资产的多样化发展，这反过来会促进储蓄投资流量的增加和资金配置效率的提高。

第四节　货币的供求

一、金属货币流通规律

货币作为流通手段，要不断地在流通领域内发挥作用。货币在商品交换中不断地运动就是货币流通。货币流通以商品流通为基础，并为商品流通服务。为了适应商品流通的需要，流通中需要一定数量的货币。决定一定时期内流通中所需货币量的规律，就是货币流通规律。

货币执行流通手段职能时，流通中所需要的货币量取决于三个因素：一是流通中待售商品的数量；二是商品的价格水平；三是货币的流通速度。一定时期内流通中所需要的货币量，与商品价格总额成正比，与同一单位货币流通速度成反比。这就是货币流通规律。用公式表示如下：

$$\text{一定时期内流通中所需要的货币量}=\frac{\text{商品价格总额(待售商品总量}\times\text{商品价格水平)}}{\text{同一单位货币的流通速度(次数)}}$$

货币的支付手段职能产生后，一定时期内流通中所需要的货币量就会发生变化。因为在本时期内用延期支付方式赊购的商品无须支付货币；前一时期内用延期支付方式赊购而在本时期内到期的货款需要支付货币；但交易双方互相赊购的商品则可以彼此抵消。这样，货币流通规律就需要有如下的变化：

$$\text{一定时期内流通中所需要的货币量}=\frac{\text{待售商品价格总额}-\text{赊购商品价格总额}+\text{到期支付总额}-\text{彼此抵消支付总额}}{\text{同一单位货币的流通速度(次数)}}$$

前面在分析货币的职能中我们曾说明，在贵金属本位制的条件下，货币流通的规律受制于贵金属的供应，也就是说，贵金属的开采量和贮藏量决定着货币流通的规模和速度。只要社会有足够的贵金属贮藏，货币供应就有保证。如果流通中的货币少于流通中所需要的货币量时，贮藏中的贵金属就会投入流通。与此相反，过多的贵金属就会自动退出流通，进入贮藏，马克思称之为“蓄水池”。因此，金属货币流通条件下，有一个使货币供应和货币需求保持一致的自我调节机制。

二、货币的供求

如上所述，金属货币流通的情况下，流通中所需的货币量取决于商品价格总额与货币流通速度，由于是金属货币进入流通之前其价值是确定的，因此公式中的价格并不取决于流通中的货币量。而在纸币流通的情况下，由于纸币没有价值，它所代表的价值量取决于投入流通的纸币量，因此无法运用上述公式确定货币的需求量和供给量。在纸币流通的情况下，需要对货币需求和供给分别进行考察。

货币的需求是在货币职能的基础上产生的，每一种货币的职能都会产生出对货币的一定的需求。货币需求的考察可以从微观和宏观两个角度进行。从微观角度考察货币需求，就是从微观主体的持币动机、持币行为考察货币需求的决定因素及其变动的规律性。从宏观角度考察货币需求就是从货币与宏观经济的联系中考察货币需求的决定因素及其变化规律。

在发达的商品经济中，货币除了承担流通手段这一基本职能之外，还具有另外两个重要职能：一是价值贮藏或储蓄的职能；二是作为一种资产进行投资以便获利的职能。根据货币的职能和人们持有的动机，可以把货币的需求划分为交易性需求、预防性需求和投资性需求。货币的交易性需求主要取决于交易规模，交易规模取决于收入水平的高低；预防性货币需求一方面受收入水平高低的影响，随着收入水平的提高而增加；另一方面受货币与其他金融资产的相对收益大小的影响；预防性货币需求还要受人们对未来经济状况的预期的影响，人们对未来经济前景的预期较乐观，预防性货币需求会下降；反之，则会上升。货币的投资需求（这里投资指金融投资）主要受利率及其预期的影响。可见，从微观角度看，货币需求受多种因素的影响，这些因素包括交易规模、利率和预期因素等。

从宏观上看，决定货币需求的因素首先是社会总产品及其增长率。如前所述，货币的引入使价值运动与实物运动变成两个相对独立的运动过程，社会总产品的价值补偿和实物替换需要通过货币媒介来实现，因此社会总产品及其增长率决定着货币需求的规模与增长。社会总产品增长越快，流通中货币的需求量越大。其次是社会再生产的比例和结构。商品的流通能否正常进行，取决于社会再生产各部门的比例是否协调，商品的供给和需求是否平衡，社会再生产的比例失调将会导致流通过程的困难甚至中断，延缓货币流通的速度，增加对流通货币的需求。最后是非货币金融资产的规模及其流动性状况。在现代商品经济中，各种非货币金融资产也都作为特殊商品进入市场进行交易，因此也需要货币作为媒介，在交易方式一定的情况下，这种交易对货币需求影响的大小取决于金融资产的规模及其流动性状况。

货币供给包括现金货币和存款货币的供给。为说明货币供给的决定，我们这里借助于基础货币模型来分析。在这一模型中，货币供给量借助于货币乘数同中央银行创造的基础货币联系在一起，中央银行提供的基础货币构成商业银行存款创造和信贷创造的基础。

商业银行作为金融企业是以利润为经营目标的，在接受存款的基础上通过发放贷款或购买证券来增加收益。在这一过程中它必须保持一定的储备以应付客户提款的需要。因此，商业银行要在增加利润与满足流动性需求（保持现金准备）之间寻求平衡。假定银行的储备由库存现金和在中央银行的存款余额构成，银行现金准备（R）与存款之比为 r，假定非银行部门的现金需求不变，相应没有现金流出银行体系。现商业银行甲接受了可开列支票存款从而增加了现金储备，它按既定比率保持现金准备，其余用于发放贷款，接受贷款的单位用于购买商品，商品出售者获得支票并将支票存入另一家银行，通过支票结算，另一银行增加了现金储备，同样用于发放贷款，这一过程持续不断地进行下去，最终创造的存款货币会按一定倍数扩大。假定最初存入银行的可开列支票存款为 ΔR，银行准备与存款之比为 r，那么经过上述过程，银行体系的最终的总存款（D）为：

$$\Delta D=\Delta R+\Delta R(1-r)+\Delta R(1-r)^2+\cdots+\Delta R(1-r)^n \tag{1}$$

等式的两边同乘以（1－r）：

$$(1-r)\Delta D=\Delta R(1-r)+\Delta R(1-r)^2+\Delta R(1-r)^3+\cdots+\Delta R(1-r)^{n+1} \tag{2}$$

用（1）式减（2）式得：

$$\Delta D-(1-r)\Delta D=\Delta R-\Delta R(1-r)^{n+1}$$

$$\Rightarrow r\Delta D=\Delta R-\Delta R(1-r)^{n+1}$$

$$\Delta D=\frac{\Delta R-\Delta R(1-r)^{n+1}}{r} \tag{3}$$

当 n 趋于无穷大时，$\Delta D=\Delta R/r$。 (4)

对于整个银行体系来说，总的存款量等于该体系现金储备的一定倍数，就是 $D=(1/r)R$。银行现金储备（R）只是基础货币的一个组成部分。基础货币（B）是由银行持有的现金储备（R）与流通于银行体系外的通货（C）构成的，即$B=C+R$。这里银行持有的储备 R 包括法定储备和超额储备。基础货币构成中央银行的负债，在基础货币模型中假定它是由中央银行决定的。在基础货币一定的情况下，银行可利用的储备量取决于非银行部门的现金需求。设非银行部门持有的现金与存款之比为 s，$s=C/D$。根据货币定义，$M=C+D$，它与基础货币之比为：

$$\frac{M}{B}=\frac{C+D}{C+R}=\frac{sD+D}{sD+rD}=\frac{s+1}{s+r} \tag{5}$$

$$M=\frac{s+1}{s+r}\cdot B=mB \tag{6}$$

根据（6）式，货币供给是基础货币的一定倍数，这一倍数 m 即是货币乘数。在这一基础货币模型中，货币供给取决于银行现金准备率、非银行部门持有的现金比率和基础货币三个因素。在银行持有现金准备率和非银行部门持有的现金比率既定或不变的情况下，货币供给的变动直接取决于基础货币的变动。

三、通货膨胀与通货紧缩

纸币以及后来出现的信用货币、电子货币等货币本身都没有价值，它们只是价值的符号，代表一定的价值量。如果其他条件不变，商品流通中这种价值符号供应过多，它们所代表的价值或象征的社会劳动就会越小，即发生货币贬值。在货币贬值的条件下，同样价值的商品，或者说花费了同样多的劳动生产出来的商品，其价格就会表现为更多的货币量，即价格总水平脱离价值而上涨。这就是被称为通货膨胀的经济现象的一般含义。相反，假若商品流通中的货币供应量过少，则会导致货币升值，引起物价下跌，而这也就是所谓通货紧缩的一般含义。

从定义上看，通货膨胀首先是一个货币供求的失衡问题，它是由货币供给超出了货币的需求造成的。因此，人们经常通过了解各国货币供应量变化的趋势，来了解各国的通货膨胀率变化的大致状况。不过，由于货币的供求一般很难精确加以计算，而且货币的供给和需求是否处于均衡状态，离开了价格的变动很难加以衡量，因此，除了货币供给量外，人们还经常用物价总水平的变动测定通货膨胀的高低。

目前通用的测定通货膨胀率的手段是以消费物价指数、批发物价指数和 GDP 缩减指数来表示。消费物价指数 CPI（consumer price index）亦指零售物价指数（retail price index），它是根据对有代表性的所有商品和劳务的零售价格变动情况进行统计后得出的度量指数，用以测定生活费用支出或货币购买力的变化，从而说明通货膨胀上升和下降的程度。批发物价指数 WPI（wholesale price index），又被称为生产者价格指数（producer price index），它是对同类商品不同时期的批发物价变动进行统计后得出的度量指数，以此衡量商品初次出售时价格变动，反映通货膨胀率的变化情况。国内生产总值（GDP）缩减指数（GDP deflator），目前被认为是对通货膨胀的基础最广的测算方法，用以表明一国生产的全部商品和劳务的价格变动趋势。它是以当年价格计算的 GDP 对按规定价格计算的 GDP 的比率表示。这种测定通货膨胀率的方法和上述反映通货膨胀率变化的价格指数一样，都有概念和实践上的局限性。

与对通货膨胀的定义一样，通货紧缩首先也是一个货币问题，是由于流通中货币的供给量不足以满足货币的流通造成的。因此，通货紧缩首先表现为货币供应量的持续下降，一般来说，货币供应量的持续下降，意味着流通中的货币量不足，难以保证具有一定价值量的商品按照正常的价格出售，将导致总需求持续小于总供给。但是，由于与通货膨胀同样的道理，通货紧缩必然要通过物价水平的持续和普遍地下降表现出来，因此，当物价总水平出现了持续下降的情况，人们就把它称为通货紧缩。

通货膨胀与通货紧缩都首先是一个货币供求的失衡问题，但是，货币现象本身又是商品经济发展的产物，反映着商品的供求以及整个社会再生产过程的运动状况，因此，仅仅从货币供求的角度还不可能完全了解它们的内在规律，因为，在货币供求背后有着更加深刻的一些因素。比如，20 世纪 80 年代中国经济中曾出现过比较严重的通货膨胀问题，年平均通货膨胀率接近 10%。从表面看，严重的通货膨胀是由于货币供给过多造成的，因此，只要政府下定决心，实行严厉的紧缩货币政策，问题就会迎刃而解。但是，这种看法并不了解中国转型时期通货膨胀的复杂性和基本特征，因而提出的政策也是不符合实际的。从表面看，80 年代中国的通货膨胀是由于货币供给过多造成的，但是，货币供给过多又是由隐性通货膨胀的公开化、价格结构的调整、需求的拉动、成本的推进、结构的失衡、经济体制约束的弱化、市场竞争的缺乏等多种因素推动的结果，而不完全是政府货币政策的失误造成的。或者说，货币供给在这种条件下，不完全是一个由政府货币当局任意控制的“外生变量”，而在很大程度上是一个由经济体系内在运动过程决定的“内生变量”。对于这种复杂的混合性的通货膨胀，单纯的货币紧缩只能治标不能治本，而且会造成严重的经济衰退，产生很大的副作用，从实际出发，进行综合治理，才能取得良好的效果。通货紧缩问题也与此相类似。

第五节　货币的虚拟化

一、货币的虚拟化是商品经济内在矛盾发展的必然结果

货币的形式是在不断发展变化的。在一个相当长的时期内，货币曾经固定在一两种贵金属上。纸币出现以后，贵金属开始由主要执行流通手段的职能向主要执行贮藏手段和支付手段的职能转化，纸币则逐步替代贵金属执行流通手段的职能，直到黄金等贵金属最终退出货币流通领域，货币完全由纸币和信用工具来充当。在近代，货币的发展经历了一个漫长且逐步加速的非贵金属化过程。直到 20 世纪 70 年代初，该过程才在世界范围内最终完成。随着电子技术和经济信息化的迅猛发展，目前又出现了“电子货币”和“无纸货币”的新形式。从人们发现不足值金属铸币可以代替足值货币流通时起，货币就开始了它的虚拟化过程，随着黄金非货币化的完成，货币被彻底虚拟化了。当代的各种货币本身不再有内在价值，它纯粹是一种价值符号，其价值完全是社会给予的。

货币的虚拟化是商品经济内在矛盾发展的必然结果。我们知道，货币是从商品价值与使用价值的矛盾发展而来的，当商品的内在矛盾，即使用价值和价值的矛盾外化为商品和货币的矛盾之后，一般等价物固定在金银上，商品的内在矛盾暂时地得到了解决，但却在货币形式上得到了进一步的发展。作为商品价值的一般代表的货币是抽象和社会的，但这种抽象的社会价值却通过金银这种具体使用价值表现出来，必然要受到这种使用价值自然属性的局限，黄金的非货币化正是这一矛盾发展的产物。

随着货币的完全虚拟化，货币的价值不再由生产货币这种特殊物品的个别价值量所决定了，它完全是社会经济关系所赋予的，是社会抽象劳动的表现形式，由于摆脱了货币的自然形式和个别价值的局限，货币作为社会一般等价物的本质体现得更为明显了。虚拟货币的价值基础已经不再是任何充当货币的物品的个别价值了，它的价值量完全取决于货币供应量与需求量之间，归根结底是商品供应量和需要量之间的关系。

二、货币虚拟化的后果

货币的虚拟化程度的日益加深，带来了两个日益明显的趋势：一是由于金融创新和金融机构之间的竞争的加剧，使得各种层次如 $M1$ 与 $M2$ 等形式之间的界限越来越模糊，各

国货币当局控制货币的目标不得不随之转变；另外，由于广义货币实际上关系着虚拟资产的总量水平，为了很好地控制货币的供应，防止恶性通货膨胀和通货紧缩的发生，就必须保证广义货币与实际资产保持适当的比例。因此，对广义货币的控制变得日益重要。这必然给货币当局指定和实施货币政策带来了难度。二是货币的社会职能被分解了。货币的基本职能——价值尺度和流通手段的职能主要由通常定义为 $M1$ 的货币承担；执行支付手段和贮藏手段的货币主要不是 $M1$，而是 $M2$、$M3$ 中除掉 $M1$ 之外的各种金融资产，以及其他可以被看做保值工具的实际资产等。这使得对货币的判断和把握变得十分困难，进一步加大了制定和实施货币政策的复杂性。

第六节　价值规律及其作用

商品的价值是由一定数量的货币表现出来的。表现商品价值的货币额，也就是商品的价格。也可以说，价格是价值的货币表现。在市场上，不同的商品有不同的价格，同一种商品的价格也经常变动。经过深入的分析可以发现，在令人眼花缭乱的价格运动背后有一个规律在起着支配的作用。这个规律通过商品供求关系、商品生产者之间的竞争等一系列中介机制，左右着价格运动，调节着社会生产。这个规律就是价值规律。对于商品经济中的各种纷繁复杂的现象，都只有依据这个规律才能作出合理的解释。

价值规律的内容可以简要地概括为两句话：商品的价值量由生产商品的社会必要劳动时间决定，不同商品的交换按照等价原则来进行。可见，价值规律既是价值决定的规律，又是价值实现的规律。也可以说，它既是调节商品生产的规律，又是调节商品交换的规律。这个规律是商品经济中客观存在的必然趋势，是商品经济的基本规律。只要存在商品经济，价值规律就会发生作用。

价值规律在商品经济中有两个基本作用：一是微观作用，即择优汰劣，激励创新；二是宏观作用，即分配社会劳动，调节资源配置。价值规律的这两个作用是我们前面所讲的生产力发展基本规律在市场经济条件下的表现形式。

一、择优汰劣，激励创新

我们在分析商品价值时已经说明，价值不是由生产商品的个别劳动时间决定的，而是由社会必要劳动时间决定的。而且，我们还简短地强调过社会必要劳动对商品生产者的重要意义。就让我们从这里开始，来说明价值规律的这个作用。

某个生产者生产某种商品的个别劳动时间形成商品的个别价值，生产这种商品的社会必要劳动时间形成商品的社会价值，而商品是按其社会价值交换的。在供求一致的假设下，商品按市场价格出售，也就是按其社会价值交换。在这种情况下，那些劳动生产率高、单位商品包含的个别劳动耗费少，从而商品的个别价值低的生产者，在按社会价值出售商品时，较小的个别价值会转化为较大的社会价值，因而可以获得较多的货币收入；而那些劳动生产率低、单位产品个别劳动耗费多，从而商品的个别价值高的生产者，其产品中包含的较大的个别价值只能转化为较小的社会价值，因而只能获得较少的货币收入。至于那些具有中等劳动生产率、生产中耗费的劳动等于社会必要劳动，从而商品的个别价值与社会价值相等的生产者，则可以获得平均收入。这种由商品的个别价值与社会价值的差别引起的收入差别，会引发商品生产者之间的竞争。

商品个别价值低于社会价值的生产者，即便将自己的产品出售价格压低到其社会价值之下，只要高于其个别价值，就不但能够使自己的个别劳动耗费得到补偿，而且还可以有盈余。因此，劳动生产率高的生产者，就可以通过压价的竞争方式来扩大自己的市场份额，从而将劳动生产率较低、商品个别价值较高的同行排挤掉。在这种竞争的压力下，商品个别价值高于社会价值的生产者，会面临破产倒闭的威胁。所以，一切商品生产者为了追求更大的利益，为了使自己在竞争中处于有利地位，便都会力求提高劳动生产率。为此，就必须不断进行创新，研究和开发先进的科学技术，改进生产的组织和管理。正是这种相互追赶的创新活动，促使社会劳动生产率不断提高，推动了经济发展。在激烈的竞争中，落后的生产者不可避免地要遭到淘汰，原先由他们掌握的生产资源会转到高效率的生产者手中，整个社会的资源利用效率由此得到提高。可见，价值规律具有激励创新、择优汰劣、促进社会生产力发展的重要作用。此外，在历史上，竞争过程中的优胜劣汰造成的小商品生产者的两极分化，曾经是资本主义经济制度形成的重要前提条件之一。破产的小生产者除了沦为雇佣工人，别无出路。应当说这是一种历史进步现象，尽管它是以千百万人的血泪为代价的。

然而，我们在充分肯定价值规律的上述作用时，不能忘记“物极必反”这个古老的真理。由于竞争会造成商品生产者的两极分化，使社会财富的支配权向少数生产者手上集中，这会在经济中造成垄断势力。垄断势力一方面有可能凭借自己强大的经济实力推动大规模的科研和开发，促进生产力的发展；另一方面，又有可能利用自己现有的领先地位，采用种种手段打击竞争对手的创新活动，造成不利于社会生产力发展的局面。同时，垄断势力还可以在市场上强行维持垄断高价，损害消费者的利益，牟取暴利。为了防止价值规律自发作用下的竞争走向反面，有必要通过反垄断立法和必要的政府干预，使价值规律能够在充分竞争的环境中发挥其积极作用。

二、分配社会劳动，调节资源配置

人类在生产中需要的劳动力和其他经济资源，总是有限的。这样，就有一个如何按照社会需要，将有限的劳动力和其他资源合理地分配到社会生产的各个部门的问题，即所谓资源配置问题。这个问题对于任何社会形态都是存在的，无论自然经济还是商品经济，都不能例外。而资源配置的核心，就是合理地分配由一定时期劳动人口数量决定的社会总劳动时间，因为绝大多数自然资源都只有通过人的劳动，才能转化为社会所需要的产品。如果社会总劳动时间的分配与社会对各种产品的需要量脱节，不仅需要得不到满足，而且会造成社会劳动的浪费。因此，这种在任何社会形态中都存在的按比例合理分配社会劳动的必要性，是一种经济规律。在商品经济社会中，按比例分配社会劳动的规律，是通过价值规律的作用实现的。

在商品经济条件下，一方面，任何商品生产者的产品都是为他人、为社会提供使用价值，而产品是否为社会需要只有通过市场的检验才能确定；另一方面，每个生产者又是独立地做出生产决策的，即自主地决定生产什么、生产多少以及怎样生产。生产者是从哪里了解到做出决策所需要的信息的呢？换句话说，他们从哪里得知社会需要他们生产什么、生产多少以及如何生产呢？生产者决策信息的一个重要来源是市场上各种商品价格的变动。作为价值规律实现形式的价格波动，起着揭示这些信息的作用。某种商品的价格上涨，说明这种商品供不应求；某种商品价格下跌，则说明这种商品供过于求。在谋利动机的驱使下，生产者会扩大价格上涨、供不应求的产品的生产，缩减价格下跌、供过于求的产品的生产。这样，社会总劳动在不同生产部门的分配，就会随着价格信息诱导下的生产决策变动，不断作出调整，从而使前述按比例分配社会劳动的规律得以实现。

作为价值规律实现形式的供求机制、竞争机制和价格机制，统称为市场机制。在商品经济产生和发展的一个相当长的历史时期内，市场机制是价值规律发挥分配社会劳动作用的唯一机制。直到当代，市场机制仍然是价值规律起作用的基础性机制。市场机制的特点是它的自发性，千百万个独立的商品生产者在价格信号和数量信号变动的诱导下自发地调节各自的生产和交换活动，而他们的这种互不相属、各行其是的经济活动，又引起价格信号和数量信号的进一步变动，从而引发新一轮调整。这种自发调节机制的优点就在于它能够通过不断的微调，使社会的生产和需要自动趋向一致，从而使价值规律的要求作为一种自动趋势表现出来。在社会分工日益细密，产品种类数以百万计，技术创新呈加速状态，人们的消费偏好多样多变，社会需求结构与供应结构空前复杂的现代经济中，市场机制的这种“自动化”的优点显得日益突出。这种“自动化”机制收集、处理和发布有关生产与消费、供应与需求的巨量信息的能力，是其他机制所无法替代的。通过行政指令直接分配社会劳动的传统计划经济的弊端，已经从反面证明了这一点。

但是，市场机制作用下的自发调整过程，又蕴含着造成社会劳动的巨大浪费的可能性。这种可能性在资本主义经济制度下转变为现实性。在 19 世纪的欧洲，价值规律通过自发的市场机制强制性地为自己开辟道路的结果，形成了 10 年一次的周期性经济危机。到了 20 世纪 30 年代，更爆发了震撼整个资本主义世界的大危机。危机期间，生产严重过剩，企业大批倒闭，工人大量失业，通货恶性膨胀，社会经济陷入一片混乱。当然，我们不能把经济危机发生的原因一般地归结为市场机制的缺陷，因为危机是由资本主义制度特有的矛盾决定的，这在本书以后各章中将加以说明，但是，市场机制的缺陷毕竟是危机发生的一个条件。

市场机制在收集、处理和发布经济信息方面也存在着缺陷。首先是市场作为信息机制的不完善。市场信息是在千百万经济行为人之间错综复杂的自发相互作用中形成的。在这种自发形成的巨量信息中，不可避免地会包括不少失真信号。这种失真信号是对现实经济状况的扭曲或虚假的反映。由于市场机制本身没有能力矫正这些失真信号，它们会在经济中累积和放大，最终使生产结构发生与需求结构相背离的严重扭曲，而这种扭曲必然归结为商品价值的实现危机。这时，价值规律就会以破坏性的方式来恢复合理的社会劳动分配比例，因为生产过剩危机其实就是商品价值实现的危机。

市场机制的另一个缺陷是市场的不完全。我们所面对的市场是现在的市场，从现在的市场上得到的信息，反映的是当前的经济状况。但是，商品生产者要做出正确的决策，尤其是长周期、大规模的投资决策，单单依据现期的市场信号是不行的，更重要的是要了解未来商品市场的信息，因为现在的投资形成的是未来的生产能力。然而，未来的市场现在是不存在的。因此，市场机制作为商品生产者行为的调节机制，是不完全的。虽然商品生产者可以对未来市场状况进行预测，但这种预测总是带有不确定性。预测涉及的未来离当前越远，不确定性就越大。因此，商品生产者的许多决策，又不可避免地带有不同程度的风险性或盲目性。决策正确与否，只能在未来的市场实践中才能被证明。从这个意义上说，市场机制是一种事后的经济调节机制。当这个“事后诸葛亮”代表隐藏在自己背后的价值规律告诉我们某个决策有错时，实际的损失往往已经发生。

在经过价值规律以危机的形式多次加以教训之后，长期把经济“自由放任”奉为神圣教条的西方资本主义世界，对市场机制的缺陷有了认识，建立起政府调控、产业政策等一系列旨在弥补市场缺陷的政府干预机制。尽管西方世界始终未能消除经济危机，但应当承认，政府干预特别是第二次世界大战后不少西方国家实行经济计划对经济发展起了积极作用，因为它在一定程度和范围内减轻了价值规律强制地为自己开辟道路所造成的破坏性。从这个意义上，我们又可以说，在现代市场经济中，价值规律的要求是通过自发的和自觉的两种机制来实现的，即通过计划和市场的结合来实现的。当然，作为商品生产者行为的直接调节者，市场机制始终居于基础的地位。

关键术语

简单价值形式	扩大的价值形式	相对价值形式与等价形式
货币	价值尺度	价格标准
流通手段	支付手段	贮藏手段
世界货币	货币的供给与需求	通货膨胀与通货紧缩
货币的虚拟化	价值规律	

思考题

1. 为什么说最简单的价值形式中就包含着货币形式的全部秘密？
2. 纸币没有价值，为什么能够成为价值符号？
3. 为什么说货币的虚拟化是价值关系发展的必然产物？

第五章

资本主义经济制度的本质

重点问题

资本主义经济制度的形成过程
货币转化为资本
劳动力商品的买卖
雇佣劳动对资本的隶属关系及其发展
资本主义所有制的历史形式

马克思主义政治经济学有广义和狭义之分。广义政治经济学研究人类社会经济运动的一般规律，而狭义政治经济学研究的则是资本主义经济的运动规律。现代世界经济体系是资本主义世界体系，资本主义制度是现代经济关系的基本形式。因此，对于资本主义经济运动规律的研究，即狭义的政治经济学，就构成了马克思主义政治经济学的重要内容。从本章起我们展开对资本主义经济制度的分析。

第一节　资本主义经济制度的形成

一、资本主义经济关系的产生

在漫长的封建社会中，自然经济占统治地位，商品经济虽有了一定的发展，但规模和范围都很狭小。封建社会末期，随着农业和手工业生产的提高，商品货币关系进一步发展起来。农业生产力的提高导致农业剩余产品增加，商品交换活动日益活跃，货币关系日益发展，从而瓦解了封建关系的自然经济基础。公元10世纪以后，随着席卷整个西欧的拓殖运动的开展和交换关系的扩大，封土制和庄园经济先后衰落，封建劳役地租逐步转变为实物地租和货币地租。为了缴纳货币地租，农民不得不到市场上去出售产品，从而逐步脱离自给自足的自然经济状态，日益深入地卷入商品经济状态，农民与封建领主的人身依附关系逐渐变成单纯的契约关系，对封建领主的封建义务逐步削弱。同时交换和商业的普遍化，也刺激了封建领主各方面需要的发展，进一步推动了交换和手工业的发展。

从11世纪开始的十字军东征，刺激了欧洲社会经济的发展，农业生产发展了，手工业的原料和产品市场扩大，国际贸易活动日益活跃。从12世纪开始，意大利的手工业者就开始为比城市市场更广阔的市场生产，手工业者为了把自己的产品拿到远方的集市出售，不得不暂时停止生产，只有在回家之后才能继续生产。一些生产条件比较好的、有能力的手工业者，逐渐雇用更多的帮工在家从事生产，并逐渐脱离生产，专门从事商业活动。起初他们主要是把邻居的产品和他们的产品一起带到市场上，后来他们就直接收购许多行会师傅的产品，自行拿到远处出卖，并逐渐向手工业者提供原料，从买卖两方面割断了手工业者和市场的联系，从而使手工业者逐渐从属于商人。

但是这种从属关系在城市遭到了手工业者的激烈抵抗，为了避开城市行会的严格规章制度和城市手工业者的高工资，商人开始向农村包活。农村手工业者在家里劳动，从包商那里取得原料和生产手段，他们的收入是以成品出售给包商的价值总额减去原料价值和生产工具租金来计算的，从而失去了经济上的独立性，成为事实上的雇佣工人，包商则变成了资本家。从15世纪开始，这种家庭手工业就在比利时、意大利、法国和英国的农村流行了，在西欧以外的其他社会中，因中间商人的出现而使生产者和生产手段分离的社会过程，其实现过程是相似的。14世纪、15世纪，家庭手工业这种组织形式在亚洲的中国、印度尼西亚、马来西亚、印度和非洲的尼日利亚都出现过。

家庭手工业使小商品生产者首先丧失了对产品的控制，然后和生产手段相分离，但是这种生产组织存在着两个缺点：一是工具简单，技术落后，不能刺激人们去改进生产；二是生产规模小，效率低，劳动分工有限，因而适应当时市场扩展缓慢的实际情况。从16世纪到18世纪，家庭手工业由于从业劳动力数量大，仍然是西欧非农业生产的主要形式。但在家庭手工业发展的同时又发展了另一种生产制度，即手工工场制。

手工工场把工人集合在一座屋子里，他们用别人交给他们使用的生产手段和借给他们的原料从事劳动，工人通过直接获得工资取得他们的收入，不仅在事实上而且在法律上成为雇佣工人。手工工场制度对包商来说，一方面可以节约为维持大批中间人而造成的不必要的开支，这些中间人的工作是收集成品，散发原料等等；另一方面，他们可以消灭原料的遗失，同时可以直接和经常地监督工人。从劳动生产率的角度来看，手工工场把每种行业、每个生产过程分为无数简单的、机械的劳动工序，使操作过程更加专业化，不仅提高效率，增加同等时间内成品的产量，而且可以雇用妇女、儿童、老人等非熟练劳动力来代替熟练工人，从而降低成本。手工工场的发展还不能消灭手工劳动，手工劳动仍然是企业内主要的生产手段，劳动者对资本家的从属关系还是不确定的，但是手工工场的出现标志着欧洲资本主义生产方式的诞生，在历史上和逻辑上都是资本主义生产的起点。

二、资本主义经济制度的形成

在小商品生产占主要地位的社会中，生产者是生产手段和产品的所有者，他只有出售产品，换取生产资料，才能生活。随着资本主义生产关系的产生和发展，与生产手段分离的生产者已不再是其劳动产品的主人，他不得不将自己的劳动力换成商品，获取工资，以便获得生活资料来以此为生。因此从小商品过渡到真正的资本主义生产，是以下面两种同时发生的现象为条件的：一方面是大量有人身自由但失去生产资料的劳动者；另一方面是大量货币财富在少数人手中的积累。这两个条件如果仅仅依靠小商品生产者的分化来完成，那将是一个渐进的、缓慢的过程。因为小商品生产是大量自给生产中的一种生产，只要社会中的大多数居民不涉及和很少加入商品生产，那么商品生产还是很有限的，尽管商品生产者的分化能形成一些资本主义的经济关系，就像13世纪到15世纪的西欧之外的其他社会，如当时的中国、印度和伊斯兰帝国工场手工业和家庭手工业那样，但是，资本主义雇佣劳动制度作为一种主导性的生产方式还难以在这些社会中大规模地确立。与其他社会相比，西欧资本主义雇佣劳动制度的首先形成主要得益于当时它所具备的其他一些社会、经济、政治等历史条件。

15世纪时，欧洲的封建主和新兴的商业资本家都想从与东方的贸易中得到更充裕的东方商品和黄金。然而当时的土耳其人和阿拉伯人垄断了通往东方的通道，欧洲尤其是西班牙和葡萄牙的商人和海员只得通过远航冒险来探寻去东方的新路线。远航探险的结果是发现了美洲大陆，开始了围绕非洲的航行，与印度、印度尼西亚、中国和日本建立了海上联系。通过海外掠夺、奴隶贸易、贩卖毒品和殖民贸易等活动，大量的货币财富开始流向欧洲尤其是西班牙和葡萄牙等国，由于西班牙对外贸易的逆差及其手工业的停滞和衰落，西班牙抢来的或因奴役印第安人和黑人而获得的大量金银财富，最终落到了西欧（荷兰、英国和法国）大商人手中；近三个世纪的欧洲各王朝之间的战争所需的军事供应进一步促进了商业资本的积累；英国通过股份公司形式组织起来的专抢西班牙船队的海盗公司改变了本国货币财富短缺的局面。另外，和殖民地产品的贸易以及贵金属贸易进一步扩展了手工业产品的市场，这种市场的扩展又加速了大商人的货币财富积累，创造了资本主义生产方式诞生的条件之一。

在中世纪的欧洲农村，农民的土地是分成许多小块的，为了能够到这些小块的土地上去劳动，农民必须有权自由通过这些小块土地之间的土地。从15世纪开始，由于海外市场的扩展，羊毛价格开始上涨，使得养羊对封建主来说比种地更为有利，英国的地主开始分配私有土地，并把农民的小块土地合并，以便成为整块的农场。但是直至18世纪，“圈地”仍然是很零星的。18世纪初，西欧农业生产方式加速了“圈地运动”。从三圃制过渡到周期轮作制使得农业剩余产品大量增加，地主为了攫取剩余产品开始改变租佃制度，从“永久租佃制”改为“随意租佃制”或“短期租佃制”，由此产生的结果是地租急剧上涨。伴随“圈地运动”而来的地租增长也使贫苦农民很快失去土地。与此同时，“圈地运动”已由议会给予了合法的形式，规模比前两个世纪更加巨大，到1780年前后，英国的“圈地运动”几乎消灭了自耕农阶级，逐渐摧毁了家庭劳动与小农耕作的家庭手工业制度，而代之以雇佣雇工的资本主义大农场，大量失去土地的农民开始流向城市或不得不到手工工场去出卖劳动力。

从16世纪到18世纪，经济上的变化在城市产生了大量与生产手段相分离的生产者，与此同时，农村的变革则剥夺了一部分农民的土地——生产生活资料的手段，这样就出现了现代意义上的无产者阶级，这些无产者除了出卖劳动力给资本占有者外无法生存。大量的无产者阶级的存在为英国资本主义生产的发展提供了大批廉价的劳动力，英国不仅成为资本主义大农业的国家，而且已经变成了建立在工场手工业基础上的资本主义工业国家。

劳动者和生产资料分离的这一历史过程，就是资本的原始积累过程，它一方面使社会的生活资料和生产资料，迅速集中在少数人手中，并转化为资本；另一方面，使大批的直接生产者——小生产者，突然被剥夺了生产资料，转化为雇佣工人，从而为资本主义生产方式的产生奠定了基础。而这个过程所以表现为“原始的”，是因为它是形成资本及与之相适应的生产方式的前史。

资本主义雇佣劳动制度的发展史无前例地要求商品生产的普遍化。商品生产不再只限于奢侈品、剩余粮食或日用品，以及为维持和扩大社会剩余产品所必需的其他产品，凡是经济生活的所有对象，凡是生产出来的产品，从此全都成了商品：一切粮食、消费品、原料、生产手段乃至劳动力本身。已丧失了劳动工具的大批无产者，不得不出卖劳动力来换取生活资料。在西欧，使商品生产得以大规模扩大，从而为资本主义生产方式的诞生创造了条件的是由于农业剩余产品从实物（或徭役）地租变为货币地租而产生的货币经济渗入农业经济，从而促进了农民参与商品生产，地理大发现导致了市场的扩大与金银的大量流入，造成了商品生产的日益专门化，价格的剧烈波动促使小生产者大量破产，雇佣劳动的出现开始形成资本主义经济关系。

虽然成熟的资本主义经济制度是以自由竞争为基础的，但是，在资本主义经济制度产生之初，国家在资本主义生产方式和雇佣关系的形成中发挥了重要的作用。例如，1640—1688年英国的资产阶级革命，通过国家立法来加速资本积累，如1651年的航海条例；废除各种封建制度如1814年的废除学徒条例；同时通过各种压制雇佣劳动反抗的立法来促进资本主义经济的发展，如1799年的禁止同盟法，1796年否决了以保障最低工资为主要内容的惠特雷德法案，1801年通过了简化农业改造的圈地法，1846年废除谷物法，1834年通过旨在减少工资津贴和救济费的新贫民法，1856年的有限责任公司立法。所有这些措施，都大大加速了资本主义经济制度的形成与发展。因此，马克思在总结国家在资本原始积累的历史过程中的作用时指出：“暴力是每一个孕育着新社会的旧社会的助产婆。暴力本身就是一种经济力。”①

以上列举的种种因素虽然都对于资本主义生产方式的形成发挥了重要作用，但是，真正具有决定意义，并最终使资本主义生产方式在整个社会居于主导地位的因素，是机器大工业的出现。

三、资本主义经济制度形成的生产力基础

资本主义生产关系经过几个世纪的发育和发展，到18世纪初期和中期逐渐壮大。一方面，以圈地运动和海外殖民为主要过程的资本主义原始积累逐步完成，为资本主义的发展进一步奠定了基础；另一方面，欧美各国相继发生了资产阶级革命，新生的资产阶级取得政治上的统治权，实行了一系列有利于资本主义发展的经济、政治、法律、文化等措施。同时，国内外市场急剧扩大，建立在分工基础上的工场手工业已不能满足社会对工业品日益增长的需要，于是产生了革新生产技术的必要性，从18世纪60年代开始一直到19世纪30年代，英国发生了以机器大工业为主体的工厂制度代替以手工技术为基础的手工工场的革命，即工业革命。

工业革命开始于纺织工业的机械化，以蒸汽机的广泛使用为主要标志，继而扩展到

① 《资本论》，第1卷，819页。

其他轻工业、重工业、交通运输、农业等各个行业，并在每个行业都实现了以机器为主体的工厂制度代替以手工技术为基础的手工工场。工业革命后建立的工厂制度，以其高度的劳动生产率逐渐排挤了一个个行业的手工工业，掌握了一个个产业部门，使社会生产方式发生了彻底变革。随着机器的广泛使用，社会劳动的组织和劳动协作的性质发生了改变，原来局部的工人协作劳动变成了适应机器本身技术性质要求的直接社会化的共同劳动，原来劳动者之间的直接劳动协作，现在表现为机器的协作，使原来的手工劳动者成为听由机器支配的资本关系的附属品，劳动者的手工技巧在生产中已不起决定作用，劳动者本身也成了机器的附属物，离开了资本便不能生存，机器成了统治劳动者的手段，由此，完成了雇佣劳动对资本的实际隶属过程。与此同时，机器的资本主义使用把巨大的自然力和自然科学并入生产过程，极大地提高了劳动生产率，不断节约人力劳动，使产品的价格急剧下降，摧毁了家庭手工业和手工业者的竞争，封建地主和大部分中间阶级不断破产沦为没有生产手段的无产者，社会阶级结构日益分化为两极，即资产阶级和无产阶级。

工业革命的进程

第一次工业革命首先在英国棉纺织工业开始，棉纺织业分为纺纱和织布两个主要部门。1733 年英国兰开夏郡的钟表匠约翰·凯伊发明了飞梭，使织布效率提高一倍，并使布面加宽。飞梭的普遍推广使用，造成了纺纱与织布之间的严重不平衡，长期造成“纱荒”。1764 年木匠兼织布工人哈格里夫斯发明了手摇纺纱机“珍妮纺车”，这是由手工工具变为机器的典型，消除了纺纱和织布之间的不平衡。1769 年理发师阿克莱特剽窃木匠赫斯的发明制成水力纺纱机，从而奠定了工厂制度的基础。1771 年阿克莱特在曼彻斯特的克隆福特创立了第一个棉纺厂，这是近代工厂制的起点。1779 年英国童工出身的发明家克隆普敦制造了骡机，可以纺出既纤细又均匀的纱。1785 年牧师埃地蒙德·卡特莱特发明了水力织布机，把织布效率提高了 40 倍。到 1815 年左右，纺织工业的工业革命基本结束。

工作机的发明和应用，使解决动力的问题提上了日程。首先解决这个问题的是机械师瓦特。他在研究改进纽可门的蒸汽抽水机的基础上，于 1769 年制成动力较大的蒸汽机，1784 年试制成功联动蒸汽机。同年英国建立第一座蒸汽纺纱厂。

蒸汽机的发明和采用，为英国整个工业部门的发展提供了强大的原动力。动力机和上述工作机、传动机一起形成机器体系，机器体系的发展，促进了工作母机的发展。到 19 世纪 40 年代前，机器制造的主要设备（镗床、车床、钻床、铣床等）都已发明出来。而随着工作母机的发展，近代机械制造也成为一个独立的部门。随着机械工业的发展，金属业特别是冶炼业也获得了发展，使工厂制在重工业部门得以确立。机械工业的发展又促进了交通运输业的革新，陆路运输出现了铁路，海运业也迅速发展起来。交通运输的革新又转而推动工业部门的进一步发展。

工业革命使英国由工场手工业发展为大机器生产，实现了工业生产的机械化，并由原来农业占优势逐渐变为以轻纺工业为主导的工业国，使“手工劳动时代”进入“蒸汽机时代”。工业革命使英国的生产力获得巨大发展，1770—1840 年，英国工人日生产率提高 20 倍左右；棉纺织产量 1850 年比 1770 年增长近 50 倍；铁产量 1850 年

比 1720 年增长近 100 倍。

在工业革命的同时，农业领域也发生了巨大的变革，在圈地运动导致生产关系发生变革的基础上，英国的农业部门也通过采用机器生产，实现了生产方式的巨大变革，资本主义生产关系进一步占据了农业领域。

19 世纪 30 年代以后，其他各主要资本主义国家利用英国工业革命的技术和经验，相继完成了工业革命，先后实现了工业化和机械化，建立起资本主义机器大工业生产体制。工业革命不仅引起了生产技术的革新，使生产力获得了空前的巨大发展，开创了人类物质文明发展的新时代，而且引发了生产关系上的重大变革，最终使资本主义制度在机器大工业的基础上巩固和成熟。

马克思论资本主义的形成

从中世纪的农奴中产生了初期城市的城关市民，从这个市民等级中发展出最初的资产阶级分子。

美洲的发现、绕过非洲的航行，给新兴的资产阶级开辟了新天地。东印度和中国的市场、美洲的殖民化、对殖民地的贸易、交换手段和一般商品的增加，使商业、航海业和工业空前高涨，因而使正在崩溃的封建社会内部的革命因素迅速发展。

以前那种封建的或行会的工业经营方式已经不能满足随着新市场的出现而增加的需求了。工场手工业代替了这种经营方式。行会师傅被工业的中间等级排挤掉了；各种行业组织之间的分工随着各个作坊内部的分工的出现而消失了。

但是，市场总是在扩大，需求总是在增加。甚至工场手工业也不再能满足需要了。于是，蒸汽和机器引起了工业生产的革命。现代大工业代替了工场手工业；工业中的百万富翁，一支一支产业大军的首领，现代资产者，代替了工业的中间等级。

大工业建立了由美洲的发现所准备好的世界市场。世界市场使商业、航海业和陆路交通得到了巨大的发展。这种发展又反过来促进了工业的扩展，同时，随着工业、商业、航海业和铁路的扩展，资产阶级也在同一程度上得到发展，增加自己的资本，把中世纪遗留下来的一切阶级排挤到后面去。

…………

由此可见，资产阶级赖以形成的生产资料和交换手段，是在封建社会里造成的。在这些生产资料和交换手段发展的一定阶段上，封建社会的生产和交换在其中进行的关系，封建的农业和工场手工业组织，一句话，封建的所有制关系，就不再适应已经发展的生产力了。这种关系已经在阻碍生产而不是促进生产了。它变成了束缚生产的桎梏。它必须被炸毁，它已经被炸毁了。

起而代之的是自由竞争以及与自由竞争相适应的社会制度和政治制度、资产阶级的经济统治和政治统治。①

① 参见《马克思恩格斯选集》，2 版，第 1 卷，273～277 页。

第二节　货币转化为资本与雇佣劳动制度

一、资本总公式及其矛盾

商品生产和商品交换的发展导致了货币的出现，而货币无论在历史上还是在现实生活中，都是资本的最初表现形式。在资本主义社会的现实生活中，资本家为了进行生产经营，需要掌握一定量的货币，以便购买生产资料和劳动力。但是，货币本身并不就是资本。作为资本的货币与作为商品流通媒介的货币是有区别的，只要我们把简单商品流通和资本流通作一个比较，就可以清楚地看出这种区别。

简单商品流通的公式是：商品—货币—商品（W—G—W），即商品生产者先是出卖自己的商品，取得货币，然后再以货币买进自己所需的商品。在这个公式中，货币是单纯作为流通媒介存在的。资本流通的形式是：货币—商品—货币（G—W—G），即资本家用货币买进商品，然后再把商品卖出去，重新取得货币。这两种流通形式的区别是明显的。首先是买卖的顺序不同。简单商品流通是先卖后买，而资本流通是先买后卖。其次是起点和终点不同。简单商品流通的起点和终点都是商品，而资本流通的起点和终点都是货币。最后是流通中充当媒介物的物质不同，前者是货币，而后者是商品。这些形式上的区别反映着这两种流通具有不同的经济内容。商品流通是为买而卖，目的是消费，是要得到另一种使用价值。处在简单商品流通公式两端的两种商品，在价值量上是相等的。资本流通是为卖而买，目的是要得到增值了的价值，即资本家先用货币购买商品，再出卖商品换回更多的货币。在资本流通过程的终点，除了收回在这一过程的始点预付的货币之外，资本家还从流通中取出一笔增加的货币。当货币在运动中，发生了价值增值，货币就转化为资本。因此，严格说来，资本流通的一般公式或总公式不应是 G—W—G，而应是 G—W—G′。这里，$G'=G+\Delta G$，ΔG 是运动过程中的价值增值额，称为剩余价值（m）。资本流通的目的，就是为了获得比预付货币价值更多的价值。在资本流通中，货币在运动中能够带来剩余价值，发生了价值增值，这时货币已不是普通的货币，而是转化为资本，成为资本的存在形式。所以，资本就是带来剩余价值的价值。货币是在特定的经济条件下，在价值增值的运动中转化为资本的。

G—W—G′这个公式，对一切形式的资本都适用。不仅商业资本的运动直接表现为先买后卖的过程，而且产业资本和借贷资本的运动的基本过程也是这样，它们不过是在这一公式基础上的补充或简化。因此，这一公式概括了产业资本、商业资本和借贷资本运动的共同特点。所以，它表现为资本的总公式。

从形式上看，资本总公式是同价值规律相矛盾的。价值规律要求商品交换按照等价原则进行，因而交换的结果只会使价值的表现形式发生变化，而价值量不会发生变化。但资本总公式表明，货币资本在流通过程中发生了增值。这就是资本总公式的矛盾。要解决资本总公式的矛盾，关键在于说明剩余价值是在什么条件下产生的，它的来源是什么，也就是要阐明货币是在什么条件下和怎样转化为资本的。

在资本的总公式中，剩余价值表现为流通的结果。但是，剩余价值是不可能从流通领域中产生的。在商品流通中，无论是等价交换还是不等价交换，都不能产生剩余价值。如果是等价交换，显然只是价值形式的变换，一定量的价值体现在不同的商品上，但价值量是既定的，没有发生变化。如果是不等价交换，即低于价值购买或高于价值出卖，似乎可以得到更多的价值。但是，由于商品生产者不断变换买者和卖者的身份，他作为买者和卖者多得的，当他作为卖者或买者时又会失掉。即使某些商品生产者在交换中始终能贱买贵卖，从流通中取得了更多的价值，但这也不能说明剩余价值的真正来源。因为他多得到的，正是别人失去的，流通中的价值总量没有增加。那么，剩余价值离开流通过程能不能产生呢？也不能。如果离开流通过程，即货币所有者把货币贮藏起来，不同其他商品所有者发生联系，价值和剩余价值既无从产生，也无法实现。由此可见，剩余价值不能产生于流通过程，但又离不开流通过程，它必须以流通过程为媒介。这就是解决资本总公式矛盾的条件。

根据这个条件来解决资本总公式的矛盾，我们就要分析价值增值究竟是从哪里发生的。首先，价值增值不会发生在G—W阶段的货币上，因为此时货币作为购买手段或支付手段只是实现商品的价格，其价值量没有增值。其次，价值增值也不可能发生在W—G阶段上，此时商品的价值是既定的，不会因商品的出卖而发生增值。最后，价值增值必然发生在G—W阶段的商品上。货币所有者就必须购买到某种特殊的商品，这种商品具有特殊的使用价值，通过对它的使用能创造价值，而且能够创造比这种商品自身价值更大的价值，这种特殊商品就是劳动力。劳动力成为商品，是货币转化为资本的前提。

二、劳动力的买和卖

劳动力是活的人体中存在的、在人生产某种使用价值时所运用的体力和智力的总和。在任何社会，劳动力都是基本的生产要素，但是，劳动力并非天然都是商品。劳动力成为商品，作为买卖对象，必须具备两个基本条件。第一，劳动者必须有人身自由，有权支配自己，能把自己的劳动力当做商品出卖。同时，劳动力的所有者必须将劳动力按一定的时间一次一次地出卖，而不是一次卖尽，否则就会成为卖身的奴隶，而不再成为自由的劳动者，就无法出卖自己的劳动力。第二，劳动力的所有者丧失了生活资料和生产资料，既没有发挥自己劳动力的物质条件，也没有其他手段来维持生存，因而不得不靠出卖劳动力为生。

劳动力成为商品的两个条件并不是任何社会都具备的。封建社会末期，伴随着商品经济的发展而出现的自然经济解体，以及小商品生产者的两极分化，使一部分劳动者获得自由但同时又失去了生产资料和生活资料，而资本原始积累又加速了劳动者同生产资料的分离，社会上由此出现了一大批一无所有的自由的劳动者，劳动力成为商品的两个基本条件形成了。所以，劳动力成为商品，“它本身显然是已往历史发展的结果，是许多次经济变革的产物，是一系列陈旧的社会生产形态灭亡的产物。”① 劳动力成为商品，是资本主义生产关系得以存在的关键；而资本主义生产关系确立之后，又不停地再生产使劳动力成为商品的两个基本条件。资本主义这种特殊的生产关系，才是劳动力成为商品的深层和终极原因，它是与资本主义生产关系相联系的历史范畴。

作为买卖对象的劳动力商品，具有一般商品的共性，同样具有使用价值和价值两个因

① 《资本论》，第1卷，192页。

素。劳动力的价值也是由生产从而再生产这种特殊物品所必需的劳动时间决定的。由于劳动力的生产以劳动者的存在为前提，因此，生产劳动力商品的社会必要劳动时间，可以还原为生产维持工人正常生活所需要的生活资料的劳动时间，或者说，其价值就是维持劳动力所有者生存所需要的生活资料的价值。具体包括三个部分：第一，在正常状况下维持工人本人生活所必需的生活资料的总和。第二，维持工人家属所必需的生活资料的价值。第三，劳动者的教育和训练费用。即劳动力的价值是由生产、发展、维持和延续劳动力所必需的生活资料的价值构成的。

由于劳动力对生活资料的需要是在一定的社会历史条件下形成的，因此，其构成和范围，不仅取决于劳动者的生理需要，而且取决于一个国家的自然条件和经济文化的发展水平，取决于该国的风俗习惯和社会道德等等。即劳动者必要生活资料的种类和数量要受一定历史条件下的经济和文化发展水平以及各个国家风俗习惯的制约。随着社会经济和文化的发展，必要生活资料的种类和数量也会增加，质量和结构会发生变化，再生产劳动力所需物质资料的内容也会不断扩大。所以在劳动力的价值决定上，还包含着一个历史和道德的因素，这是劳动力商品不同于其他商品的一个重要特点。不过在一个国家的一定时期内，劳动者所需要的生活资料的范围和数量还是可以确定的。劳动者生活上不可缺少的生活资料的价值，是劳动力价值的最低界限。

劳动力商品的最主要特点，表现在它的使用价值上。普通商品在消费或使用时，随着使用价值的消失，价值也消失或转移到新产品中去。劳动力的使用价值是进行生产劳动的能力，它的使用或消费就是劳动，而劳动凝结在商品中则形成价值，因此，劳动力商品的使用价值的特殊性在于它是价值的源泉，并且是大于自身价值的价值源泉，劳动力的使用能为它的购买者创造剩余价值。因此劳动力使用价值的特点是货币转化为资本的前提，也是解决资本总公式矛盾的前提。

在劳动力的买卖过程中，货币所有者和劳动力所有者是作为具有平等权利的商品生产者发生关系的。他们都支配属于自己的东西，都是用等价物去换取等价物，等量劳动相交换这一价值规律的要求并没有被违背。西方资产阶级学者因而将劳动的买卖说成是自由、平等和所有权的实现。但是，只要交易完成，离开流通领域，进入生产领域，自由、平等和劳动力的所有权就化为泡影。这时，原来的货币所有者变成资本家，劳动力的所有者变成了雇佣工人。一个是颐指气使的生产过程的统治者，一个是战战兢兢的被统治者，还有什么自由、平等可言！

三、雇佣劳动对资本的隶属关系及其发展

（一）工场手工业阶段

通过劳动力的买卖这种商品与货币的交换，资本家和工人之间形成了雇佣与被雇佣的关系。在流通领域中，形式上的自由、平等的交换关系，掩盖了实际上资本家和工人之间的隶属关系，但是，一旦进入生产领域，雇佣工人就被置于资本家的专制性管理之下。这种隶属关系的经济基础是生产资料的资本主义私有制。由于资本家占有生产资料，雇佣工人一无所有，尽管工人可以“自由地”把劳动力卖给这个资本家或那个资本家，但是他不能不出卖给任何资本家，否则他就无法生存；而且资本主义再生产总是不断地重新创造出自身的前提，即劳动者同生产资料的分离，从再生产过程看，劳动隶属于资本的关系实际

上被固定化、永久化了。雇佣工人在经济上是隶属于整个资本家阶级的。

劳动对资本的隶属关系经历了从形式上的隶属到实际上的隶属的演变过程。在资本主义发展的初期，原来分散的劳动者，受雇于资本家，转化为雇佣劳动者，他们集中在一起从事简单的协作劳动；而资本家则以管理者和指挥者的身份进入劳动过程，劳动过程被置于资本家的控制之下，劳动者受资本家的监督和支配。由于当时资本主义生产还是以手工劳动为基础的，生产工具对劳动者还不能起支配作用，劳动者的生产经验和劳动技能在生产中还能发挥重要作用，因而工人还有一定程度的自由，即使离开了资本，他们仍有可能独立谋生。劳动对资本的隶属关系，只涉及劳动在经济形式方面的规定性，即仅仅涉及劳动与资本的社会关系，而没有涉及劳动方式的变化及其给雇佣劳动者的地位带来的深刻影响。劳动对资本的这种隶属关系只是形式上的。

简单协作的进一步发展，产生了以分工为基础的工场手工业。工场手工业的基本特点，是劳动者在手工劳动明确分工的基础上进行协作劳动，与简单协作相比，它是一种更进步的协作劳动形式。由于实行分工，使工人专门从事一个部件或一道工序的操作，可以大大提高劳动的熟练程度和技术水平；由于缩短了各个生产阶段在空间上的距离，可以减少劳动的非生产消耗，提高劳动强度；由于工具的日益专门化，使复杂的工艺日益分解为许多个别的操作，使劳动工具大大改进。所有这些，都进一步提高了劳动生产率，并为向机器大工业的过渡准备了必要的条件。

工场手工业虽然促进了劳动的社会化，提高了劳动生产率，给资本家带来更多的剩余价值，但是对雇佣工人来说，工场手工业的产生和发展却加深了他们的痛苦。因为：(1) 工场手工业的分工使增加工人人数成为技术上的必要。现在单个资本必须使用的最低限额的工人人数，要由现有的分工来决定。为了得到进一步分工的利益，必须进一步增加工人人数。这不仅要求可变资本必须相应地扩大，而且要求不变资本有更快的增长。因此，工场手工业促进了资本的增大，从而扩大了资本剥削的范围。(2) 工场手工业的分工，迫使工人长年累月甚至终身从事某种局部、片面的操作和单调繁重的体力劳动，造成工人生理上的畸形，压抑了工人多种多样的爱好和才能，加剧了体力劳动和脑力劳动的分离；同时，还在工人中间造成等级差别，影响了工人之间的团结。(3) 工场手工业的分工和劳动的专业化，使工人只会从事某一局部的片面的操作，再也不能独立地制造一种产品了。起初，工人因为丧失了生产商品的物质资料不得不出卖劳动力，现在，工人不仅丧失了进行生产所必需的一切物质资料，而且丧失了独立制造产品的能力。他们如果离开了资本家的工场，便很难独立地工作。工场手工业使雇佣劳动进一步依赖于资本，劳动对资本的隶属由形式隶属开始向实际隶属转变。

（二）机器大工业阶段

从18世纪70年代开始，西欧各主要资本主义国家先后发生了产业革命，它使资本主义生产由工场手工业逐渐过渡到机器大工业，机器大工业的特点是，机器代替了手工工具，机械化的劳动代替了手工劳动。资本主义生产方式是建立在机器大工业的物质技术基础之上的，机器大工业是资本主义生产的成熟形式或典型形式。机器被普遍使用后，生产社会化的程度和劳动生产率得到大幅度提高，同时引起了资本主义生产过程的重大变化。大工业把巨大的自然力和自然科学并入生产过程；机器生产改变了社会劳动的组织和劳动协作的性质，使原来局部的工人协作劳动变成了适应机器本身技术性质要求的直接社会化的共同劳动，原来劳动者之间的直接劳动协作，现在表现为机器的协作，原来劳动者的生产经验和技能在生产中的独立作用逐渐削弱，他们不仅失去了独立生产者的地位，而且也不再是以个人独立的程序就能生产出某种产品的劳动者，他们变成了局部工人，终生从事局部操作，只有机器大工厂的整个生产机构联系起来才能生产某种产品。于是雇佣劳动者成了机器的附属物，生产活动由原来受资本家支配变成为完全受机器的驱使和支配，失去了其作为独立劳动者的技能。本来就一无所有的劳动者，现在如果不把他们的劳动力本身出卖给资本家，不受资本的支配，就不可能维持自己的生活和生存。这样最终完成了劳动对资本的实际隶属，它表明资本在整个社会经济生活中对劳动者的支配与控制进一步加强，资本主义生产方式的主导地位最终得以确立起来。

随着机器在工业中的普及和发展，机器大工业开始向机械化、流水线生产阶段过渡。电力和电动机的运用改善了传统机器的动力装置，克服了蒸汽动力条件下工作机对固定的动力和传动装置的依赖性，为了提高效率，出现了由工业工程师通过时间和动作研究来设计的科学管理，按照产品制造的各个阶段在生产过程中实行进一步的分工，生产过程中由于运用第二次科技革命的技术创新所导致的复杂控制和操作被进一步分解成一个个简单的操作，从而出现了流水线生产，具有高度复杂技巧的装配工为流水线上高度分工的简单操作工所代替。这种流水线作业方式在美国福特公司的汽车厂内最初取得极大成功，因而被称做福特制。福特本人在其自传中论述了流水线的工作原理。

> “按工序将工具和人排列起来，以便能够在尽量短的时间内完成零配件装配。使用工作滑板或其他传送器。这样，当一个工人完成一项操作之后马上把零配件放在一个地方——对他来说这是最方便的地方——接着这一零件就会借助传送器送到下一个人手中。利用滑动装配线把有待安装的零件传送到最易操作的地方。这些工作原理的应用直接导致的一个结果就是工人的大脑不需要进行不必要的思维，而且把他们的活动量减少到最少，每个人都尽可能用一个动作完成一件事。”①

流水线作业的生产方式通过将复杂操作分解成各种简单的操作，用流水线上高度分工的操作工替代具有高度复杂技巧的装配工，操作变得越来越简单，工人加工处理的速度越来越快，生产效率得到了极大的提高。例如在最先实行这种作业生产的福特公司高地公园工厂，三个月内T型汽车的装配时间减少到原先所需时间的十分之一，到1925年，它在一天中所生产的汽车几乎与T型汽车生产初期全年产量一样多。T型汽车的价格不断降低，从1909年的955美元降到了1921年的355元，福特公司占据了汽车业80%以上的市场份额。但是，在福特制下，雇佣工人终其一生，从事着极为单调的、由流水线确定速度、节奏的简单工作，大多数劳动者越来越趋于非技能化，雇佣劳动者被利用、被解雇越来越取决于资本的运动，劳动对资本的实际隶属关系进一步加深。

伴随着第三次科技革命的发展，自动控制技术特别是电子计算机的出现和应用，资本主义国家工业生产的某些生产部门，如化工、电力、冶金、炼油、汽车制造和机械等行业中，出现了自动化与半自动化生产的趋势，在直接加工过程中出现了一些“无人化”的工厂，尽管这些“无人化”工厂仍然需要间接地雇佣工人，但自动化的客观后果却使生产过

---

① ［美］亨利·福特：《向前进——亨利·福特自传》，94页，北京，当代中国出版社，2002。

程处于在管理部门的工程师的掌握之中，并使雇佣工人无须增加其知识或训练。对工人掌握的技能水准要求越来越低，雇佣工人越来越易被机器或更低工资的雇佣工人替代，资本借助自动化技术对劳动过程控制的加深，使劳动者与生产资料的结合的可能性日益取决于资本的意志。

（三）信息技术阶段

20 世纪 80 年代以来，信息化技术的发展、市场需求的日益多样性和市场竞争的加剧，使资本主义工业生产过程发生了新的变化。资本主义生产过程处于再组织的变迁过程之中，原来“福特制”条件下的极度分工模式逐渐被打破，出现了团队工作，对工人操作的各种授权、轮换工作制都促使工人技能多样化，以实现产品的持续改进和过程创新，以加强企业在市场上的竞争地位。资本主义生产过程打破极度分工在一定程度上改善了劳动与资本的关系，劳动对资本的隶属关系在高新技术行业和利用信息技术改造的传统行业处于形式隶属过程中，目前正面临着向实际隶属关系的转化过程中。被这些行业雇佣的工人可以依靠自己的技术在一定程度上独立从事生产过程，这些行业雇佣工人的地位在劳资关系中有所上升。但是在某些发达国家，如日本，这种劳动对资本的形式隶属关系通过各种制度安排向实际隶属关系的转化正在开始：生产过程的重新组织，并没有消除通过时间、动作研究预先设定的标准操作程序，对这种操作程序的标准的设定，工人是无权参与制定的；团队工作导致工人通过长期经验积累的技能显性化，管理者利用这些过去不易掌握的显性化技能培训低工资的工人，来替代高工资和高技能的雇佣工人，同时也可利用工人之间相互监督的压力来降低管理者对劳动过程的监督成本；轮换工作制使管理者对个别高工资、独立性强的雇佣工人实行各种控制；各种工作阶梯使工人比过去更易受特定资本的控制，不易在全社会范围内流动；工人参与各种生产过程，但并不能决定增值的分配决策；同时在信息技术条件下，技术进步的速率加快使技能和资本更新加快，尽管雇佣工人的技能水平有了很大的提高，但技能的不断更新使工人通过长期学习和工作积累的技能很快被淘汰，受资本控制的程度加深。

总之，劳动对资本的隶属关系，不仅与生产资料的资本主义私有制有关，而且与生产力的发展紧密联系。在资本主义条件下，生产力成为资本的生产力，成为资本支配、统治雇佣劳动者的手段，劳动者自己创造的生产力异化为与劳动者相对立的力量。“在资本主义体系内部，一切提高社会劳动生产力的方法都是靠牺牲工人个人来实现的；一切发展生产的手段都变成统治和剥削生产者的手段”①。这是生产力与生产关系在资本主义经济制度下相互作用的具体形式。

四、雇佣工人在资本主义社会中的地位

没有任何生产资料的工人，在人身上是自由的，拥有拒绝为特定资本家工作的权利，也有拒绝为一切资本家工作的权利，但是，劳动者在经济上对资本的隶属关系，实质上并没有与后一种权利相匹配的实际权利，事实上为整个资本家阶级所占有。因此雇佣工人在事实上，而不是在法律上，处于与奴隶相类似的地位。“资本主义生产方式与奴隶生产方式的唯一不同在于购买劳动的方式上。奴隶主一次购买奴隶能够做的全部劳动；而付工资

① 《资本论》，第 1 卷，707～708 页。

的资本家只购买工人在一天中或在任何规定时间中的劳动。”① “罗马的奴隶是由锁链，雇佣工人则由看不见的线系在自己的所有者手里。他这种独立的假象是由雇主的经常更换以及契约的法律虚构来保持的 。”②

虽然现代雇佣劳动制度仍然是一种统治和隶属关系，但是雇佣工人在资本主义生产方式中的地位，由于以下两个原因，与以往时代的生产者不同，这种不同体现了资本主义生产方式的文明的方面。

第一，在资本主义生产方式中，雇佣工人既是生产者，又是自主的消费者。每个资本家自己雇佣的工人是生产者，但别的工厂的工人对这个资本家来说则是消费者。工人阶级在资本主义社会中的这种双重地位，带来了资本主义生产方式的一个矛盾——每个资本家在自己的工厂内部剥削工人越成功，对总体资本家而言，其商品实现越是困难，因为工人阶级作为自主的消费者是有效需求的重要来源。

作为消费者，工人和其他消费者一样享受消费者主权，这是一种在市场上面对花样繁多的商品进行自主选择的权力。单纯从这个角度看，消费者主权似乎给资本主义社会的所有人带来了平等和自由。但是在资本主义经济中，“消费者主权”只能是相对的，它受到各种限制：在供给方面，限制来自产品和服务尚未实现丰裕。在“有效需求”方面，限制来自产品和服务的购买力不足。在垄断资本主义条件下，消费者主权还受到大垄断企业操纵消费者选择的能力的限制。在市场经济中，消费者主权的实现是和个人所拥有的财富相适应的。资本主义条件下，它只是少数人的主权。更为关键的是，由于雇佣工人在生产关系上隶属于资本，在生产过程中不能自主地支配自己的劳动力——即对自己劳动力的消费都没有自主选择的权力。

第二，在现代发达资本主义经济中，还有另一方面的原因使雇佣工人得以在一定程度上减轻雇佣劳动关系的压迫。这就是工人组织成工会进行有组织的阶级斗争的权利。罢工意味着终止与资本家的契约，从某些资本家那里收回劳动力的使用权，而又不把它提供给别的资本家。显然，拥有这种权利的工人阶级，其社会地位与奴隶或农奴是不可同日而语的。

工人组织成为工会的权利是经过长期的阶级斗争赢来的。在资本主义早期，这种权利是不存在的，但是，工会的作用在资本主义社会中又是有限的。由于经济周期的波动和失业人口的存在，工会的活动被纳入不可逾越的界限以内。在经济不景气的时候，工会不得不斗争，以维护其既得权益，而经济好转时，工会又得为增加先前被压低的工资而斗争。资本主义经济的周期性波动规律使工会经常处于守势。此外，工会组织及其影响所及的范围，只限于地位比较好的上层产业工人，工会运动的结果进一步加速了工人阶级的分化，工人阶级上层和下层的距离就更加扩大，如雇佣工人阶级划分为就业人口（现役劳动军）和失业人口（产业后备军），就是一种主要的分层化。工人阶级的分层化，是资产阶级击败工人阶级的重要手段，是雇佣劳动关系得以维持和巩固的重要条件。

① ［英］詹姆斯·穆勒：《政治经济学要义》，13页，北京，商务印书馆，1993。

② 《资本论》，第1卷，629～630页。

第三节　资本主义所有制的历史形式

资本主义经济制度的历史演变从经济运行或市场与企业的关系角度看，大体上经过了三个阶段，即自由竞争的资本主义、私人垄断资本主义和国家垄断资本主义；从所有制形式和企业制度的角度看，也可以划分为三个阶段或三种形式，即私人资本所有制、私人股份资本所有制和法人股份资本所有制。对于资本主义从自由竞争到垄断的发展，我们在后面将作专门的分析。在本节中，我们主要从所有制角度对资本主义经济制度的演变过程作出说明。

一、私人资本所有制

资本主义建立初期，企业占有生产资料是采取独资经营的个人资本形式，与此相适应，资本主义处于自由竞争阶段，其经济基础是资本的私人所有制。这一阶段开始于18世纪中叶，结束于19世纪后期。在自由竞争的资本主义阶段，尽管第一次技术革命极大地推动了社会生产力的发展，但它毕竟处于资本主义生产力发展的起步阶段，所以这一时期的资本主义企业生产规模不大，机械化水平很低，发展较快的主要是轻纺工业；这一阶段市场经济发育的程度也比较低，资本市场的发展还没有充分展开，市场机制表现为完全的自由竞争，没有任何人或企业能主宰任何部门的生产、销售；资产阶级尽管确立了统治地位，但统治还不够强，为数众多的中小资本实力相当，竞争激烈，社会生产比例经常失调，经济危机每隔10年左右就会发生。

与自由竞争的资本主义阶段相适应，私人资本所有制是资本主义所有制的主导形态，其基本特征是：（1）所有制的占有主体（个人或家族）是唯一的，占有关系具有完全的排他性；（2）所有权关系具有完整性，即生产资料占有主体同时享有对其财产的占有、使用、处置和收益权。

私人资本所有制适应了当时并不太高的社会生产力发展水平。在生产规模和生产范围都相对狭小的条件下，企业适合由资本所有者直接控制和经营，所有者对企业资产拥有完全的控制权，有助于降低管理成本，提高效率。

私人资本所有制具有以下局限性：

（1）财产占有关系具有排他性，企业资本的扩张主要靠企业自身的积累。在技术水平较低、规模经济较小、市场范围较狭窄的情况下，积累的源泉十分有限。

（2）企业的存亡在很大程度上决定于企业主及其子女的状况，企业随企业主退出经营或死亡或家族无人继承而中止，这就使得企业的寿命有限，缺乏连续性和永久性。

（3）企业所有者要对经营中的债务负无限责任，这虽然有助于激励投资者努力经营，但过于集中的经营风险又难以使投资者进行风险大的投资，这就制约了投资规模的扩大，进而妨碍了社会生产力的发展。

私人资本所有制的上述局限性表明，即使从资本主义的角度看这种形式也不是最佳的所有制形式。随着资本主义商品经济的发展，科学技术在生产领域广泛应用，企业规模不断扩大，在19世纪末20世纪初，一种新的资本所有制形式开始出现，并逐渐取代私人资本所有制居于主导地位。这种新型的资本所有制形式就是私人股份资本所有制。私人股份资本所有制的出现标志着资本主义进入一个新的历史阶段。

二、私人股份资本所有制

19 世纪 70 年代，随着经典电磁理论开始向实际应用转变，以电力、电机和内燃机的发明和广泛应用为标志的第二次技术革命开始兴起，它促进了欧美主要资本主义国家重化工业的发展，使重化工业所占的比重第一次超过轻纺工业，成为以重化工业为主的工业化国家，并相继实现了电气化。生产力的发展推动了生产社会性的发展，企业规模不断扩大，生产和资本逐步向少数企业集中，资本主义进入了垄断阶段。适应生产社会化的发展，私人股份资本所有制成为占主导地位的所有制形式，私人股份所有制的特点主要有：

(1) 资本的所有者具有多元性。私人资本以股份的形式结合在一起，形成马克思所说的社会资本。股份资本的形成机制是，股份公司创立者将公司资本划分为一个个股份，向社会公众出售，吸纳社会资金。股份资本是动员和利用社会闲散资金的最有效的资本形式，是资本集中的重要形式。

(2) 在私人股份资本所有制条件下，私人资本家虽然仍是资本的所有者，但作为单个股份资本家却失去了独立使用自己那份资本进行生产经营的权利，他的那部分股份已与其他出资者的股份结合在一起转化成所有股东共有的整体财产。对于这个整体财产，股东的权利只表现在三个方面，一是通过股东大会——董事会运作机制有限度地和不同程度地参与对公司的控制；二是通过领取股息与红利分享利润；三是在公司解散时参加分配剩余财产。如果股东不想继续保留上述权利，他只能在股票市场上转让股票，而不能随意抽回资本。

(3) 财产具有长期连续性。在私人股份资本所有制基础上，除非企业破产，资本表现为一个长期的不断增值的价值。由于股票在市场上的高度流动性，因而，股东的人身更换不会影响整体资本的存在，从而也不会影响支配和使用资本的股份公司的营运，这样，公司的资本就可以长期生存和延续下去。

(4) 资本的所有者与经营者相分离。在私人股份资本所有制条件下，资本的所有者与资本经营者不再统一于个人，而是发生了分离。作为所有者的股东可以参加股东大会，行使选举董事和决定公司大政方针的表决权，也可以参与公司收益的分配。作为资本的经营者，公司的经理阶层直接支配公司的资本，独立地进行生产和营销活动，与其他公司、单位、经济主体发生复杂的权利与义务关系。特别需要指出的是，股东虽然在名义上拥有通过股东大会参与公司经营和决策的权利，但是对于大多数股东特别是中小股东来讲，这种参与并无多大实际意义。能够参与行使控制权的是那些大股东，他们凭借较大数量的持股可以影响股东大会和董事会，参与决定公司的经营方向和大政方针。

私人股份资本所有制的产生对资本主义经济的发展起到了积极的作用：

首先，股份公司能在短期内把社会分散的资金结合成一个庞大的资本，从而克服了个别资本积累的有限性，成为促进生产力发展的有力杠杆。在 19 世纪末 20 世纪初，它对重工业、铁路、建筑等规模巨大的企业的迅速发展起到了积极的推动作用。正如马克思所说，股份公司的成立，使“生产规模惊人地扩大了，个别资本不可能建立的企业出现了。”[①] 还说：“假如必须等待积累去使某些单个资本增长到能够修建铁路的程度，那末恐怕直到今天世界上还没有铁路。但是，集中通过股份公司转瞬之间就把这件事完成了。”[②]

其次，股份公司的出现有利于市场竞争，有利于推动技术进步和企业经济效益的提高。由于股票的持有者可以“以脚投票”，自由地评估公司的经济效益，这就在客观上给董事会和经理们以大的外部压力。每个股份公司经济效益的高低直接反映在股息额的大小上，而股息额的大小又直接决定股票的市场行情。经济效益高的公司，其股票在市场上的价格就会坚挺，买者就会竞相购买；反之，股票价格就要下跌，持股者就会竞相抛售，甚至由此导致公司的破产，或被实力雄厚的大公司吞并。

最后，它有利于加强企业管理。股份公司使“实际执行职能的资本家转化为单纯的经理，即别人的资本的管理人，而资本所有者则转化为单纯的所有者，即单纯的货币资本家。”[③] 这样一来，企业的经营权就落到具有丰富专业知识的管理人员手中。在激烈的市场竞争中，企业经营管理的好坏直接关系到企业的兴盛和衰败，也直接关系到经理人员薪金的多少和荣辱升迁，专职管理人员不得不把个人前途与公司的命运联系在一起。所有这一切，都促进了公司的发展。

但是，私人股份资本所有制也存在着一些重要的局限性。

股份持有个人化容易导致股份公司经营行为的短期化。在私人股份资本所有制条件下，个人股东特别是大量中小股东的股权主要体现为利得权，分享股息成为持股的主要动机。在这种动机支配下，股东购买股票的目的要么是获取较高的股息，要么是获得股票溢价收益，当这两个目的达不到时，便出售股票转让股权。因此，公司必须始终把维持较高的股息率放在经营目标的首位，即使公司经营状况一时不佳，也不敢轻易降低股息率，将股息率保持在较高水平，意味着要将公司收入的较大部分用于支付股息，各项经营决策都必须以近期实现较高收益率为前提，决策效应也以短期收益率的高低为衡量的标准。这种短期化的经营决策行为固然有利于股东利益的实现，但却不利于公司的长期发展，同垄断大公司实现长期利润最大化、力图保持自身在市场上的垄断地位的长期目标是矛盾的。对于大公司来说，一味追求短期股息率最大化，无力顾及长期投资和技术创新，从长远的角度看，其经济实力必然趋于下降，从而在激烈的竞争中败下阵来。

三、法人股份资本所有制

随着量子论、相对论、分子生物学和系统科学的确立，20世纪中叶，在以美国为首的西方发达资本主义国家，出现了以电子计算机、生物工程、宇航技术特别是以电子技术的发展和普遍应用为主要标志的第三次科技革命。第三次科技革命极大地提高了发达资本主义国家的生产力，促进了生产的高度社会化，产生了新兴工业、基础设施与巨大的资本需要、生产的社会化与经济协调发展、生产和消费以及国际市场竞争等一系列矛盾，资本主义的发展进入了国家垄断资本主义阶段。与第三次技术革命导致的生产高

① 《资本论》，第3卷，493页。
② 《资本论》，第1卷，688页。
③ 《资本论》，第3卷，493页。

度社会化相适应，西方发达资本主义国家如日本、美国、德国等，法人组织开始以出资者身份投资于资本市场，特别是持有其他法人组织的股票，其结果是大量法人组织由纯粹的财产管理者变为股票持有者。法人组织的股东化，改变了资本主义国家大公司的股权结构，使财产占有呈现出由个人占有向非个人占有转变的趋势。这些股东化的法人有工商企业法人、商业银行、投资银行、保险公司、年金（退休金）基金、共同基金等等。这些机构法人与个人相比，资金实力更雄厚，投资能力更强大。法人取代个人成为股东主体，拓宽了股份公司的筹资渠道，推动了生产和资本的进一步集中。法人股份资本主义所有制成为资本主义占主导地位的所有制形式。

法人是与自然人相对应的概念。所谓法人，是指拥有自主经营的财产，能独立地享有民事权利并承担民事义务的经济组织，是与自然人相对而言的另一种民事主体。

作为与自然人相对应的民事主体，法人有三个显著特征：

（1）有特定的组织机构。法人区别于自然人的根本点是其组织性，因而，法人必须是根据法律、法令、组织条例的规定而建立，并能够独立进行民事活动的整体。它不因该组织的个别部门或人员的变化而影响它的民事主体资格，也不因此而影响它应承担的民事责任。法人组织的核心是法人机构，如董事会、理事会等，法人通过它的机构对外代表法人进行民事活动，履行法人义务并承担民事责任。

（2）拥有独立的财产。一定程度的财产独立性，是一个组织取得法人资格的物质基础，是作为法人组织参加民事活动、享受权利和承担义务的物质保证。法人财产来源于组成法人的自然人或创立法人组织并提供财产的国家。在这里，自然人或国家是法人财产的最终所有者，法人则享有财产的占有、支配权或经营、管理权。法人财产一经形成，便具有独立性，出资人不能对整体财产拥有直接的和独立的支配权。

（3）独立承担财产责任。法人独立承担财产责任是指法人以自己所有的或者依法独立支配和处分的财产，承担它在民事活动中的债权或债务。

机构法人实行证券组合投资，降低了投资的风险性。第二次世界大战后迅速发展起来的共同基金投资机构是典型的机构法人，共同基金为了有效地进行投资，通过特设的专门机构组织专家对各家股份大公司的背景进行研究，从中选购几十家资信较好的公司的股票，并根据市场变化情况，经常调整自己的股票结构。共同基金发行本单位“基金”证券上市出售，“基金”证券的价格由所选的几十家公司的股票价格决定，并随着这些公司的股票价格波动而波动。由于“基金”的投资组合是几十家不同公司的股票，不同股票价格的涨落往往可以相互抵消，而且购进的公司的股票都是经过认真调查研究确定的，一般来讲，上涨的可能性大于下落的可能性，这样，基金投资的风险就比个人直接进行股票投资的风险要小得多。因此，社会公众便纷纷转向共同基金发行的证券进行间接投资，而不愿直接购买公司的股票。机构法人投资风险低，个人通过机构法人进行间接投资，机构法人因此成为上市公司股票的主要持有者，相应地，大公司的股东也从以个人股东为主转变为以机构股东为主。

法人持股有助于加强法人组织间的联系，克服公司行为的短期性。法人持股与个人或家族持股的最大区别是法人机构通过联合持股、交叉持股、相互持股以及互兼董事等方式导致法人组织之间发生资本的融合和人事的结合。通过资本融合与人事结合，法人机构之间可以建立较稳定的关系。法人组织可以自觉协调彼此的经营目标和行为，克服摩擦和矛盾，使各自的利益都能得到保证。另一方面，法人组织各自具有经营的独立性和自主性，相互间可以展开竞争。这种新型经济关系是建立在私人股份资本所有制基础上的企业所不具备的。通过这种关系，法人组织经营环境的不确定性得以缓和，法人组织可以从长远利益出发制定公司的发展规划并进行决策。

法人资本所有制的上述特点表明，法人股份资本所有制是比私人股份资本所有制更适合生产社会化和垄断大公司发展需要的资本所有制形式。

关键术语

资本原始积累	工业革命	雇佣劳动制度
劳动力商品	雇佣劳动对资本的隶属	私有资本所有制
私人股份资本所有制	法人资本所有制	

思考题

1. 资本主义经济制度产生的主要条件是什么？
2. 资本主义制度的本质特征是什么？
3. 雇佣劳动对资本从形式隶属到实质隶属转化的原因是什么？
4. 资本主义的所有制形式的历史演变大体经过了哪些阶段？在各个阶段上具有哪些特征？

第六章

剩余价值的生产过程

重点问题

剩余价值的生产过程
不变资本与可变资本
绝对剩余价值与相对剩余价值
剩余价值率

剩余价值理论是马克思主义政治经济学的理论基石。这一理论像一根红线贯穿于马克思对资本主义生产方式的全部分析中。本章将通过对资本主义生产过程的分析，说明剩余价值产生的秘密。

第一节　资本主义生产过程

一、劳动过程和价值增值过程

通过劳动力的买卖这种商品与货币的交换，资本家和工人之间形成了雇佣与被雇佣的关系。在流通领域中，形式上的自由、平等的交换关系，掩盖了实际上资本家和工人之间的隶属关系，但是，一旦进入生产领域，雇佣工人就被置于资本家的专制性管理之下。资本主义生产是以雇佣劳动为基础的商品生产，其生产过程具有两重性：一方面是生产使用价值的劳动过程；另一方面是生产剩余价值的价值增值过程。所以，资本主义生产过程是劳动过程与价值增值过程的统一。

任何社会的劳动过程都是劳动者通过有目的的活动，运用劳动手段，作用于劳动对象，改变自然界物质的性质和形态，创造出满足人们某种需要的使用价值的过程。但是，资本主义劳动过程的一切因素都属于资本家，劳动过程是资本家消费他所购买的劳动力的过程，因而具有以下两个重要特点：一是工人的劳动属于资本家，工人在资本家的监督下劳动；二是劳动产品全部归属于资本家。

在劳动过程中，资本家要工人生产某种使用价值。但是，生产使用价值并不是资本家的目的，他的目的是生产剩余价值。他之所以要生产使用价值，是因为使用价值是价值和剩余价值的物质承担者。为了说明剩余价值是如何产生的，让我们首先把资本主义生产过程作为价值形成过程来考察。在生产过程中，劳动者用具体劳动改变劳动对象的物质形态，生产了商品的使用价值，并把生产资料的价值转移到商品中去；同时，劳动者的劳动作为抽象劳动，又形成商品的新价值。如果形成的新价值恰好等于资本家支付的劳动力价值，那么在商品价值中，就只有转移的生产资料价值和劳动者新创造的等于劳动力价值的新价值，而没有剩余价值。但是，资本主义生产的实质是剩余价值的生产，这种不赚钱的买卖资本家是断然不能接受的。

那么，价值形成过程是如何变成了剩余价值的生产过程呢？价值增值过程不外是超过某一定点而延长了的价值形成过程。这个“一定点”就是雇佣工人的活劳动所创造的新价值等于劳动力本身的价值。所以，价值增值过程，就是超过劳动力价值的那部分新价值的形成过程。实际上，雇佣工人的劳动分为两部分：一部分是必要劳动时间，用于再生产劳动力的价值；另一部分是剩余劳动时间，用于无偿地为资本家生产剩余价值。因此，剩余价值就是雇佣工人所创造的并被资本家无偿占有的超过劳动力价值的那部分价值，它是雇佣工人在剩余劳动时间支出的剩余劳动的凝结。

例如，假定生产一双皮鞋消耗生产资料价值为12元，劳动力商品一天的价值是3元，制鞋工人一天劳动5小时所创造的价值也是3元，所生产的皮鞋是一双。这样，这双皮鞋的价值就是由转移的生产资料价值12元和工人新创造的价值3元形成的，共计15元。资本家按照价值出售这双皮鞋，得到的15元与其投入的资本价值相等，这只是价值形成过程。如果资本家迫使工人一天劳动10小时，生产两双皮鞋。这样，生产两双皮鞋花费的生产资料价值是24元，资本家支付的劳动力价值仍是3元，即资本家共垫付的资本价值是27元。但两双皮鞋的价值，包括转移的生产资料价值和工人一天劳动10小时新创造的价值6元，共30元。资本家按照价值出售这双皮鞋，就能获得3元剩余价值。这3元剩余价值是工人一天劳动10小时中，除去补偿劳动力价值而必要的5小时之外的另外5小时剩余劳动时间里所创造的。

由此可见，资本家购买了劳动力这一特殊商品之后，在生产过程中，劳动力的使用创造了价值量大于劳动力价值的商品，资本家按商品价值出卖商品，不仅收回了资本价值，而且获得了剩余价值。货币转化为资本的过程，既在流通领域进行（资本家必须在流通领域购买到劳动力这一特殊商品），又不在流通领域进行（价值增值发生在使用劳动力的生产过程）。全部过程都符合价值规律，即资本家购买或出售商品都是以价值为基础的。整个过程的关键在于劳动力具有特殊的使用价值，它的使用能创造出大于自身价值的价值。

二、不变资本与可变资本

由上述分析可知，资本是带来剩余价值的价值，剩余价值是由雇佣工人的剩余劳动创造的。但是，资本的现象形态掩盖着它的本质。在现实生活中，资本总是表现为一定的物，如原材料、机器、厂房等，这使人们误以为这些物天然就是资本。这是把物的自然属性和物在一定经济条件下所体现的生产关系混同起来了。资本不能离开物而存在，正如价值不能脱离使用价值而存在一样。但是，生产资料等物成为资本，不是由于它们的自然属性决定的，不是因为它们能用于生产一定的使用价值，而是由于它们是生产剩余价值的手段。货币转化为资本，关键是劳动力成为了商品，资本只有通过剥削工人的剩余劳动，才能带来剩余价值。所以，在资本主义经济中，资本在本质上体现了资本家对雇佣工人的剥削关系。

资本家为了进行生产，就必须先垫付资本，一部分用于购买生产资料，另一部分用于购买劳动力。马克思根据这两部分资本在剩余价值生产过程或价值增值过程中所起作用的不同，把资本区分为不变资本和可变资本。

不变资本以生产资料的形式存在，它在生产过程中被消耗，生产出新产品。生产资料的价值通过工人的具体劳动被转移到新产品中，其转移的价值量不会大于它原有的量。尽管转移的方式不同，有的是在一次生产过程中全部转移，有的是在多次生产过程中逐渐转移，但转移的总是生产资料原有的价值量。以生产资料形式存在的资本在生产过程中不改变自己的价值量，所以叫做不变资本（c）。

可变资本是用来购买劳动力的那部分资本。可变资本的价值在生产过程中不是转移到新产品中去，因为资本家为购买劳动力支付的价值被工人用于购买生活资料，在生产过程以外消费掉了。劳动力的价值是由工人的劳动创造的新价值的一部分来补偿的。而劳动力在生产过程中发挥作用的结果，不仅再生产出劳动力的价值，而且生产出剩余价值。以劳动力形式存在的这部分资本价值，在生产过程中发生了量的变化，即发生了价值增值，所以叫做可变资本（v）。

马克思把资本区分为不变资本和可变资本具有重要的意义。第一，它进一步揭示了剩余价值产生的源泉。剩余价值既不是由全部资本产生的，也不是由不变资本产生的，而是由可变资本产生的，即雇佣工人的剩余劳动是剩余价值产生的唯一源泉。第二，它为确定资本家对雇佣工人的剥削程度提供了科学依据。正确反映剥削程度的概念是剩余价值率。

三、剩余价值率

在资本主义生产过程中，资本家投入不变资本和可变资本，即 $c+v$。经过生产过程，产生剩余价值（m），结果生产出价值为 $c+v+m$ 的产品。其中的剩余价值只是可变资本产生的。为表明资本家对工人的剥削程度，应用剩余价值和可变资本相比。剩余价值率（m'）就是剩余价值（m）同可变资本（v）的比率。

剩余价值率的表示方法有两种。一种是物化劳动表示法：

$$\text{剩余价值率}(m')=\text{剩余价值}/\text{可变资本}=m/v$$

它表示在雇佣工人的劳动所创造的价值中，资本家和工人各占多少份额。另一种是活劳动表示法：

$$\text{剩余价值率}(m')=\text{剩余劳动时间}/\text{必要劳动时间}$$

该公式表明，在工人的一个工作日的全部劳动时间中，有多大部分用于补偿劳动力的价值，多大部分用来无偿地给资本家生产剩余价值。

剩余价值率的高低是决定资本家获得剩余价值量多少的一个重要因素，另外一个因素是雇佣工人数量或可变资本总量的多少。如果资本家雇佣工人总数是一定的，则剩余价值率越高，他获得的剩余价值量也越多。用 M 代表剩余价值量，则 $M=m/v\times v=m'\times v$。

可见，资本家要获得更多的剩余价值，一般可以通过两条途径：提高对工人的剥削程度和增加可变资本总量。根据国内外一些学者对美国制造业剩余价值率历史变动趋势的研究，在比较长的时间跨度内，剩余价值率表现出增长的趋势。从表 6—1 可见，1950 年美国制造业的剩余价值率为 111%，1960 年为 122%，1970 年为 141%，1980 年为 161%。这说明，在资本主义的长期发展中，资本家对工人的剥削程度是持续提高的。但是，剩余价值率的提高不是直线的而是波动的。从一定时期看，剩余价值率可能基本不变，也可能下降。造成剩余价值率波动的因素很多，其中一个重要因素是失业率的波动。一般说来，失业率较低的时期才出现剩余价值率的下降现象。因为，在繁荣时期，对劳动力的需求增大，失业率下降，在新增价值（$v+m$）中，工人的实际所得（v）增长，归资本家占有的剩余价值（m）所占的比重相应下降。

表 6—1　　美国制造业的剩余价值率（1929—1985 年）　　单位：亿美元

年份	制造业增加值 (1)	生产性雇员薪金收入（v）(2)	折旧 (3)	剩余价值（m） (1)−(2)−(3) =(4)	剩余价值率 m/v (4)/(2)=(5)
1929	306	126	17	163	1.29
1933	140	56	13	71	1.27
1935	186	85	14	87	1.02
1937	252	115	15	122	1.06
1939	245	109	15	121	1.11
1947	743	350	30	363	1.04
1949	754	359	39	356	0.99
1950	898	406	43	449	1.11
1951	1 021	478	50	493	1.03
1952	1 029	517	54	458	0.86
1953	1 217	578	58	581	1.01
1954	1 170	538	61	571	1.06
1955	1 350	592	65	693	1.17
1956	1 499	630	74	795	1.26
1957	1 478	645	83	750	1.16
1958	1 415	618	88	709	1.15
1959	1 615	680	91	844	1.24
1960	1 640	697	94	849	1.22
1961	1 643	693	96	854	1.23
1962	1 791	745	99	947	1.27

续前表

年份	制造业增加值 (1)	生产性雇员薪金收入（v）(2)	折旧 (3)	剩余价值（m） (1)－(2)－(3) ＝(4)	剩余价值率 m/v (4)/(2)＝(5)
1963	1 921	777	102	1 042	1.34
1964	2 062	822	106	1 134	1.38
1965	2 269	891	113	1 265	1.42
1966	2 509	978	124	1 407	1.44
1967	2 620	1 025	136	1 459	1.42
1968	2 851	1 101	149	1 601	1.45
1969	3 044	1 181	164	1 699	1.44
1970	3 002	1 168	182	1 652	1.41
1971	3 140	1 245	196	1 699	1.36
1972	3 540	1 400	207	1 933	1.38
1973	4 040	1 555	224	2 261	1.45
1974	4 520	1 665	260	2 595	1.56
1975	4 420	1 655	305	2 460	1.49
1976	5 110	1 855	326	2 929	1.58
1977	5 850	2 105	357	3 388	1.61
1978	6 570	2 375	404	3 791	1.60
1979	7 480	2 610	501	4 369	1.67
1980	7 740	2 740	580	4 420	1.61
1981	8 380	2 955	657	4 768	1.61
1982	8 340	2 925	814	4 601	1.57
1983	8 820	3 035	694	5 091	1.68
1984	9 840	3 305	717	5 818	1.76
1985	9 990	3 395	746	5 849	1.72

资料来源：高峰：《资本积累理论与现代资本主义》，天津，南开大学出版社，1991。

第二节　剩余价值的两种生产方式

资本家剥削工人的具体办法是多种多样的，但概括起来有两种基本方法：绝对剩余价值生产和相对剩余价值生产。

一、绝对剩余价值生产

绝对剩余价值是指在必要劳动时间不变的条件下，由于延长工作日的长度而生产的剩余价值。资本主义制度下工人的工作日分为两部分：必要劳动时间和剩余劳动时间。在必要劳动时间既定的条件下，工作日越长，剩余劳动时间就越长，资本家从工人身上榨取的剩余价值就越多，从而剩余价值率也就越高。在资本主义发展的早期，资本家总是力图通过延长工人的工作时间来榨取更多的剩余价值。此外，资本家还用提高工人劳动强度的方法来榨取剩余价值。提高劳动强度，意味着工人在同样的工作日时间内支出了更多的劳动量，实际上等于延长了工作日。这是一种隐蔽的延长工作日时间的形式。

工作日的最低界限不能少于或等于必要劳动时间。若没有剩余劳动时间去生产剩余价值，资本主义生产就不复存在。因此，工人的工作日时间必须多于必要劳动时间。工作日的最高界限受这两个因素制约：一是劳动时间的生理界限，工人每天必须有一部分时间用于休息、吃饭等，以便恢复体力；二是道德的界限，工人在一天内总需要一定的时间用于家务活动、社会活动以及文化生活（这种需要的范围和数量取决于社会的经济和文化发展水平）。在这两个因素的制约下，工作日的现实长度取决于无产阶级和资产阶级的力量对比。在资本主义的历史上，这是无产阶级与资产阶级斗争的重要方面。

在资本主义发展的早期阶段，由于工人阶级还没有成为一种自觉的政治力量，资本家凭借饥饿和法律的强制，将工作日延长到现代人难以想象的地步。例如，在 17 世纪和 18 世纪直至 19 世纪的英国，工作日长达 14 小时～16 小时，甚至 18 小时。在半殖民地、半封建的旧中国，在某些行业，工作日甚至长达 20 小时。在这种情况下，连起码的生理和道德界限都被突破了，工人的身心受到严重摧残。从 19 世纪初开始，各国工人阶级为争取缩短工作日进行了不屈不挠的斗争。1889 年，在巴黎召开的国际社会主义工人代表大会提出了实行 8 小时工作制的号召。但直到第一次世界大战以后，在工人阶级斗争的强大压力下，西方资本主义国家才被迫实行 8 小时工作制。第二次世界大战以后，由于工人阶级政治力量的进一步增强，同时也由于新的科技革命使劳动生产率空前提高，西方资本主义国家的工作日进一步缩短。但是，不论工作日的绝对长度是多少，工作日仍然由必要劳动时间和剩余劳动时间两个部分组成，因为只有在为资本家提供剩余劳动的条件下，工人才有工作的权利。

二、相对剩余价值生产

绝对延长工作日时间生产剩余价值的方法，受到工作日长度的限制，又容易引起工人阶级的反抗，不能满足资本家追求更多剩余价值的贪欲。于是，资本家为了在工作日既定的条件下提高剥削程度，就需要改变工作日中必要劳动时间和剩余劳动时间的比例，缩短必要劳动时间以延长剩余劳动时间。这种在工作日长度不变的条件下，资本家通过缩短必要劳动时间相应延长剩余劳动时间的剩余价值生产方法，就叫相对剩余价值生产方法。

为什么缩短必要劳动时间就能够生产相对剩余价值呢？因为，在工作日时间一定的条件下，必要劳动时间的缩短意味着剩余劳动时间的增多，等于延长了剩余劳动时间，因而能生产出更多的剩余价值。例如，假定工作日 10 小时不变，当必要劳动时间是 5 小时，剩余劳动时间是 5 小时，则 $m'=5/5=100\%$；当必要劳动时间缩短到 4 小时，剩余劳动时间就延长到 6 小时，则 $m=6/4=150\%$。

怎样才能缩短必要劳动时间呢？我们知道，必要劳动时间是再生产劳动力价值的时间。要缩短必要劳动时间就要降低劳动力的价值。劳动力价值由维持工人及其家属生活所必需的生活资料的价值所构成，这些生活资料价值和生产它的劳动生产率成反比。要降低生活资料价值就必须提高这些生产部门的劳动生产率。同时，生活资料的价值中包括生产资料转移的价值，这些生产资料部门的劳动生产率提高了，也会降低生活资料的价值。因此，相对剩余价值的生产是由于社会劳动生产率的提高，降低了劳动力的价值，从而缩短了必要劳动时间，相应延长了剩余劳动时间的结果。

在现实的经济运行过程中，劳动生产率的提高总是从单个企业开始的。单个企业提高劳动生产率不能产生出相对剩余价值，只能产生超额剩余价值。因为商品价值决定于生产商品的社会必要劳动时间，而不是决定于个别劳动时间。所以，单个企业劳动生产率的提高不能使生活资料价值降低，不能使社会必要劳动时间缩短，从而不能产生相对剩余价值。但单个企业提高了劳动生产率，它生产商品的个别劳动时间低于社会必要劳动时间，个别价值低于社会价值，因而就会产生出超额剩余价值。所谓超额剩余价值，是指企业由于提高劳动生产率而使商品个别价值低于社会价值的差额。超额剩余价值的源泉也是工人的剩余劳动。它的产生不是由于商品的价格高于价值，而是由于工人在同样的劳动时间中创造了更多的价值。

个别或少数资本家获得超额剩余价值只是一种暂时的现象。为了追求超额剩余价值，资本家之间进行着激烈的竞争。因此，少数企业不可能长期垄断先进生产条件，其他企业也会竞相采用新技术。当先进技术得到普及后，部门的平均劳动生产率将会提高，此时生产商品的社会必要劳动时间降低，商品价值相应下降。原来的先进生产条件转化为一般的生产条件，社会价值和个别价值的差额将不复存在，从而超额剩余价值也就消失了。超额剩余价值在个别资本家那里消失，整个资本家阶级却普遍获得了相对剩余价值。当生活资料以及有关的生产部门的劳动生产率提高以后，引起了劳动力价值下降。于是，工人的必要劳动时间便缩短，剩余劳动时间则相应地延长。可见，追求超额剩余价值是各单个资本主义企业改进生产技术、提高劳动生产率的直接动机，而各个资本主义企业追求超额剩余价值的结果，却是相对剩余价值的形成。

绝对剩余价值生产和相对剩余价值生产作为资本家提高剥削程度的两种基本方法，既有联系又有区别。

从资本家对雇佣劳动的剥削来看，这两种方法是一致的。无论是绝对剩余价值还是相对剩余价值的生产，都是延长了工人的剩余劳动时间，增加了资本家无偿占有的剩余价值量。但绝对剩余价值生产是资本主义剥削的一般基础，也是相对剩余价值生产的起点。资本主义剥削无论在什么时候都必须将工人的劳动时间绝对地延长到必要劳动时间以上，否则就不可能生产剩余价值。而相对剩余价值的生产，则是以工作日已经分为必要劳动时间和剩余劳动时间为基础的，由此来进一步缩短必要劳动时间，相应地延长剩余劳动时间。

两种提高剥削程度的方法在资本主义发展的不同阶段上起着不同的作用。在资本主义生产的初期，由于生产工具没有重大变化，生产力发展比较缓慢，绝对剩余价值生产是资本主义加重剥削的主要方法。随着资本主义的发展，科学技术在生产中广泛应用，生产力有了突飞猛进的发展，从而相对剩余价值生产的作用就日益突出了。当然，这两种方法不

是互相排斥的，资本家总是尽可能地同时并用，以便从工人身上榨取更多的剩余价值。

三、剩余价值规律是资本主义的基本规律

在一个社会经济形态的经济规律体系中起主导作用的经济规律，就是基本经济规律。资本主义的基本经济规律就是剩余价值规律，它的内容是：资本主义的生产目的和动机是追求尽可能多的剩余价值，达到这一目的的手段是不断扩大和加强对雇佣劳动的剥削。

剩余价值规律决定着资本主义生产的实质。资本主义生产的实质就是增值资本的价值或者说生产剩余价值。资本家从事一切生产经营活动的决定性动机，就是为了获取尽可能多的剩余价值。资本主义企业生产什么、生产多少和如何生产，都是以能不能获得剩余价值以及取得多少剩余价值为转移的。在资本主义生产方式中，只有生产剩余价值的劳动才是生产劳动。劳动者只是生产剩余价值的工具。他们的个人消费，只有在保证生产剩余价值的限度内，才是资本主义所需要的。对剩余价值的追求是资本主义生产发展的动力。

剩余价值规律决定着资本主义生产发展的一切主要方面和主要过程。资本主义的生产、流通、分配和消费等主要方面和主要过程，都是以获取剩余价值为出发点和归宿点的。资本主义生产过程是剩余价值的创造过程；资本主义的流通过程是剩余价值生产的准备过程和剩余价值的实现过程；资本主义的分配过程实质上是分割剩余价值的过程；资本家的个人消费是消费无偿占有的剩余价值；雇佣工人的个人消费是劳动力的再生产过程，它是资本家剥削工人剩余劳动的必要条件。

剩余价值规律还决定了资本主义生产方式的发展及其历史趋势。资产阶级为了追求剩余价值，总要设法进行技术创新，不断扩大生产规模和销售市场，从而推动了资本主义经济的发展。同时，正是由于资产阶级为了追求剩余价值，不断扩大和加强对工人阶级和其他劳动群众的剥削，从而不断激化和深化资本主义社会的生产力与生产关系的矛盾，而这种矛盾的发展决定了资本主义生产方式最终必然为更适应生产力发展要求的新的生产方式所代替。

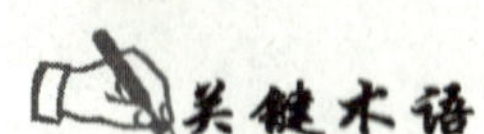

劳动过程	价值形成过程	价值增值过程
不变资本	可变资本	剩余价值
剩余价值率	绝对剩余价值生产	相对剩余价值生产
超额剩余价值	剩余价值规律	

思考题

1. 为什么说资本主义生产过程是劳动过程与价值增值过程的统一？
2. 划分不变资本与可变资本的依据是什么？这种划分有何意义？
3. 什么是超额剩余价值？它与相对剩余价值有何关系？
4. 绝对剩余价值与相对剩余价值的关系如何？

第七章

资本主义的分配

重点问题

工资的本质与形式
利润转化为平均利润，价值转化为生产价格
商业利润、利息与地租

马克思主义的政治经济学认为，所谓的分配关系，是同生产过程历史规定的特殊社会形式以及人们在生产过程中所处的相互关系相适应的，并且是由这些形式和关系产生的。资本主义经济关系是以雇佣劳动与资本关系为轴心的，这一经济关系在分配中表现为劳动力价值和剩余价值，它们又进一步转化为工资和利润。本章将以工资和利润为基础分析资本主义分配关系。

第一节　资本主义制度下的工资

一、工资的本质

在资本主义社会，从现象上看，雇佣工人在资本家的工厂里劳动一天，资本家付给一天的工资；劳动一个月，付给一个月的工资；或者按照生产的合格产品件数付给工资。这样，就给人们造成一种假象，好像工人出卖给资本家的是劳动，而不是劳动力，工人的全部劳动都得到了报酬。然而，这只是一种假象。

其实，劳动力和劳动是两个不同的概念。在资本家同工人的买卖关系中，工人出卖的是劳动力，而不是劳动，能成为商品的只是劳动力，劳动根本不能成为商品。这是因为：第一，如果劳动是商品，它就应该同其他商品一样，也具有价值。但是，按照马克思的劳动价值论，商品的价值就是凝结在商品中的人类劳动。如果说劳动是商品，具有价值，那就等于说劳动的价值是由劳动决定的，这种同义反复不能说明任何问题。第二，如果说劳动是商品，那么它就应该同其他商品一样，在出卖之前就独立存在。但雇佣工人的劳动不能独立存在，劳动要取得存在的形式，就只有和生产资料相结合，而这只有在生产过程中才能实现。但工人和资本家在劳动力市场上发生交换关系时，工人还没有进行劳动，当然也就不能把尚不存在的劳动拿出去出卖。第三，如果劳动是商品，工资是劳动的价值或价格，会导致违反价值规律，或否定资本主义生产关系存在的基础。因为按照等价交换原则，资本家应该支付给工人全部劳动形成的价值。这样一来，资本家就得不到任何剩余价值。没有剩余价值，资本主义生产关系也就失去了存在的基础。如果按照不等价交换原则交换，则又违背了价值规律。第四，如果劳动是商品，就等于说雇佣工人出卖了不属于自己的商品。因为劳动是劳动力的使用，它是在劳动过程开始以后才存在的。但是，当雇佣工人在资本家的工厂里进行劳动时，劳动已经归资本家所有，受资本家支配了，工人也就无权把已经不归自己所有的劳动作为商品出卖了。由此可见，劳动不是商品，它没有价值或价格。

实际上，工人在市场上出卖的不是劳动而是劳动力。劳动力是潜藏在人身体内的劳动能力。劳动是劳动力的使用，劳动力在生产中发挥作用时才是劳动。劳动力的存在以健康人的生存为条件，而劳动的实现则必须以生产资料与劳动力相结合为条件。劳动不是商品，但劳动力在一定历史条件下则可以成为商品，它具有价值和使用价值。工人在出卖劳动力时，同任何商品出卖者一样，实现劳动力商品的价值，同时让渡劳动力的使用价值，即让渡进行生产劳动的能力。由此可见，资本主义工资不是劳动的价值或价格，而是劳动力的价值或价格，但工资在现象上却表现为劳动价值或价格。所以，资本主义工资是劳动力价值或价格的转化形式。劳动力价值与工人的必要劳动相对应，由工人在生产过程中付出的必要劳动凝结而成，其最低限，即最低工资，由生产、发展、维持和延续劳动力所必需的生活资料的价值决定。资本主义工资在现象上表现为劳动的价值或价格，是由资本主义生产关系决定的。从资本和劳动的交换关系看，劳动力的买卖和其他商品的买卖一样，买者付出货币，卖者付出一种和货币不同的商品，人们所注意到的只是商品交换应遵循的对等原则，至于买卖的这个商品是劳动还是劳动力，一般人是不会去深究的。从工资的支付形式来看，资本家通常是在工人劳动以后才支付工资的，这也使得工资被看做是劳动的价值或价格。从工人的立场看，劳动是工人谋取生活资料的手段，所以工人很容易把他出卖劳动力所得的工资看成是劳动所得。从资本家的立场看，他总希望以尽量少的货币换取尽量多的劳动，以便取得利润。实际上，这个利润是劳动力价值和劳动力的使用所创造的价值之间的差额。但是，由于这个差额表现为资本家购买商品和销售商品的差价，因而资本家就把低价购买和高价出卖看做是利润的源泉，把工资说成是劳动的价值或价格。从工资的实际运动来看，一是工人为资本家劳动的时间越长，所得工资也就越多；二是劳动熟练程度不同的工人得到的工资不同，这也容易使人们误认为工资是劳动的价值或价格。由于劳动力的价值或价格转化为工资，表现为劳动的价值或价格，消灭了工作日划分为必要劳动时间和剩余劳动时间、劳动分为有酬劳动和无酬劳动的痕迹，全部劳动表现为必要劳动或有酬劳动，因而掩盖了资本主义的剥削关系。

在资本主义社会，资本家和工人阶级之间经济利益的对立和冲突，最直接地表现在工资问题上。在榨取最大限度剩余价值动机的驱使下，资本家具有将工人工资尽量压低至劳动力价值之下的内在冲动。工人则力图维护自己的“劳动”（实际上是劳动力）的价格，使之至少不低于由必需的生活资料的价值所决定的最低限。围绕工资问题反复重演和升级的劳资冲突，其剧烈程度往往使资本主义社会再生产的基本条件遭到破坏。为了缓和阶级矛盾，西方资本主义国家都逐步实行了最低工资立法，并在此基础上形成了劳资集体谈判制度。劳资集体谈判的内容主要包括：(1) 劳动报酬协议，即在政府制定的强制性最低标准基础上，对工资类别、计时工资标准和职员月薪的数额的谈判；(2) 工资、薪金范围协议，即对工资、薪金级别和每一级别工资、薪金的范围作出规定；(3) 奖励工资；(4) 企业津贴与福利，等等。

关于最低工资，国际劳工组织制定的《1970 年确定最低工资公约》和《1970 年确定最低工资建议书》明确指出，在确定最低工资时应考虑以下因素：(1) 工人及其家庭的需要；(2) 社会总工资水平；(3) 生活费用及其变动情况；(4) 社会保障津贴；(5) 经济方面的因素，包括经济发展需要、保持高就业率的愿望等。除了这些因素外，西方国家在确定最低工资时还要考虑雇主的支付能力。确定最低工资的通行方法有“比重法”和“恩格尔系数法”。比重法是根据居民家庭调查资料，确定一定比例的最低人均收入户为贫困户，统计出其人均费用支出水平，乘上每一就业者的赡养系数，再加以调整。恩格尔系数法是根据营养专家或专门委员会提供的年度标准食谱及食物摄取量和食物市场价格，计算出最低食物支出标准，除以恩格尔系数，得出最低费用标准，再乘以每一就业者的赡养系数，然后加以调整。例如，某城镇最低收入组人均每月生活费支出为 100 美元，每一就业者赡养系数为 2，最低食物费用为 60 美元，恩格尔系数为 0.6，平均工资为 400 美元/人。按比重法计算，得出该城镇的最低标准工资为 100×2=200 美元，再加上一个调整数；按恩格尔系数法计算，该城镇的最低工资标准为 60/0.6×2=200 美元，再加上一个调整数。一般来讲，世界上多数国家最低工资相当于社会平均工资的 40%～60%。

二、工资的基本形式

资本主义工资的形式多种多样，但它的基本形式不外两种，即计时工资和计件工资。计时工资是按一定的劳动时间来支付的工资，其实质是劳动力的月价值、周价值、日价值的转化形式。实行计时工资制对资本家十分有利。资本家可以根据自己的实际需要和经营状况，时而延长工作日时而减少工作日；并可以在不降低工资额，甚至在提高工资额的情况下，采取延长劳动时间和提高劳动强度的办法来变相压低工人的计时工资，降低劳动的价格。计时工资目前是资本主义工资的主要形式。

计件工资则是按工人完成的产品数量或完成的工作量来支付的工资，它是计时工资的转化形式。因为计件工资的制定是以计时工资为基础的，资本家是用日工资除以每个工作日的产量定额的办法，来确定每件产品的工资单价的。资本家往往根据劳动力较强、技术较熟练的工人的日产量来制定标准的日产量定额。在实行计件工资的情况下，按产品数量支付工资造成了一种假象，即工人出卖的不是劳动力，而是劳动，并且是物化的劳动。此外，在实行计件工资的条件下，工人劳动的质量、数量以及强度是由产品来控制的，这使资本家节约了监督工人劳动的费用。随着生产自动化的发展，劳动强度和劳动质量受到流水线等自动机器的控制，多数生产部门已不再采用计件工资。

随着科学技术的进步和资本主义的发展，在上述两种基本工资形式的基础上，出现了血汗工资制度。这种工资制度的特点，是通过科学的“操作研究”，将工人的劳动强度提高到极限，以强化对工人的剥削。福特制和泰罗制是这种工资制度的典型代表。据泰罗自己说，在这种工资制度下，工人工资虽然较原来增加了63%，但劳动强度却提高了270%，工人减少了2/3，资本家的支出则减少了一半。福特制是由美国汽车大王亨利·福特首先在自己的工厂中推行的。这种制度是以自动化生产线为技术条件的。它通过提高流水线的运转速度，来提高和控制工人的劳动强度。血汗工资制度说明，在资本主义社会，科学技术的进步意味着榨取工人血汗的艺术的进步。

三、工资的数量变动趋势

在研究了资本主义工资的本质和形式之后，我们要进一步考察工资的数量变化规律。为此，需要引入名义工资和实际工资这两个概念。

名义工资即货币工资，是指工人出卖劳动力所得到的货币数量，实际工资是指工人用货币工资实际买到的各类生活资料和服务的数量。名义工资和实际工资有着密切的联系，在其他条件不变的情况下，两者的变动是一致的，即名义工资越高，实际工资也就越高，反之亦然。但两者也常常不一致，即名义工资虽然不变甚至提高，实际工资却可能降低。这是因为，实际工资的多少不仅取决于名义工资的高低，而且还取决于物价的高低。如果名义工资不变，物价水平上涨，或者名义工资的增长速度赶不上物价的上涨速度，实际工资就会降低。名义工资和实际工资都是表示工资绝对数量的概念。

资本主义工资的变动趋势具有以下特征：第一，名义工资一般呈增加趋势。因为，货币工资是劳动力价值的货币表现，而资本主义国家的货币由于存在通货膨胀而不断贬值，致使物价不断上涨，从而使名义工资不能不有所增加。第二，从资本主义发展的历史过程来看，实际工资有时降低有时提高。在经济危机和战争时期，实际工资是下降的；在经济高涨时期，则有所提高。第二次世界大战以后的一段时间内，工人的实际工资确有增加。随着社会劳动生产率的迅速提高，工人在相同时间内创造的财富增多，货币工资所能买到的各种生活资料和服务的数量和种类增多；同时，随着技术进步的加快，劳动者的培训费用大大增加；再加上工人阶级的长期斗争使得社会保险和社会福利增加……这些因素导致西方国家工人的实际工资在战后的所谓“黄金时期”呈提高趋势。但是，实际工资的提高并不意味着工人受剥削的程度减轻了。在劳动生产率的提高比实际工资提高更快的条件下，工人所创造的财富有更大的部分被资本家所无偿占有，这意味着剩余价值率的提高和剥削程度的加重。在工人创造的新价值中，即在国民收入中，资本家利润所占比重越来越大，实际工资呈下降趋势。例如，在美国工人实际工资水平较高的20世纪70年代初期，制造业工人的工资占制造业国民收入的比重，1947年为50%，1970年为42.8%，1975年为41.8%。同时，一段时间内实际工资上升的趋势，随着危机的爆发又会为实际工资下降的相反趋势所代替。

第二次世界大战后美国工人实际工资变动状况

在战后的“黄金时期”，美国工人的生活水平是稳步提高的，1948—1966年，美国生产性非监督工人（大约占全部雇员的80%）的平均每周实际工资年平均增长1.8%。1966—1973年，美国工人的平均每周实际工资的增长速度减少到了1%。

1973年以后，美国工人的实际工资水平出现了长期的、持续的下降，1973—1990年，美国工人的平均每周实际工资年平均减少1.1%，到1990年比历史上最高的1972年减少了17.7%。1990年以后，美国工人的实际工资继续下降，直到1995年以后才略有恢复，但是到1998年仍然比1972年少15%。在经济繁荣的1998年，美国工人的平均每周实际工资仅相当于1961年的水平。1980年，美国最富的1/4人口的平均收入是最穷的1/4人口的6.3倍。到1992年，这个差距扩大到了8倍。从1970年到1995年，60%的美国家庭的实际收入几乎没有增长。由于实际工资下降，要维持一定的收入，必须有更多的家庭成员挣取工资或者每个家庭成员必须工作更长的时间。一个中等收入的美国家庭要在1995年维持其1970年的实际收入，每周必须多工作7个小时。美国劳动人民的生活水平像这样长期地、持续地下降，这是工业革命以来从来没有过的现象，其后果是十分严重的。社会不平等的增加并没有如西方主流经济学家所预计的那样带来更快的增长和更高的效率，除了挫伤广大劳动人民的积极性以外，它还导致贫困人口增长、社会治安恶化、种族关系紧张和激化各种社会矛盾，从而提高了社会维持现有秩序的成本，进一步浪费社会的资源和生产力。

第二节　平均利润和生产价格

一、剩余价值转化为利润

资本主义企业生产的商品的价值（W）包括三个部分：不变资本的价值（c）、可变资本的价值（v）和剩余价值（m）。用公式表示就是：$W=c+v+m$。这是按劳动耗费计算的生产商品的实际耗费，即它包括物化劳动耗费 c 和活劳动耗费 $v+m$ 两个部分。但是，商品生产中实际耗费的劳动量，同资本家在生产商品时所耗费的费用是两个完全不同的量。对于资本家来说，生产商品所耗费的只是他的资本价值 $c+v$，剩余价值 m 是资本家无偿获得的。因此，$c+v$ 构成商品的生产成本或成本价格，用 K 表示。由于商品价值中的 $c+v$ 转化为成本价格，商品价值就等于成本价格与剩余价值之和，用公式表示为：$W=K+m$。显然，成本价格小于商品的价值，两者之间的差额为剩余价值。

成本价格这一范畴抹杀了不变资本和可变资本之间的区别，掩盖了它们在价值增值过程中的不同作用。剩余价值的源泉是可变资本，但当不变资本和可变资本被归结为成本价格这一范畴时，剩余价值就被看做商品价值在成本以上的增加额，即资本家所费资本的产物。不仅如此，对资本家来说，剩余价值不仅是作为成本所消耗资本的一个增加额，而且是资本家全部预付资本的一个增加额。因为预付资本中未被消耗的那部分不变资本虽然不构成成本，但同样参加了商品生产过程，同样也是剩余价值生产不可缺少的物质因素，因而也被看做是剩余价值的源泉。当不把剩余价值看做是雇佣工人剩余劳动的产物，而是把它看做是全部预付资本的产物或增加额时，剩余价值便转化为利润。这样，商品价值就等于成本价格加利润。如果用 p 表示利润，则商品价值的公式就从 $W=c+v+m=K+m$，进一步变为 $W=K+p$。利润本质上就是剩余价值，但在现象上表现为全部预付资本的产物，因此，剩余价值转化为利润也掩盖了资本主义的剥削关系。

剩余价值与全部预付资本的比率叫利润率。利润率是剩余价值率的转化形式，是同一剩余价值量用不同的方法计算出来的另一种比率。剩余价值率是剩余价值与可变资本的比率，而利润率则是剩余价值与全部预付资本的比率。用 p'代表利润率，C代表全部预付资本，利润率 $p'=m/C$。剩余价值率与利润率是两个完全不同的范畴，剩余价值率揭示的是资本家对工人的剥削程度，而利润率表示全部预付资本的增值程度。由于全部预付资本总是大于可变资本，因此利润率在量上也总是小于剩余价值率，它掩盖了资本家对雇佣工人的剥削程度。

资本主义生产的目的就是以最小的预付资本取得最大限度的利润。如果资本量一定，利润的大小就取决于利润率的高低。影响利润率变动的因素主要有以下几个：（1）剩余价值率。在预付资本量和资本有机构成不变的条件下，利润率与剩余价值率成正比例变化。剩余价值率越高，利润率就越高。（2）资本的有机构成，即不变资本与可变资本的比例（$c:v$）。在剩余价值率和劳动力价值不变的条件下，利润率与资本有机构成成反比例变化。资本有机构成越低，同量资本所使用的劳动力越多，创造的剩余价值也就越多，从而利润率也就越高。（3）资本周转速度。在其他条件不变时，在一年中资本周转的次数越多，其中可变资本周转次数也就越多，同量资本所带来的剩余价值量就越大，这就会提高资本的年剩余价值率，从而提高它的年利润率。（4）不变资本的节省状况。在剩余价值率和剩余价值量不变的情况下，利润率的高低和不变资本的节省成正比例变化。不变资本越节省，预付资本也就越少，同量的剩余价值与较少量的预付资本相比，利润率就越高。因此，资本家总是不惜牺牲劳动者的健康来节省劳动条件的开支，借以节省不变资本，提高利润率。

二、利润转化为平均利润

从影响利润率的各种因素来考察各个生产部门的利润率，可以认为，在不同的生产部门中，如果剩余价值率相同，由于资本有机构成和资本周转速度不同，应是利润率高低不同。那些资本有机构成低或资本周转速度快的生产部门，利润率比较高，反之则较低。即同量资本由于投入在不同的生产部门而有不同的利润率，获得数量不等的利润。在资本主义发展的早期阶段，不同部门的利润率高低差别确实存在。但是随着资本主义生产发展到较高阶段，出现了这样的趋势：等量资本获取等量利润。在现实经济中，各部门的资本家，无论从事哪一种商品生产，都能够大体上获得与他们的资本量相应比例的利润，即同量资本应获得同量利润。于是，我们遇到了似乎互相矛盾的现象：一方面，商品如果按照价值出卖，各部门便会有高低不同的利润率；另一方面，各部门的利润率如果是平均的，商品则不应该按照价值出卖。要解决这一矛盾，就要在劳动价值论的基础上来说明平均利润是如何形成的。平均利润的形成是部门之间竞争的结果。投资于不同生产部门的资本家为了获得更高的利润率，相互之间必然展开激烈的竞争。比如甲、乙两个部门，甲部门利润率高，乙部门利润率低。乙部门的资本家不甘心获得较低的利润率，就要同甲部门的资本家展开竞争。这种竞争是围绕争得有利的投资场所而展开的。竞争的手段是进行资本转移，即把资本从利润率低的部门撤出，转移到利润率高的部门。这样，原先利润率高的部门由于大量资本的涌入，商品供过于求，价格就会下降，利润率也就相应下降；而原先利润率低的部门由于大量资本撤出，会发生相反的变化。不同生产部门之间这种以资本转移为特点的竞争引起供求关系的变化，导致价值和价格偏离。上述资本转移的过程以及由此而来的价格和利润率的变动要一直到两个部门的利润率大体平均的时候才暂时停止下来。这样，便形成了平均利润。

由此可见，平均利润是不同部门的资本家通过竞争重新瓜分剩余价值的结果。平均利润率实质上也就是把社会总资本作为一个整体看待时所得到的利润率，可用公式表示为：

平均利润率＝剩余价值总额/社会总资本

在利润率平均化的条件下，各部门的资本家便可以根据平均利润率获得与其投资量大小相适应的平均利润，即：

平均利润＝预付资本×平均利润率

平均利润率的高低取决于两个因素：第一，各部门的利润率水平。如果各个部门的利润率水平比较高，则平均利润率也比较高；反之则比较低。第二，社会总资本在各部门之间的分配，即投在各部门的资本在社会总资本中所占比重的大小。如果投入利润率高的部门的资本在社会总资本中所占的比重大，平均利润率水平就较高；反之则较低。总之平均利润率的形成不是各个部门利润率的简单的和绝对的平均，而是一种利润率平均化的总的趋势，平均利润率规律是资本主义的客观经济规律。随着社会生产力的发展，社会资本平均有机构成也会提高，因而平均利润率会趋于下降。

平均利润的形成过程，实际上是全社会的剩余价值在各部门的资本家之间重新分配的过程。由于平均利润率的形成，各部门资本家所得到的利润量和该部门所生产的剩余价值量就不一定相等。按资本有机构成高于、等于、低于社会平均资本有机构成和资本周转慢于、等于、快于社会平均资本周转速度的情况，这些部门所获得的利润会高于、等于、低于本部门所创造的剩余价值。从整个社会来看，利润总量和剩余价值总量是完全相等的。

剩余价值转化为利润，已经掩盖了剩余价值的真正来源，但利润量与剩余价值量还是一致的。而在利润转化为平均利润后，许多部门的利润量与剩余价值量就不一致了。等量资本获取等量利润，似乎利润的多少只和资本量有关，这就完全掩盖了利润的本质和来源。

三、价值转化为生产价格

在平均利润形成以前，商品按照价值出卖。随着利润转化为平均利润，商品的价值就转化为生产价格，即商品不再是按照成本价格加剩余价值的价值出售，而是按照生产成本加平均利润的价格来出售了。这种由商品的成本价格（K）和平均利润（p）构成的价格就是生产价格，用公式表示为：

生产价格＝$K+p$

生产价格的形成是以平均利润率的形成为前提的。利润转化为平均利润，商品价值便转化为生产价格。生产价格和价值之间存在一定的差额。在质的方面，生产价格只是同资本相联系，同活劳动没有联系。因为从生产价格的构成来看，生产成本是由耗费的资本构成的，平均利润也是按预付资本的比例分得的利润，所以它只是同耗费的资本和预付资本相联系。在量的方面，生产价格和价值经常不一致。举例说明如表 7—1 所示。

表 7—1

生产部门	资本	剩余价值	平均利润	价值	生产价格	生产价格与价值之差
食品工业	$70c+30v$	30	20	130	120	−10
纺织工业	$80c+20v$	20	20	120	120	0
机器制造业	$90c+10v$	10	20	110	120	+10
合计	$240c+60v$	60	60	360	360	0

资本有机构成高的部门，如表 7—1 中的机器制造业，其产品的生产价格高于价值。资本有机构成低的部门，如食品工业，其产品的生产价格低于价值。只有资本有机构成相当于社会平均资本有机构成的部门，如纺织工业，其产品的生产价格正好同价值相等。

生产价格是价值的转化形式。商品按照生产价格出售，绝不是对价值规律的违背，而只是价值规律起作用的形式发生了变化。因为，第一，虽然从个别部门来看，资本家阶级获得的平均利润总额与本部门工人创造的剩余价值不一致，但从全社会来看，整个资本家阶级获得的利润总额与工人阶级所创造的剩余价值总额还是相等的。第二，从个别部门来看，商品的生产价格同价值不一致，但从全社会来看，商品的生产价格总额也必然和价值总额相等。第三，生产价格随着商品价值的变动而变动，生产商品的社会必要劳动时间减少了，生产价格就会降低；反之，生产价格就会提高。

生产价格形成以前，价值规律作用的形式是市场价格围绕价值上下波动。生产价格形成以后，生产价格成为商品交换的基础，市场价格这时已不再以价值为中心，而是以生产价格为中心上下波动。价值规律作用形式的这种变化，是由于受到平均利润率规律的影响。在资本主义以前的简单商品经济中，商品按价值出卖，对小商品生产者来说符合等量劳动相交换的原则。但在资本主义社会，按照平均利润率规律的要求，商品不是按价值出售，而是按生产成本加平均利润出售。这作为一种客观的必然趋势，使生产价格成为商品交换的基础。生产价格不是市场价格，它是一种相对稳定的，具有内在标准的价格。市场价格以它为中心，受供求关系的影响而波动，所以，价值规律现在不是直接通过价值，而是通过生产价格起作用。但这并没有否定价值规律，不过是价值规律作用形式的变化。

以上分析告诉我们，等量资本获得等量利润，是剩余价值在各生产部门资本家之间重新分配的结果。在利润的分配过程中，整个资本主义经济恰如一个庞大的股份公司，所有的资本家都是这个公司的股东，各个部门所创造的剩余价值汇集在一起，按照各自所占股份分配利润。所以，在资本主义社会中，工人不仅受本部门资本家的剥削，而且还受整个资本家阶级的剥削。

第三节　商业利润、利息和地租

一、商业资本和商业利润

在资本主义初期，由于企业规模不大，市场范围比较小，一般由产业资本家独立完成生产和销售的职能。随着生产的发展和市场的扩大，产业资本家用于商品销售的流通资本日益增大。由于流通资本是对原有或追加生产资本的一种扣除，流通资本在产业资本中所占比重的提高，就意味着预付资本的利润率降低；如果仍然自产自销，必然影响市场的发展和剩余价值的增加。因此，客观上要求把商品资本的职能交由专门的资本家去完成，商品资本的职能从产业资本中独立出来成为必要。

商品资本的职能从产业资本中独立出来后就形成了资本主义的商业资本。所谓商业资本，就是从产业资本中分离出来专门从事商品买卖的、以获取商业利润为目的的资本。它是处于流通领域的商品资本的转化形式。商业资本的职能就是在流通领域中专门从事买卖商品的活动，完成商品资本到货币资本的转化职能，也就是专门从事商品销售、实现剩余价值的职能。商业资本的产生有利于缩短流通时间，节约流通费用，减少流通中资本的数量，扩大直接用于生产的那部分资本，从而有助于增加剩余价值的生产，提高利润率。

商业资本家投资于商品经营，其目的也是为了获取利润，而且他们获得的利润不能低于平均利润，否则商业部门中的资本就会转移到生产部门。商业资本在流通领域中活动，从事商品的买卖，是不会创造价值和剩余价值的，因为价值和剩余价值都只能在生产领域才能产生。但是，商业资本又取得了利润，那么商业利润从何而来？从现象上看，商业利润似乎产生于流通领域的贱买贵卖，实际不然。流通领域发生的只是价值形式的变化，并不能产生价值的增值。因此，商业利润仍然是生产领域中产业工人创造的剩余价值的一部分，是由产业资本家转让给商业资本家的。由于商业资本家投资于商业，替产业资本家销售商品，实现剩余价值，产业资本家就不能像自己经营商品时那样独自占有全部剩余价值，而必须把剩余价值的一部分以商业利润的形式转让给商业资本家。产业资本家按照低于生产价格的价格把商品让渡给商业资本家，然后商业资本家再按照生产价格把商品卖给消费者。这种售价大于买价之差，就是商业资本家所获得的商业利润。

商业利润的确定受平均利润率的支配。如果商业利润率低于平均利润率，那么商业资本家就会把商业资本转移到产业部门中去；同样，商业资本的利润率也不能高于产业资本的利润率，否则产业资本家的资本也会转移到商业部门。商业部门与产业部门之间的竞争和资本转移，使商业利润率和产业利润率趋于平均化，形成社会资本统一的平均利润率。例如，假定社会预付的产业资本是$720c+180v=900$，剩余价值率为100%，一年内生产的商品总价值则为$720c+180v+180m=1\,080$（假定不变资本的价值全部转移），利润率是20%。为了销售商品，流通领域内还必须垫支一定量资本。假定是由商业资本垫支100，这时社会总资本就不是900，而是1 000了。现在，180的剩余价值必须在1 000的社会总资本之间平均分配，平均利润率就变为18%。按照这个平均利润率，产业利润$=900\times18\%=162$，商业利润$=100\times18\%=18$。在这种情况下，产业资本家就不是按照生产价格将商品卖给商业资本家，而是按生产成本加产业利润的价格，即$900+162=1\,062$的价格把商品卖给商业资本家。商业资本家再加上商业利润，按照$1\,062+18=1\,080$的价格，即按照生产价格把商品卖给消费者，从而获得产业资本家让渡给他的那部分剩余价值。商业资本参加了剩余价值的分配以后，平均利润率的公式变为：

$$平均利润率=社会剩余价值总额/(产业资本总额+商业资本总额)$$

商业资本家从事商品经营，除了垫支一定数量的资本购买商品外，还要支付一定的流通费用，就是商品流通过程中所支出的各种费用。它可以分为两类：一类是生产性流通费用，如商品的分类、包装、保管和运输支出的费用。这类活动是生产过程在流通领域的继续，所花费的劳动是生产性劳动，所以会创造价值和剩余价值。随着商品的售卖、价值和剩余价值的实现，这部分支出就会从商品价值中得到补偿，并可获得平均利润。另一类是纯粹流通费用，如用于商业簿记、邮资、通讯、广告及商业职工的工资等的费用。这类费用是商品的价值形式变化所发生的费用，它与使用价值的运动无关，纯属非生产性开支，所花费的劳动是非生产性劳动，因此，它不产生价值和剩余价值。对它的补偿，从现象上看，是通过对商品售卖价格的加价来补偿的；从源泉上看，是通过对价值或剩余价值的扣除而得到补偿。

商业职工从事单纯商品买卖的劳动，是一种不创造价值和剩余价值的非生产性劳动。但通过他们的劳动，商品的价值和剩余价值得以实现，使商业资本家得以占有产业资本家让渡给他们的剩余价值。商业职工的全部劳动时间也分为必要劳动时间和剩余劳动时间。在必要劳动时间内实现的剩余价值，用以补偿资本家支付给他们的工资；在剩余劳动时间里实现的剩余价值，成为商业资本家获得的商业利润。

二、借贷资本和利息

在资本主义社会，除了产业资本、商业资本以外，还有借贷资本。借贷资本就是为了取得利息而暂时借给另一个资本家使用的货币资本。

借贷资本的形成和产业资本的循环过程有着直接的联系。在产业资本的循环过程中，必然形成大量的暂时闲置的货币资本。它包括未到更新期的固定资产折旧费、卖出商品换回货币后不立即购买而暂时闲置的货币资本和用于积累但尚未进行投资的剩余价值。在社会资本运动过程中出现大量暂时闲置的货币资本的同时，社会上也有一部分资本家因手中的货币资本不足而急需补充。例如，有的资本家为了维持其资本运动的连续性，在卖掉商品之前急需货币资本购买生产要素；有的企业固定资本未折旧完毕需要提前更新；有的企业需要追加资本而自己积累不足等等。持有闲置货币资本的资本家贷款给急需货币资本的资本家使用，于是就在资本家之间形成借贷关系。这样，闲置的货币资本便转化为借贷资本。

借贷资本的借贷对象主要是职能资本家，即产业资本家和商业资本家。职能资本家借款的目的，是把借入的货币当做资本来使用，以获取利润；借贷资本家贷款的目的是获取利息。因此，借贷资本是在职能资本运动的基础上产生并为职能资本家服务的。借贷资本从属于职能资本，归根到底是从职能资本循环中独立出来的一种特殊资本形式。

借贷资本的出现使资本取得了双重的存在，即发生了资本所有权和资本使用权的分离。在资本主义社会中，货币资本除了作为货币所具有的使用价值外，还具有作为资本的执行职能的功能，也就是生产剩余价值或利润的职能。与此相适应，职能资本家使用借贷资本所获得的平均利润也相应地分割成为两部分：一部分作为对借贷资本家出让资本使用权的报酬，采取了利息的形式；另一部分归职能资本家所有，采取了企业利润的形式。由于平均利润是剩余价值的转化形式，因此借贷利息实质上是产业工人创造的、由职能资本家让渡给借贷资本家的一部分剩余价值的特殊转化形式。它体现了借贷资本家和职能资本家瓜分剩余价值的关系。

利息率就是一定时期内的利息量和借贷资本量之间的比率。在一般情况下，利息率低于平均利润率，否则，职能资本家就会因得不到任何利益而不会借款；利息率也不能等于零，否则就没有人愿意贷出货币资本。因此，利息率的高低就取决于资本市场上借贷资本的供求关系。供给大于需求，利息率就下降；反之，利息率就上涨。当借贷资本的供求平衡时，利息率就只能由社会的习惯和法律等因素决定。

货币资本的借贷主要是通过银行来进行的。银行是经营货币资本、充当债权人与债务人借贷关系中介的资本主义企业。银行为了经营货币资本，必须有自己的资本。银行资本由两部分构成：一部分是自有资本，即银行资本家自己垫付的资本，这只占银行资本的很小部分；另一部分是借入资本，即银行吸收进来的各种存款，这构成银行的主要营业资本。资本家投资于银行和投资于工商业一样，目的都是为了获得利润。银行利润的来源是存款利息和贷款利息之间的差额。银行贷款利息一般都高于存款利息，两者之间的差额减去经营银行业务的费用，就构成银行自有资本的利润，即银行利润。由于在银行资本家和工商业资本家之间存在着竞争和资本的自由转移，银行获得的利润也相当于平均利润。银行利润同样也是产业工人在生产领域创造的剩余价值的一部分。银行资本家通过贷款给产业资本家，间接地参加了对剩余价值的瓜分。银行资本家要以银行利润的形式瓜分到一部分剩余价值，必须依靠银行雇员的劳动。银行雇员的劳动虽然不创造价值和剩余价值，但也分为必要劳动和剩余劳动两部分，银行资本家对后一部分劳动是不支付代价的。

资本主义信用是借贷资本的运动形式。资本主义信用有两种：商业信用和银行信用。商业信用是指职能资本家之间以赊账方式买卖商品而发生的信用；银行信用是指银行以贷款的方式向职能资本家提供的信用。信用，尤其是银行信用在资本主义经济中的作用具有两重性。一方面，信用促进了资本主义经济的发展。这表现在：(1) 信用促进了利润率的平均化。利润率的平均化以资本在各部门的自由转移为条件，而资本的自由转移又以职能资本家能够获得大量流动性较大的货币资本为条件。信用的发展满足了这个条件，使资本转移能够较容易地实现，从而促进了利润的平均化。(2) 信用能够节省流通费用，缩短流通时间。商品买卖采取赊账方式，就可以加快商品流通，缩短资本周转时间，并节省与商品流通有关的费用。(3) 信用可以促进资本的集中，加速资本的积聚。首先，信用是股份公司发展的前提，而股份公司本身则是资本集中和生产集中的重要形式。其次，大资本利用信用机构的有力支持而加强了竞争能力，从而加速了大资本吞并小资本的集中过程。最后，信用还促进了资本的积聚。因为，通过信用可以把各种闲置资本汇集起来，缩短了单个资本家逐渐积累资本所需要的时间。另一方面，资本主义信用的发展又促进了资本主义基本矛盾的发展和经济危机的爆发。这是因为，信用制度的发展，使资本主义的生产规模可以不受资本家自有资本的限制而不断扩大，促进了生产的社会化；同时，信用还加速了资本的集中和积累，使生产资料和产品日益集中到少数大资本家手里，这就使资本主义社会的内在矛盾进一步尖锐化。与此同时，信用又造成了对商品的虚假需求，加剧了各生产部门之间发展的不平衡性，起了加深资本主义经济危机的作用。

随着资本主义大工业和信用的发展，出现了股份公司。股份公司是许多单个资本通过认购股票来合资经营的企业。股份公司扬弃了个人资本的形式，采取了社会资本，即联合起来的个人资本的形式。股份公司的实质是大资本家利用和支配大量中小资本与居民收入的手段，是加速资本集中的一种形式。股票持有者凭借股权从股份公司的盈利中分得的收入叫股息。股息实质上是雇佣工人创造的剩余价值。股东可以凭借股票领取股息，但不能凭借股票从股份公司中抽回资本。股东可以把股票拿到证券市场上出售。股票本身没有价值，它之所以能以一定的价格在证券市场上出售，是因为持有股票的人每年可根据企业盈利的状况从股份公司取得一笔股息收入，这就和有一笔货币资本存入银行可以取得利息一样。股票价格＝股息/利息率，即在其他条件既定的情况下，股票价格取决于股息和利息率两个因素，它与股息成正比，与银行存款利息率成反比。

三、资本主义地租

在社会生产过程的不同发展阶段，有不同的土地所有制形式，因而有不同的地租形式。地租是土地所有者凭借土地所有权获得的一种非劳动收入。在资本主义制度下，土地是私有的。大土地所有者一般自己不经营农业，而是把土地出租给农业资本家，由农业资本家投资经营。农业雇佣工人创造的剩余价值，一部分以平均利润的形式被农业资本家无偿占有，超过平均利润以上的那部分则以地租的形式被大土地所有者无偿占有。资本主义地租有两种基本形式，即级差地租和绝对地租。

（一）级差地租

土地是农业生产的基本生产资料，但不同地块能够提供的农产品数量是不等的。与土地等级相联系的地租形式就是级差地租，它是农产品的个别生产价格低于社会生产价格的差额。土地的优劣不同是产生级差地租的客观条件。土地有肥瘠之分，有离市场远近之别。同量资本投入生产条件不同的土地，劳动生产率和收益是不相等的。投资于生产条件较差的土地，劳动生产率低，产量少，个别生产价格就高；而投资于生产条件较好的土地，劳动生产率高，产量多，个别生产价格就低。农产品同其他商品一样，只能按社会生产价格出售。因此，投资于生产条件好的地块的农业资本就因其产品的个别生产价格低于社会生产价格而获得超额利润。这个超额利润为农业资本家交纳级差地租提供了条件。

土地的有限性所引起的土地经营的资本主义垄断是级差地租形成的原因。因为土地数量有限，优等和中等土地生产的农产品往往不能满足社会需要，还必须投资经营劣等土地。若产品的社会生产价格由中等土地生产条件决定，则经营劣等土地的农业资本家就将因得不到平均利润而将其资本转移到其他部门中去，农产品会因供不应求而价格上涨，涨至投资劣等土地也能获得平均利润时为止。因此，农产品的社会生产价格是由劣等土地的生产条件决定的。这样，经营优、中等土地的农业资本家的农产品个别生产价格就低于社会生产价格，能够从中获得超额利润。又由于优、中等土地数量的有限性和对土地经营的垄断，限制了各个农业资本家之间的竞争，因此，那些租种较好土地的资本家就能够稳定而持久地保持超额利润，并把它作为级差地租交给土地所有者。

耕种优等土地和中等土地的农业雇佣工人创造的超额利润是级差地租的源泉。耕种优等地和中等地的农业工人的劳动是一种具有较高生产率的劳动。这种劳动是加强的劳动，因此它能创造出超额剩余价值。所以，级差地租反映的是农业资本家和大土地所有者共同剥削农业雇佣工人的关系。

级差地租由于形成的条件不同而分为两种形态，即级差地租Ⅰ和级差地租Ⅱ。级差地租Ⅰ是由于土地肥沃程度和地理位置不同而产生的级差地租。级差地租Ⅱ是由于在同一块土地上连续追加投资的资本生产率不同而产生的级差地租。级差地租Ⅰ是级差地租Ⅱ的基础。构成级差地租Ⅰ的超额利润一般在租约内做了规定，归土地所有者所有。而构成级差地租Ⅱ的超额利润，在租约期内归农业资本家所有；当租约期满，签订新租约时，就会通过提高地租额而转归土地所有者所有。农业资本家和土地所有者之间经常为了租约长短与租额多少展开斗争，这种斗争反映了两个剥削阶级集团在瓜分剩余价值上的矛盾。

（二）绝对地租

在资本主义制度下，土地所有者不会把土地无偿交给别人使用，即使出租最贫瘠、最偏远、最劣等的土地，也要求获得一份地租。这种由于土地私有权的存在，农业资本家租用任何土地都必须交纳的地租，就是绝对地租。

绝对地租形成的条件是农业资本有机构成低于社会平均资本有机构成。我们知道，资本有机构成不同的生产部门，其生产价格和商品价值是不一致的。在资本主义相当长的历史时期里，农业资本的有机构成低于社会资本的有机构成。这样等量资本在农业中可以支配更多的活劳动，在剥削率相同的情况下，就能创造出更多的剩余价值。因此，农产品的价值高于生产价格，农产品按价值出售，就可以在扣除成本价格和平均利润后有一个余额。这一余额不会像在工业部门那样参与利润的平均化过程。因为农业中存在着土地私有权的垄断，这阻碍着资本向农业部门的自由转移，从而使农产品价值高于社会生产价格的差额不参与利润平均化的过程。农产品不是按社会生产价格出售，而是按高于社会生产价格的价值出售。这样由于价值高于社会生产价格而形成的超额利润就留在农业部门，被土地所有者占有，成为绝对地租。所以，绝对地租产生的原因是土地私有权的垄断。绝对地租既然是农产品价值的一部分，因此，它实质上是由农业雇佣工人创造的剩余价值的一部分转化而来的，它体现的仍然是农业资本家和土地所有者对雇佣工人的剥削关系。

当前，在某些发达的资本主义国家，农业资本的有机构成在不断提高，有的甚至超过了工业部门。在这种情况下，那种包含在农产品价值之内的绝对地租也就消失了。在一些主要发达资本主义国家，农场经营主一般同时是土地所有者，不需交纳绝对地租。另外，只要没有消灭土地私有制，出租土地，哪怕是劣等地，也必然带来地租收入。这种地租与上述的绝对地租的来源是不同的，它或是来自对农业利润和农业工人工资的扣除，或是来自农产品的市场价格超过价值的余额，即来自垄断价格。

在资本主义制度下，大土地所有者不仅能凭借土地私有权获取地租，而且还可以通过出卖土地获得高额的土地价格。土地本来不是劳动产品，自身没有价值，但在资本主义制度下土地是私有的，土地所有者可以凭借土地私有权获得地租，因而土地能以一定的价格买卖。土地的买卖实质上是地租的资本化，即一定面积和丰度的土地的价格相当于这样一笔货币资本：把这笔货币存入银行所获得的利息，等于这块土地出租所获得的地租。因此决定土地价格的因素，一是地租额的多少；二是利息率的高低。土地的价格与地租额成正比，与利息率成反比。

关键术语

工资	平均利润	生产价格
利润率	商业利润	资本有机构成

借贷资本　　利息　　股份公司
级差地租　　绝对地租

思考题

1. 如何理解工资的本质是劳动力的价值或价格，而不是劳动的价值或价格？
2. 为什么说剩余价值率与利润率是两个完全不同的范畴？
3. 商品的价值是如何转化为生产价格的？
4. 商业利润、利息和地租的本质是什么？它们是如何形成的？

第八章

资本的循环、周转与社会资本再生产

重点问题

资本循环的三个阶段与三种形式
资本周转的速度及意义
固定资本与流动资本的区别及其对资本周转的影响
社会资本再生产的核心问题以及分析社会资本再生产运动的理论前提
社会资本简单再生产的实现过程和实现条件
社会资本扩大再生产的前提条件和实现条件

剩余价值是工人阶级在生产过程中用他们的劳动创造出来的。但是，作为一种市场经济，流通过程对于资本主义经济同样是十分重要的。不管资本家手里有多少货币，假如他买不到生产所需要的原材料、机器设备等各种物质生产要素，或者雇佣不到合乎需要的工人，那么他也就无法使自己的工厂或企业真正运转起来，从而也就无法实现赚钱的目的。再假如资本家组织工人把产品生产出来了，但是产品卖不出去，那么，不管工人在生产中付出了多少劳动，对于资本家来说都是没有意义的，甚至还会亏本。因此，研究资本主义经济的运动规律还必须对资本流通过程进行考察。

第一节　资本的循环

谁都知道，把货币锁在箱子里，是永远也不可能生出更多的货币的。因此，资本要增值，就必须运动起来。为了完整地把握资本的运动过程，我们需要以产业资本为对象展开分析。所谓产业资本是指能够生产出剩余价值的资本，如工业、农业、建筑领域的资本。在各种资本（包括产业资本、商业资本、借贷资本等）形式中，只有产业资本才具有生产职能，它对于整个资本主义生产方式的存在和发展具有决定性的意义。

产业资本的运动表现为从生产到流通、从流通到生产的不断转换过程，在这个不断的

转换过程中，它就具有了循环的形式，资本循环就是产业资本在运动中实现价值增值的过程。

从产业资本的运动全过程来看，它具有购买、生产、销售三个不同的环节或阶段。

一、产业资本循环的三个阶段

产业资本运动的第一阶段是购买阶段。产业资本家首先以购买者的身份出现在市场上，一方面要买到生产所需的生产资料，另一方面要雇佣到一定数量的、合乎生产需要的工人，从而为生产准备条件。这个过程可以用公式表示为：

$$G-W\left\langle\begin{matrix}A\\P_M\end{matrix}\right.$$

这里 G 表示货币；W 表示商品；A 表示劳动力；P_M 表示生产资料。

在这个阶段，产业资本首先以货币的形式出现。这里的货币好像同普通消费者手里的货币似乎没有什么不同，它同样执行着购买手段或支付手段的职能。但是，资本家手里作为资本来使用的货币同一般消费者手中用于个人消费的货币（包括资本家自己用于个人消费的那部分货币）又有本质的不同，这种差别就在于资本家不是用这部分货币进行个人消费，而是用来购买生产资料和劳动力，这就为剩余价值的生产准备了物质条件。其中，通过购买劳动力来生产商品和剩余价值，这是资本主义生产方式区别于其他生产方式的典型特征。由于资本家手中的这部分货币执行了为剩余价值生产准备条件的这种特殊职能，因而它就表现为一种资本，我们把它叫做货币资本。资本首先必须采取货币的形式，因为只有这样，资本家才能自由购买生产剩余价值所需要的各种要素，但是，货币本身并不就是资本，把一切货币都看成资本是错误的。

产业资本运动的第二个阶段是生产阶段。在这个阶段，资本家让工人运用生产资料生产出商品。这个过程用公式表示就是：

$$W\left\langle\begin{matrix}A\\P_M\end{matrix}\right.\cdots P\cdots W'$$

这里 P 表示生产过程；W'表示生产出来的包含有剩余价值的商品；虚线表示流通过程的中断。

表面上看起来，这里的生产同其他任何社会的生产没有什么不同，也是一个物质产品和商品的生产过程。但是，实际上它又有自己特殊的内容，即它是一个剩余价值的生产过程。因此，这里的生产资料和劳动力不仅起着生产产品和商品的作用，而且更重要的是它们起着生产剩余价值的作用，它们不仅执行着一般的生产职能，而且执行着资本的职能，从而成为资本的一种特殊形式，我们把这里的生产资料和劳动力叫做生产资本。显然，生产资料和劳动力虽然是一切物质生产的共同要素，但是，只有在资本主义生产过程中它们才起到生产剩余价值的作用，从而表现为资本的一种形式。资本必须通过生产资料和劳动力才能生产出剩余价值，但是，生产资料和劳动力本身却并不是资本。把一切社会条件下的生产资料和劳动力都说成是资本，这是不对的。

产业资本运动的第三个阶段是销售阶段。资本家以商品售卖者的身份再回到市场上来，把商品卖出去。这个阶段用公式表示就是：

$$W'-G'$$

这里 G' 表示增值了的货币。

同样，从表面上来看，这里的商品似乎同其他任何条件下生产出来的商品没有什么不同，它也要通过流通转化为一定数量的货币。但是实际上它又有自己的特殊性，即其中包含有剩余价值。资本家通过出售商品不仅要收回投资，而且要赚钱。如果商品有一部分卖不出去或全部都卖不出去，那么，要么是不能把已经生产出来的剩余价值都赚到手，要么是血本无归。所以，这是“惊险的跳跃”。这里的商品执行着收回投资（即预付资本）并实现剩余价值的职能，我们把它叫做商品资本。资本必须采取商品的形式，因为只有这样才能实现资本家赚取更多货币的目的，但是，商品本身并不就是资本，把一切商品都看成资本也是不对的。

由此可见，产业资本的运动依次经过购买、生产、销售这三个阶段，分别采取货币资本、生产资本、商品资本三种职能形式，相应地完成三种职能，最后又回到原来的出发点，最终实现价值增值。在这个过程中，资本从货币形态出发，经过一定的运动，又回到货币形态，因而，这是一个循环过程，我们把这样的过程叫做产业资本的循环。

从产业资本循环的全过程可以看出，货币资本、生产资本、商品资本并不是三种不同的、独立的资本，而是同一个产业资本在运动过程中所采取的三种不同的形式，并通过这些不同的形式完成不同的具体职能，最终实现价值增值。从资本循环过程来看，它是生产过程和流通过程的有机统一，其中第一阶段和第三阶段属于流通过程，第二阶段是生产过程。在产业资本的循环中，生产过程起着决定性的作用，因为只有生产过程才能生产出价值和剩余价值。但是，对于资本家来说，流通过程同样重要，因为在资本主义市场经济中，生产过程总是以流通过程为前提的，而且已经生产出来的剩余价值只有通过流通过程才能实现为货币，资本家才能达到赚钱的目的。

总之，产业资本循环的三个阶段是互相依赖、互为条件的，整个资本的循环以三个阶段的相互转化为前提，只要其中的某一个阶段发生了中断，资本的运动就会受到影响，资本价值增值的目的也会大打折扣，甚至完全得不到实现。

二、产业资本的三种循环形式

按照资本家的愿望，最好是在最短的时间里赚到最大的利润，可是，资本只有在运动中才能生出“金蛋”，把钱放在自己的箱子里是发不了财的。因此，他只能把资本不断地投入到运动中去，而且资本必须不断地经过三个阶段，不能停留在其中的任何一个阶段。连续不断的资本运动，从另一个方面看，也就是资本的循环过程。这个过程从不同的角度看，就表现为三种不同的循环，即货币资本的循环、生产资本的循环、商品资本的循环，可以用公式表示如下：

①

$$G-W\cdots P\cdots W'-G'\cdot G-W\cdots P\cdots W'-G'\cdot G-$$

② ③

因此，产业资本的循环具有货币资本循环、生产资本循环、商品资本循环三种循环形式。这三种形式分别从不同的侧面反映了资本运动的不同特征，同时又给人们造成一定的错觉。

货币资本的循环（$G\cdots G'$）表明，资本运动的目的就是价值增值，就是赚钱。但是，它又给人们这样一个印象，好像货币本身就能生出更多的货币，这样，它本身又把剩余价值的真正来源给掩盖了。

生产资本的循环（$P\cdots P'$）表明，资本的运动是一个不断的再生产和扩大再生产的过程。但是，它又给人们造成了这样一种印象，好像资本主义生产的目的就是为了生产，这样，这个形式又把资本家赚钱的真正目的和动机给掩盖了。

商品资本的循环（$W'\cdots W'$）表明，资本的运动是商品不断被消费（生产消费和生活消费）和不断再生产出来的过程，并且通过这个过程，商品的数量是不断增加的。但是，这个形式又给人造成了这样一种印象，好像资本运动的目的就是为了生产商品，为了满足社会对商品的消费需要，这同样歪曲了资本的实际目的。

因此，从任何一个孤立的角度来看待资本的运动都是片面的，只有把三种循环形式统一起来考察，才能全面深刻地认识资本循环的本质和规律。实际上，三种循环形式都只不过是同一个资本运动所采取的不同形式，在资本的循环运动中，资本通过不同形式的不断变换，分别完成不同的职能，最后实现价值增值。价值增值是资本运动的核心和本质。

资本家的目的是在最短的时间里赚尽可能多的钱，要实现这个目的，显然必须使他的资本在每一个时间里都能赚钱，否则，对于资本家来说都是低效率的。在资本家眼里，时间就是金钱。而要使资本能连续不断地给他带来剩余价值或利润，他就不能使自己的全部资本在一定时段只处在某一种形式、某一个阶段上，因为如果是这样，资本的循环就不是连续的，而是间断的。比如说，全部资本都采取货币形式，在它们通过流通都转化成为生产要素时，既没有生产，也没有商品销售，在这段时间资本就没有赚到钱；等到他都把生产要素投入生产过程进行生产时，他同样还没有赚到钱；只有商品生产出来以后进行销售时他才真正赚到第一笔钱。可是，当他把全部商品卖完之后，他就会重复以上的过程，这样他在全部过程中总是只有一部分时间能赚到钱。显然，这对于资本家来说是不合算的，是一种最大的时间浪费。

在一定时段内把资本全部投入到一种形式和一个阶段上，这不仅同资本家的目的和愿望不相符，而且也同资本运动的实际状况不相符。在资本的实际运动中，有一部分生产资料（固定资本）并不能在一次生产过程中全部都被消耗和转移到产品中去，而是要在生产过程中滞留较长的时间，并多次发挥作用，显然，不能等到它们完全耗费了才去进行新的原材料采购，必须保证原材料源源不断的供应，而这一要求与原材料是一次性大量采购完了进行库存还是进行零星采购没有库存是无关的。另一方面，生产出来的商品多数情况下不可能也不应该指望一次性地都卖出去，而是一部分一部分地卖出去的，这不仅与商品的供求关系有关，而且与商品生产本身有关，除了像高速公路、商品房等特殊商品外，绝大部分商品总是一部分一部分生产出来的，因而它们的销售也只能是一部分一部分地实现。

因此，为了保证能够连续不断地获得剩余价值，资本必须连续不断地进行循环。要实现连续循环，又必须具备两个条件：(1) 必须保持产业资本的三种职能形式在空间上同时并存。产业资本的每一个部分都必须顺次通过三个阶段，同时又要保持总体上的连续运动，这就必须把资本分成三部分，使它们同时处在循环过程的不同阶段上。这三种职能形式在价值上各占多大的比重，取决于企业的各种具体情况，包括生产资本的结构（特别是固定资本和流动资本的比例）、生产的技术特点和生产力水平等，也会受到市场供求状况的影响。如果不能保证资本同时存在于三种职能形式上或者这三部分的比例不适当，都会造成资本循环的不畅，从而影响资本的价值增值。(2) 必须保持产业资本的三种职能形式在时间上相继转化。要保持资本在总体上的连续运动，它的每一部分都必须连续不断地相继通过循环的三个阶段，依次从一种职能形式转化为另一种职能形式，实现各自的循环。否则，资本的任何一种循环在任何一个阶段上发生停顿，都会使单个资本的总循环发生或大或小的停滞。

产业资本的三种职能形式在空间上的并存和时间上的相继转化，同时也就使产业资本的三种循环形式在空间上同时并存，即货币资本循环、生产资本循环、商品资本循环在同时进行着，其中任何一种循环都不能发生中断，否则，必然使其他两种循环也发生中断。因而，产业资本的连续运动是三种循环形式的有机统一。

产业资本的三种职能形式在时间上的相继转化和空间上的并存，是互为条件、互为前提的。只有资本的每个不同部分能够依次相继从一个阶段转化到另一个阶段、从一种职能形式转化为另一种职能形式，才能保证资本总体在空间上的并存，因此，并列存在是由相继转化引起的；另一方面，只有资本总体分成不同的部分同时又处在三种不同的职能形式上，才能保证资本的三种职能形式之间的相继转化保持连续性，因而并存性也是连续性的前提。

产业资本的三种职能形式在空间上的并存和时间上的继起，是单个产业资本连续循环的必要条件，而不是充分条件。事实上，在资本主义条件下，个别资本的循环会由于各种原因而经常发生或多或少的中断。

通过以上分析可以看到，资本要不断地增值，就必须不断地进行循环，因而，不断地运动是资本的内在要求和本性，资本一旦停止了运动，价值就无法增值，资本就不成其为资本了。因此，只能把资本理解为一种无休止的运动，而不能理解为静止物。

第二节　资本的周转

资本家要使自己的资本不断增值，就必须使资本不断地进行循环运动，资本循环不是被当作孤立的行为，而是被当作周而复始的、连续不断的过程时，这就是资本周转。

资本循环和资本周转虽然都是指产业资本的运动，但它们又是有所不同的，资本循环主要是从使用价值的角度来描述资本运动的，而资本周转则主要是从价值的角度来描述资本运动的。与此相适应，考察它们的目的也是不同的。考察资本循环，主要是分析资本在运动中要经过哪些阶段、要采取哪些职能形式，揭示个别资本运动必须具备的基本内在条件；考察资本周转，则是进一步分析影响资本价值运动速度的主要因素是什么、资本运动速度的快慢对于资本价值增值的影响又是什么。

一、资本周转的速度

资本周转的速度，就是指资本周转的快慢程度，它可以用周转时间或周转次数这两个尺度来计量。

（一）资本周转时间

所谓周转时间，是指总资本价值从一个循环周期到下一个循环周期的间隔时间，即资本总价值周转一次的时间。在这里，虽然可以货币形式、生产要素形式或者商品形式作为考察的起点和终点，但总是以资本的价值作为计算的对象，因为只有这样才能进行计算和度量。资本周转时间是生产时间和流通时间之和。其中生产时间主要包括生产资料的储备时间、劳动时间、自然力作用的时间等，生产时间及其各组成部分在不同部门和不同产品的生产中是各不相同的，例如工业生产时间和农业生产时间就有很大的不同，汽车的生产时间和电冰箱的生产时间也是不同的。流通时间包括生产要素的采购时间和商品的销售时间，流通时间的长短主要取决于市场供求状况的好坏、产销距离的远近、交通运输条件等因素。周转时间越短，说明资本周转速度越快；反之，则说明资本周转速度越慢。

（二）资本周转次数

所谓周转次数，指的是总资本价值在一年中周转的次数。如果已知资本周转一次的时间，就可以可用公式 $n=U/u$ 计算出周转次数，其中 n 表示周转次数，U 表示一年的时间，u 表示资本周转一次所需要的时间。在一年的时间内，资本周转的次数越多，表明资本周转速度越快；反之，则说明资本周转速度越慢。

总之，资本周转速度与周转时间成反比，与周转次数成正比。资本周转越快，同一资本发挥作用的次数就越多，就越能给资本家节约资本，并带来更多的剩余价值。因此，资本家总是千方百计加速资本周转。

二、固定资本和流动资本

资本的生产时间和流通时间的长短是影响资本周转速度的直接因素，而生产资本的结构则是影响资本周转速度的另一个主要因素。生产资本的各个部分，按照它们在价值流通和周转方式上的不同，可以划分为固定资本和流动资本。

（一）固定资本

固定资本是指以机器、厂房、工具等劳动资料的形式存在的生产资本。这部分资本在物质形式上全部参加生产过程，并且往往要在多次生产过程中反复发挥作用，虽然它们实际上会在生产中有磨损，但是直到报废以前，它们的使用价值基本上仍然是完整的。与此不同的另一个方面是，这部分资本的价值虽然在开始的时候也是全部参加生产过程，但是它在每一次生产过程中却会一部分一部分地被转移到产品中去。由于劳动资料的价值是一部分一部分被转移到产品中去的，因而，随着商品的每一次销售，这部分资本价值也会一部分一部分地周转回来。由此可见，劳动资料在使用寿命以内，它在实物上总是固定在生产过程中的，它的价值在一部分一部分被转移到产品中去的同时，总有部分仍然存在于劳动资料上，直到它的实物完全报废。根据劳动资料在价值流通和价值周转方式上的这种特点，我们把体现为劳动资料的生产资本叫固定资本。这里所说的资本流通主要指资本价值转移到产品中的过程，而资本周转则主要是指资本价值回到货币形式的过程。显然，资本价值的流通方式决定了资本价值的周转方式。

（二）流动资本

流动资本是指体现为原料、辅助材料、燃料等生产资料形式以及劳动力形式上的生产资本。其中，体现为原料、辅助材料、燃料等形式的生产资本，在实物上全部参加生产过程的部分（不包括库存的部分），它们的使用价值在生产过程中被全部消费掉，从而它们的价值也被全部转移到产品中去，随着产品的销售，它们的价值也被全部周转回来。体现为劳动力的这部分生产资本，它的使用价值即劳动，也是参加生产过程的，但是，劳动力的价值并不是由工人的劳动转移到产品中去的，而是由工人的活劳动再生产出来的，从这一点上看，它是与原料、辅助材料、燃料等生产资料不同的。但是，从价值流通和价值周转的形式来看，它的价值也是一次性从流通过程中全部回流，这一点又是与原料、辅助材料、燃料等生产资料相同的。因而，根据这些生产资本在价值流通和价值周转上的特点，我们把它们都叫流动资本。

（三）固定资本和流动资本的区别

固定资本和流动资本不仅在价值流通和周转方式上不同，它们在物质更新方式和价值周转时间上也是不同的。从物质更新方式来说，固定资本的物质要素在其有效期内可以不断使用，并不需要更新，而流动资本则在每一个生产过程中被全部消费，因而需要不断更新。与此相适应，由于固定资本的使用寿命比流动资本长，因而它的周转时间也长，固定资本的一次周转往往包含流动资本的多次周转。

生产资本既可以划分为不变资本和可变资本，又可以划分为固定资本和流动资本，但是，这两种划分的根据、意义和内容却是不同的，不能混淆。不变资本和可变资本的划分，是根据生产资本的不同部分在剩余价值生产中的不同作用来进行的，其意义在于揭示剩余价值的真正来源，并且可以据此进一步分析资本家对工人的剥削程度。而固定资本和流动资本的划分，则是根据生产资本的不同部分在价值流通和价值周转方式上的不同特点来进行的，其意义在于揭示它们对于资本周转速度的影响，进而揭示资本周转速度对于预付资本量及剩余价值生产的影响。从内容上看，不变资本包括全部生产资料，可变资本则只是指劳动力，而固定资本只包括不变资本中的全部劳动资料部分，流动资本则既包括不变资本中的原料、辅助材料、燃料等，也包括可变资本部分即劳动力。因而，不变资本和可变资本同固定资本和流动资本在物质构成上是交叉的，不能混为一谈。

生产资本的两种不同的划分，从不同的侧面反映了资本运动的不同规律，因而都是科学的。但是，资产阶级经济学家用固定资本和流动资本的划分代替不变资本和可变资本的划分，他们这样做的目的，是为了抹杀工人的剩余劳动是剩余价值的真正源泉，从而掩盖资本家对工人的剥削关系。此外，资产阶级经济学家对于固定资本和流动资本的划分也并不总是正确的，他们有时以劳动资料的物质属性（例如，是否存在位置移动）作为这种划分的依据，而且他们也经常把流动资本与流通资本相混淆。流通资本指存在于流通中的资本，包括货币资本和商品资本，显然，它与作为生产资本的流动资本是完全不同的。

三、固定资本的价值流通和价值周转

固定资本同流动资本相比较而言，在价值流通和价值周转上具有更复杂的特点，因而有必要对这个问题作进一步的说明。

（一）固定资本的磨损

如上所述，固定资本的价值是按照它的磨损程度一部分一部分地被转移到新产品中去的。而固定资本的磨损又分为有形磨损和无形磨损两种。固定资本的有形磨损是指由于生产性使用或自然力的作用而造成的固定资本在物质上和价值上的损耗，又叫物质损耗。固

定资本的物质损耗同它在使用价值上的耗费并不是同一的，一般说来，在某种限度以内，固定资本物质上的损耗并不影响它的使用价值，而一旦达到某个限度，则它的使用价值就有可能完全丧失，机器、厂房等往往都是如此。固定资本的价值正是根据它在物质上的损耗一部分一部分被转移到产品中去的。固定资本的无形磨损是指固定资本由于劳动生产率的提高而引起的价值损失，又叫精神损耗。根据劳动生产率提高所造成的不同影响，固定资本的无形磨损又分为两种。一种是由于生产完全同类的劳动资料的劳动生产率提高，从而造成了原有的固定资本价值的下降；另一种则是由于出现了更为低廉的替代品，从而引起了原有固定资本价值的贬损。无论是哪一种无形损耗，固定资本的这种价值上的损耗是不能完全被转移到产品中去的。正因为如此，在科技进步和产品更新换代加快、劳动生产率不断提高的当代，为了尽可能减少无形损耗带来的损失，资本家往往通过延长工人的劳动时间、提高工人的劳动强度、增加工人的劳动班次等办法来提高固定资本的利用率。另外，通过加速固定资本的折旧也可以在一定程度上达到相同的效果。

（二）固定资本折旧

为了使再生产能够继续进行，固定资本在实物上必须得到更新，而这一点又是以其价值上的补偿为前提的。固定资本的价值按照其磨损的程度逐渐被转移到产品中去，随着产品的销售，已经被转移的这部分价值不断以货币形式积累起来的过程就叫固定资本折旧，以这种方式积累起来的用于补偿固定资本价值的货币叫折旧基金或折旧费。由于固定资本本身是由不同的部分组成的，它们的使用寿命是各不相同的，因而固定资本各组成部分的折旧费分别按它们各自的使用寿命（一般以年为单位）进行计算，用公式表示为：

$$\text{折旧费}=\frac{\text{固定资本原始价值}}{\text{固定资本使用年限}}$$

固定资本折旧费与固定资本原始价值之间的比率叫折旧率。

固定资本是由不同的部分组成的，它们在实物上的替换和更新也是不同的，有的是在整体上一次性更新，有的则是一部分一部分更新，即局部更新。固定资本的局部更新是通过大修理的形式来进行的，大修理所耗费的价值（包括生产资料价值和劳动力价值）由折旧费来补偿。另外，在固定资本的小修理和日常维护上所发生的费用，不是由固定资本折旧费来补偿，而是作为流动资本中的非生产性费用，由产品价值来补偿的。

四、预付资本的总周转

（一）影响预付资本总周转的主要因素

固定资本和流动资本的周转速度不同，而预付的生产资本的总周转则是固定资本和流动资本的平均周转。由于固定资本和流动资本的价值流通和周转方式都是不同的，在考察单个资本的周转速度时，必须计算预付的货币资本的总周转，因为只有在预付的货币资本的形态上，才能对固定资本和流动资本的价值周转进行平均计算。预付资本的总周转速度可用下列公式计算：

$$\begin{array}{c}\text{预付资本一年中}\\\text{的总周转次数}\end{array}=\frac{\begin{array}{c}\text{一年中固定资本}\\\text{周转的价值额}\end{array}+\begin{array}{c}\text{一年中流动资本}\\\text{周转的价值额}\end{array}}{\text{预付资本总额}}$$

从上述公式可以看出，影响预付资本总周转次数的主要因素有两个，一个是固定资本和流动资本各占多大的比例；一个是固定资本和流动资本各自的周转速度。一般来说，在固定资本和流动资本周转速度一定的条件下，固定资本所占的比重越大，预付资本的总周转速度就越慢，反之，则越快；在固定资本和流动资本的比例一定的条件下，预付资本的总周转速度与固定资本和流动资本的周转速度成正方向变化。虽然固定资本一年中周转的价值额往往是小于固定资本总价值的，但是，由于流动资本一年中可以有多次周转，因而一年中周转的资本价值总额仍有可能超过预付资本总额，从而使预付资本周转次数大于1。

资本周转速度的快慢对于资本具有重要的影响和意义，一方面它会影响投资中所需要的预付货币资本量的大小，另一方面它会影响一定数量的资本在一年中生产的剩余价值量的多少。

资本周转速度对于预付资本量的影响，主要是由劳动期间和流通期间的长短来决定的。一般来说，劳动期间（指制造一个完整的成品所需要的连续工作日）和流通期间（这里主要指商品资本转化为货币资本的时间，而不包括货币资本再转化为生产资本的时间）越长，资本周转速度也就越慢，需要的预付资本量就越大；反之，则需要的预付资本量就越小。例如，在其他条件都相同的情况下，如果资本A的劳动期间是9周，流通期间是3周，每周所需要的流动资本量假定为100单位，那么，在这12周不断进行投资，才能把产品转化成货币，因而总共需要1 200单位预付流动资本；如果资本B的劳动期间是3周，流通期间是1周，每周所需要的流动资本量也是100单位，那么，它总共需要400单位预付流动资本。如果资本A和资本B的固定资本相同，那么它们的预付资本量就会大不相同。当然，生产时间和流通时间之间会存在不同的对比关系，这也是影响预付资本量的一个重要因素。

（二）资本周转速度对剩余价值生产的影响

资本周转速度对剩余价值生产的影响，主要体现为可变资本的周转对年剩余价值量和年剩余价值率的影响。

年剩余价值就是资本在一年中剥削的剩余价值总量。在全部预付资本中，只有可变资本才能带来剩余价值，因此，可变资本的周转速度越快，同一预付的可变资本在一年中发挥作用的次数也就越多，剥削的劳动力数量也越多，从而它给资本家带来的年剩余价值量也越多。年剩余价值与可变资本周转次数的关系可以表示为：$M=m'\cdot v\cdot n$，其中M表示年剩余价值量；m'表示剩余价值率；v表示预付可变资本；n表示可变资本周转次数。从这个关系式可以看出，年剩余价值量与可变资本的周转速度成正比，只要可变资本在一年内的周转次数大于1，那么，年剩余价值就会大于剩余价值（$m=m'\cdot v$）。

年剩余价值率就是年剩余价值量与预付可变资本的比率，用公式表示为$M'=\frac{M}{v}$。把年剩余价值量的计算公式考虑进来，则有：

$$M'=\frac{m'\cdot v\cdot n}{v}=m'\cdot n$$

从上述公式可以看出，在剩余价值率相同的情况下，可变资本周转次数不同，就会有不同的年剩余价值率，只要可变资本的周转次数大于1，那么，年剩余价值率就会大于剩余价值率。年剩余价值率与剩余价值率不仅在数量上往往是不同的，而且它们所表示的关

系也是不一样的。剩余价值率是剩余价值与预付可变资本的比率，它反映的是资本家对工人的剥削程度。年剩余价值率是年剩余价值量与预付可变资本的比率，它反映的是预付的可变资本在一年中的增值程度。

上述分析表明，资本周转速度的快慢不仅会影响预付资本量的大小，而且也会直接影响剩余价值的生产。因此，加速资本周转对于资本家来说就是非常重要的，为了节约预付资本，剥削更多的剩余价值，资本家会采取各种办法来加速资本周转。

第三节　社会资本的再生产和流通

一、社会资本再生产的核心问题

（一）社会资本运动和个别资本运动的联系和区别

上面我们考察了单个资本的流通或运动过程。为了全面把握资本的运动过程，我们还需要对社会资本的运动或再生产过程进行分析。

在资本主义市场经济中，从经营决策上说，每个单个资本都是独立的经济实体，生产什么、怎样生产、生产多少，都是独立进行决策的，而且在经济上由它们的所有者自负盈亏。因而，从这些单个资本自身的运动和运行来看，它们似乎是互不相干的。但是，实际上所有的个别资本都不可能是真正孤立存在和运行的，而是相互联系、相互依存的。这是因为，资本主义经济是以社会分工、社会化大生产为基础的市场经济，在这种市场经济体系中，每个生产经营单位（企业）互为市场，互相提供需求和供给。正是通过市场，每个企业获得由别的企业提供的生产和经营上所必需的各种资源、服务和信息，同时，每个企业又通过市场向社会上其他的企业提供各种产品、服务和信息。在社会分工的条件下，任何一个生产经营单位都不可能离开整个市场环境而孤立存在。由相互联系、相互依存的所有个别资本所组成的总和就是社会资本。

从数量上看，社会资本量无非是所有个别资本量的总和。但是，从运动的角度看，社会资本的运动与个别资本的运动具有更为复杂的关系，社会资本运动具有与个别资本运动不同的特点和规律，这也是必须对它进行独立的考察的原因。研究社会资本再生产运动，不仅要考察这种运动的形式，而且要进一步探讨这种运动的条件，揭示其内在的规律性。

从上述说明中我们可以看出，个别资本是在运动中，即在不断的循环和周转中才互相发生关系的，因而社会资本这一范畴也只有在这种运动中才获得真正的意义，离开了这种运动，社会资本就只是一个单纯的统计上的概念，而没有经济学的含义。资本主义社会里，个别资本在不断的循环和周转运动中所形成的相互交错、互为条件的资本运动总体，就是社会资本运动，也即社会总资本的运动。

既然社会资本的运动是由个别资本的运动总体构成的，因而社会资本运动与个别资本运动有许多相同的特点：从运动内容来看，都包含着剩余价值生产过程；从运动形式来看，都先后采取货币资本、生产资本、商品资本三种职能形式，并完成三种循环；从运动的环节和过程来看，都要经过购买、生产、销售三个阶段，都是生产过程和流通过程的统一；从运动的目的来看，都是为了实现资本的价值增值。

但是另一方面，社会资本运动又具有与个别资本运动不同的特征，具体表现在以下几个方面：

首先，社会资本运动既包括生产消费以及与此相适应的资本流通，又包括个人消费以及与此相适应的一般商品流通。个别资本运动只包括生产消费以及与此相适应的资本流通，而不包括工人和资本家的个人消费以及与此相适应的一般商品流通。尽管在实际生活中，每一个企业的工人和资本家都要进行个人消费，都要购买个人生活消费品和服务，但是这种个人生活消费以及与此相适应的一般商品流通，是在个别资本运动以外进行的，而不构成个别资本运动本身的内容，而且个别资本运动恰好是以它们的存在和正常进行为条件的。社会资本运动则与此不同，从社会资本的运动来看，资本家和工人的个人消费以及为此而进行的个人消费品购买行为本身虽然并不是在资本家的企业内进行的，但是，这种行为也是社会资本运动的一部分，因为资本家和工人购买一般消费品的过程，也就是生产这些商品的资本家出卖商品的过程，对于资本家和工人的个人消费来说，是用货币购买商品，而这同一过程对于资本运动来说则是商品资本到货币资本的转化，显然，如果没有这种过程，整个社会资本的运动是无法进行的，因而这个过程是社会资本运动的一个重要组成部分。

其次，社会资本运动不仅包括预付资本价值的运动，而且包括全部剩余价值的流通。考察个别资本运动时我们只考察预付资本价值的流通和周转，以及扩大再生产时通过积累而资本化的那部分剩余价值的流通，资本家用于个人消费的那部分剩余价值的流通则是不包括在个别资本运动中的。而考察社会资本运动时则必须将全部剩余价值的流通都纳入考察的范围。

最后，考察社会资本运动不仅要考察资本的价值补偿，而且要考察资本的实物补偿。考察个别资本运动时，重点在于考察资本价值的流通和周转，而资本各部分在物质上的补偿则被看做是不成问题的。考察社会资本运动时则不能再假设资本各部分在物质上的补偿没有问题了，因为如果这样假设，那也就把正要分析的问题舍象掉了。对于社会资本运动而言，重要的问题之一就在于资本各部分能不能以及如何在物质上得到补偿，只有这种补偿实现了，社会资本运动才能得以正常进行，否则，社会资本运动就会发生困难。

（二）社会总产品的实现和补偿

社会资本运动的上述特点决定了我们在研究社会资本的再生产及其流通过程时必须以社会总产品作为出发点，从而必须以商品资本循环公式作为考察的直接对象，因为只有社会总产品及其运动才全面地反映了上述特点和要求。所谓社会总产品，就是指社会各个物质生产部门在一定时期内（通常以年度为单位）所生产出来的全部物质产品的总和。社会总产品也就是社会的商品资本总体，它们的价值也就是社会总产值。显然，社会总产品是整个社会存在和发展的基础，也是社会资本运动的结果和条件。只有社会资本运动顺利完成了，社会总产品才能生产出来；只有社会总产品全部实现了，社会资本运动所需要的各种物质要素才能得到补偿，从而社会资本运动才能继续进行下去。

从社会总产品出发来考察社会资本运动，核心问题就是社会总产品的实现和补偿问题。社会资本的再生产运动过程也就是社会总产品不断实现，以及它的各组成部分不断得到补偿的过程。所谓社会总产品的实现，就是指社会商品资本到货币资本的转化，也就是社会总产品在价值上的补偿，即社会总产品各个组成部分的价值如何通过商品的出售以货币形式回流，用于补偿在生产中预付的不变资本和可变资本，并且取得剩余价值。价值补

偿完成以后，还有一个实物补偿问题，即社会总产品各个组成部分转化为货币以后，必须进一步转化为所需要的物质产品，其中，相当于不变资本价值的部分，如何重新取得所需要的生产资料；相当于可变资本价值的部分以及资本家用于个人消费的剩余价值部分，如何重新取得所需要的生活资料。当然，如果是扩大再生产而不仅是简单再生产，那么，资本家一方面会减少用于个人消费的剩余价值以及生活资料，但是另一方面又会增加用于追加的不变资本价值以及生产资料，还会增加用于追加雇佣工人的可变资本价值以及消费资料。因而，扩大再生产中不仅有价值和物质的补偿，而且还有价值和物质的追加。但是，这并不改变社会资本再生产问题的实质。

可见，社会总产品的价值补偿是物质补偿的前提，只有预付的不变资本和可变资本价值都得到补偿，同时获得剩余价值，才能重新购买再生产所需要的生产资料和劳动力，社会再生产才能重新进行。如果社会总产品全部不能或不能全部销售出去，生产这些产品所消耗的资本价值就不能或不能全部得到补偿，已经生产出来的剩余价值就不能或不能完全得到实现，这样社会再生产就无法正常进行。而社会总产品的物质补偿是社会资本运动正常进行的关键。社会资本再生产运动要正常进行，最起码的条件就是要保证上一个生产过程中所消耗掉的生产资料和消费资料能够得到补偿和替换，否则，社会再生产过程就会发生中断或者萎缩。可见，社会总产品的实现问题是社会资本再生产的核心问题。研究社会资本的再生产和流通，核心问题就是要说明生产社会总产品时所消耗的生产资料和消费资料能否从社会总产品中得到补偿，这种补偿是如何进行的，以及在什么条件下才能顺利实现这种补偿等问题，其中，社会总产品的实现条件，更是这个核心问题的核心。

二、考察社会资本再生产的理论前提

既然社会总产品的实现问题是社会资本再生产的核心问题，那么，为了揭示社会资本再生产的过程和规律，就必须对社会总产品的构成以及与此相应的社会生产的类别进行分析。由于社会总产品的补偿或实现包括实物和价值两个方面，因此，我们就必须从使用价值和价值这两个方面来分析社会总产品和社会资本再生产。

从社会总产品的实物或使用价值上来看，在最终用途上，不是用于生产就是用于生活，因而它们可分为生产资料和生活资料两大类。其中，生产资料用于补偿生产中已经消耗掉的生产资料以及用于扩大再生产的追加生产资料，消费资料则用于满足资本家和工人的个人生活需要。从社会总产品的价值上来看，它包含了不变资本（c）、可变资本（v）和剩余价值（m）三个组成部分。其中，不变资本价值是旧价值的转移，用于补偿生产中消耗的生产资料的价值，可变资本和剩余价值是工人创造的新价值，前者用于补偿生产中已消耗掉的预付可变资本，后者用于资本家的个人消费以及扩大再生产的资本积累。与社会总产品的实物形态相适应，可以把社会生产分成两大部类，生产生产资料的所有部门和企业构成了第一部类（用符号“Ⅰ”表示），生产消费资料的所有部门和企业构成了第二部类（用符号“Ⅱ”表示）。

关于社会总产品的实物构成和价值构成以及社会生产划分为两大部类的原理，是马克思研究社会资本再生产运动的两个基本原理，它是进一步分析社会资本再生产运动的理论前提。正是因为根据社会总产品的实物和使用价值上的构成把社会生产分成两大部类，才指明了社会总产品实现的基本途径，即两大部类内部以及两大部类之间的交换；也正因为

把社会总产品的价值分成为三个组成部分，才有可能依据它们各自的性质和用途去发现它们实现的途径。同时，这两个方面的划分还指明了价值补偿和实物替换的相互联系及其制约关系。马克思正是从劳动二重性理论和这两个基本原理出发，才科学地解决了资产阶级经济学在再生产问题上长期未能解决的问题，为最终揭示社会资本再生产和流通的规律性奠定了坚实的理论基础。

社会资本再生产和流通是一个十分复杂的过程，为了便于揭示出社会资本再生产的规律，在理论分析上就必须进行合理的抽象，排除一些不利于说明这种规律性的次要因素及其影响。因此，在分析社会资本再生产问题时我们提出如下几个必要的假设：(1) 所考察的是纯粹的资本主义经济，因而整个社会只存在资本家和雇佣工人这两个阶级，从而不存在剩余价值在其他阶级中的分配问题；(2) 不变资本价值的周转时间是一年，因此，在一年的生产过程中，不变资本的价值全部转移到新产品中去；(3) 全部商品都按价值出卖，商品的价格与价值完全一致；(4) 全部社会产品都在一国范围内得到补偿和实现，没有对外经济关系；(5) 剩余价值率为100%。如果修改这些假设中的任何一个，那么问题就会变得更加复杂，但是问题的实质并不因此发生改变。

三、社会资本简单再生产的条件

资本主义再生产的特征是扩大再生产，而不是简单再生产，但是，我们在考察社会资本再生产问题时又必须从简单再生产开始，并且以它为重点。这主要是因为：一方面，从社会资本再生产的实际运动来看，简单再生产不仅是扩大再生产的基础和组成部分，而且它直接为扩大再生产提供了前提；另一方面，从理论的角度来看，困难不在于说明与扩大再生产直接相关的资本积累是如何实现的，而在于揭示社会总产品实现的基本途径和规律，从简单再生产出发，把简单再生产条件下的社会总产品的实现和补偿问题解决了，扩大再生产的实现问题也就比较容易解决了。从简单再生产到扩大再生产，符合从简单到复杂的认识规律。

为了分析社会资本简单再生产过程和实现条件，马克思从社会总产品的价值构成和社会生产两大部类的原理开始，并且为了说明上的便利，设计了一个具体的典型例证，制定了简单再生产的如下公式和模型：

$$\text{I}\quad 4\,000c+1\,000v+1\,000m=6\,000$$
$$\text{II}\quad 2\,000c+500v+500m=3\,000$$

在这个例子中，两大部类的产品价值总额，也即社会年总产品价值为9 000(=6 000+3 000)货币单位，其中第一部类产品价值为6 000，不变资本价值为4 000，可变资本价值为1 000，剩余价值为1 000，第一部类全部产品都表现为生产资料；第二部类产品价值为3 000，其中不变资本价值为2 000，可变资本价值为500，剩余价值为500，第二部类全部产品都表现为消费资料。

在资本主义条件下，一切物质产品都是商品，因而社会总产品的实现都是通过市场交换来进行的。社会总产品的各个组成部分实现价值补偿和实物补偿的过程，也就是社会资本再生产的实现过程，这个过程主要包括以下三个方面的交换过程：

第一，第一部类内部各部门和各企业之间的交换。第一部类中的产品4 000c，在实物

上是由各种生产资料所构成的，在价值上则代表本部类已消耗掉的不变资本价值。为了维持简单再生产的正常进行，生产中消耗了的 4 000c 必须用新生产出来的生产资料来补偿和替换，而这 4 000c 在实物形态上就是新生产出来的生产资料，因此，这部分产品在价值和实物上的实现和替换可以在第一部类内部实现，即主要通过第一部类内部各部门、各企业之间的产品交换而得到实现，另有少数生产资料因可直接留归本企业内部使用而不需要同其他企业进行交换（例如发电厂自己用的电、钢铁厂自己用的钢铁等）。

第二，第二部类内部各部门、各企业之间的交换。第二部类中的产品 500v 和 500m，在实物上由各种消费资料所构成，在价值上代表本部类工人和资本家个人消费的可变资本价值和剩余价值。为了维持再生产的进行，工人和资本家在个人生活消费中所消耗掉的消费资料同样必须用消费资料来补偿，而第二部类中的 500v+500m 在实物形态上就是各种消费资料，因此，这部分产品在价值和实物上的实现和补偿也可以在第二部类内部实现，即通过第二部类的工人和资本家购买本部类的各种生活消费品而得到实现。其中，500v 都必须通过市场来实现并得到补偿，而 500m 的一部分则有可能不通过市场来实现和补偿，例如生产面包的资本家也许并不需要通过市场去购买自己所消费的面包，但这部分在其消费中的比例是极小的。

第三，两大部类之间的交换。第一部类中的产品 1 000v 和 1 000m 在价值上代表本部类的可变资本价值和剩余价值，用于第一部类的工人和资本的个人消费，但这些产品在实物形态上却是生产资料，它们不能直接进入个人消费，因而无法直接用它们来补偿第一部类已经消耗掉的消费资料，而必须和第二部类的消费资料进行交换，以换取消费资料。第二部类的产品 2 000c 在价值上代表第二部类已消耗掉的不变资本价值，但它在实物形态上却是消费资料，也因而无法直接用来替换第二部类所需要的生产资料，从而也无法在第二部类内部来实现和补偿，而必须和第一部类的生产资料进行交换。因此，两大部类都有部分产品需要进行交换。在上述例子中，第一部类中价值 1 000v+1 000m 的生产资料，与第二部类中价值 2 000c 的消费资料正好价值相等，因此，通过它们的交换，第一部类把价值 2 000 的生产资料卖给第二部类的资本家，同时，从第二部类购买自己所需要的消费资料；在同一过程中，第二部类的资本家把价值 2 000 的消费资料卖给第一部类，并从第一部类购买自己所需要的生产资料。

在两个部类的交换过程中，不仅有两大部类的资本家之间的交换，而且有第一部类的工人和第二部类的资本家之间的交换。而且事实上，全部交换正是从第一部类工人同第二部类的资本家之间的交换开始的。具体来说，第一部类的工人先用资本家预付的相当于 1 000v 的货币工资与第二部类资本家的价值 1 000c 的消费资料相交换，通过这个交换，工人得到消费资料，第二部类的资本家得到货币，然后他再用这部分货币去购买第一部类中的价值额相同的生产资料，使第一部类 1 000v+1 000m 中价值 1 000 的生产资料得到实现，第一部类的资本家进一步用这个货币再去购买第二部类的消费资料，从而使第二部类剩下的消费资料得到实现，第二部类的资本家再用这部分货币去购买所需要的生产资料，从而使第一部类价值 1 000v+1 000m 中剩下的生产资料得到实现。通过上述过程，第一部类的资本家和工人得到了消费资料，第二部类的资本家得到了生产资料。

上述三大交换过程如下：

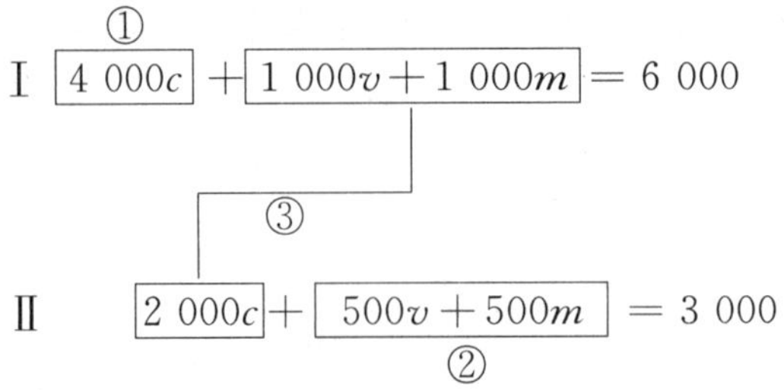

$$
\begin{array}{l}
\text{I} \quad \overset{①}{\boxed{4\,000c}} + \boxed{1\,000v + 1\,000m} = 6\,000 \\
\qquad\qquad\qquad ③ \\
\text{II} \quad \boxed{2\,000c} + \underset{②}{\boxed{500v + 500m}} = 3\,000
\end{array}
$$

通过以上三个方面的交换，社会总产品的各部分不仅在价值上得到实现和补偿，而且在实物上也得到替换，这样简单再生产就可以继续进行了。需要明确的是，上述三方面的交换绝不是一次完成的，而是在一年中经过各部门、各企业的资本家以及工人的无数次交换逐步完成的，社会资本再生产过程本身就是这种复杂的商品交换和商品流通的过程。

以上的分析表明，社会资本简单再生产的实现必须具备一定的基本条件，即两大部类的生产之间必须保持一定的比例关系，具体来说，就是第一部类的可变资本价值和剩余价值之和，必须等于第二部类的不变资本价值，用公式表示为：

$$\text{I}(v+m)=\text{II}c$$

这个条件表明，在社会资本简单再生产条件下，社会生产两大部类之间存在着互为条件、相互依存、相互制约的内在联系，即第一部类提供给第二部类的生产资料和第二部类对生产资料的需求之间、第二部类提供给第一部类的消费资料和第一部类对消费资料的需求之间，必须保持一定的比例关系（不仅是一种数量关系，而且也是一种结构关系）。所以，$\text{I}(v+m)=\text{II}c$ 是社会资本简单再生产得以实现的基本条件。如果 $\text{I}(v+m)<\text{II}c$，第二部类所生产的消费资料不能得到完全实现，出现了生产过剩，同时，第二部类所消耗的不变资本和生产资料也不能得到充分补偿和替换。同样，如果 $\text{I}(v+m)>\text{II}c$，第一部类所生产的一部分生产资料就不能实现，出现了生产过剩，同时，第一部类所消耗掉的生活资料也得不到充分补偿。在这两种情况下，再生产条件都遭到破坏，从而使社会总产品的实现都遇到困难。

从 $\text{I}(v+m)=\text{II}c$ 这个基本条件中可以引申出另外两个条件：

一个条件是 $\text{I}(c+v+m)=\text{I}c+\text{II}c$，它反映第一部类的生产与两大部类对生产资料的需求之间的内在联系，即第一部类生产的生产资料价值总和，必须等于两大部类所消耗的不变资本价值的总和，同时，第一部类所生产的生产资料在使用价值上还必须与两大部类对于生产资料的需要相符合。如果满足不了这个条件，社会资本简单再生产就不可能顺利进行。这个公式表示了生产资料生产与需求之间的关系。

另一个条件是 $\text{II}(c+v+m)=\text{I}(v+m)+\text{II}(v+m)$，它反映第二部类的生产与两大部类的工人和资本家对消费资料需求的内在联系，即第二部类生产的消费资料价值总和，必须等于两大部类的可变资本价值和剩余价值的总和，同时，第二部类所生产的消费资料在使用价值上还必须与两大部类对于消费资料的需要相符合。如果满足不了这个条件，社会资本简单再生产同样不可能顺利进行。这个公式表示了消费资料生产与需求之间的关系。

上述三个公式，体现了简单再生产过程中两大部类之间以及两大部类内部都应遵循的基本比例关系，这些基本的比例关系从不同侧面反映了社会资本简单再生产的规律性，即

社会生产与社会消费之间、社会生产两大部类之间、生产资料生产与生产消费之间、消费资料生产与生活消费之间、供给与需求之间，在使用价值和价值两个方面都必须保持一定的比例关系，只有这样，社会生产和生活才能得以正常进行。这正是马克思的再生产理论所揭示的基本内容。

以上的分析都曾假设不变资本的价值在一年中全部消耗并转移到产品中，但是实际上不变资本中的固定资本并不是在一年内全部消耗、全部转移和全部补偿的。如果把这个因素考虑进来，那么，社会资本简单再生产的实现就必须具备另一个条件，即第二部类的一部分企业当年以固定资本折旧基金形式积累的价值额，必须与另一部分企业同时以历年积累的折旧基金进行固定资本更新的价值额相等，因为只有这样才能继续保持Ⅰ$(v+m)=$Ⅱc，否则，两大部类之间的比例关系就会失去平衡，社会再生产就会受到影响，因此，它也是社会资本简单再生产实现所必需的重要条件。

另外，上述分析实际上假设的是一种物物交换，把货币流通舍象掉了。那么，这是否意味着这种分析不符合资本主义市场经济实际呢？其实，把货币流通加进来并不会改变问题的性质，因为资本家的货币积累是整个社会资本再生产的前提，而且资本循环理论告诉我们，货币资本同生产资本、商品资本总是同时存在的，因此，从社会资本再生产总过程来看，无论是两大部类内部资本家之间的交换，还是两大部类之间的交换，实际上总是货币与商品的交换，而不是物物交换。具体来说，第一部类内部的交换（即价值上等于Ⅰc的这部分产品），总是一部分资本家的货币（表现为不变资本的那部分货币资本）同另一部分资本家的产品（生产资料）进行交换；第二部类内部的交换（即价值上等于Ⅱ$(v+m)$的这部分产品），则是工人先用得到的工资（即Ⅱv）与资本家的产品进行交换，然后，资本家再用得到的货币购买消费品；两大部类之间的交换，则是先由第一部类的工人用得到的工资（即Ⅰv）购买第二部类的消费品，第二部类的资本家再用这部分货币去购买第一部类的生产资料，然后，第一部类资本家用回流的货币去购买第二部类的消费品，最后，第二部类的资本家再用这部分货币进一步购买第一部类的生产资料。由此可见，把货币流通因素考虑进来并不改变问题的性质。

四、社会资本扩大再生产的条件

如同个别资本的扩大再生产一样，社会资本的扩大再生产同样以资本积累为前提。资本积累所形成的追加的资本分为两部分，一部分作为追加不变资本价值，用于购买追加的生产资料；另一部分作为追加可变资本价值，用于购买追加的劳动力。资本主义产业后备军提供了现成的追加劳动力，因此，主要问题在于社会总产品能否为扩大再生产的进行提供追加的生产资料和追加劳动力所需要的追加消费资料。

扩大再生产所追加的生产资料都是第一部类生产的，因此，第一部类的年产品除了满足两大部类简单再生产对生产资料的需要外，还必须有一个余额，用以满足两大部类扩大再生产对追加生产资料的需要。用公式表示就是：Ⅰ$(c+v+m)>$Ⅰ$c+$Ⅱc，简化后即：

Ⅰ$(v+m)>$Ⅱc

这个公式表明，第一部类向第二部类提供的生产资料，除了满足第二部类简单再生产对生产资料的需要外，还必须有剩余，以满足两大部类扩大再生产对追加生产资料的需要，这就是社会资本扩大再生产的第一个基本前提条件。

同样的道理，第二部类的年产品，除了满足两大部类简单再生产过程中工人和资本家对消费资料的需求外，也必须有一个余额，用以满足两大部类扩大再生产对追加消费资料的需要。

如果用 m/x 表示剩余价值中供资本家个人消费的部分，那么，$m-m/x$ 就表示剩余价值中供积累用的部分。上述要求用公式表示为 $\text{Ⅱ}(c+v+m)>\text{Ⅰ}(v+m/x)+\text{Ⅱ}(v+m/x)$，简化后即：

$$\text{Ⅱ}(c+m-m/x)>\text{Ⅰ}(v+m/x)$$

这个公式表明，第二部类向第一部类提供的消费资料，除了满足第一部类简单再生产时工人和资本家的个人消费需要外，还必须有一个余额，用以满足两大部类扩大再生产对追加消费资料的需要，这就是社会资本扩大再生产的另一个基本前提条件。

只有同时满足以上两个基本前提条件，资本积累才有可能转化为实际的扩大再生产。

通过资本积累，使简单再生产转化为扩大再生产，就必须使社会总产品和社会生产结构按照扩大再生产的上述两个前提条件进行调整和重新组合，使社会总产品的各组成部分全部得到实现。根据这个要求，马克思设计和制定了适合于扩大再生产的如下例子：

$$\text{Ⅰ}\quad 4\,000c+1\,000v+1\,000m=6\,000$$
$$\text{Ⅱ}\quad 1\,500c+750v+750m=3\,000$$

在这个例子中，$\text{Ⅰ}(1\,000v+1\,000m)>\text{Ⅱ}1\,500c$，符合 $\text{Ⅰ}(v+m)>\text{Ⅱ}c$ 这个扩大再生产的基本前提条件，具备了进行资本积累和扩大再生产的可能。在资本积累过程中，社会总产品必须提供追加的生产资料和消费资料，这样，社会年总产品 9 000 就必须按扩大再生产的要求重新加以调整和组合。

假定第一部类的资本积累率是 50%，即资本家把剩余价值 1 000 中的一半用于积累，另一半用于资本家个人消费，同时假定积累的资本按原有的资本有机构成进行追加，那么用于积累的 $500m$ 就转化为追加不变资本 $400\Delta c$ 和追加可变资本 $100\Delta v$。这样，第一部类的年产品价值按照扩大再生产的用途重新组合成如下几个部分：

$$\text{Ⅰ}\quad (4\,000c+400\Delta c)+(1\,000v+100\Delta v)+500m=6\,000$$

即 $\quad\text{Ⅰ}\quad 4\,400c+1\,100v+500m=6\,000$

其中，$4\,400c$ 代表用于维持和扩大第一部类再生产的生产资料价值，它的实物形态是生产资料，因而这部分产品可以在第一部类内部通过各部门各企业之间的交换得到实现和替换。$1\,100v$ 和 $500m$ 在价值上代表第一部类工人和资本家用于个人消费的价值，而它的实物形态是生产资料，因而这部分产品只有通过与第二部类的消费资料进行交换才能得到实现和替换，同时使第二部类消耗掉的生产资料得到替换和补偿。

由于第二部类需要在实物上替换的不变资本价值只有 $1\,500c$，比第一部类需要与之交换的 $1\,100v+500m$ 少 100 个单位，因此，第二部类资本家有必要从剩余价值 $750m$ 中提取 100，用做追加不变资本。为分析问题的方便，假设第二部类追加资本的有机构成是 $c:v=2:1$，那么，还必须从剩余价值中提取 50 作为追加的可变资本。这样，第二部类也相应地完成了资本积累过程。这时，第二部类的年产品按照扩大再生产的需要重新组合为：

$$\text{Ⅱ}\quad (1\,500c+100\Delta c)+(750v+50\Delta v)+600m=3\,000$$

即

$$\text{Ⅱ}\quad 1\,600c+800v+600m=3\,000$$

其中，800v 和 600m 代表第二部类用于工人和资本家个人消费的消费资料价值，它的实物形态是消费资料，因而这部分产品可在第二部类内部通过各部门、各企业之间的交换得到实现和替换。1 600c 在价值上代表第二部类已经消耗掉的和追加的生产资料价值，但它在实物上是消费资料，因而这部分产品只有与第一部类的生产资料进行交换才能得到实现和替换。

社会总产品经过资本积累进行重新组合，就为社会资本扩大再生产的进行和实现创造了条件。综上所述可以看出，这一过程也包括三个方面的交换行为，例示如下：

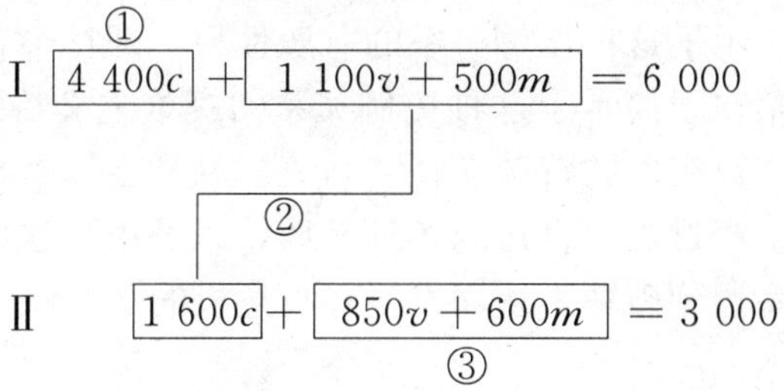

①

$$\text{Ⅰ}\quad \boxed{4\,400c}+\boxed{1\,100v+500m}=6\,000$$

②

$$\text{Ⅱ}\quad \boxed{1\,600c}+\boxed{850v+600m}=3\,000$$

③

通过上述交换过程，社会总产品全部得到实现和补偿，并为社会资本扩大再生产的继续进行创造了条件。在下个年度的扩大再生产过程中，如果剩余价值率仍为100%，那么，两大部类生产的社会年总产品的价值构成是：

$$\text{Ⅰ}\quad 4\,400c+1\,100v+1\,100m=6\,600$$

$$\text{Ⅱ}\quad 1\,600c+800v+800m=3\,200$$

因此，社会年总产品的总价值由上一年的 9 000 单位扩大为 9 800 单位，实现了社会资本的扩大再生产。根据上述方法，以后各年社会资本扩大再生产的实现过程可以作类似的分析。

上述分析表明，社会资本扩大再生产的实现必须具备一定的基本条件，即两大部类之间必须保持一定的比例关系，具体来说就是第一部类原有的可变资本价值，加上追加的可变资本价值，再加上本部类资本家用于个人消费的剩余价值，这三者之和必须等于第二部类原有的不变资本价值和追加的不变资本价值之和，用公式表示为：

$$\text{Ⅰ}(v+\Delta v+m/x)=\text{Ⅱ}(c+\Delta c)$$

这个公式表明，在社会资本扩大再生产条件下，社会生产两大部类之间存在着互为条件、相互依存的内在联系，即第一部类提供给第二部类的生产资料同第二部类对生产资料的需求之间、第二部类提供给第一部类的消费资料同第一部类对消费资料的需求之间必须保持一定的比例关系。否则，社会资本扩大再生产就不能顺利地实现。

从上述基本公式也可以引申出另外两个实现条件：

$$\text{Ⅰ}(c+v+m)=\text{Ⅰ}(c+\Delta c)+\text{Ⅱ}(c+\Delta c)$$

$$\text{Ⅱ}(c+v+m)=\text{Ⅰ}(v+\Delta v+m/x)+\text{Ⅱ}(v+\Delta v+m/x)$$

以上这两个公式分别反映了社会资本扩大再生产条件下，第一部类生产资料的生产与两大部类对于生产资料的需求之间的关系、第二部类消费资料的生产与两大部类对于消费资料的需求之间的关系。同样地，这种关系也必须从使用价值和价值两个方面来理解。

上述三个公式，体现了社会资本扩大再生产条件下两大部类之间以及它们内部应遵循的基本比例关系，这些基本比例关系从不同侧面反映了社会资本扩大再生产的规律性，即社会生产两大部类的资本积累和扩大再生产是相互依存、互为条件、互相制约的，第一部类的积累和扩大再生产的规模决定着第二部类的积累规模和积累率，同时，第二部类的积累和扩大再生产对第一部类的扩大再生产也有制约作用。

马克思的社会资本再生产理论，揭示了资本主义经济发展的内在规律性：无论是简单再生产还是扩大再生产，社会生产的两大部类以及各部类内部各部门之间，必须保持一定的比例关系。马克思的理论不仅在于揭示了这种比例关系的一般性质，即社会化生产都必然存在这种比例关系，而且更重要的是在于揭示了这种比例关系的资本主义特殊性质，即它在资本主义条件下所采取的特殊形式及实现的特殊途径。马克思的社会资本再生产理论的最终目的，是为了揭示资本主义再生产过程中存在的各种矛盾，以及由于这些矛盾的作用使社会资本再生产所需要的比例关系遭到破坏，从而发生经济危机的必然性。

关键术语

产业资本　　资本循环　　货币资本
生产资本　　商品资本　　产业资本的三种循环形式
资本周转　　周转时间　　周转次数
生产时间　　流通时间　　固定资本
流动资本　　资本总周转　　年剩余价值率
年剩余价值量　　社会资本　　社会资本运动
年总产品的实现和补偿　　社会生产两大部类
社会资本简单再生产的实现条件　　社会资本扩大再生产的前提条件
社会资本扩大再生产的实现条件　　资本主义基本矛盾
经济危机　　萧条

思考题

1. 什么叫资本周转？它与资本循环有什么联系和区别？

2. 资本的流通时间是由哪几个部分组成的？生产时间和流通时间又包含哪些组成部分？

3. 固定资本和流动资本是如何划分的？这种划分同不变资本和可变资本的划分有什么不同？

4. 加速资本周转的意义是什么？

5. 社会资本运动与个别资本运动有哪些相同点和不同点？为什么说社会总产品的实

现和补偿是社会资本再生产的核心问题？

6．马克思分析社会资本运动的两个理论前提是什么？

7．社会资本简单再生产的实现过程和实现条件是怎样的？社会资本扩大再生产的前提条件和实现条件各是什么？

第九章

垄断资本主义

重点问题

自由竞争发展到垄断的必然性 垄断是垄断资本主义的经济实质 垄断利润和垄断价格 一般垄断资本主义发展到国家垄断资本主义的必然性 国家垄断资本主义的基本形式和本质 国家垄断资本主义的宏观经济调节

资本主义发展经历了两个阶段：自由竞争的资本主义和垄断的资本主义。19 世纪末 20 世纪初，资本主义从自由竞争阶段发展到垄断阶段。在垄断阶段，垄断资本主义也经历了两个发展阶段：一般垄断资本主义（或称私人垄断资本主义）和国家垄断资本主义。垄断资本主义和自由竞争资本主义一样，本质上都是资本主义，所以前面论述的有关资本主义经济的基本原理，对垄断资本主义也是适用的，但是，垄断资本主义是资本主义发展进程中的一个新阶段，有其自身的发展规律和特征。本章将对垄断资本主义作专门考察。

第一节　一般垄断资本主义

一、垄断资本主义的形成

资本主义生产方式的最终确立是在 18 世纪中期至 19 世纪中后期。这个时期的资本主义处在自由竞争阶段。在这一阶段，资本主义经济以分散的个体资本和个体企业为主体，不同生产者之间为争夺有利的生产和销售条件而进行无限制的竞争，除了土地私有权外没有人为的或自然的垄断障碍，竞争的主要手段是改进生产技术和扩大生产规模，以提高劳动生产率和降低商品成本，竞争的结果是资本按照平均利润的原则瓜分剩余价值。

19 世纪末 20 世纪初，随着社会生产的发展和资本主义经济内在矛盾的发展，自由竞争的资本主义转变成了垄断资本主义，生产社会化的发展以及由此导致的生产的集中是这种转变的技术基础。

在前面分析分工问题时，我们曾经提出了劳动或生产的社会性这一概念，并将分工和生产的社会化的含义概括为两个方面。从宏观上看，分工使不同的生产者相互依赖，成为社会总劳动中的一个组成部分；从微观上看，分工使单个劳动者成了协作劳动的一个特殊的器官。前一种含义的生产社会性是伴随着分工的出现而出现的，而后一种含义的生产社会性却是工业革命和企业内分工的产物，它的出现为大规模的生产奠定了物质基础。大规模生产有利于提高分工和协作的程度，提高劳动者的劳动技能和熟练程度；有利于节约生产要素的投入，形成规模经济；有利于使用机器、改进技术和科学在生产过程中的广泛运用；有利于提高劳动过程的连续性、规范性和科学性，总而言之，有利于劳动生产力的提高。

大规模的生产导致了生产和资本的集中。所谓生产集中是指社会生产日益集中在少数企业手中的过程。在资本主义条件下，生产的集中表现为资本的集中，即社会总资本日益集中在少数资本家手中的过程。生产集中的发展水平通常用集中率加以衡量，它又包括两类指标：一是部门集中率，又称市场集中率，是按照相当于单个市场的生产部门计划的集中率，它集中反映了少数大企业在部门全部经济规模中占有的比重。另一类是总体集中率，这是按照较宽的产业范围计算的集中率，计算的范围往往是制造业或全部非金融公司，或全部公司经济等等。[①] 生产和资本的集中与后一种含义的生产社会化是等价概念。19 世纪末 20 世纪初出现的以电力革命为核心的第二次工业革命，大大推动了生产和资本的集中率。新技术革命带动了钢铁冶炼、热机、运输、电力、化工合成以及电信技术等一系列新兴工业部门的出现，急剧改变了第一次工业革命后形成的以纺织和煤炭为主的部门结构，重工业开始代替轻工业在工业中占主导地位。由于重工业的发展需要大量的固定资本，企业的规模因而不断扩大，生产社会化的程度大大提高。

表 9—1 显示了 1909—1989 年美国工业和制造业的集中程度。

表 9—1　　**美国工业和制造业的集中程度（1909—1989 年）**

年份	100 家最大工业公司占工业总资产的份额（%）	年份	在全部制造业资产中所占份额（%）	
			100 家最大制造业公司	200 家最大制造业公司
1909	17.7	1925	34.5	
1919	16.6	1929	38.2	45.5
1929	25.2	1939	41.9	48.7
1939	27.7	1950	39.7	47.7
1948	26.7	1960	46.4	56.3
1958	29.8	1970	48.5	60.4
1967	31.8	1980	46.7	59.7
1977	29.5	1987	50.0	61.8

资料来源：转引自高峰：《发达资本主义经济中的垄断与竞争》，26 页，天津，南开大学出版社，1996。

① 参见高峰：《发达资本主义经济中的垄断与竞争》，17 页，天津，南开大学出版社，1996。

生产规模的扩大为生产和资本的集中提供了技术上的必要性和可能性，但是，这种必要性和可能性只有与资本主义经济关系结合起来才能转化为现实的力量。资本主义经济的根本动力来自于对剩余价值或利润的追求，为了实现利润最大化的目的，每个资本主义企业都力图通过资本的积累加强在市场竞争中对其他企业的竞争优势，以便控制市场和利润，为此它们不断扩大经营规模，追求生产和资本的集中。这样一方面可以获取规模经济的好处，降低生产成本，提高劳动生产率；另一方面可以排斥竞争对手，操纵市场价格，获取超额利润，对于利润最大化的无止境的追求构成了生产和资本集中的持久动力。

生产的社会化要求资本占有的社会化，单个私人资本的局限日益明显，股份资本迅速发展起来了，股份公司既是生产社会化的产物，反过来又推动着生产社会化的迅速发展。与单个资本相比，股份资本是一种社会资本。从私人资本到股份资本的发展表明，“那种本身建立在社会生产方式的基础上并以生产资料和劳动力的社会集中为前提的资本，在这里直接取得了社会资本（即那些直接联合起来的个人的资本）的形式，而与私人资本相对立，并且它的企业也表现为社会企业，而与私人企业相对立。这是作为私人财产的资本在资本主义生产方式本身范围内的扬弃。”[①] 股份公司的发展克服了单个资本主要依靠内部积聚的方式进行资本积累的局限性，它通过发行股票的方式在社会范围内筹集资本，把分散的小额资本迅速集中起来发展为大资本，极大地推动了生产和资本的集中。正如马克思曾经说过的那样：“假如必须等待积累去使某些单个资本增长到能够修建铁路的程度，那末恐怕直到今天世界上还没有铁路。但是，集中通过股份公司转瞬之间就把这件事完成了。”[②] 由于股份资本与单个资本相比，可以在更大程度上适应生产社会化或集中化的要求，推动劳动过程中分工协作的发展和科学技术的发明和运用，因而使生产社会化水平发展到一个新的更高的阶段。

除了股份公司外，资本主义信用的发展也极大地加速了资本集中的过程。马克思把竞争和信用称做集中的两个最强有力的杠杆。他说，除竞争而外，“一种崭新的力量——信用事业，随同资本主义的生产而形成起来。起初，它作为积累的小小的助手不声不响地挤了进来，通过一根根无形的线把那些分散在社会表面上的大大小小的货币资金吸引到单个的或联合的资本家手中；但是很快它就成了竞争斗争中的一个新的可怕的武器；最后，它变成一个实现资本集中的庞大的社会机构”[③]。随着资本主义经济的发展，信用、银行和各种金融组织也日益发展起来，金融机构不仅自身具有集中资本的强大的功能，而且还通过促进股份公司的发展、推动企业之间的兼并来加速资本的积累。

生产集中和资本集中的发展导致了垄断的出现。所谓垄断，是指在生产集中和资本集中高度发展的基础上，一个大企业或少数几个大企业对相应部门产品生产和销售的独占或联合控制。列宁说：“集中发展到一定阶段，可以说就自然而然地走到垄断。因为几十个大型企业彼此之间容易达成协议；另一方面，正是企业的规模巨大造成了竞争的困难，产生了垄断的趋势。”[④] 当生产和资本高度集中后，一个或几个大企业的联合就能够控制某一部门的生产和销售，国民经济的一些主要部门已逐渐为少数大资本所控制，这样便限制了资

① 《资本论》，第3卷，493页。

② 《资本论》，第1卷，688页。

③ 《资本论》，第1卷，687页。

④ 《列宁选集》，3版，第2卷，585页，北京，人民出版社，1995。

本在部门内和部门间的自由竞争，从而形成了垄断。

19 世纪末 20 世纪初，在主要资本主义国家，垄断组织和垄断资本在国民经济中已经居于统治地位，资本主义从自由竞争阶段过渡到垄断阶段，自由竞争资本主义转变为一般垄断资本主义（或称私人垄断资本主义）。例如，1889—1890 年期间，卡特尔形式的垄断组织有过蓬勃的发展，1890 年德国卡特尔发展到 200 个，1896 年约有 250 个，1905 年约有 385 个。这个时期，英、法等国也出现了垄断组织，1882 年美国出现了第一个托拉斯，即 J. D. 洛克菲勒的美孚石油托拉斯；1904 年发展到 318 个工业托拉斯，其中占资本总额 5/6 的 236 个托拉斯是 1898 年以后建立的。这 318 个托拉斯吞并了 5 300 个工业企业，拥有全部制造业资本的 40%；这些托拉斯中有 26 个控制了各自部门生产的 80% 以上。1900—1903 年期间，在主要资本主义国家，垄断组织已经居于统治地位，成了全部经济生活的基础。

二、垄断资本主义的特征及其发展

（一）垄断资本主义的特征

垄断资本主义是作为自由竞争资本主义的发展和直接继续而成长起来的，垄断是垄断资本主义的经济实质和深厚基础，它渗透在垄断阶段经济活动和经济关系的各个方面。列宁曾经根据当时（20 世纪初期）的经济和政治条件，把体现垄断实质的垄断资本主义的基本特征概括为五个方面：生产和资本的集中发展到这样高的程度，以致造成了在经济生活中起决定作用的垄断组织；银行垄断资本和工业垄断资本已经融合起来形成金融资本，并在此基础上形成了金融寡头；与商品输出不同的资本输出有了特别重要的意义；瓜分世界的资本家国际垄断同盟已经形成；最大资本主义列强已把世界上的领土分割完毕。以下对这些基本特征作简要的说明。

（1）生产集中和垄断。在 20 世纪初期，各主要资本主义国家生产集中和资本集中已经达到很高的程度，工业生产部门中的垄断组织已经广泛存在，主要有：在部门内瓜分市场、规定产量和价格等的卡特尔；联合采购原材料和销售产品的辛迪加；统一管理参加企业的业务和财务、独立进行经营活动的托拉斯；以实力雄厚的大公司为核心的不同部门企业结成联合集团的康采恩。在当时，这些垄断组织已经成为经济生活的主体。

（2）金融资本和金融寡头的统治。20 世纪初期，在工业垄断资本形成的基础上，银行垄断资本也迅速发展起来。这时银行的作用发生了根本变化，从普通的借贷关系中介人变成了控制工业企业融资活动乃至整个国民经济的万能的垄断者。因为大银行资金实力雄厚，信用度高，竞争力强，可以给大企业提供大量借贷资金。而大企业也将闲置的暂时不用的巨额货币资本存入大银行。这样，大银行和大企业之间逐渐形成了较为固定的金融关系，银行还借此掌握了企业资金往来和经营情况，能对企业进行及时有效的监督和控制，甚至左右企业的命运。正是在这个基础上，工业和银行业的垄断资本互相渗透，彼此融合或混合生长，形成了垄断阶段上最高形态的垄断资本，列宁称之为“金融资本”。在金融资本形成的过程中，在主要资本主义国家也都形成了少数控制着银行又控制工业的最大资本家和资本家集团，列宁称之为“金融寡头”。金融寡头在经济领域内主要是通过参与制，即通过掌握“股票控制额”而对母公司、子公司、孙公司建立层层控制，并进而控制整个国民经济。它们还进一步通过同政府进行“个人联合”，即由金融寡头或其代理人担任政府要职，或把卸任的军政官员聘请到企业担任要职，从而控制整个国家机器，使资产阶级政府成为其实行政治统治的工具。

（3）资本输出。在资本主义对外经济方面，自由竞争阶段主要表现为商品输出，垄断阶段主要表现为资本输出。从历史发展过程看，资本输出是在20世纪初迅速发展起来的。在1870年前后，英、法、德、美、日等主要资本主义国家的对外投资只有50亿美元，1914年已增加到440亿美元～490亿美元。垄断阶段，大量的资本输出有其必要性和可能性。一方面，垄断资本凭借垄断地位已经积聚起巨额货币资本，而国内有利的投资部门已被垄断资本分别占领，因而形成了“过剩资本”，这些过剩资本必须投向国外以获取高额利润，并借以垄断原料来源和带动商品输出。另一方面，当时经济落后的国家（殖民地和附属国），工资、土地、原料价格低，资本有机构成也低，利润率高，同时资本主义的发展将这些落后国家卷入了世界市场范围，使这些地区的商品经济有所发展，基础设施开始建设（如铁路、航运、通讯等），初步具备了投资条件，为过剩资本输出提供了可能。这样，资本输出便成了金融资本向外进行经济扩张、最终形成垄断资本主义世界体系的坚实基础。

（4）国际垄断同盟及其在经济上瓜分世界。在垄断阶段，随着资本输出的发展，必然会引起垄断资本主义国家之间和垄断资本之间为争夺有利的投资场所、销售市场和原料产地的激烈竞争。在国际竞争中，为避免两败俱伤的情形发生，在很多情况下，各国垄断资本之间常常采取订立协议的方式建立起国际垄断同盟，从经济上瓜分世界，分割世界市场，分享利益。到20世纪初，国际垄断同盟已有很大的发展，主要形式是国际卡特尔，即若干国家的生产和经营同种产品的垄断组织之间，通过订立国际协议，垄断和瓜分该种产品的世界市场，规定垄断价格，谋取国际垄断利润。1914年，缔结正式协议的国际卡特尔已有116个，其中著名的有国际电气卡特尔、国际铝卡特尔、国际钢轨卡特尔等。它们跨越国界，从经济上瓜分世界，并且随着实力对比的变化，重新瓜分世界。

（5）侵占殖民地，从领土上瓜分世界。19世纪70年代以后，随着自由竞争的资本主义向垄断的资本主义过渡和金融资本的形成，垄断资本主义国家即帝国主义列强掀起了夺取殖民地的高潮。因为，对于垄断资本来说，直接占领和统治的殖民地、半殖民地和附属国，是最有利的投资场所、最可靠的销售市场和最有保证的原料供应地。1876—1914年，列强侵占了将近2 500万平方公里的世界领土，世界领土面积的2/3、世界人口的56%沦于殖民统治之下。这样，列强便将世界领土分割完毕。随后，随着经济、政治和军事实力对比的变化，列强之间出现了重新瓜分世界领土的斗争。垄断资本主义发展过程中发生的两次世界大战，是列强之间争夺世界霸权和重新瓜分世界领土的斗争的最高表现。

综上所述可以看出：第一，这五个特征是互相联系的，共同反映了垄断是垄断资本主义的经济实质和深厚的经济基础。第二，从本质上看，前两个特征表明垄断组织和金融资本统治的确立，反映了垄断资本在国内的统治；后三个特征表明垄断资本和金融资本统治在世界范围内的确立，反映了垄断资本的国际统治和资本主义世界体系的形成。第三，这五个特征共同反映了20世纪初期资本主义国内经济和国际经济的发展状况，生产和资本社会化、国际化的水平，世界上大国争霸的格局和殖民体系的现实。

（二）垄断资本主义的发展

上面分析的主要是列宁时代（20世纪初期）一般垄断资本主义的基本特征。但是，任何事物都是在发展变化的，垄断资本主义当然也不能例外。第二次世界大战后，在现代科技革命和生产社会化、国际化高度发展的条件下，发达资本主义国家已从私人垄断资本主义阶段发展到国家垄断资本主义阶段，这是垄断资本主义生产关系在其自身范围内的局部调整和“部分质变”。正是这种“部分质变”使垄断资本主义的基本特征有了很大的发展和变化。与列宁时代和第二次世界大战前相比，这种发展和变化大体上有以下几种情形：

（1）有的特征在列宁时代和第二次世界大战前是普遍存在的和典型的，现在不仅依然存在，而且有了进一步的发展，并具有了许多新特点。如生产集中和垄断、银行垄断、金融资本的高度发展，以及资本输出的形式和流向的变化等等。

（2）有的特征在列宁时代和第二次世界大战前是普遍存在的和典型的，但现在已经不存在了。如国际卡特尔，当时是私人国际垄断组织的主要形式，现在已被垄断性的跨国公司取代了；再如占领和统治殖民地，当时是殖民主义的主要形式，而第二次世界大战后这种旧殖民体系已经瓦解了。

（3）有的特征在列宁时代和第二次世界大战前虽已出现，但并不普遍，在垄断资本主义经济中还不占有重要地位，也未引起人们的普遍注意，而现在不仅普遍出现了，而且已经成为垄断资本主义经济的重要组成部分，引起世人的普遍关注。属于这一类情形的典型例子有国家垄断、跨国公司和跨国银行等。

（4）有的特征在列宁时代和第二次世界大战前还没有出现，只是在第二次世界大战后的条件下产生和发展起来的。例如，各种形式的国家垄断资本主义的国际经济联合和国际经济调节、经济一体化和经济全球化的出现和发展。

总的来看，第二次世界大战后，随着第三次科技革命的爆发及国家垄断资本主义的持续快速发展，垄断资本主义经济特征有了一些新的发展，这主要表现为以下几个方面。

第一，科技革命导致生产和资本更进一步集中，巨型的垄断企业不断出现。美国《财富》杂志评选的1999年世界500强企业中的第一名通用汽车公司的年收入高达1 613亿美元，前10名年收入总额达9 717亿美元，第500名波尔公司的年收入也达到近29亿美元。垄断企业规模的不断扩大，一方面是资本积聚的结果，另一方面通过兼并、收购、联合、重组等形式进行的资本集中也扩张了垄断资本的实力。据统计，2000年第一季度美国和欧洲的并购总额分别达到5 780亿美元和3 414.2亿美元，同比增长64%和45%，第二次世界大战后全球最大的购并案是美国在线公司对时代华纳公司的购并，购并金额高达1 640亿美元。

第二，金融资本实力不断增强。第二次世界大战后，垄断资本主义国家的金融机构通过各种方式实现与工业资本的融合，使金融资本的实力大增。据统计，1956年美国各金融机构所控制的工业公司的股票市值为791亿美元，占全部上市股票总值的24.5%，1976年增加到3 754亿美元，占全部上市股票总值的比重提高到39.7%。金融机构除了大量控制工业企业的股权外，还与工业公司实行人事结合，双方互兼董事，相互渗透。金融资本实力不断增强。

第三，资本输出的数量剧增，输出的方向开始偏向发达国家。第二次世界大战后，随着金融资本的巨大增长，垄断资本主义国家的资本输出量剧增。据统计，各主要资本主义国家1945年的资本输出量为510亿美元，1975年增加到6 000多亿美元，增长了10倍。

1996年仅美国的对外直接投资累计额就达到近8 000亿美元。在这一过程中，资本输出的流向也在发生变化，由战前的流向经济落后国家和殖民地、附属国转为流向发达国家。20世纪90年代以来，发达国家之间资本流量已占全球直接投资总额的80%～90%。

第四，以欧盟为典型的国际垄断同盟得到了发展。第二次世界大战后科技革命极大地推动了资本主义生产的社会化和经济的全球化趋势，各垄断资本主义国家之间的经济竞争越来越激烈，国际范围的经济协调成为必然选择。各种国际经济组织（IMF、IBRD、WTO等）、国际经济协议、地区性经济集团的建立都是调节国际经济关系的方式，其中，尤以欧洲联盟为代表。

第五，新殖民主义代替旧殖民主义，采用经济渗透的方法继续对发展中国家进行控制和掠夺。第二次世界大战后，由于政治形势的变化，垄断资本主义国家原有的旧殖民统治不得不变换形式，采取更加隐蔽的新殖民主义手法。新殖民主义的招数很多，主要是打着“援助”的旗号进行资本输出，并以此控制受援国的经济和政治。此外，还利用在先进科学技术上的垄断地位，对发展中国家进行控制。

从上述情况可以看出，与列宁时代和第二次世界大战前相比，资本主义垄断和垄断资本主义的基本特征，确实有了发展和变化，但是，这种种变化并没有从根本上改变垄断的实质。当代发达资本主义国家生产和资本集中的程度从以下资料中可见一斑。在20世纪80年代中期，三大汽车公司（通用、福特、克莱斯勒）在本部门的市场占有率为85%～95%，两大重型电力设备公司（通用电气、西屋电气）的市场占有率为55%～60%，四大炼油公司（埃克森、莫比尔、德士德、印第安纳美孚）的市场占有率为50%～55%，四大钢铁公司（美国钢铁、伯利恒、国民国际集团公司、共和钢铁公司）的市场占有率为65%～70%，四大飞机公司（波音、联合技术公司、麦道公司、通用动力公司）的市场占有率为75%～85%，三大玻璃公司（PPG工业公司、利比—欧文斯—福特、科宁玻璃）的市场占有率为80%～90%，三大铝品生产公司（美国铝公司、雷诺兹金属公司、凯塞铝和化学公司）的市场占有率为70%～80%，三大炼铜公司（爱麦克斯公司、弗尔普斯—道奇、肯尼科特公司）的市场占有率为80%～90%，两大初铝生产公司（弗卢尔公司、阿萨科公司）的市场占有率为95%～100%，四大药品公司（强生公司、阿默—豪产品公司、菲泽公司、默克公司）的市场占有率为45%～55%，两大肥皂生产公司（普罗克特—甘布尔公司、爱芳产品公司）的市场占有率为65%～75%，四大工业化学公司（杜邦公司、道化学公司、孟山都公司、联合碳化物公司）的市场占有率为55%～65%，两大冰箱、洗衣机公司（沃尔普尼公司、怀特联合公司）的市场占有率为80%～90%，照相器材公司（伊士曼科达公司）的市场占有率为70%～80%，四大轮胎公司（古德伊尔轮胎橡胶公司、古德里奇公司、尤里罗亚尔公司、费尔斯通公司）的市场占有率为80%～90%等等。与此同时，美国的大公司和它们所占的资产、产值、销售额、利润的份额也在不断增加和提高。9家美国资产在10亿美元以上的工业大公司所占的公司资产总额的比重，从1960年的23%提高到1970年的48.8%和1990年的71.2%。美国制造业最大的200家公司创造的增值额在全部制造业增值总额中所占的比重，从1947年的30%提高到1967年的42%和1982年的44%。1984年美国3%的公司控制了制造业全部增值额的80%。美国收入在100万美元以上的企业所占的美国企业总收入的份额，从1970年的75%提高到1988年的90%。类似的情况在其他发达资本主义国家中也可以看到，例如，1970年日本0.9%的公司控制着86%的股份资本；联邦德国109家最大的公司占有64.7%的股份资本；1950—1970年英国集中程度提高的速度等于1909—1935年的2倍。[①] 以上情况充分说明，当代资本主义仍然是垄断资本主义。

三、垄断利润和垄断价格

垄断企业追求垄断地位的根本目的，在于保证稳定的高额利润。制定和维持产品的垄断价格，则是垄断企业获得高额垄断利润的根本保证。认识垄断资本主义的运动规律必须了解垄断利润和垄断价格。

（一）垄断利润

所谓垄断利润，是指垄断资本凭借自己在经济上的垄断地位而长期获得的大于平均利润的高额利润。如果说平均利润是自由资本所有权在经济上实现自身的形式，垄断利润则是垄断资本所有权在经济上实现自身的形式，而攫取垄断利润则是垄断资本扩大再生产的内在要求。

追逐利润是资本主义生产的直接动机和唯一目的。在自由资本主义时期，由于自由竞争占统治地位，资本主义企业一般只能获得平均利润。在垄断阶段，垄断资本获取的是大大高于平均利润的高额垄断利润。垄断资本可以凭借垄断地位，通过规定垄断价格，加强对工人的剥削和对中小企业的掠夺，保证能够长期地获取这种高额垄断利润。垄断资本必须获取高额垄断利润的具体原因有：垄断企业规模巨大，资本有机构成很高，导致利润率有下降的趋势；由于垄断企业规模巨大，又要进行多方面的竞争，企业耗损巨大；垄断企业还要调节生产，有时要限制生产，以适应市场容量，当产量减少时会给企业造成巨大损失；垄断企业要进行科学技术研究和开发，需要巨额资金。

垄断利润的来源主要有两个方面：（1）垄断企业内部工人所生产的剩余价值。垄断企业以生产规模巨大、技术设备先进、技术人员和熟练工人比例较大为特征，垄断企业中数量众多的复杂劳动力在生产过程中能创造出更多的价值和剩余价值。同时，垄断企业的劳动生产率一般高于平均水平，因而职工的劳动作为倍加的劳动也会创造出更多的价值和剩余价值。所以，高额垄断利润的来源，首先是以垄断资本剥削企业内部的雇佣劳动为基础的。（2）从垄断企业外部转移过来的价值，包括通过高价出售产品、低价收购原料等途径而占有的局外企业工人所创造的一部分剩余价值；小生产者所创造的一部分价值，乃至占有一般消费者收入的一部分；通过国家廉价提供的产品和服务、国家采购、国家补贴减税、科研资助、优惠贷款、军事订货等途径，将国民收入的一部分转化为垄断利润；通过对外投资和国际贸易中的不等价交换，占有其他国家特别是不发达国家的一部分价值和剩余价值。总之，垄断资本所攫取的高额垄断利润，归根到底是来源于工人阶级创造的剩余价值和其他劳动者创造的一部分价值。

（二）垄断价格

所谓垄断价格，是指垄断资本凭借在经济上的垄断地位所规定的能够带来垄断利润的价格。垄断价格是商品成本价格加垄断利润构成的。

前面讲到，垄断利润有多种来源，但不论哪一种来源，都要通过商品的卖和买才能实

---

① 参见高峰：《现代资本主义的经济关系和运行特征》，5页，天津，南开大学出版社，2000。

现，也就是都要通过能够提供垄断利润的垄断价格才能实现。在垄断阶段，垄断是垄断价格产生的客观基础，同时，垄断价格也受到市场竞争、商品供求和购买者有支付能力的需求等客观经济情况的制约。所以，垄断价格不是一种随心所欲任意定价的主观意志范畴，而是一种客观经济范畴。

垄断价格包括垄断高价和垄断低价。垄断部门产品的销售价格通常高于该产品在没有垄断势力条件下可能形成的生产价格。其前提条件是垄断企业对市场的控制、对资本流入的阻碍和对部门产量的限制。垄断高价是垄断企业产品售卖价格的特征，而垄断低价则是垄断企业产品购买价格的特征（例如，以垄断低价向中小企业和小生产者购买原材料等生产资料），或为了占领市场、击败竞争对手而实行的倾销低价等。

第二次世界大战后，资本主义国家垄断资本在规定垄断价格上出现了一些新做法，主要有：(1) 领导价格制。即由该部门最大的垄断企业先制定出能保证垄断利润的垄断价格，然后其他企业随之定价。(2) 目标价格制。目标价格等于成本价格加按照预定投资利润率计算的高额利润。(3) 完全成本定价制。即垄断企业按其产品的特点，结合市场需求情况定出销售额指标，并据此分摊成本，再加上目标利润，定出销售价格。(4) 生命周期定价制。即按照产品初生、全盛和衰老三个不同阶段的市场情况定出不同的高价或低价，最终达到获取高额垄断利润的目的。

垄断排除竞争，垄断价格也不能长期地过分高于产品的价值或生产价格，它的变动要受到以下因素的制约：(1) 受到商品需求的制约。在一定时期内，社会或消费者对一定商品的需求量是有一定限度的，并且各种商品的需求弹性也是不一样的，商品的垄断价格如果定得太高，对该种商品的需求量就会下降，出现该种商品滞销情况，其结果是垄断高价不能维持，高额利润不能实现，从而迫使该种商品价格下降。(2) 受到商品供给的制约。同理，社会或消费者对一定商品的需求量在一定时期内是有一定限度的，如果该种商品的供给量大于其需求量，必然会引起其价格下跌，结果也是垄断高价不能维持。这也正是垄断企业在规定垄断价格高度时必须限制产量的原因。(3) 受到产品成本的制约。这是因为，过高的垄断价格必然导致产品销售量下降和企业产量的相应减少，因而造成企业设备利用率下降和产品固定成本上升。这一后果超过一定限度时则会导致单位产品的利润率下降，因此，不切实际的垄断高价不可能实现。

由上述可见，在资本主义市场经济条件下，任何垄断企业在制定垄断价格时，不能不考虑产品的市场容量、产量水平和产品成本而任意提高垄断价格。因此，垄断企业在考虑垄断价格时，通常都会在价格、产量和成本之间进行权衡，制定出能够带来长期利润最大化的垄断价格系列的最佳组合。这都表明，在资本主义商品生产一般基础上形成的垄断资本及其所生产的商品的价格运动，必然受到资本主义商品生产一般规律的制约。

大公司追求垄断势力的最终目的是获取垄断利润，因而垄断利润的有无和大小是衡量垄断势力的存在及其垄断程度的最后试金石。一切垄断的市场结构和市场行为都要求产生垄断的市场绩效，市场绩效的中心问题则是企业和部门的盈利状况。因此，人们可以从绩效方面来观察和衡量垄断势力。勒纳指数就是公认的从绩效方面衡量垄断程度的一个著名指标。

勒纳指数（Lerner's index）又称垄断指数，是经济学家巴·勒纳在 1934 年提出的，它是一个建立在西方微观经济学理论基础上的指标。根据这一理论，处在完全竞争市场中的厂商，其产品的均衡价格必然等于其边际成本；而处在一个不完全竞争的垄断市场条件下，产品的均衡价格必然高于其边际成本。这样，勒纳就把价格超过边际成本的差额与价格的比率作为垄断的衡量指标。如果 P 为价格，C 为边际成本，则垄断势力程度的指数就是 $P-C/P$。在纯粹竞争的情况下，指数为零，而在不完全竞争的情况下，这个指数大于零。波兰经济学家卡莱斯基用平均成本代替了边际成本对勒纳指数进行了适当的修正，并于 1954 年对美国制造业部门 1879—1937 年期间的垄断指数进行了估算，其结果如表 9—2 所示。

表 9—2　　美国制造业的垄断程度（1879—1937 年）

年份	垄断指数
1879	1.23
1889	1.32
1923	1.33
1929	1.39
1937	1.36

资料来源：转引自高峰：《发达资本主义经济中的垄断与竞争》，126 页。

经济学家迈伦·戈登于 1985 年继续了卡莱斯基的这项工作，对美国制造业在 1939—1982 年期间的垄断指数进行了估算，其结果如表 9—3 所示。

表 9—3　　美国制造业的垄断程度（1939—1982 年）

年份	垄断指数	年份	垄断指数
1939	1.38	1967	1.48
1947	1.31	1972	1.49
1950	1.33	1977	1.46
1954	1.35	1980	1.45
1958	1.39	1981	1.45
1963	1.45	1982	1.46

资料来源：同表 9—2。

四、垄断与竞争

垄断形成后，垄断凌驾于竞争之上，成为垄断资本主义的经济实质与基本经济特征。但垄断并没有消灭竞争，垄断与竞争并存是垄断资本主义的特点。其原因在于：(1) 竞争是市场经济的必然产物，只要存在着资本主义市场经济，各个商品生产者和经营者之间的竞争就不可避免，并在经济中发挥主要调节作用。(2) 在垄断资本主义阶段，还存在着一些未被垄断组织吞并的“局外企业”和大量中小企业，在这些企业之间，存在着私有制商品生产经营者间的自由竞争关系。(3) 在垄断占统治地位的部门内，垄断企业之间也存在更加激烈的竞争。垄断不能消除竞争的根本原因在于资本的本性。最大限度追求利润是资本的根本目的，这一目的决定了不同的资本之间必然存在着利益上的对立，必然会形成竞争关系，而竞争中体现的这种排他性，就是资本在一定条件下产生垄断的根源。因此，垄断与竞争实际上是同一事物的不同方面，从不同方面体现了资本的本性。正如列宁所说："从自由竞争中生长起来的垄断并不消除自由竞争，而是凌驾于这种竞争之上，与之并存，因而产生许多特别尖锐特别剧烈的矛盾、摩擦和冲突。"①

垄断时期的竞争与自由竞争相比有了新的特点：（1）竞争的目的不同。自由竞争的目的是获得平均利润或超额利润，而垄断时期竞争的目的则是获取高额的垄断利润。（2）竞争的手段有了新的变化。自由竞争的手段主要是通过改进技术，改善经营管理方法，提高劳动生产率，降低商品的生产成本。而到了垄断时期，竞争的手段更加多样化，除了上述手段外，更重要的是凭借垄断组织强大的经济实力和政治上的统治力量打垮对手。（3）竞争的程度和后果不同。自由竞争时期企业规模较小，力量单薄，彼此分散。而垄断时期竞争的双方是实力雄厚、势均力敌的垄断组织，这就使得竞争特别激烈，更具有持久性。（4）竞争的范围也不同。在自由竞争时期，竞争的场所主要是在国内市场。而垄断竞争的范围则由国内扩展到国外，并扩张到了政治、军事、文化各个领域。

第二次世界大战以后，由于新的科学技术革命的发展，资本主义经济的竞争有了一些新的特点。在国内，除了政治上为控制国家机器而展开激烈竞争外，在经济上主要通过非价格竞争，在商品销售方面通过产品的多样化、提高产品的质量、利用广告宣传等各种手段来打击竞争对手。在国际市场上，借助于国家机器的帮助，对国外商品的进口实行"关税壁垒"，对本国商品的出口实行各种优惠和补贴，以增强本国商品在国际市场上的竞争力。此外，当代资本主义竞争无论规模和范围都比过去大得多。这一方面是因为新的科技革命使新产品、新技术不断出现，企业必须花大气力进行研究和开发，把最新科研成果投入生产，推出质量更高、性能更好的新产品，否则会被淘汰。另一方面是因为经济全球化的发展使国际竞争更加激烈。在某一部门，如民航飞机，原来美国曾垄断了85%，但现在面临欧洲空中客车财团的竞争。而在美国本土，20 世纪 70 年代 100%的电器产品由国内供应，而 1990 年以后下降到 5%。20 世纪 90 年代美国产品的 75%面临国外同类产品的竞争，而在 50 年代这个比率只有 5%。

上述事实表明，垄断不仅没有消除竞争，反而使竞争更加激烈和复杂。

第二节　国家垄断资本主义

一、从一般垄断资本主义到国家垄断资本主义

国家垄断资本主义，概括地说，就是资本主义国家和垄断资本相结合而形成的一种垄断资本主义。由一般垄断资本主义向国家垄断资本主义发展是资本主义基本矛盾发展的必然结果。主要表现在：（1）大规模生产需要巨额投资与私人垄断资本数量相对不足发生了矛盾。在第二次世界大战后现代科技革命条件下，一系列新兴工业部门和社会化程度很高的公共设施的建立，部门经济结构和地区经济结构的调整，许多重大的科学研究和技术开

---

① 《列宁全集》，中文 2 版，第 27 卷，400～401 页，北京，人民出版社，1990。

发，以及对生态平衡的保护和环境污染的防治等等，都需要巨额的长期投资。但这受到了单个垄断资本的数量相对不足的限制，国家垄断资本的发展，能在一定程度上缓解这一矛盾。(2）经济发展的长远利益与私人垄断资本单纯追求眼前利益的矛盾。在当代社会化生产高度发展的条件下，有一些为社会资本扩大再生产所必需的投资和经营，由于周期长、盈利小（甚至亏本)、风险大，私人垄断资本或者无力承担，或者虽有力量进行但不愿承担，这只能由国家垄断资本来从事和承担。(3）生产社会化的高度发展同私人垄断资本盲目竞争和生产无政府状态的矛盾。生产社会化的发展，使社会分工不断深化和国民经济部门不断增多，因而客观上要求有计划地调节社会生产。这是各自为政、追求私利的私人垄断资本不可能做到的。(4）生产力的迅速发展与人民群众有支付能力的需求相对缩小的矛盾加深了。第二次世界大战后，人民群众有支付能力的需求以及由此决定的市场容量虽然也有增长，但由于垄断资本的剥削更深重了，这种需求却越来越落后于社会生产的扩大，从而导致商品资本、生产资本和货币资本的过剩现象日趋严重。为了缓和生产和消费的矛盾，缓和日趋严重的经济危机，需要作为“总资本家”的国家垄断资本开拓和扩大国内外市场。

综上所述，正是国家垄断资本具有“理想的总资本家”、资本实力雄厚、社会化程度最高等重要特点，部分地突破了私人垄断资本的局限性，在一定程度上缓和了生产社会化的发展和私人垄断资本不相适应的矛盾。这样，就使得国家和垄断资本的结合日益密切，使得国家垄断资本在资本主义生产、交换、分配和消费各个领域的地位和作用日益重要和加强，因而使得国家垄断资本主义广泛地、高度地发展起来了。

二、国家垄断资本主义的产生发展及其基本形式

（一）国家垄断资本主义的三个阶段

到目前为止，国家垄断资本主义的发展过程大体可分为三个阶段。

(1）第一次世界大战期间，是国家垄断资本主义产生的时期。早在第一次世界大战之前，国家垄断资本主义的萌芽即出现在德国。第一次世界大战期间，各交战国为了动员全国一切力量支援战争，大都设立了战时经济管理机构，对生产、分配、交换、消费的各个环节，对贸易、金融、物价、工资等各个方面实行直接控制和强制性调节。它们还对生产各种军需品的私人垄断组织给予各种津贴和贷款。有的国家还将一些重要企业实行国有化或由政府拨款兴建一些急需的工厂交给私人垄断资本家经营。第一次世界大战期间国家垄断资本主义的普遍发展是国家垄断资本主义的特殊形态，是一种军事国家垄断资本主义。战争结束后，各国战时对经济的管制便取消了，国家对经济运转的直接干预便急速减少下来。

(2）第一次世界大战至第二次世界大战结束初期，是国家垄断资本主义的不稳定发展时期。这个时期，国家垄断资本主义的发展与20世纪30年代的大危机和两次世界大战相联系，即在危机和战争期间，资本主义国家普遍对经济实行管制和调节，使国家垄断资本主义的发展出现过三次高潮。1929—1933年在全世界范围内爆发了震撼资本主义经济制度的大危机。在这种情况下，为了挽救资本主义，以美国为首的各主要资本主义国家先后宣布停止实行金本位制，采用管理通货制度，运用财政货币杠杆对资本主义再生产过程进行直接干预和调节。为此，各国政府还颁布了各种法令，设立了各种经营管理机构。其中

最为典型的就是美国罗斯福政府实行的所谓“罗斯福新政”。罗斯福新政是一种较为开明的用大力发展国家垄断资本主义来挽救资本主义经济制度的政策。当时还存在德、意、日式的法西斯统治经济。在这三个国家中，政府对经济的干预是同国民经济的军事化直接联系在一起的。但是，危机和战争过后，国家又取消了经济管制并大大减少了对经济的干预，因而又使得国家垄断资本主义的发展出现了三次回潮。所以，这个时期国家垄断资本主义的发展具有特殊性和不稳定性的特点。

（3）从 20 世纪 50 年代开始直到现在，是国家垄断资本主义广泛发展的时期。第二次世界大战以前，国家垄断资本主义的发展常常是同危机和战争相联系的，因而国家垄断资本主义的发展出现时而高潮时而低潮的现象，具有暂时性和不稳定性的特点。而第二次世界大战后，在新的科技革命基础上，生产社会化高度发展，国家垄断资本主义适应社会资本再生产的需要，在生产、分配、交换和消费的各个领域获得了普遍发展，因而具有了广泛性和持续性的特点，从而使资本主义走上了国家垄断资本主义的发展阶段。

（二）国家垄断资本主义的具体形式

国家垄断资本主义是资本主义国家和垄断资本相结合而形成的一种垄断资本主义，即国家通过对经济生活的干预，保证社会再生产的正常进行，实现垄断资本的利益。但是，由于国家和垄断资本结合的情况不同，便形成了国家垄断资本主义的各种具体形式。

（1）国有资本。国家所有并直接经营的国有企业是国家垄断资本主义的典型形式，主要存在于公共产品，基础产业，高科技、高风险的新兴工业部门等特殊部门。这些部门往往是投资大、风险大、周期长、收效慢、盈利少，同时又是私人垄断资本和整个社会资本再生产不可缺少的条件。投在这些部门的国有资本虽然自身一般不能增值，但却为私人垄断资本增值创造了必需的社会经济条件和物质基础。第二次世界大战后，一些发达资本主义国家曾掀起了规模较大的国有化浪潮，建立了一大批国有企业。第二次世界大战后的英国就曾掀起过两次国有化浪潮，1945—1951 年期间，除了英格兰银行外，部分煤炭矿井、煤炭加工厂、发电厂、供电系统、钢铁厂以及铁路、公路、港口、内河航运、民航等都被收归国有，使国有经济基本覆盖了英国的基础产业。1974—1979 年间，又掀起了第二次国有化浪潮，英国政府一方面投资组建国家企业局和国家石油公司，一方面又将部分飞机制造、造船业收归国有，同时以控股的方式收购了一批电子、宇航、科学仪器、医疗设备等新兴产业部门。经过两次国有化浪潮，到 1979 年，英国国有企业的产值、职工人数、固定资本投资额分别占其国内生产总值、全国就业人数、固定资本投资总额的 11.1%，8.1%，20%。除英国外，法国、意大利、奥地利等国也都曾在第二次世界大战后掀起过不同程度的国有化浪潮，大大提高了国有经济的实力。1985 年底，法国非农业经济部门公营企业人数占该部门职工人数的 15.3%，公营企业固定资本投资额占非金融非农业部门企业固定资本投资总额的 34.9%，公营企业增加值占非金融非农业企业增加值总额的 19.8%。1981 年，意大利国有经济的产值占其国内生产总值的 25.1%，固定资本投资占总投资的 49.7%，就业人数占职工总人数的 26.8%。

（2）国私共有资本。是指国家资本和私人垄断资本在一个企业内部结合所形成的垄断资本。它是国家垄断资本主义的高级形式。在这里，国家和私人在所有制上已经结合起来，成为这种资本的共同所有者。第二次世界大战后，特别是 20 世纪 60 年代以来，国私共有资本得到很大的发展，成为国家垄断资本主义的又一种基本形式。国私共有资本的组织形式是国私共有企业，它的产生主要有三个途径：一是国家向私人企业投资购买私人企业的股票，建立国私共有企业；二是垄断资本向国有企业投资，购买国有企业的股票，建立国私共有企业；三是国家和私人资本共同投资兴办国私共有企业。

(3) 国有资本与私人垄断资本在企业外部结合的垄断资本。这种由国有垄断资本和私人垄断资本在企业外部结合所形成的垄断资本，是国家垄断资本主义的基础和主要构成部分，是国家垄断资本主义普遍的和大量的存在形式。这种同国家密切联系的私人垄断资本，从所有制上看，仍然保持私人垄断资本的占有形式，归私人垄断组织所有，国家不是其合股者，但从资本运动上看，私人垄断资本和国有垄断资本已经结合起来，改变了私人垄断资本过去那种单独运动的形式。这种资本运动的主体是私人垄断资本，其组织形式是私人垄断企业。

国有垄断资本和私人垄断资本在企业外部即在社会范围内的结合，主要有以下几个途径：

第一，国有资本和私人垄断资本在生产领域进行结合。通过这种结合，国家为私人垄断企业提供有利的生产条件，帮助私人垄断组织获得更多的剩余价值。如国家投资于基础产业、高科技产业，进行环境保护，通过各种形式的补贴，直接、间接地资助私人垄断企业。例如，对某些产品的价格补贴，对某些急需发展、经营困难、需要国家支持的部门的补贴，以及在纳税和贷款利息方面给私人垄断企业以优惠等等。

第二，国有垄断资本和私人垄断资本在流通领域进行结合。通过这种结合，国家积极开辟国内外市场，为私人垄断组织实现剩余价值提供有利的条件。以美国为例，政府的财政支出 1950 年为 395 亿美元，1980 年增加到 5 796 亿美元，1996 年达到 15 938 亿美元，46 年间增加了近 40 倍，这些巨额的财政支出主要用于：(1) 对商品和劳务的购买。据统计，自 1957—1958 年的经济危机以来，在商品和劳务的最终销售中，20%以上是靠美国政府购买的。(2) 对个人的转移支付。据美国官方统计，1983 年政府的转移支付高达 4 025亿美元，占当年财政支出的 50.6%。(3) 国防支出。20 世纪 60—70 年代，美国政府的国防支出约占其财政支出的 40%～50%，90 年代以来有所下降，保持在 20%左右。(4) 科研和教育经费支出。据统计，第二次世界大战后美国的教育经费一般都占到政府公共开支的 18%和其国民生产总值的 6%左右。上述各种形式的财政支出以及国家信贷所支持的各种抵押贷款和消费信贷，对社会资本再生产的顺利进行和宏观经济的稳定起到了十分重要的作用。

第三，国有垄断资本和私人垄断资本在分配领域进行结合。通过这种结合，一方面，国家向私人垄断企业征收利润税，增加国家的财政收入；另一方面，通过财政支出以及其他国民收入再分配方式，将国家的一部分财政资金和国有资产转化为私人垄断组织的资本和利润，以保证私人垄断组织的利益。

(4) 政府调节。政府调节包括宏观调控和微观管制两个方面。国家的宏观调控是通过各种宏观经济政策来进行的，其中主要有财政政策、货币信用政策等。国家通过财政预算进行直接投资，建立企业，去干预私人垄断资本的再生产；宏观的货币信用政策是指由国家银行以扩大和缩小货币供应量或信贷为手段，影响利息率，从而影响投资、就业等，来调整社会经济，使经济得以稳定增长，从而摆脱和缓和经济危机。

国家的微观管制是通过建立一整套法律规则、健全经济秩序来进行的。微观经济管制主要有三种类型：(1) 反托拉斯。所谓反托拉斯，就是政府通过立法的方式确立一整套规范性的法令，以禁止垄断、反对和限制不合理商业行为，促进和维护市场竞争。美国最著名的反托拉斯有《谢尔曼法》(1890)、《克莱顿法》(1914) 以及《联邦贸易委员会法》(1914)。(2) 公共事业管制。这类管制主要针对具有自然垄断性质的产业。自然垄断产业是指由于规模经济，一家企业就能以比几家企业共同生产还低的成本生产整个市场需要的产品或劳务。这种产业包括电力、天然气、电话、自来水、交通运输等一些公用事业。居于自然垄断地位的公用事业单位同任何垄断企业一样，也会凭借垄断地位获得垄断利润，损害公众利益。因此，资产阶级国家要运用立法手段对公用事业进行管制，常采取的手段有服务成本管制、收益率管制、价格管制等。(3) 社会经济管制。这类管制涉及社会生活的各个方面，其主要内容有：保护自然资源和环境，保护消费者权益，保护私人企业，保护知识产权，保护劳工权益，保护投资者利益等等。

上述国家垄断资本主义的几种基本形式，在不同的国家、不同的经济部门、不同的历史时期，在社会资本总体中所占的比例是不同的。这是由每个国家的具体国情、时代背景、经济部门的性质所决定的。由于这些具体情况的变化，每种基本形式所占比例也不是固定不变的，而是经常变化的。

三、国家垄断资本主义的作用和局限性

第二次世界大战后，特别是 20 世纪 50 年代以来，在现代科学技术革命和国家垄断资本主义发展的推动下，从总体上看，资本主义经济获得了比较迅速的发展。据有关资料统计，在 1950—1969 年资本主义“黄金时代”的 20 年里，主要资本主义国家工业生产年均增长率都较高，美国是 5.4%，日本是 15.5%，联邦德国是 8.6%，意大利是 8.4%，法国是 5.75%。另据有关资料统计，在 1948—1976 年的不到 30 年间，资本主义世界工业生产增长 3 倍以上，年均增长率达到 6.6%。20 世纪 80 年代以来，资本主义世界经济一直保持 3%左右的较高的增长率。20 世纪 50 年代以来，资本主义经济的发展，不仅表现为在国家垄断资本主义参与和干预下进一步促进了工业和交通运输业的现代化，而且实现了农业工业化和现代化，实现了商业服务业的现代化，改变了整个社会生产和社会生活的面貌，实现了国民经济的全面现代化。

国家垄断资本主义在一定程度上突破了私人垄断资本主义的局限性，在资本主义的生产关系自身范围内进行重大调整，实现了部分质变。这在一定程度上缓和了生产社会化和生产资料资本主义私人占有形式之间的矛盾，因而促进了资本主义经济的发展。其主要表现：一是国家用其掌握的财力资源，建立和发展数额巨大的国有制经济，可以在整个社会范围内发挥巨大的作用，这是任何私人垄断资本所无法比拟的。二是国家用其强大的经济力量，参与社会资本再生产，增加私人垄断资本的力量，为私人垄断资本的发展提供了有利的条件。三是国家用其巨额投资，开展科学技术研究，改造传统工业部门，建设现代化基础设施，治理大范围的环境污染等，促进了上述各项事业的发展。四是国家从垄断资产阶级的整体利益出发，组织、参与、兴办一些投资大、风险大、利润无保证的事业，对整个国民经济的发展有着重要的作用。五是国家利用经济计划在一定程度上对国民经济的发展规模、结构和方向进行调节，对社会生产无政府状态具有一定的制约作用。六是国家通过采购订货和刺激消费，为资本主义的发展开辟市场。第二次世界大战后资本主义经济出

现长期高速增长的情况，是同国家垄断资本主义的作用有直接联系的。

但是，国家垄断资本主义的资本主义性质，决定了它与生产社会化之间的矛盾的根本对立性和不可调和性，即使它在一定时期、一定范围和一定程度上，促进了资本主义的发展，也不能改变它阻碍社会经济发展的趋势。国家垄断资本主义的发展，一方面促进了社会资本再生产，加强了垄断资本的力量，加速了资本的积累，促进了资本的集中，提高了生产社会化的程度；另一方面，进一步维护了私人垄断资本的利益，维护和扩大了资本主义私有制。

国家垄断资本主义没有也不可能改变资本主义经济基础——生产资料私有制和资本对雇佣劳动的剥削，而且要维护它；它不可能摆脱资本主义客观经济规律如剩余价值规律、资本积累规律等的支配；它不能解决资本主义基本矛盾和其他矛盾。

第三节　国家对经济的宏观调节

一、宏观调节的目标

在资本主义经济发展的初期，实行的是自由放任的市场经济。在自由放任的市场经济中，经济运行完全靠市场调节，国家的作用仅限于维护法律和秩序，一般不干预经济运行过程。19 世纪末 20 世纪初，资本主义从自由竞争阶段进入了垄断阶段。1929—1933 年震撼世界的资本主义经济大危机，从根本上动摇了自由放任的市场经济制度，以罗斯福“新政”和凯恩斯《就业、利息和货币通论》为标志的国家干预主义政策和理论产生了，自由的市场经济开始被有调节的市场经济所取代。有调节的市场经济是一种混合经济，它承认市场经济存在着内在缺陷，无法实现充分就业的目标，因而需要政府对经济运行过程进行有效的干预。政府干预的目的是维持宏观经济的平衡，实现稳定物价、充分就业、经济增长和国际收支平衡的宏观目标，为私有企业和市场机制的运转创造良好的经济和社会环境。

发达资本主义国家宏观经济调节的具体目标是：物价稳定、充分就业、经济增长和国际收支平衡。

(1) 经济增长。经济增长是实现资本利润最大化目标和保证充分就业的基本前提，也是宏观调节的基本目标。

(2) 充分就业。西方的失业概念是指“非自愿失业”。西方经济学认为有三种失业：“摩擦性失业”，即由于劳动力流通困难或一时不能适应技术要求而暂时失业者，这不算真正失业；“自愿失业”，即自己不愿工作而无职业，这也不算真正失业；“非自愿失业”，即自己愿意并有条件就业，而在两个月内找不到工作者，这是真正的失业者。一般认为，失业率在 4%以内，就算实现了充分就业。

(3) 物价稳定。主要的目标是把通货膨胀率控制在一定限度内，一般认为，物价总水平的稳定有利于市场经济的正常运行和经济的持续增长。

(4) 国际收支平衡。20 世纪 70 年代以前，西方国家的宏观调节主要着眼于国内。70 年代以后，随着经济国际化的发展和 1973 年以美元为中心的国际汇率体系的崩溃，西方国家大多采取浮动汇率制，国际收支对于各国经济稳定的影响日益密切。同时，国际收支是否平衡与国内货币调节能否正常进行亦有密切关系。因此，各资本主义国家都把调节国际收支平衡作为货币调节的目标之一。

以上这四个目标之间既相互联系又相互制约，必须有效加以协调。如要达到较高的经济增长，就必然要求增加总需求，这就容易导致通货膨胀。另一方面如果要把过高的经济增长率降下来，就必然要减少总需求，这就容易导致通货紧缩，减少就业机会。因此，政府在制定宏观政策目标时要根据当时的实际情况，在各个目标之间加以权衡和协调。

二、宏观调控政策和措施

（一）宏观财政政策

财政是国家进行国民收入再分配的工具，通过财政把一部分国民收入集中起来进行分配，从而对生产资源的使用、个人收入的分配以及整个宏观经济运行产生巨大的影响。当代资本主义国家的财政规模越来越大，财政支出占国内生产总值的比重，美国在1/3左右，英国、法国、德国已超过40%。因此，财政的作用和财政政策的运用越来越广泛，其地位相当重要。国家垄断资本主义的宏观财政政策包括财政支出政策和财政收入政策。

（1）财政支出政策。即通过增加或减少政府支出，以适应私人消费支出和投资支出的变动，从而调节社会总需求。一是增加政府支出，以扩大社会总需求，扩大就业，避免经济衰退；二是减少政府支出，以压缩社会总需求，阻止通货膨胀。政府财政支出结构对于宏观经济发展和平衡也有很大关系，各种支出项目在总支出中的比重，如公共工程、科技发展、教育、社会福利等基金比例的变化，对经济增长有很大影响。

按照西方传统财政理论，政府的支出和收入应年年保持平衡，即平衡预算原则。但凯恩斯经济学认为，为了缓和经济危机，刺激经济增长，政府财政预算不应保持平衡。因为当生产下降和大量失业时，按西方累进所得税率，政府税源缩小，收入减少，如果这时政府财政要保持平衡预算，就要削减支出，反而会紧缩社会总需求，使经济更加衰退；若这时要增加政府支出，为了平衡预算，就要提高税率而增加税收，但这就会抑制企业的投资和生产，因而只有扩大财政赤字来增加政府支出，这就是赤字财政支出政策。这也是20世纪30年代以来国家垄断资本主义宏观经济调节中主要的经济手段。以美国为例，1960年以来，除1969年实现了预算平衡外，其余年份均出现财政赤字，1985年度赤字高达2 119亿美元。

按照现代西方宏观经济学的理论，政府增加支出可以引起国民收入和就业量的多倍增长。因而资本主义国家一般多采取扩大财政支出的政策。主要措施有：扩大政府对商品和劳务的购买，扩大政府对个人的转移支付，扩大政府对科教的支出，扩大政府对企业的补助支出等。

（2）财政收入政策。资本主义国家财政收入的主要来源是税收。因此，调整税收成为它们使用财政收入政策的主要手段。在资本主义制度下，税收也是国家这个“总资本家”对剩余价值进行再分配的一种手段。税收使国民收入分成三部分：劳动人民收入、资本家收入和国家收入。税收是资本主义国家宏观财政政策的基础，财政收入政策的运用，也就是通过调整税收比例，把一部分工人的收入和剩余价值在社会各阶层之间进行再分配，以协调各种经济利益关系，并按照政府的意图刺激经济增长。

在现代资本主义国家，税收结构主要由个人所得税、公司所得税、社会保险税、财产税、商品（劳务）税和其他税种组成。个人所得税和公司所得税是最主要的税种，这两项税之和在全部税收中的比重，现在在发达资本主义国家一般要占40%～50%。并且所得税属于直接税类型，直接影响个人收入和企业利润。因此，财政收入政策主要是通过调整所得税税率和采取所得税优惠措施，来调节个人消费和企业投资。

（二）宏观货币政策

（1）货币政策的基础和目标。在国家垄断资本主义的宏观经济调节中，货币政策也是国家调节经济活动的重要手段。一方面，国家直接控制着中央银行，控制着货币发行权和金融管理权，这是宏观货币政策的基础；另一方面，资本主义发达的商品经济依赖于发达的商业银行体系和完善的金融市场，企业、个人的经济活动都离不开货币、银行和其他金融机构。这样，国家可以通过中央银行制定和贯彻宏观货币政策，调节商业银行和其他金融机构的业务活动，调节金融市场资本的流量和流向，最终影响企业、个人以及各经济单位的活动，达到宏观经济调节的目标。

货币政策服从于宏观调控政策的如下目标：充分就业、物价稳定、经济增长和国际收支平衡。但是，货币政策不可能同时达到这四个目标，这是因为货币政策在其运用中会受到自身矛盾的限制。例如，为降低失业率，需要采用扩大信贷政策以增加社会总需求，而信贷扩大的同时必然引起货币供应量的增加，从而引起或加剧通货膨胀，物价稳定的目的就难以达到。所以，20世纪70年代以后，当资本主义国家处于高失业率、高通货膨胀率、低增长率的时期，中央银行的宏观货币政策也处于进退两难的境地。因为在“滞胀”条件下，如果采取紧缩的货币政策来对付通货膨胀，就将增加失业，使经济增长更慢；反之，如果采取松动的货币政策对付失业和加速经济增长，结果是加剧通货膨胀，抵消了经济增长。因此，资本主义国家往往根据本国的经济情况和政治上的需要，在运用货币政策时选择其中一个或两个目标作为优先目标。

（2）控制指标的选择。在运用货币政策的过程中，利息率和货币供应量是实施货币政策的两个中心控制指标。在20世纪70年代以前，资本主义国家中央银行一般都把利息率作为货币政策的中心控制指标，因此利息率受到严格控制。中央银行不仅对商业银行和其他金融机构规定存贷款利息率的最高限额，而且货币政策的所有措施都是围绕调节利息率水平而展开的。当时，按照凯恩斯主义的理论，为了实现充分就业，中央银行都把利息率控制在较低水平。这一方面可以刺激私人投资，另一方面有利于政府发行公债，扩大政府支出和筹集资金。但这样一来，中央银行不断购进政府公债，加剧了财政赤字，并且必然会增加货币供应量，引起通货膨胀。因此，70年代以后，英国、美国等国家先后发现利息率并不是理想的控制目标，而转向以控制货币供应量为主，同时放松了利息率管制，第二次世界大战后美国中央银行贴现率由低走高，就反映了这种政策上的转变。从方法上看，控制货币供应量比控制利息率要复杂得多。这也说明了现代资本主义宏观货币政策的加强与完善。

（3）调节手段。为了控制货币供应量，使其与经济增长相适应，就必须使货币政策的调节手段具有经常、及时和稳定的性质。所谓经常性，就是必须根据经济的变化能随时调节货币供应量；所谓及时性，就是在最初发现通货膨胀苗头时，能及时收缩货币供应量，短期的轻度紧缩可以避免由于通货膨胀积累而引起的长期强度紧缩；所谓稳定性，就是货币供应量不宜频繁大幅度波动，货币供应量与经济运行之间存在着内在联系，如果货币供应量经常大起大落，会引起经济大波动。为了达到以上要求，资本主义国家中央银行所运用的调节手段主要有三种，第一种是改变存款准备金比率。它直接涉及商业银行的流动资金和资金供应。比率调低，可使银行扩大信贷和投资能力；比率调高，会使商业银行法定准备金不足，从而必须缩小放贷规模或出售其他金融资产，使货币供给量减少。因此，调整存款准备金比率是中央银行贯彻货币政策的强有力的手段。第二种是调整中央银行对商业银行的贴现率。它对于商业银行的贷款能力和利息率有重大影响。例如，提高贴现率，商业银行提供资金的成本提高，它就会减少借入资金量从而也减少贷款量；并且，中央银行的贴现率有较强的示范效应，直接影响市场利息率，它是中央银行调节货币供应量不可缺少的手段。第三种是推行公开市场业务。它是中央银行直接影响信贷规模和资金供求的一个重要手段。其具体做法就是中央银行通过公开买卖有价证券、国家公债等来控制货币市场。当采取紧缩货币政策时，中央银行即抛出票据证券以回笼货币，使货币供应量减少；当执行松动货币政策时，就大量买进公债及其他有价证券；使市场上货币供应量增加，利息率下降，刺激投资。公开市场业务对于货币供应量和利息率水平的直接影响作用较大，目前已成为资本主义国家实现货币政策的基本工具之一。

上述宏观财政调节和宏观货币调节，对于反经济周期和刺激经济增长都具有一定的作用，但是，财政政策的单项效果和货币政策的单项效果，由于受到自身、相互间和其他经济因素的影响，会有一定程度的削弱，甚至引起反作用。因此，国家在运用财政调节和货币调节时，不仅要注意两者之间的搭配，而且还要运用其他调节手段（如计划管理、收入政策等），相互配合、相互补充，以期达到宏观经济调节的总目标。

（三）计划管理

资本主义市场经济是以私有制为基础的，并且市场机制本身也具有自发性和盲目性，为了减少市场对经济运行产生的自发性破坏作用，便于集中资金和物资发展重点或关键部门，调整生产结构和经济结构，更合理地配置和使用资源，资本主义国家在市场经济基础上都不同程度地实行了对经济的计划管理和调节，这也是当代国家垄断资本主义宏观经济调节的内容之一。

计划管理资本主义国家经济的内容包括：总的经济增长计划、财政收入与货币发行计划、国家重点投资计划、科技教育发展计划、主要产业发展计划等等。它主要体现了以下几方面的作用：(1) 计划只是对国民经济发展的一些重要的指标或某一时期的经济重点提出要求和规定方针政策，计划显示了政府经济政策的总趋向，以便确保各部门政策能彼此协调一致。(2) 计划显示了国民经济的未来发展方向，这给私人企业提供了比较准确的预测性经济信息。这样，一些大垄断公司在制订企业发展计划时，可参照政府计划中所提供的数据和指出的方向。(3) 计划还指出了社会经济中存在的主要问题和政府的应对措施，为私人企业指明了方向。

自由竞争　　垄断　　金融资本

垄断价格　　垄断利润　　国家垄断资本主义

宏观经济调节

思考题

1. 为什么自由竞争必然要为垄断所代替？
2. 为什么说垄断并不能消除竞争？
3. 从一般垄断发展到国家垄断的原因是什么？
4. 国家垄断资本主义的基本形式有几种？其本质是什么？
5. 资本主义经济中宏观经济调节的目标是什么？

第十章

经济全球化与当代资本主义经济的新发展

重点问题

经济全球化的本质和表现形式
经济全球化的内在矛盾
经济全球化与资本主义的新发展
经济全球化与国际经济协调

自20世纪80年代开始，经济全球化的进程以前所未有的速度迅猛发展，经济全球化是当代资本主义的一个重要特征，它一方面促进了世界经济的发展，另一方面又对世界经济的发展带来了新的矛盾与挑战。本章将分析经济全球化的含义、成因及表现，揭示现代资本主义在经济全球化中的作用及经济全球化的后果和实质。

第一节　经济全球化的发展、表现与二重性

一、经济全球化的发展

所谓经济全球化，是指生产要素突破国家的界限在全世界范围内流动和配置的过程，是减少乃至消除国家间的各种壁垒，使不同国家的经济相互渗透、相互影响、相互依存的程度不断加深的过程，它具体表现为贸易自由化程度提高、金融国际化趋势增强、全球生产经营网络形成、区域经济集团化向纵深发展、世界各国在有关全人类共同关心的资源问题、环境问题等方面的合作与联系日益加强等众多方面。

（一）经济全球化的产生及发展

经济全球化是近代资本主义生产方式的产物，并随着资本主义生产方式的发展而发展。

15世纪初，随着商品经济的发展，在地中海沿岸出现了资本主义的萌芽，意大利北部的城市，如威尼斯、热那亚等已成为欧洲贸易中心。16世纪上半期“地理大发现”以

及海外殖民地的开拓，使欧洲贸易中心从地中海扩展到大西洋沿岸，如葡萄牙的里斯本、尼德兰（今荷兰）的安特卫普、英国的伦敦等先后成为繁华的国际贸易港，它们的贸易范围远及亚洲、非洲和美洲。随着对外贸易的发展和国际交换的扩大，出现了潜在的世界市场，“世界贸易和世界市场在十六世纪揭开了资本的近代生活史”。① 资本主义由于世界市场的出现得到了迅速发展，各国经济的闭关自守的状态被逐渐打破。在这个时期，西欧殖民主义者使用暴力手段和强制手段，在拉丁美洲、亚洲和非洲进行掠夺。他们开采矿山，建立种植园，发展了以奴隶劳动为基础、为世界市场而生产的农场主制度，从而建立了早期的资本主义国际分工。

18 世纪中期至 19 世纪中期，以蒸汽机和纺织机的发明和使用为重要标志的第一次工业革命，使资本主义生产由工场手工业过渡到机器大工业，工农业生产和交通运输业获得了空前的发展。它不仅改变了资本主义生产的物质基础，而且确定了资本主义制度在全世界的统治。大机器工业强烈要求有发达的世界市场，世界市场又促进了现代交通（航海、铁路、航空）的发展和大规模的使用，而这反过来又成为世界市场发展的重要条件。在大工业达到一定成熟程度时，就要产生“一种和机器生产中心相适应的新的国际分工”，“它使地球的一部分成为主要从事农业的生产地区，以服务于另一部分主要从事工业的生产地区”②。工业国的资本主义迅速发展，农业国则沦为工业国的殖民地，世界资本主义体系已具雏形。

19 世纪后半期发生了以电力和电动机的发明和使用为标志、以重化工业的兴起为核心的第二次工业革命，极大地促进了世界经济的发展。同时，随着环球铁路网的建设、海洋航线的开辟、电报电话的开通等，各国国内的生产和市场日益转变为世界性的了。第二次工业革命的发展同时促进了生产和资本的集中，使资本主义进入垄断阶段。在这一阶段，与商品输出不同的资本输出具有了特别重要的意义；瓜分世界的资本家国际垄断同盟已经形成；最大资本主义国家已经把世界上的领土瓜分完毕，从而资本主义已成为极少数先进国对世界上绝大多数居民实行殖民压迫和金融扼杀的世界体系。

19 世纪末到 20 世纪初的经济全球化进程被两次世界大战所打断。为了克服贸易上的保护主义和金融上的利己主义对经济发展所造成的巨大灾难，战后的胜利国建立了新的世界经济体系，它们就是所谓的布雷顿森林体系。布雷顿森林体系的主要机构就是号称国际经济领域中的三大支柱：关税及贸易总协定（后发展为世界贸易组织）、国际货币基金组织和世界银行。布雷顿森林体系建立为资本主义经济的发展创造了稳定的国际环境，使世界资本主义的发展进入了战后的黄金时期。

（二）经济全球化发展的新阶段

20 世纪七八十年代以后，经济全球化的发展进入到了一个全新的阶段。第一，由于信息革命的广泛普及和信息技术成为基本的技术范式，资本主义的全球化找到了自己坚实的技术基础。信息技术赋予了资本和生产难以想象的流动性，生产地区总是在不停地转换，为资本对抗劳动创造了有利条件，同时尽量避免社会和国家的干涉，并导致了新的国

① 《资本论》，第 1 卷，167 页。

② 《资本论》，第 1 卷，494～495 页。

际分工和生产过程的跨国化。[①] 第二，20 世纪 80 年代以后，在发达资本主义国家中新自由主义政策逐步占了上风，并推广到了广大发展中国家，在这一政策的支配下，各国纷纷进行了放松政府管制、削减福利支出、解除金融约束以及私有化的变革，推动了资本的全球化和全球市场经济的迅猛发展。第三，20 世纪 80 年代末 90 年代初，随着苏联东欧的剧变，两极对立的世界体系彻底解体，资本主义制度急剧扩散并遍及了世界的所有地区，资本主义全球化在地理上逐步接近空间极限。第四，在国际贸易加速发展的同时，金融全球化有了重大突破，跨国公司和生产的全球化突飞猛进。在这些因素的推动下，资本主义的全球化进入了一个新的发展阶段。[②]

二、经济全球化的表现

经济全球化的新发展主要表现在以下三个方面：

（一）贸易的全球化

贸易的全球化指相当规模的商品交换超越了民族国家的地域界限，使国际贸易的流量大幅度增加。20 世纪 70 年代后，国际贸易高速增长，1973—2000 年，国际贸易每年平均增长率达到 4.1%，高于 3.3%的世界产出增长率，其中 1986—1990 年国际货物贸易年均增长 13%，1990—2000 年达到 17%，国际贸易总额达到 6 万多亿美元，是 1950 年的 120 多倍。[③]

国际贸易使各国在世界市场机制的作用下，重新配置资源。从使用价值上看，通过国际贸易，各国可以互通有无，获得自己所需要的产品。从价值上看，通过国际分工和国际贸易，各国可以出口国内生产成本低、比较利益高的商品以及进口国内生产成本高、比较利益低的商品，从而节约劳动消耗。世界市场强化了市场竞争环境，促使参与经营的国家提高技术水平，改进产品结构，加强质量控制，完善管理机制，提高劳动生产率。

（二）金融的全球化

金融的全球化，是指世界各国和地区放松金融管制、开放金融业务、放开资本项目管制，使资本在全球各地区、各国的金融市场上自由流动，最终形成全球统一的金融市场和统一的货币体系的趋势。2000 年全球资本流动总额比 1990 年翻了 4 番，达到 7.5 万亿美元，由此导致国际净资本流动从 1990 年的 5 000 亿美元剧增到 2000 年的 1.2 万亿美元。从国际债券市场的融资规模来看，包括银行贷款、票据融资和债券发行三项业务的融资额，1973 年为 622 亿美元，1979 年为 1 450 亿美元，年均增幅为 15%；而进入 20 世纪 90 年代后，由 1990 年的4 276亿美元增加到 1996 年的 15 139 亿美元，年均增幅高达 23.5%。在国际证券市场上，发达国家证券资本的年平均流出入总额，1976—1980 年间为 476 亿美元，而在 1991—1994 年间已增加到 6 311 亿美元。在全球外汇市场上，到 2003 年每天的交易量平均约为 2 万亿美元，比 10 年前增加了 10 倍。

金融的全球化促使资金在全世界范围内重新配置，一方面使欧美等发达国家的金融中心蓬勃发展，另一方面也使发展中国家，特别是新兴市场经济国家获得了大量急需的经济

① 参见［美］曼纽尔·卡斯特：《网络社会的崛起》，119 页，北京，社会科学文献出版社，2001。

② 参见张宇：《马克思主义全球化理论及其从经典到现代的发展》，载《政治经济学评论》，2004（3）。

③ 参见国际货币基金组织 2000 年统计数据。

发展启动资金，带动了地区经济乃至世界经济的增长。可以说，世界经济的发展离不开金融全球化的推动。

（三）生产的全球化

生产的全球化是以国际分工的发展为基础的，根据国际分工形式的不同，生产全球化也包括了两种主要形式。第一种形式以传统的垂直型分工为基础，即国家之间的劳动分工按照不同的产业进行，如落后国家从事农业生产及初级产品的生产，先进国家从事工业制成品生产，或落后国家从事劳动密集型产品的生产，发达国家从事技术密集型和资本密集型产品的生产，世界市场价格机制调节着各国企业的生产以及资源配置。第二种形式是以水平型国际分工为基础的生产专业化形式，其主要特点是分工在同一产业的同一部门内，按照产品生产的不同工艺环节，或按照产品零部件，或按照产品型号进行，主要表现为跨国公司的发展。20 世纪 70 年代以后经济全球化的重要特点就是以跨国公司内部分工为基础的生产的全球化的迅猛发展。据有关资料，发达国家跨国公司母公司在 1968 年有7 276家，在 1973 年有 9 481 家，在 1978 年增加到10 727家。它们的子公司数目在 1968 为27 300家，在 1978 年为 82 266 家，到 1980 年已增加到 98 000 家。到 2002 年，跨国公司数目增加到大约 64 000 家，外国子公司增加到 870 000 家。2002 年，这些跨国公司掌控的全球外国直接投资存量增加了 10%，增至 7 万多亿美元。2002 年外国子公司创造的附加值达 3.4 万亿美元，约占全球国内生产总值的 1/10。2002 年，世界总出口额为 8 万亿美元，而跨国公司的全球销售额高达 18 万亿美元。1980 年发展中国家外国直接投资流入存量只占其国内生产总值的 13%，到 2001 年已占到国内生产总值近 1/3。[①] 目前，跨国公司从事和控制着世界 30%的生产总值，60%的世界贸易，80%的技术转移及民用技术的研究与开发，以及 90%以上的海外直接投资。

跨国公司是经济全球化的最高表现形式，它把传统的国际分工变成了企业内部的分工，在全球范围内对生产要素进行直接配置，组织跨国经营，从而形成了全球性的生产网络。它加速了资本的国际流动，推动了国际贸易的增长，增进了国际范围内的分工和协作，促进了技术的转移和扩散，有力地推动了经济全球化的发展。

三、经济全球化的二重性

从经济全球化的发展过程看，经济全球化以及在此基础上形成的世界经济体系具有二重性：一方面是生产的社会化和资源配置的全球化过程；另一方面是社会经济关系在全球范围内的一体化过程。

（一）经济全球化二重性的表现

从生产力发展和资源配置的角度看，经济全球化是生产社会化发展的更高阶段。在全球化的经济中，社会总资源的配置是通过世界市场在全球范围内来实现的，商品、资本和劳动力的流动跨越了国家的界限，市场经济日益具有国际性，国际贸易不断扩大，跨国投资不断增加，包括银行贷款、票据融资和债券发行在内的国际金融市场不断发展，劳动力的跨国流动和国际移民不断增加，国际价值规律成为调节生产过程的主要规律。

经济全球化是生产社会化发展的必然趋势，对于生产力的发展有着巨大的推动作用。

---

① 参见联合国贸易和发展会议：《2003 年世界投资报告》，14 页，北京，中国财政经济出版社，2004。

全球化促进了国际分工在广度和深度上的发展，加速了商品、资金、信息和劳动力在全球范围内的流动，加快了知识和技术传播与扩散的速度，密切了各国和各民族之间的相互联系和相互依赖，提高了全世界资源配置的效率，导致了社会财富的日益增长。因此，尽管当今世界的经济全球化在本质上是资本的全球化，但是，正如马克思早就指出的那样，资产阶级创造全球市场的这种冲动，却成为了推动历史发展的不自觉的工具，“资产阶级历史时期负有为新世界创造物质基础的使命：一方面要造成以全人类互相依赖为基础的普遍交往，以及进行交往的工具，另一方面要发展人的生产力，把物质生产变成对自然力的科学统治。资产阶级的工业和商业正为新世界创造这些物质条件，正像地质变革创造了地球表层一样。”① 从这个意义上说，经济全球化代表了人类社会的光明未来。因为，实现“每个人的自由发展是一切人的自由发展的条件”这一共产主义的目标只有在历史转变为世界历史的前提下才有可能实现。因为，“只有这样，单个人才能摆脱种种民族局限和地域局限而同整个世界的生产（也同精神的生产）发生实际联系，才能获得利用全球的这种全面生产（人们的创造）的能力”。“随着资产阶级的发展，随着贸易自由的实现和世界市场的建立，随着工业生产以及与之相适应的生活条件的趋于一致，各国人民之间的民族分隔和对立日益消失。”② “因此，无产阶级只有在世界历史意义上才能存在，就像共产主义——它的事业——只有作为‘世界历史性的’存在才有可能实现一样。”③ 这就是全球化的进步性和历史意义所在。

经济的全球化既是生产的社会化和资源配置的全球化过程，也是不同生产关系在全球范围内相互碰撞和相互渗透的历史过程。资本的本质在于运动，只有在运动中，资本才能不断增值，“创造世界市场的趋势已经直接包含在资本的概念本身中。任何界限都表现为必须克服的限制。”④ “资本一方面要力求摧毁交往即交换的一切地方限制，征服整个地球作为它的市场，另一方面，它又力求用时间去消灭空间，就是说，把商品从一个地方转移到另一个地方所花费的时间缩减到最低限度。”⑤ “不断扩大产品销路的需要，驱使资产阶级奔走于全球各地，它必须到处落户，到处开发，到处建立联系。”“资产阶级，由于开拓了世界市场，使一切国家的生产和消费都成为世界性的了。……过去那种地方的和民族的自给自足和闭关自守状态，被各民族的各方面的互相往来和各方面的互相依赖所代替了。物质的生产是如此，精神的生产也是如此。”⑥ 因此，从生产关系的角度看，迄今为止的经济全球化，实际上是资本主义生产方式在世界范围内的扩张过程。在资本原始积累时期，资本主义制度的扩张是通过对殖民地的征服来实现的，“美洲金银产地的发现，土著居民的被剿灭、被奴役和被埋葬于矿井，对东印度开始进行的征服和掠夺，非洲变成商业性地猎获黑人的场所：这一切标志着资本主义生产时代的曙光。”⑦在自由竞争时期，资本主义制度的扩张是在武力征服和自由贸易的共同推动下完成的，“它的商品的低廉价格，是它

① 《马克思恩格斯选集》，2 版，第 1 卷，773 页。

② 同上书，89 页、291 页。

③ 同上书，87 页。

④ 《马克思恩格斯全集》，中文 1 版，第 46 卷上，391 页，北京，人民出版社，1979。

⑤ 《马克思恩格斯全集》，中文 2 版，第 30 卷，538 页，北京，人民出版社，1995。

⑥ 《马克思恩格斯选集》，2 版，第 1 卷，276 页。

⑦ 《资本论》，第 1 卷，819 页。

用来摧毁一切万里长城、征服野蛮人最顽强的仇外心理的重炮。它迫使一切民族——如果它们不想灭亡的话——采用资产阶级的生产方式；它迫使它们在自己那里推行所谓的文明，即变成资产者。一句话，它按照自己的面貌为自己创造出一个世界。”[①] 进入垄断阶段后，资本输出成为资本主义制度全球扩张的主要工具，通过对外投资，资本主义生产关系直接输出到广大发展中国家，资本主义生产方式在全球得到推广。在当代，贸易的全球化、资本的全球化、跨国公司的迅猛发展，使得资本主义生产关系在全世界得到了更加深入和广泛的发展。

（二）经济全球化给发展中国家带来的机遇和挑战

经济全球化是一把双刃剑，经济全球化在推动生产的社会化和世界经济发展的同时，又给世界经济的发展带来了许多新矛盾。资本主义的基本矛盾也随着经济的全球化而在全世界范围内得到了更为广泛的发展。对发展中国家来说，它是机遇，更是挑战。

第一，当今世界的经济全球化是西方发达国家主导的，是资本主义的全球化。在这一过程中，发达的资本主义国家处于“中心”地位，垄断着资金、技术、生产力、军事、政治等资源，并在制定国际经济的“游戏规则”中发挥着主导作用，因而成了支配的一方，它们在全球化中获益最大，而广大的发展中国家则处于“外围”地位，处于依附地位，面临着被边缘化的危险。

第二，资本的全球流动和市场的全球扩展推动了经济的自由化，减少了国家对经济生活的干预，跨国公司建立的全球性经济网络也日益突破国界的限制，把资源和财富集中在自己手里，并力图左右民族国家的国内政策以满足资本增值的需要，制约和削弱了国家对经济和社会的控制，从而对发展中国家的经济发展形成了严重冲击。

第三，随着资本主义全球化的不断发展，世界性经济危机也在不断深化。经济全球化把生产与消费、个别企业的有组织性和整个社会生产无组织性的矛盾推向了一个更高的阶段和更广的范围，这样就产生了越来越大的失调的可能性，从而导致了世界性经济危机的可能性。自20世纪90年代以来，连续发生了1994年的墨西哥金融危机、1997年的亚洲金融危机和1998年的巴西金融危机等就是最好的例证。这些金融危机严重影响了发展中国家宏观经济的稳定。

第四，全球市场的发展还使得人类生态环境问题更加尖锐。以利润为导向的经济增长方式在创造巨大的物质财富的同时，也引发了地球变暖，臭氧层变薄，森林过度砍伐和土地沙漠化，许多种类的植物群和动物群的灭绝或濒临灭绝，空气、水和土壤被严重污染等一系列危及人类生存的全球性问题。

第五，当今世界的经济全球化是一种不对称的全球化，在全球化的滚滚浪潮中，发达国家一味地推动商品和资本的自由流动，对来自发展中国家的移民却设置了重重障碍，劳动力市场的全球化远远落后于商品和资本的全球化，这样就形成了一种不对称的全球化：即货物和资本市场倾向于被全球化，而劳动力市场却被分割成许多板块；一方面是越来越全球化的经济，另一方面是不同主权国家和政治社会的继续存在。[②]全球化的不对称性导致了南北差距的不断扩大和民族国家之间利益冲突的持续存在。

---

① 《马克思恩格斯选集》，2版，第1卷，276页。

② 参见张宇、田方萌：《不对称的全球化》，载《学习与探索》，2003（3）。

（三）经济全球化的两种发展趋势

经济全球化作为一个客观进程，具有二重性，可以有两种发展趋势：一是促进世界资源的合理配置，促进各国生产力的发展，从而造福各国人民；二是资本主义经济关系的全球扩张，进一步加剧世界资源配置和经济发展的不平衡，继续扩大南北发展差距，加剧贫富分化和环境恶化。我们应选择并推进前一种趋势，警惕并控制后一种趋势，为此，我们必须正确处理好对外开放与独立自主的关系。一方面，必须积极参与经济全球化和国际竞争，坚定实行对外开放政策，必须大胆地学习和借鉴发达资本主义国家在经济、政治、科技、教育、文化和管理等方面所创造的先进的物质文明和精神文明，分享经济全球化的好处；另一方面，在对外开放的同时，要坚决抵制各种腐朽的东西，坚持独立自主、自力更生的方针，把立足点放在依靠自身力量的基础上，把引进与开放创新、利用外资与自己积累结合起来，在对外开放过程中，注意维护国家的主权和经济安全，注意防范和化解国际风险的冲击，始终保持对关键行业和关键领域的控制力，使对外开放更健康地发展，更有利于社会主义现代化建设。

第二节　经济全球化与资本主义经济的新特点

经济全球化，如前所述，一方面意味着生产社会化程度的进一步提高，是生产力高度发展的结果；另一方面则意味着资本主义生产方式的新变化。目前的经济全球化进程是发达资本主义国家主导的，此外国际经济关系的各种规则基本上是由发达资本主义国家制定。从这个意义讲，经济全球化在本质上是资本主义推动的经济全球化，它使资本主义进入一个新的发展阶段，即全球垄断资本主义阶段，该阶段资本主义经济体制有下述特点。

一、以全球范围而非民族国家为边界组织资本主义生产

资本主义经济的发展经历了若干阶段。第二次世界大战后，它逐步向经济全球化阶段过渡，到20世纪80年代中期，进入了经济全球化阶段。在全球化阶段，资本主义发展的基础不再主要依靠民族国家，而主要依靠对全球范围的资源的利用和对全球市场的依赖。民族国家曾经是资本主义生产的基地，人们可以说英国制造、美国制造或者法国制造，现在，生产已经在很大程度上变成世界性的或者跨国家的了，一件产品已经很难说清是哪国制造了。离开了全球化的生产和经营，资本主义就难以生存下去了。

二、资本主义基本矛盾在全球化条件下呈现出新的表现形式

在经济全球化的条件下，世界各国经济的联系空前密切，它们之间相互依赖的关系大大加强，在这个一体化的全球经济体系里，你中有我，我中有你，谁都离不开谁。但是，在资本主义占主导地位的全球经济中，又充满了矛盾和斗争。这是资本的本性所决定的。资本的本性是不断地增值，追逐最大利润。在这种强烈欲望的驱使下，资本的对外扩张大大加强。经济全球化，为资本的全球扩张创造了前所未有的良机，而这又使资本主义的各种矛盾扩大到全球。资本主义的基本矛盾是生产的社会化同生产资料资本主义私人占有之间的矛盾，这个基本矛盾在全球化经济中呈现出新的表现形式，如各国经济的可调节性与

全球经济的无计划性之间的矛盾、跨国公司的严密组织和科学管理与世界市场的盲目扩张和无序运行之间的矛盾、全球生产能力的无限扩大趋势与世界市场容量有限之间的矛盾等。这些矛盾的尖锐化，导致全球经济总量和结构以及世界经济各部门、各领域之间的失调，进而导致全球经济的动荡和危机。

三、贫富差别具有了全球化特点

世界政治经济发展的不平衡是资本主义的绝对规律，社会贫富两极分化和众多贫困人口的存在是资本主义民族国家的固有现象，现在又成为全球资本主义的固有现象。伴随着资本主义关系在世界范围的扩展，贫富差别也具有了全球化特点，而且差距在进一步加大。据统计，西方发达国家与低收入国家人均国民生产总值之比，1980 年为 32.8：1，1990 年为 51.3：1，1995 年又扩大到 59.0：1。世界上最富有的 20%和最穷的 20%的人的收入之比，1991 年为61：1，1995 年为 81：1。目前世界上仍有 30 亿人，即人类的一半仍然生活在严重贫困之中，每天的生活费不足 1 美元。

四、基于资本主义民族国家的制度差异淡化

在经济全球化阶段，市场机制在资源配置过程中发挥基础性作用，国家调节发挥着干预作用。目前，曾经实行计划经济的社会主义阵营的国家已经纷纷放弃计划体制而实行了市场体制，第二次世界大战后曾经特别强调国家干预，特别是计划指导的国家，如法国和日本，都大大弱化了国家和计划的作用；文化具有较强同质性，经济体制具有一定封闭性的国家，如德国和日本，都在强调文化的多元化和体制的开放性。强调竞争和效率成为经济体制改革和政策调整的主导原则。今天，民族国家比过去任何时候都面临着更加开放和更大程度融入全球社会的紧迫性和巨大压力，按照全球性规则参与竞争已经成为加入全球社会的基本要求。

五、区域经济一体化成为资本主义民族国家与全球经济之间的联系纽带

在全球化阶段，区域经济的一体化，具有特别重要的意义。在经济全球化阶段，单一的民族国家在国际竞争中，势单力薄，面临的风险和压力非常大，这在客观上要求单一民族国家必须参与到一个特定的区域性集团中，借助区域性集团的力量参与国际竞争。在区域性集团内部，各国经济的一体化程度比较高，跨国家的调节机构为了形成一致的行动，往往要求民族国家让渡一部分权利，或者在一些重大利益问题上做出让步，以换取对民族国家在国际竞争中的权益的保护。因此区域内部的合作和区域外部的竞争已成为资本主义全球化经济发展的重要特征。

第三节 经济全球化与国际经济协调

一、国际经济协调的产生和形式

经济全球化是各国经济活动从国内走向全球的过程，是生产活动在全球范围内实现社会化的过程，是市场经济走向全球的过程。自市场经济产生之日起，它就在不断地冲

破自然村落、封建割据的束缚，推动着社会分工和生产力的发展，发挥其配置资源的作用。市场经济运行机制的跨国界延伸，形成世界市场，使资源在全球范围内进行合理的配置。

然而，市场对资源配置的作用并不是万能的，市场有其固有的缺陷，也有其力所不及的地方。在一国内部，市场缺陷和失灵呼吁国家的宏观调控，这就促使了市场与国家调控相结合的现代市场经济的产生。国家的介入使市场运行有了必要的制度和规则，使市场失灵和缺陷得以克服。当市场跨国界延伸为世界市场时，国际层面的市场同样也存在失灵和缺陷，客观上要求市场规则和弥补市场缺陷的调控手段跨国界延伸，即为全球性的经济提供全球性的规则和制度。

在经济全球化条件下，为了加强对各国垄断资本的协调和制约，防止彼此之间的激烈竞争可能引起的剧烈经济动荡，特别是防止发生全球性经济危机，资本主义国家，主要是几个发达资本主义国家，在协商和合作的基础上，建立起国际经济协调机制，以加强国际协调。资本主义国际经济协调是指各资本主义国家代表本国垄断资本的利益，对资本主义国际化再生产过程中所产生的各种矛盾、摩擦进行共同协商和调节。资本主义国际经济协调的形式主要有三种：国际经济组织的协调；区域经济联盟的协调；政府首脑会晤的协调。

（一）国际经济组织的协调

国际经济组织按照其活动区域和影响力分为世界经济组织和区域性经济组织。其中世界经济组织的地位较高、作用较大。在当今具有较大影响的世界经济组织主要有以下三个。

1. 国际货币基金组织

国际货币基金组织是政府间国际金融组织。它成立于 1945 年 12 月，是布雷顿森林会议的产物。1947 年 11 月成为联合国专门机构，但在经营上仍然维持独立运作。目前国际货币基金组织拥有会员 150 多个国家或地区，在国际货币体系中起着枢纽和核心的作用。国际货币基金组织的基本宗旨和首要任务是保持汇率的稳定和维持国际收支的平衡。该基金建立时共有资本 88 亿美元，美国占 27%的份额；现在的基金总数已达到 1 800 亿美元，美国占 20%，发达国家占的份额在 60%以上。严格地讲，国际货币基金组织并不是为了协调经济全球化进程中出现的问题而建立的。事实上，该组织的建立主要反映了当时居世界压倒优势地位的美国的利益。美国认为，在大萧条中，它受到了其竞争对手对其殖民地和势力范围内的货币、贸易、资本进行防御性管制的损害。因此，美国希望战后建立的货币体系应该建立在完全竞争的基础上，放弃任何对国际货币流动的限制，以便为贸易和投资创造更大的机会。美国为国际货币基金组织规定的工作重点是确保在经济衰退时，各国不再像 20 世纪 30 年代大危机时期那样，用以邻为壑的政策解决自己的问题。因此，国际货币基金组织要求，当一国面临外部收支平衡困难时，应采取内部措施改善竞争地位，而不是采用给其他国家带来负面影响的办法，如汇率控制或货币贬值。由于国际货币基金组织是在以美国为首的发达国家之间达成协议的基础上形成的，它在根本上体现了发达国家的意志和利益要求，由它所体现的国际经济秩序也代表了发达国家的愿望和要求，这就决定了该组织不可能体现发展中国家的要求，相反，它是以损害发展中国家的利益来为发达国家服务的。

2. 世界银行

世界银行全称是国际复兴开发银行，与国际货币基金组织一样，它也是根据 1944 年布雷顿森林会议的精神建立起来的。成立之初时的基金为 100 亿美元，美国占 23%，美国现在仍然拥有特别提款权的 25%，享有最大的表决权。世界银行的主要宗旨和基本职能是：对用于生产目的的投资提供便利，支持成员国的经济发展计划和经济开发。建立世界银行的最初目的，是帮助遭受战争创伤的成员国恢复重建。随着重建工作的完成，世界银行的服务对象转向广大的发展中国家，其主要作用是向发展中国家政府贷款，以支付巨大的基础设施工程如大坝、电厂、道路等的投资。这些工程是私人投资所不愿意或不能做到的，但又是为在其他部门进行私人投资所必需的前提。与国际货币基金组织一样，世界银行在向发展中国家提供贷款时往往附加许多政治条件，迫使发展中国家在接受贷款的同时，放弃自己的部分政治利益。世界银行支持的项目，大都是非经营性项目，一旦发展中国家提出建设经营性高利润项目（如石油开采和提炼）时，世界银行往往拒绝给予支持，因为它更愿意把这样的有利可图的机会让给发达国家的私人投资者。

3. 世界贸易组织

世界贸易组织成立于 1995 年 1 月 1 日。它的前身是 1948 年 1 月 1 日正式生效的关税及贸易总协定，简称关贸总协定。世界贸易组织的主要使命包括，制定为各缔约国普遍接受的多边贸易规则；主持多轮多边贸易谈判，使各国关税大幅度下降；为各国在经济贸易方面提供了谈判和合作的场所，为调解各国的贸易纠纷起了关键性的作用。截止到 2002 年底，世界贸易组织有成员 144 个，其总部设于日内瓦。当今国际贸易的 90% 是在世界贸易组织的框架内运行的。

（二）区域经济联盟的协调

20 世纪 80 年代末以来，在经济全球化的大背景下，区域经济联盟有了长足的发展。美、日、欧三大区域经济中心的较量越来越激烈、复杂，直接推动了西欧、北美、亚太经济区域化的发展。区域经济联盟使区域经济协调成为可能。

1. 欧洲联盟

欧盟是经济一体化程度最高的一个区域性集团，现有 25 个成员国，其一体化程度仍在逐步提高。欧洲的一体化进程起步于 1951 年的欧洲煤钢共同体；1957 年根据《罗马条约》成立欧洲经济共同体和欧洲原子能共同体；1965 年决定三个机构合并，合并条约于 1967 年生效。欧共体成立以来，经过几十年的努力，西欧经济一体化取得巨大成就。1991 年 12 月，12 个欧共体成员国首脑在荷兰的马斯特里赫特签署了《欧洲联盟条约》，又称《马斯特里赫特条约》。该条约包括《欧洲经济与货币联盟条约》和《欧洲政治联盟条约》。1993 年 11 月，条约生效，欧洲联盟诞生。1995 年 1 月瑞典、芬兰、奥地利加入，使联盟由 12 国扩大为 15 国。1999 年 1 月 1 日欧元如期启动，此举是布雷顿森林体系崩溃以来国际货币体系中最重大的变革。2000 年 12 月，欧盟尼斯会议签署了《欧洲联盟基本权利宪章》，为欧盟的扩大奠定了基础。截止到 2003 年，除了英国、丹麦、瑞典外，欧共体最初的 12 个成员国使用单一的货币——欧元，实现了经济货币联盟计划。同时，在欧共体的范围内，已经实现了商品、资本、劳务、人员等生产要素的自由流动，其相互关系越来越紧密。2002 年，欧盟的总人口 3.76 亿，面积 323.5 万平方公里，占有全球贸易额的 21%和外汇储备的 32%。2004 年 5 月 1 日，中东欧和地中海 10 个国家加入了欧盟，使其成员国达到 25 个。经过这次扩大，欧盟的领土面积增加了 23%，人口达到 4.5 亿，国内生产总值将超过 10 万亿欧元。欧洲一体化步伐的加快，大大刺激了其他地区一体化的发展。

2. 北美自由贸易区

1987 年 10 月美国与加拿大签订了自由贸易协定，1994 年起吸收墨西哥参加，形成了北美自由贸易区。北美自由贸易区拥有 3.63 亿人口，2 130 万平方公里土地，它是世界上第一个由发达国家和发展中国家组成的经济集团，具有重大意义。

3. 亚太经济合作组织

亚洲经济一体化的步伐显然落后于前两个地区，这是因为亚洲情况比较复杂，各国经济发展水平不同，政治经济制度不同，民族宗教传统不同等等原因。首次亚太经济合作组织部长会议于 1989 年 11 月在堪培拉举行；1991 年中国政府正式参加；1993 年增加了亚太经济合作组织非正式首脑会晤，并正式采用亚太经济合作组织（APEC）的名称。1994 年 11 月的茂物会议确定了贸易投资自由化的两个时间表，标志着该组织向区域经济集团方向发展取得了重要的成果。与其他两个组织相比，亚太经合组织有许多特点。从发展阶段来看，它仍然属于一个政府间合作的经济论坛；从组织原则看，它形成了独树一帜的组织方式，即在承认多样化的前提下，实行互利、协商一致、自愿、灵活的原则，多形式、多结构地推进本地区的经济合作。目前该组织有 21 个成员。

除了上述三大区域化经济组织外，还有众多的经济集团遍布世界各地。目前世界上主要的区域经济集团组织有 30 个左右，涉及世界上近 2/3 的国家。

（三）政府首脑会晤协调

政府首脑会晤协调的主要形式是西方八国首脑会议。该会议的主要功能是共同讨论世界经济面临的问题，协调八国政府的经济政策和行动。由于参加会议的政府首脑代表了当今世界最发达且最具有势力的经济体，因此，该会议对协调各国的经济政策和经济活动，促进国际经济稳定发展，能够产生一定的积极作用。但是，在经济全球化条件下，所有国家的经济活动相互依赖、相互渗透、相互促进，任何一个国家或地区发生的经济波动，都不再是局部的问题，而是涉及所有国家的问题，如何有效地解决这些问题，对个别国家首脑的会议协调活动无疑构成了严峻的挑战。

二、国际经济协调的成效

从总体上讲，到目前为止，经济全球化条件下的国际经济协调能力非常弱小，远远滞后于经济全球化的发展水平，具体表现在如下几个方面：

（1）全球经济的游戏规则仍然以发达国家的利益为核心，许多制度安排未将发展中国家考虑进去。从根本上说，这是由各国的力量对比所决定的。在现实世界中，发达国家拥有明显优势。发达国家内部的基本格局是美、日、欧三强鼎立，它们的经济发展水平、经济体制及意识形态等诸多方面较为接近，具备了进行对称协调的可能性；加之国际间的商品、资金、技术、劳务等要素的流动主要集中在发达国家，更增加了它们进行对等协调的必要性。这样，在世界范围内，国际规则的形成过程变成了发达国家集团与发展中国家的相互博弈过程。发达国家通过七国首脑会议或欧盟这样的组织在其内部形成共同的规则，并凭借实力优势将它们共同的内部规则延伸为世界通行的规则，主导着国际社会。

（2）国际组织在促进各国经济联系加强的同时，并没有找到一条适应经济全球化发展的模式。因此，传统国际经济组织在经济全球化背景下的作用在不断下降，要求它们进行改革的呼声越来越高。国际货币基金组织和世界银行面对日益全球化的资本，调控已显得力不从心；世界贸易组织的产生使人们看到了一线希望，但它以西方新自由主义为指导原则的做法，将人为地增加后进国家参与全球化的风险。

（3）全球一体化程度低于区域一体化程度，并且区域间一体化的发展也是不平衡的。全球缺乏统一的一体化规则，在这种情况下，发达国家与发展中国家相比较，它们驾驭经济全球化的能力更高、反应更快，它们的政策选择为发展中国家所模仿。但因两类国家制度建设上的差异，虽有同样的政策选择，其效果却存在极大差异。

（4）全球经济一体化规则最终影响经济全球化的利益分配。这种分配规则是否合理、公平，要考虑到资源的初始配置状况。然而作为这一规则的主要倡导者的发达国家很少考虑到由历史原因造成的资源配置初始状况的不平等，特别是发达国家与发展中国家之间的这种初始不平等。

在经济全球化条件下，国际经济协调与合作的加强，是客观形势使然，乃大势所趋。但是，各发达资本主义国家之间在经济发展中的经济关系表现为矛盾与协调并存，同时发达资本主义国家之间的经济协调作用是十分有限的，经过调节，旧的矛盾得到缓解，但新的矛盾又会产生，协调不断进行，也不断被破坏。因此，协调过后是更为剧烈的摩擦。可以说，在可预见的将来，全球范围内的国际经济协调还是很难有效开展的。只要富国的私人资本依然存在并在全球范围内无节制地追逐利润；只要市场在全球范围内配置资源，富国与穷国的差距就会不断拉大，全球范围内的收入两极分化就会继续进行下去。

关键术语

经济全球化	金融的全球化	生产的全球化
资本主义世界体系	国际分工	资本国际化
发达国家	不发达国家	

思考题

1. 资本主义世界体系是怎样形成的？它经历了哪几个发展时期？
2. 经济全球化的本质是什么，它对发展中国家有什么影响？
3. 经济全球化有什么样的内在矛盾？
4. 国际经济协调的主要形式及其作用是什么？

第十一章

资本主义的历史地位和发展趋势

重点问题

资本主义的历史地位
资本积累的意义和后果
相对人口过剩规律
平均利润率下降趋势
经济危机与经济波动
资本主义的基本矛盾及其发展趋势

在人类发展的历史长河中，资本主义是一种过渡性的生产方式。本章在阐明资本主义的历史地位的基础上，通过对资本积累过程中资本主义基本矛盾的深化和发展的分析，揭示资本主义为社会主义所取代的历史必然性。

第一节　资本主义的历史地位与基本矛盾

一、资本主义的历史地位

资本主义经济制度是一种以生产资料私有制为基础、以资本家占有工人剩余劳动为本质的剥削制度，这种剥削制度与奴隶制和封建制相比有着不同的性质：第一，它生产的产品是商品，商品是整个资本主义经济有机体的细胞，价值规律是资本主义一切经济规律得以展开和发生作用的基础，对剩余劳动的占有采取了等价交换的形式。而在前资本主义社会中，商品生产只是一种局部现象，对剩余劳动的占有是以超经济强制为基础的。第二，资本主义生产以雇佣劳动为基础，劳动力转化为商品是资本主义生产关系的前提条件，剩余价值的生产是它的直接目的和决定动机。这与以占有使用价值为目的的小商品生产有着很大的不同。

承认资本主义制度是一种剥削制度并不意味着否定资本主义制度的历史功绩。在政治经济学理论中，剥削不是一个伦理概念，而指的是依靠所有权而对他人劳动的一种占有关系。在一定历史条件下，剥削制度可以成为社会生产力发展的巨大杠杆。对于资本主义制度的历史作用，马克思主义经典作家曾经给予过极高的评价。

资本主义首先造成了商品关系的普遍化。“资产阶级在它已经取得了统治的地方把一切封建的、宗法的和田园诗般的关系都破坏了。它无情地斩断了把人们束缚于天然尊长的形形色色的封建羁绊，它使人和人之间除了赤裸裸的利害关系，除了冷酷无情的‘现金交易’，就再也没有任何别的联系了。”① 这种普遍的商品关系打破了自然经济和封建等级制度对人类社会的发展的严重束缚，形成了人与人之间全面的相互依赖和广泛的社会交往，促进了协作、分工、生产的集中以及劳动和自然科学的结合，推动了生产资料和劳动过程的社会化，使一切国家的生产和消费都成为世界性的了。“资产阶级，由于开拓了世界市场，使一切国家的生产和消费都成为世界性的了……过去那种地方的和民族的自给自足和闭关自守状态，被各民族的各方面的互相往来和各方面的互相依赖所代替了。物质的生产是如此，精神的生产也是如此。”②

对剩余价值的无止境贪欲，驱使资产阶级奔走于全球各地，到处落户，到处开发，到处建立联系。它冲破了各民族之间的相互封闭状态，把人类的历史变成了真正的“世界历史”。对剩余价值的无止境贪欲和残酷竞争的压迫，使资本主义社会具有了前所未有的创新的动力，推动了生产力的巨大发展和整个人类社会的不断进步。“资产阶级除非对生产工具，从而对生产关系，从而对全部社会关系不断地进行革命，否则就不能生存下去。反之，原封不动地保持旧的生产方式，却是过去的一切工业阶级生存的首要条件。生产的不断变革，一切社会状况不停的动荡，永远的不安定和变动，这就是资产阶级时代不同于过去一切时代的地方。”③ 因此，资产阶级在它不到100年的统治中所创造的生产力，比过去一切时代所创造的全部生产力还要大，还要多。在马克思和恩格斯作出上述论断后的100多年以来，资本主义社会在创造和发展生产力方面又取得了前所未有的成就。科学技术的发展日新月异，新的发明此起彼伏，新部门和新产品不断涌现，劳动生产率大幅提高。特别是在发达资本主义国家，先后爆发了以电力革命和信息革命为核心的新技术革命，推动了社会生产力的巨大发展。

在资本主义社会，由于商品关系的普遍化特别是劳动力的商品化，劳动者摆脱了类似奴隶制和封建制下的那种对统治阶级的人身依附，实现了法律上的平等和自由。“大规模的贸易，特别是国际贸易，尤其是世界贸易，要求有自由的、在行动上不受限制的商品所有者，他们作为商品所有者是有平等权利的，他们根据对他们所有人来说都平等的（至少在当地是平等的）权利进行交换。从手工业向工场手工业转变的前提是，有一定数量的自由工人……他们可以和厂主订立契约出租他们的劳动力，因而作为缔约的一方是和厂主权利平等的。”④ 法律上的平等和人身自由的获得，调动了生产者的积极性和创造性，促进了科学技术的发展和运用，提高了劳动者的素质和技能，推动了生产力的不断发展，导致了剩余劳动时间的增多，这样，资本就违背了自己的意志，它在追求剩余价值的同时，为人

① 《马克思恩格斯选集》，2版，第1卷，274～275页。

② 同上书，276页。

③ 同上书，275页。

④ 《马克思恩格斯选集》，2版，第3卷，446页。

的全面自由发展和阶级对立的消除做了准备，从而为消灭自身存在的基础创造了物质前提。

二、资本主义的基本矛盾

资本主义制度与奴隶制度和封建制度相比具有无可比拟的优越性和创造力。但是，生产力与生产关系的矛盾并不会因此而终结。对于剩余价值的无止境的追求，一方面推动了劳动生产率的不断提高和生产社会化的不断发展，另一方面又对生产社会化的进一步发展造成了严重阻碍。生产力与生产关系的矛盾在资本主义生产方式中表现为生产的社会化与生产资料资本主义私人占有这个基本矛盾。这一基本矛盾不是从天上掉下来的，而是商品经济基本矛盾发展到一定阶段的必然产物。商品经济是建立在社会分工基础之上的，社会分工一方面造成了不同的生产者的相互分离，另一方面造成了他们之间的全面的相互依赖，由此导致了劳动的个体性与社会性之间的矛盾。在商品经济中，这一矛盾表现为私人劳动与社会劳动的矛盾。一方面，社会分工的存在，使得生产者的劳动具有社会劳动的性质，他们的生产是为了满足社会的需要，各自的劳动都是社会劳动的一部分；另一方面，生产资料私有制，决定了生产者的劳动具有私人劳动的性质，生产者独立进行生产决策，产品归生产者私人占有。私人劳动与社会劳动之间的这种矛盾只能通过市场交换得到解决，在市场交换中，私人劳动只有转化为社会劳动，得到社会承认，私人生产者的个体利益才能得到实现。随着简单商品经济发展到资本主义商品经济，商品经济的基本矛盾——私人劳动与社会劳动的矛盾，就进一步发展为资本主义的基本矛盾，即生产社会化与资本主义私人占有形式之间的矛盾。这个基本矛盾在资本的积累过程中通过平均利润下降、资本和人口的相对过剩以及生产过剩的经济危机表现出来。

第二节　资本积累与资本主义基本矛盾的发展

一、资本有机构成的提高与资本积累

一个社会任何时候都不能停止消费，因而也就不能停止生产，社会的生产总是连续不断、周而复始地进行的，每一个社会生产过程，从经常的联系和它的不断更新来看，同时也就是再生产过程。资本主义生产方式的特征不是生产过程在原有规模上的简单重复，而是生产规模的无限扩大。资本家与封建主和奴隶主不同，他不是把剩余价值主要用做个人消费，而是要将剩余价值的大部分转化为资本，这种剩余价值的资本化，就是资本积累。资本积累的规模与剩余价值的量成正比，与劳动者的工资量成反比，因此，在剩余价值分为资本和工资的比例一定的条件下，资本积累的数量取决于剩余价值的绝对量，资本家从雇佣劳动者身上榨取的剩余价值越多，资本积累的规模就越大，而资本积累的规模越大，资本家可以获得的剩余价值也就越多。资本积累的实质就在于通过剩余价值的资本化进而获得更多的剩余价值。那么，资本积累过程对资本主义经济制度有什么样的影响呢？考察这一问题，实际上就是考察生产力的发展对资本主义生产关系的影响。在具体说明这一问题之前，我们首先要区别生产力发展的两种不同类型：一是产品种类不变时生产力的发展；二是产品种类变动时生产力的发展。在分析前一种类型生产力发展对资本主义制度的

影响时，马克思创造性地提出了资本有机构成这一范畴，并运用这一范畴揭示了资本积累的一般后果和趋势。

从资本积累的规律看，资本的有机构成具有不断提高的趋势。为什么这样说呢？这是因为，资本主义生产的目的是无止境地追求剩余价值，增加剩余价值的方式不外乎两种，即绝对剩余价值和相对剩余价值。由于绝对剩余价值生产受生理和社会条件的制约呈不断下降趋势，因而，不断地提高劳动生产率，通过缩短必要劳动时间来相对增加剩余劳动时间的方式就成了增加剩余价值的主要手段。在不考虑土地肥力和独立生产者的技能等因素的条件下，劳动生产率的提高，表现为劳动的量比其所推动的生产资料的量相对减少，或者说，表现为劳动过程的主观因素的量比它的客观因素的量相对减少。资本技术构成的这一变化反映在资本的价值构成上，是资本价值的不变部分的增加和可变部分的减少。例如，有一笔资本，起初50%投在生产资料上，50%投在劳动力上，随着劳动生产率的提高，80%投在生产资料上，20%投在劳动力上。资本价值构成对于资本技术构成的反映虽然只是近似的，不完全是按比例的，但是，从总体和长期的趋势看，资本的有机构成随着劳动生产率的提高具有不断下降的趋势。而劳动生产率和有机构成的提高同时也就是加速资本积累的方法。剩余价值不断转化为资本，表现为进入生产过程的资本量的不断增长。这种增长又成为不断扩大生产规模和提高劳动生产率的基础。

二、资本积累的两个社会经济后果

伴随着资本有机构成的不断提高，资本积累导致了以下两个重要的社会经济后果。

（一）相对人口过剩

随着资本积累的发展和资本有机构成的提高，社会总资本中不变部分和可变部分的比例会发生变化，可变资本部分相对减少，不变资本部分相对增加。假定原来的比例是1∶1，后来变成2∶1，3∶1，4∶1，5∶1，6∶1，7∶1等等，因而，随着资本的增长，资本总价值中转化为劳动力的部分不是1/2，而是1/3，1/4，1/5，1/6，1/7等等，转化为生产资料的部分则递增为2/3，3/4，4/5，5/6，7/8等等。因为对劳动的需求不是由总资本的大小决定的，而是由总资本中可变部分的大小决定的。所以在资本有机构成提高的条件下，它随着总资本的增长而按比例地减少。对劳动的需求，同资本量相比相对地减少，并且随着总资本量的增长以递减的速度减少。从表面上看，总资本可变部分的相对减少，好像是由于工人人口的绝对增长总是比可变资本增长得快。但事实是，资本主义积累不断地并且同它的能力和规模成比例地生产出相对的即超过资本增值的平均需要的，因而是过剩的或追加的工人人口。这种人口过剩既不是绝对的，也不是自然的，而是由资本主义制度造成的相对于资本增值需要而言的人口过剩。

当然，在现实经济运行过程中，相对人口过剩规律并不是以简单的机械的方式赤裸裸地表现出来的，而是随着资本积累运动而周期性地变化，并分布在不同的生产部门之中。在有些部门，资本构成发生变化而资本的绝对量没有增长；在有些部门，资本的绝对量的增长是同它的可变组成部分或它所吸收的劳动力的绝对减少结合在一起的；在有些部门，资本时而在一定技术基础上持续增长，并按照它增长的比例吸收追加的劳动力，时而有机构成发生变化，资本的可变组成部分缩小；在一切部门，资本可变部分的增长，从而就业工人人数的增长，总是同过剩人口的激烈波动，同过剩人口的暂时产生结合在一起的。从总体的和发展的趋势上看，随着资本积累的发展，资本的有机构成总是在不断提高，因此，工人人口本身在生产出资本积累的同时，也以日益扩大的规模生产出使他们成为相对过剩人口的手段，这就是资本主义生产方式特有的人口规律。

相对人口过剩是资本积累的必然产物，同时反过来又成为资本积累的杠杆，甚至成为资本主义生产方式存在的一个条件。劳动力商品是资本主义经济存在的前提，这种特殊的商品同样也要受价值规律和市场机制的调节。相对过剩人口的存在构成了劳动力市场和剩余价值规律发生作用的机制和条件。这是因为：(1) 现代资本主义经济的运动是繁荣、危机、萧条和复苏等阶段组成的周期性的波动过程，资本增值对于劳动力的需要随着经济的周期性波动而在不断发生变化，相对过剩人口的存在可以随时调节和满足不同时期资本对劳动力的需要，从而起到劳动力蓄水池的作用。(2) 过剩人口形成一支可供支配的产业后备军，它绝对地隶属于资本，不仅可以随时为资本增值的需要提供劳动力资源，而且通过劳动市场的竞争，对工人的就业和工资水平的提高施加压力，从而把劳动力市场的作用范围限制在符合资本增值需要的界限之内。

相对过剩人口的存在，意味着在资本主义经济制度下失业问题是制度性的，是资本主义制度的不治之症。

（二）平均利润率下降趋势

资本积累一方面导致了相对人口过剩和两极分化，另一方面导致了平均利润率的下降趋势。获得更多的剩余价值是资本主义生产的全部目的。在现实的生产和流通过程中，剩余价值表现为利润，剩余价值率表现为利润率。为了追求更多的剩余价值，资本家必须不断把剩余价值转化为资本，这必然会导致劳动生产率和资本有机构成的不断提高。在其他条件相同的情况下，资本有机构成提高，同一个剩余价值必然表现为不断下降的利润率。例如，假定剩余价值率为100%，则有：

$c=50$，$v=100$，$p'=100/150=66.7\%$

$c=100$，$v=100$，$p'=100/200=50\%$

$c=200$，$v=100$，$p'=100/300=33.3\%$

$c=300$，$v=100$，$p'=100/400=25\%$

$c=400$，$v=100$，$p'=100/500=20\%$

由于在资本积累的过程中，劳动生产力的提高和有机构成的变化不仅发生在个别生产部门，而且是在一切生产部门或有决定意义的生产部门发生的，因而在剩余价值率不变的情况下，资本有机构成的提高必然导致平均利润率的下降，平均利润率的下降是资本主义内在矛盾的基本表现形式。

平均利润率的下降趋势并不排斥利润总量的绝对增加。一方面，这是因为在有机构成提高的同时存在着其他一些起反作用的因素阻碍着平均利润率的下降，如剩余价值率的提高、工资被压到劳动力价值以下、不变资本各要素变得便宜、相对人口过剩、对外贸易等等；另一方面，更重要的是，在利润的下降和利润总量的增加之间存在着一种十分密切的内在联系，它们实际上是同一规律的不同表现形式。这是因为，资本积累与有机构成的提高是相伴而生的，这种情况必然会造成平均利润率的下降。为了抵消利润率下降造成的损失，资本家只得提高积累率，增大积累量，从而使总资本急剧地增加，结果使得利润率下降的同时利润总量却增加了。积累的不断增加、有机构成的不断提高又会进一步造成利润率下降的压力，为了减少这种压力，资本家只得进行更多积累。就是这样一种机制推动着资本主义经济的不断发展，同时不断加剧资本主义经济制度的内在矛盾。

（1）利润率下降的规律表现为剩余价值的生产和剩余价值的实现之间的矛盾。一方面，剩余价值的生产条件只受社会生产力的限制，资本主义生产具有无限扩张的内在冲动；另一方面，剩余价值的实现条件却受不同部门的比例和社会消费力的限制。这两个方面不仅在时间和空间上是分开的，而且在概念上也是分开的。生产资料的私人占有一方面使整个社会的再生产和流通呈现出无政府状态，各部门合理的比例关系经常受到破坏，剩余价值的实现经常发生困难；另一方面，社会消费力的形成实际上是以收入分配关系为基础的，资本主义生产方式必然造成必要劳动与剩余劳动、工资与利润的严重对立，剩余价值的相对增大只能以工人工资的相对缩小为代价。这种对抗性的分配关系使社会生产能力在无限扩大的同时，工人阶级和社会上绝大多数人的消费被限制在相当狭隘的界限内。资本主义解决这一矛盾的方式只能是不断提高生产力，降低商品的价值，扩大商品的市场，但是这样一来，资本积累和有机构成提高导致的所有矛盾又在更大的程度上被再生产出来了。

（2）平均利润率下降规律还表现为生产的扩大和价值增值之间的矛盾。在资本主义生产方式下，社会生产力的发展在资本方面表现为资本存量的增加和资本有机构成的提高，在资本所使用的劳动力方面表现为再生产劳动力的时间的缩短和劳动力数量的减少。这两种运动同时并存，互为条件，但它们对利润率起着相反的影响。一方面，资本总量的增加、资本有机构成的提高促使平均利润率下降；另一方面，由必要劳动时间缩短而造成的剥削程度的提高又有助于阻碍平均利润率的下降。由于剥削程度的提高有不可逾越的限制，因而平均利润率的下降是总的趋势。利润率的下降促使资本家更多地进行积累，增加资本总量，以达到增加利润总量的目的。而在现有资本量一定的条件下，资本积累量的增加主要取决于相对剩余价值和由此决定的劳动生产率的提高。但是，劳动生产力的发展又必然会导致资本有机构成的提高，从而促使平均利润率下降。资本主义生产所要达到的目的即价值增值同实现这个目的所要达到的手段即劳动生产力的发展之间存在着尖锐的矛盾。

（3）平均利润率的下降过程中还引起人口过剩时的资本过剩。随着平均利润率的下降，单个资本家为了生产，所必须使用的资本最低限额增加了，这就会形成资本的过剩。所谓资本过剩，实质上总是指那种利润率的下降不会由利润量的增加得到补偿的资本的过剩，或者是指那种自己不能独立行动而以信用形式交给大产业部门的指挥人去支配的资本的过剩。资本的这种过剩同相对人口过剩一样，都是由资本的积累和资本的有机构成提高造成的，它们之间互为补充，即一方面是失业的资本，另一方面是失业的人口。由于资本通常以商品的形式出现，所以资本过剩往往包含有商品生产过剩，以商品资本存在的生产资料和消费品无法获得正常的利润，大量的资本被闲置、被贬值，资本主义的再生产过程受到破坏。由资本的积累、平均利润率下降规律以及由此导致的人口过剩、商品过剩和资本过剩，是资本主义基本矛盾的产物和表现形式，它们集中地反映了资本主义经济制度的历史性和过渡性。无论是人口的过剩、商品的过剩还是资本的过剩，都不是绝对的，而是相对的，它们并不表示生产资料和生活资料与人们的实际需要相比生产得太多了，它表示的是相对于剩余价值增值的需要和以对抗形式存在的财富生产得太多了，说明了这种生产方式的历史局限。

三、产品创新与资本主义的“创造性毁灭”

以上在讨论相对人口过剩和平均利润率下降趋势时，我们假定生产部门是既定的，没有考虑产品创新和由此带来的部门创新的问题。但是，现实的资本积累是在部门不断创新和分工体系不断扩大的条件下进行的，创新是资本主义的动力所在，只有不断进行产品的创新，才能为资本家带来超额利润，为资本主义发展创造新的市场需求。这种不断破坏旧结构、创造新结构的过程，被有的经济学家称做“创造性毁灭”的过程。在考虑技术创新的条件下，社会生产力的发展就不仅仅表现为个别产品劳动生产率和有机构成的提高，更重要的是体现为劳动分工的发展，体现为新产品和新部门的出现。产品创新是一把双刃剑，它一方面阻止了平均利润率的下降，另一方面又在更大的程度上促使了平均利润率的下降，由此导致了资本积累和资本主义经济的大幅度波动。

创造性毁灭

“创造性毁灭”这一概念是著名的美籍奥地利经济学家熊彼特提出的，他用这一概念来描述资本主义的本质和发展过程。熊彼特认为，资本主义本质上是一种经济变动的形式或方法，它不仅从来不是而且也永远不可能是静止不变的。开动和保持资本主义发动机运动的根本推动力，来自资本主义企业创造的新消费品、新生产方法或运输方法、新市场、新产业组织形式。不断地破坏旧结构、不断地创造新结构。这个创造性破坏的过程，就是资本主义的本质性事实。①

产品的创新首先阻止了平均利润率的下降。显然，在产品结构和种类不变的前提下，劳动生产力的发展必然表现为资本有机构成的提高、相对过剩人口和过剩资本的增加，表现为社会使用价值的大量充斥和社会需求增长的相对滞后，加剧了社会生产和社会消费的矛盾，引起了利润率的下降。例如，由于生产力提高1倍，以前需要使用100单位资本的地方，现在只需要使用50单位资本，以前需要100个工人的地方，现在只需要50个工人。于是，就有50单位资本和相应的劳动力游离出来，这样，为了阻止利润率的下降，就必须为游离出来的过剩的资本和劳动力创造一个在质上不同的新的生产部门，这个部门会满足并引起新的需要。一组通过产品创新建立起来的新部门为资本积累提供了新的场所，资本主义经济增长的矛盾结构由此会得到改善。由于存在着对新产品的旺盛需求，新产品的社会价值是由劳动生产率最低的企业决定的，这样一来，整个部门会出现超额利润，从而引起平均利润率的提高。资本主义生产方式只有在一个不断扩大的分工体系中才能繁盛起来。产品创新及新兴产业部门的建立，在质上扩大了劳动的社会分工体系，使得劳动（从而剩余劳动）的质的差别的范围不断扩大，社会需要日益多样化，由此扩大了社会总劳动的规模和商品价值总量，为剩余价值和利润的增加开辟了新的源泉。②

---

① 参见［美］熊彼特：《资本主义、社会主义与民主》，146～147页，北京，商务印书馆，1999。

② 参见孟捷：《马克思主义经济学的创造性转化》，100页，北京，经济科学出版社，2001。

但是，产品创新对提高利润率的这种促进作用只是暂时的。一方面，产品的创新是一个"创造性的毁灭"过程，一些旧的产品和旧的部门在这一过程中受到削弱，甚至遭淘汰，资本的价值被贬值，从而导致利润率的下降；另一方面，随着新产品在技术上的垄断性的丧失和部门之间竞争的充分发展，由产品创新引起的超额利润会逐步消失，各部门之间的利润差别会逐步消除，从而导致一般利润率的下降。其具体过程大致可以划分为如下阶段：（1）创新引入和成长阶段。产品创新满足了大量社会需要，生产迅速扩展，整个部门获取超额利润。（2）成熟阶段。超额利润的存在诱使大量资本流入创新部门，资本在部门间竞争的结果使超额利润趋于消失，利润率出现平均化，不同部门生命循环出现趋同趋势。以节约劳动为特点的工艺创新变得重要起来。（3）衰退阶段。由于资本积累结构性矛盾的发展在不同部门变得越来越趋同，竞争转而以部门内竞争为主，通过技术创新降低产品成本和产品的差别化成为主要的竞争手段，从而导致一般利润率下降。产品结构创新的这种动态过程，构成了资本主义经济波动的重要基础。

资本主义生产方式中存在的上述矛盾，都是资本主义基本矛盾的反映。随着资本主义生产方式的发展，生产社会化程度越来越高。生产资料尽管不表现为直接劳动者的财产，而表现为资本家的私有财产，但是由这些生产资料形成的生产力却表现为社会的生产能力；劳动本身也由于协作、分工以及劳动和自然科学的结合而组织成为社会的劳动；管理也越来越与生产资料的所有者相分离，成为一种社会性的经济行为。

而在资本主义生产方式的另一面，由于不断的资本积累和竞争，生产资料越来越集中到少数人的手里。生产力和生产关系的这种对抗形式的发展，使其必然在某一点上发生激烈的冲突。这种冲突只有通过危机才能得到暂时的解决，并为以后更大规模的冲突创造了条件。

第三节　经济危机与经济波动

一、资本主义经济危机

（一）资本主义经济危机的概念

所谓资本主义经济危机，是指与资本主义经济制度直接有关，由资本主义经济制度因素引起的经济危机，即生产相对过剩的经济危机。每当这种危机发生时，"剩余"商品堆积在仓库，成千上万的企业倒闭，失业人数激增，信用关系破坏，股票、债券和其他有价证券的行情暴跌。与上述现象相伴随的另一种现象是：在危机时期，由于工厂倒闭、工人失业，劳动群众感到必需品极度缺乏，他们的需要比其他任何时候更难得到满足。这些现象说明，生活资料和现有人口相比不是生产得太多了，而是正好相反。要使大量人口能够体面地、像人一样地生活，生活资料还是生产得太少了。由此可见，资本主义经济危机的实质是生产相对过剩的危机。

商品生产过剩是相对于资本价值增值来说的，所以它们是相对的。既不是所生产的生活资料与现有的人口相比而言太多了，而是太少了；也不是为了要使人口中有劳动能力的那部分人能够就业，生产资料生产得已经太多了，正好相反，它们还是太少了；不是财富生产得太多了，而是资本主义对抗性形式上的财富生产得太多了。

（二）资本主义经济危机的产生原因

资本主义为什么会发生经济危机？回答这一问题还要从资本主义的基本矛盾入手。

生产相对过剩的危机是资本主义基本矛盾的集中表现。从一般意义上说，只要存在私有制和商品生产，就有经济危机发生的可能性。因为，货币出现之后，商品交换的公式由直接的物物交换即 W—W 转变为 W—G—W。在这个过程中，每个商品生产者都必须将自己的商品卖出，变为货币，然后才能用货币购买自己需要的其他商品，买和卖在时间上和空间上都分成了两个独立的行为，流通过程就有出现中断的可能性。在商品货币关系发展到一定历史阶段时，货币就不仅表现为流通手段，而且具有了支付手段的职能。信用的出现使危机出现的可能性进一步加强。在信用关系中，商品所有者发生了连锁的、交错的债权债务关系，债务人为了按期还债，就必须在相应的期限内销售完他的商品，得以收回一定数额的货币，如果债务人不能顺利地把商品转化为货币，债权人不能按期收回债款，就可能引起支付的危机，破坏正常的流通过程和生产过程。不过，尽管在简单商品生产中就已经包含了经济危机的萌芽，但是在资本主义之前的经济形态中，经济危机主要是由于自然灾害、瘟疫或战争等天灾人祸造成的生产不足，生产的普遍过剩只有在资本主义社会中才成为一种经常的规律性的现象。简单商品生产的流通公式是 W—G—W，而资本主义商品生产中的流通公式则是 G—W—G′，它与简单商品生产存在着本质的不同。在简单商品生产中，交换的目的是取得使用价值而不是增加交换价值，生产的直接目的是消费。而在资本主义商品生产中，价值的增值是生产和交换的唯一目的，而使用价值则仅仅成了价值增值的一种手段。资本主义经济制度的这个根本特征必然导致生产和消费的严重冲突。

由于资本主义生产的目的是追求价值的增值而不是使用价值，因此资本主义生产就突破了资本家自身消费的限制而具有了无限扩大的趋势，这主要是由两方面原因造成的：一方面，追求剩余价值是资本主义生产的目的，这种绝对的致富欲是无止境和无限制的；另一方面，竞争作为资本主义生产方式的内在规律从外部强制支配着每一个资本家，迫使他们不断积累，进行扩大再生产，力图在竞争中获得生存和发展。对于剩余价值的无止境的追求与竞争的外在压力相互结合，使生产具有了无限扩大的趋势，生产的商品越来越多，劳动生产率越来越高，物质产品越来越丰富。

生产的不断扩大和使用价值的大量增加，需要社会购买力的相应增加作为保证，没有社会需要的相应增加，社会再生产过程就会中断。然而，“直接剥削的条件和实现这种剥削的条件，不是一回事。二者不仅在时间和空间上是分开的，而且在概念上也是分开的。前者只受社会生产力的限制，后者受不同生产部门的比例和社会消费力的限制。但是社会消费力既不是取决于绝对的生产力，也不是取决于绝对的消费力，而是取决于以对抗性的分配关系为基础的消费力；这种分配关系，使社会上大多数人的消费缩小到只能在相当狭小的界限以内变动的最低限度。这个消费力还受到追求积累的欲望的限制，受到扩大资本和扩大剩余价值生产规模的欲望的限制……因此，市场必须不断扩大……这个内部矛盾力图用扩大生产的外部范围的办法求得解决。但是生产力越发展，它就越和消费关系的狭隘基础发生冲突。”① 在资本主义生产方式中，雇佣工人既是生产者，又是自主的消费者。每个资本家自己雇佣的工人是生产者，但别的工厂的工人对这个资本家来说则是消费者。工

① 《资本论》，第 3 卷，272～273 页。

人阶级在资本主义社会中的这种双重地位，带来了资本主义生产方式的一个矛盾——每个资本家在自己的工厂内部剥削工人越成功，对总体资本家而言，其商品实现越是困难，因为工人阶级作为自主的消费者是有效需求的重要来源。劳动与资本之间的这种对抗关系随着资本积累的发展而日趋严重，资本积累的发展使社会财富日益集中在少数人手中，工人阶级在社会总财富中所占份额相对于资本家阶级在不断缩小，社会财富分配中的两极分化现象日益严重，有支付能力的购买力跟不上生产能力的增长。

生产和需要的这种矛盾发展到一定程度之后，就会导致生产普遍过剩的经济危机。危机既是资本主义基本矛盾的表现形式，又是这一矛盾得以强制性缓解的方式。

二、资本主义再生产的周期

（一）资本主义再生产的周期的特征及原因

资本主义再生产过程的危机在马克思生活的年代大概平均每10年左右爆发一次，在以后的发展中有逐渐缩短的趋势。从一次危机的开始到下一次危机的开始为一个再生产周期。一般情况下，一个再生产周期包括危机、萧条、复苏和高涨四个阶段，其中危机是再生产周期的决定性阶段，它既是上一周期的结束点，又是新周期的起点。

一般情况下，再生产周期的各个阶段具有以下特征：

(1) 危机阶段。作为生产周期的开始阶段，生产力的破坏以暴风骤雨般的形式表现出来，与此相伴随的特征突出地表现在：商品生产过剩，没有销路，价格猛跌，利息率上升，支付手段奇缺，信用关系遭到破坏，交易所倒闭并造成大量破产，生产急剧缩小，失业急剧增长，工资下降。生产力遭到的这种大规模的破坏，强制性地使生产力和生产关系中已经破坏的均衡得到暂时恢复。

(2) 萧条阶段。生产的下降、商品价格的下跌、企业的倒闭、失业队伍的增加等都已停止，但是，社会购买力仍然很低，商品销售仍然困难。与此同时，游资充斥，利率低下，社会信贷关系处于停滞的状态。在生产下降已达谷底并经历了一段时间的停滞后，当过剩的商品在市场上已被清除，竞争力差的和经济实力差的厂商因破产或被兼并而消失后，这时市场（国内的和国外的）上对商品的需求开始出现增加的趋向。这样，在危机中幸存下来的经过调整的企业就开始恢复生产，有的甚至开始扩大生产规模。为了能使生产保持一定的利润率，资本家努力寻找能够降低生产成本的途径，如尽量加紧对工人的剥削，进一步降低工资和提高劳动强度；采用先进生产技术，更新固定资产，重新装备企业，从而使生产在价格因危机而降低的情况下仍能获利。对固定资本更新的大规模投资，推动了生产资料和生活资料生产的全面恢复和增长。于是生产周期逐渐由萧条阶段进入到复苏阶段。

(3) 复苏阶段。这一阶段实现了经济的全面恢复。市场的销售量全面恢复，物价开始回升，生产逐步扩大，就业人数逐渐增加，有支付能力的需求随之提高，随着企业利润的增长，信贷关系也活跃起来，促使资本家进一步扩大生产经营，当社会生产达到并超过危机前所达到的最高点时，经济周期就由复苏阶段进入了高涨阶段。

(4) 高涨阶段。消费日渐旺盛，市场容量增加迅猛，推动着生产迅速膨胀，新建企业层出不穷，工人就业人数也随之增加；尽管商品大量增加，但价格也在逐步上升；在资本家的利润急剧增长的同时，工人的收入也有所增长，但相对于前者，后者的收入相对减少了；金融市场活跃，信用膨胀，证券价格上升，证券市场活跃，利率虽有上升但只是缓慢上升。由于整个生产过程呈现出购销两旺的势头，这种情况诱使资本家把生产的增长推到狂热的程度。这一切使生产和商业规模的扩大又大大地超出了有支付能力的需求，为下一次生产过剩危机的到来提供了条件。

从繁荣进入危机往往是以突然的方式到来的。这是因为，在一般情况下，对生产者来说，只要产品能卖出去，生产就认为正常，它所代表的资本价值的循环就不会中断。生产者是否决定改变生产规模，主要是根据产品的销售情况。产品越是能顺利地售出，生产者就越有可能将生产的规模扩大。

资本主义经济危机之所以能以周期性的方式进行，原因在于再生产周期中存在着推动危机周期性发生的物质基础，这个物质基础就是固定资本的更新。固定资本更新之所以能够成为经济危机周期性发生的物质基础，其原因主要表现在以下两个方面：

第一，固定资本的大规模更新为暂时摆脱危机，促进复苏和高涨阶段的到来准备了物质条件。当经济进入停滞阶段，出于竞争的需要，资本家开始了新一轮投资，对原有设备进行大规模的技术改造，并大量增加新的技术含量更高的技术设备。大规模的投资带动了经济的增长，从而使生产摆脱危机，但是，随着经济的复苏，投资以加速的方式进行，把经济迅速推向繁荣的极限，从而为下一次经济的全面失衡创造了条件。

第二，固定资本的大规模更新，在推动了生产增长的同时，又为下一次危机的到来准备了物质条件。大规模的技术更新为资本主义基本矛盾在更进一步的层次上的激化创造了条件，这表现在：一方面，新的、效率更高的技术设备的采用，进一步推动了生产社会化水平的提高；另一方面，日益提高的资本有机构成使资本对劳动力的需求相对或绝对减少，这又进一步推动了相对过剩人口的增加，从而使劳动者有支付能力的需求进一步减少。这两方面因素的发展，使资本主义基本矛盾日趋尖锐化，并孕育着下一次危机的到来。

（二）有关资本主义经济危机周期性的研究成果

马克思之后，资本主义经济危机周期性发生且日趋严重的现实，使马克思主义经济学的研究者和非马克思主义经济学的研究者均对经济发展的周期性现象进行过深入细致的研究，并且取得了十分有价值的研究成果。其中影响较大且有代表性的成果主要有：

（1）主周期，又称朱格拉周期（7年～11年）。克莱蒙特·朱格拉，19世纪下半叶法国著名的经济学家与统计学家，他为了能从事实本身证明经济危机与周期在经济活动进程中具有规律性和必然性，收集了大量有关实际的资料，这些资料包括：贴现与垫支、贵金属储备、银行券流通、存款与活期账户的资料、价格数列与某些外贸统计资料以及某些商品的生产、消费与库存的资料。他认为这些是最可靠的工商业“晴雨计”和主要的前导指示器，尤其是价格的变动进程是繁荣与危机的主要的指示器。通过对材料的分析，朱格拉得出结论：事实完全证明经济周期是资本主义经济增长本身所固有的。这种周期，在19世纪尽管长度有差别（最短3年，最长11年），但大致持续的时间是10年。后来，西方学者将这个10年左右的周期称做朱格拉周期，由于这个周期与工商业固定资本投资的周期相一致，又被称做投资周期。

（2）次周期，又称基钦周期（3年～5年）。约瑟夫·基钦，美国经济学家，他在1923年发表于《经济学与统计学评论》的一篇题为《经济因素的周期与趋势》的文章中，对美

国60年间和英国100年间经济活动中每月的银行清算、批发价格、短期利率和若干实物产量数列的详细资料的研究后，提出经济周期除了主周期之外还有次周期的观点。他认为，一个周期约为40个月左右，2个～3个次周期构成一个主周期，主周期是次周期的聚合。主周期常常是由次周期导出的。由于次周期与商品的库存变动的周期基本一致，西方经济学家又把这种3年～5年的周期称做库存周期。

(3) 库兹涅茨周期，又称建筑周期（15年～25年）。西蒙·库兹涅茨，美国经济学家，1930年出版了《生产和价格的长期运动》一书，提出15年～25年的经济周期。库兹涅茨对美国1840—1914年期间某些商品的生产与价格变动的长期趋势进行了研究，结论是：如果用移动平均法把生产和价格数列中所受到的通常经济周期的影响予以熨平消除掉的话，其变动趋势就会呈现出显著的波浪形的起伏。就是说，在增长率的趋势上，会呈现出若干年份高些，若干年份低些，接着又是若干年份高些，若干年份低些这种波浪式起伏的周期。测算表明，这种周期的平均持续期，在生产数列上约为22年，在价格数列上约为23年。后来，其他经济学家发现，库兹涅茨发现的周期基本上与同期美国建筑业的周期相吻合，美国在1853—1933年的80年中4个建筑业周期的持续时间为15年～22年，因而西方经济学界就把库兹涅茨周期称之为建筑业投资周期。

(4) 长波或称康德拉捷夫周期（45年～60年）。最早系统地提出长波理论的是苏联经济学家康德拉捷夫。他收集了法国、英国、美国、德国等国家1780—1920年近140年间的价格数列、利率和工资数列，外贸和银行存款数列，以及几种产品的生产量数列，使用9年移动平均法将通常的经济周期的波动对长期趋势可能有的影响予以抹平。在经过处理后的数列的长期趋势上，他观察到了这样的情况：在相当长时间的上扬之后就是相当长时间的下落，而后又是相当长时间的上扬这样的长波现象，这种波动的周期约为50年左右。康德拉捷夫的研究成果于20世纪20年代陆续问世后，引起了西方经济学界的关注，并将其命名为康德拉捷夫周期。康德拉捷夫用主要固定资本产品的更新换代引起经济平衡的破坏和恢复来解释长期波动，并且深信这也是引起资本主义经济运动中长波存在的内在原因。他认为，引起长波的原因在于：经济领域存在大大小小、形形色色的产品，生产每一种产品所需要的时间不同，消费它们的时间也不同，从而每种产品的生产和消费平衡过程所需要的时间长度亦不相同。这样，在经济中就形成了时间长短不一、多种层次的平衡周期。在所有产品中有一种决定生产性质的主要固定资本产品，比如蒸汽机、发电机和电动机这类生产工具。只要这些工具在生产中普遍应用，就会对生产力的发展起巨大的推动作用，生产每一种新型的主要固定资本产品需要很长时间，在生产中消费它们也需要很长时间，所以每一代主要固定资本产品的平均周期也很长。康德拉捷夫认为，经济长波正是因主要固定资本产品更新换代在经济生活中所引起的长期平衡周期，这种平衡周期包含了上一代主要固定资本产品被取代和新一代主要固定资本产品普遍应用而造成的经济生活动荡及其恢复过程。

上述对经济周期问题的研究成果，后来被熊彼特吸收和发挥，形成了自己的周期理论。他以自己的创新理论为基础，解释了经济周期的形成，他认为经济创新的引进不是连续平稳的，而是时高时低、时密时疏，这种方式产生了“商业循环”和“经济周期”。而创新的多样性和差别性形成了周期长短的差别。荷兰经济学家范·杜因在继承了熊彼特技术创新论的基础上，提出了创新寿命周期，并用它解释经济中的长波现象，形成了别具一格的长波理论。20世纪60年代～70年代，比利时经济学家欧内斯特·曼德尔对长波问题进行了马克思主义经济学解释的尝试。曼德尔认为，任何有关资本主义发展的长期波动的马克思主义理论，只能是资本积累理论，如果用不同的方式来表达同一思想，则是利润率理论。从马克思主义的观点看，工业产量平均增长率的突然长期高涨只能反映资本积累率和平均利润率的突然上升，因为我们是在资本主义生产方式的结构内来考察这些波动的。以此为出发点，他根据利润率和资本积累量之间的相互变动关系，系统地论证了长波的上升与下降的变化规律，并将长波的终极原因归结于资本主义的基本矛盾。

虽然经济学家们对危机产生的原因和作用机制的说明不尽一致，但周期性危机存在这一事实却是有目共睹的。从1825年资本主义世界爆发第一次经济危机起，每隔一定时期，在主要资本主义国家或整个资本主义世界就要爆发一次经济危机。1836年英国又爆发了经济危机，这次经济危机还波及到了美国。1847—1848年的经济危机席卷了许多国家，已经具有了世界经济危机的性质。接着，在1857年、1866年、1873年、1882年和1890年又都爆发了世界性的经济危机。20世纪初发生了1900—1903年和1907年的经济危机，以后又经历了1920—1921年、1929—1933年和1937—1938年三次经济危机。特别是1929—1933年的大危机，波及到了整个资本主义世界，持续了4年之久，造成整个资本主义世界工业生产下降44%，贸易总量下降66%。第二次世界大战后，资本主义经济一度获得较快的发展，经济生活具有了许多新的特点。与战前的经济危机相比，战后的经济危机有这样一些新的特点：再生产周期缩短，危机频繁；各周期界限不十分明显，复苏和萧条阶段不易区分；危机和通货膨胀同时并存，等等。但是资本主义基本矛盾所导致的经济危机还是不断发生。美国在1948年、1953年、1957年、1960年、1969年和1974年曾先后爆发了6次经济危机。1957—1958年、1974—1975年、1979—1982年在资本主义世界曾爆发了世界性的经济危机。其中1979—1982年的经济危机持续了3年之久，造成了生产的大幅度下降和严重的失业问题。西方工业国家经济增长率1979年为3.3%，1980年为1.3%，1981年为1.6%，1982年为-0.2%。美国失业率高达10.8%，欧洲共同体失业率平均超过10%。这次经济危机的一个重要特点是经济的停滞和通货膨胀并存。在经济陷入衰退的同时，西方资本主义国家的消费物价上涨率1979年为8.9%，1980年为11.6%，1981年为10%。1997年7月开始，东南亚各国爆发了严重的金融危机，货币大幅贬值，生产大幅下降，企业大量破产，失业大幅增加。这次金融危机虽然与这些国家的经济结构、经济体制和经济政策中存在的种种内部矛盾有很大关系，但从根本上说，这次金融危机仍然是资本主义性质的危机，其根本原因是整个资本主义世界生产相对于需求的大量过剩，这种生产过剩在世界经济一体化的条件下，必然会在缺乏竞争优势的新兴工业化国家中首先爆发出来。只要资本主义经济关系存在，经济危机就无法根除。

第四节　资本主义发展的历史趋势

资本主义制度像人类社会所有的制度一样，是在生产力与生产关系的矛盾运动中向前发展的。

一、从自由竞争的资本主义到垄断的资本主义

自由放任的资本主义是资本主义制度的最初形态。在自由放任的资本主义经济中，经济运行完全是靠市场价格来调节的。国家的作用仅限于维护法律和秩序，至多也只是承担某些公共工程和最低限度的社会保障，而不是对经济运行过程进行干预。自由放任的资本主义对于打破封建制度的束缚，促进市场经济和生产力的发展，起到了积极的推动作用。但是，随着机器大工业的产生和社会化大生产的发展，自由市场经济的问题就逐步暴露出来了。

19 世纪 70 年代发生的以电力和化工为先导的工业革命，引起了冶金业、机械制造业、交通运输业等一系列新兴工业部门的兴起，推动了生产规模的进一步扩大和生产社会化程度的进一步提高，为生产和资本的迅速集中奠定了物质技术基础。19 世纪末 20 世纪初垄断组织迅速发展，并在各资本主义国家占据了统治地位。自由竞争的资本主义变成了垄断的资本主义。垄断是生产社会化的产物，一方面，它可以在更大程度上适应生产社会化的发展；另一方面，垄断的存在又造成了财富的高度集中，导致了金融寡头在经济和政治上的统治地位，阻碍了社会生产力的发展。

1929—1933 年震撼世界的资本主义经济大危机，迫使资本主义进行局部的调整。第二次世界大战后，资本主义社会出现了一系列靠私人垄断资本无法解决的问题，如新兴产业的投资问题、公共产品的生产问题、产品销售市场问题、基础性前导性的科学研究问题、国民经济协调发展问题、国民收入再分配和利益协调问题等等，社会化生产的进一步发展迫使垄断资本主义国家持续地、全面地、稳定地介入资本主义经济生活。第二次世界大战后，私人垄断资本主义被国家垄断资本主义所代替。由于国家垄断资本主义在某些方面突破了私人垄断资本的局限性，实现了资本主义生产关系内部的质变，但是它并没有从根本上改变资本主义经济的性质，资本主义基本矛盾依然存在并支配着资本主义发展过程。

20 世纪 70 年代以后，以信息技术为先导的新的科技革命迅猛发展，对当代资本主义制度产生了巨大影响，不少学者注意到了经济信息化对资本主义社会的影响，并用知识经济、信息经济、网络经济、符号经济、虚拟经济、后工业社会、后资本主义社会等不同的提法，来概括当代的资本主义社会。向信息社会的转变，是资本主义社会经济的一个阶段性变化，并没有改变资本主义的基本制度，资本主义各种固有矛盾仍将存在，还产生了种种新的矛盾和问题，如劳动者不适应这一转变而失业；劳动者因知识高低不同扩大工资差距而发生新的分化；大企业集团利用信息技术加强对社会经济的垄断和支配；社会两极分化加剧；效率与公平之间反差更加突出等。资本主义基本规律仍在起作用，而且有些规律的作用如资本积累规律、价值规律、发展不平衡规律等的作用将更加突出。

二、资本主义发展的历史趋势

社会主义是资本主义基本矛盾长期运动的产物。马克思、恩格斯作为科学社会主义的创始人，与历史上空想社会主义者根本不同，他们不是从人类公平、正义等理性原则出发来批判资本主义，并在此基础上构想未来的理性王国，而是依据历史唯物主义的科学方法，通过对资本主义生产方式内在矛盾和运动规律的深刻分析，从中发现否定资本主义经济关系的种种物质因素，从正在瓦解的经济运动形式内部发现未来的、能够消除这些弊病的、新的生产组织和交换组织的因素，发现未来社会主义经济关系的最基本的特征。社会主义不是人们头脑中的主观想象，而是资本主义生产方式矛盾运动本身提出的、用以解决这种矛盾的必然的方式。社会主义是生产社会化发展的历史要求。

资本主义生产的社会化的发展主要表现在以下几个方面：第一，由于资本积累的发展，单个资本日益膨胀，出现了成千上万名工人在一起共同进行生产的资本主义大企业。在这种大企业中，机器大工业技术上的必要性决定了工厂内部生产资料使用的社会化。第二，在机器大工业基础上形成了各个部门和各个企业之间的分工协作的高度发展和相互联系的日益紧密。第三，由于生产规模的扩大和社会分工的发展，狭隘分散的地方市场逐步发展成为统一的国内市场，进而发展成为世界市场。马克思和恩格斯认为，生产的社会化与生产资料的私人占有是矛盾的，生产资料的社会占有是解决这一矛盾的基本途径。

马克思和恩格斯还认为，生产的社会化发展到一定程度必然导致资本的社会化，资本的社会化是生产的社会化在资本主义占有方式内部的必然表现，同时，它又进一步证明了资本主义占有方式的历史局限性。资本的社会化有两种基本的形式，一是股份公司；一是国有化。国有化是资本社会化的最高形式，它虽然没有最终解决生产的社会化与资本主义私人占有之间的矛盾，但是已经为这一矛盾的解决指明了基本方向和线索。而在股份公司中，一方面，资本已经突破了单个资本的局限，变成了联合起来的个人资本，与单个人的资本相比，资本在这里具有了社会性，从而可以在更大程度上适应生产社会化或集中化的要求；另一方面，所有权与管理权分离了，资本的管理从资本的私人所有者手中转移到了管理者手中，资本的使用社会化了。

马克思和恩格斯认为，当资本家还在生产过程中承担某种社会职能的时候，他们还可以用节俭和积累、管理和监督来为自己的剥削做辩护，但是，股份公司中出现的这种资本的社会化却使资本主义私人占有的财产制度失去最后存在的理由。因为，“如果说危机暴露出资产阶级无能继续驾驭现代生产力，那么，大的生产机构和交通机构向股份公司和国家财产的转变就表明资产阶级在这方面是多余的。资本家的全部社会职能现在由领工薪的职员来执行了。资本家除了拿红利、持有剪息票、在各种资本家相互争夺彼此的资本的交易所中进行投机以外，再也没有任何其他的社会活动了。”① “在股份公司内，职能已经同资本所有权相分离，因而劳动也已经完全同生产资料的所有权和剩余劳动的所有权相分离。资本主义生产极度发展的这个结果，是资本再转化为生产者的财产所必需的过渡点，不过这种财产不再是各个互相分离的生产者的私有财产，而是联合起来的生产者的财产，即直接的社会财产。另一方面，这是所有那些直到今天还和资本所有权结合在一起的再生产过程中的职能转化为联合起来的生产者的单纯职能，转化为社会职能的过渡点。”②

马克思、恩格斯关于生产社会化的这种理论逻辑的科学性已经被现代资本主义混合经济的实际和社会主义经济发展的实践所证实。资本主义经济从自由竞争向垄断、从垄断向国家垄断、从国家垄断向国际垄断的发展表明，与生产的社会化相联系的生产的集中，代表着社会化大生产发展的主流，当代世界的生产力体系和社会结构并不像西方有的社会学家和未来学家认为的那样，已经从生产的集中和垄断转向了分散化和小型化，相反，与生

① 《马克思恩格斯选集》，2版，第3卷，629页。

② 《资本论》，第3卷，494页。

产的集中相联系的生产资料占有的社会化不仅没有失去意义，而且具有了更加坚实的基础。在马克思和恩格斯以后的100多年里，生产的社会化程度以前所未有的规模迅猛地发展起来了。在发达资本主义国家各个主要的生产部门中，垄断组织不仅在国内市场和生产过程中占据了绝对优势，而且已经逐步控制了整个世界市场的生产与销售，国家垄断资本主义已经发展到了国际垄断的新阶段。

随着生产的不断社会化，资本社会化的程度也有了空前的发展。无论是股份公司还是国有化在资本主义经济中都获得了更加巨大的发展，资本社会化的规模和影响远远超过了马克思的时代，就股份公司来说，它已经成了当代资本主义企业制度的基本形式。而且在当代的资本主义经济中，除了建立在私人资本联合基础上的传统的资本社会化形式之外，又出现了以大的机构如各种基金会、保险公司等持股为基础的资本社会化的更高形式。就国有化来说，它已经成为了资本主义经济中正常运行不可缺少的重要组织部分，私人资本所有制的局限性更加明显，由社会占有代替社会化的资本的可能性大大增强了，因此，从这个角度看，历史的发展是证实而不是否定了马克思和恩格斯的生产社会化理论。但是，实践同时也证明，在生产的社会化和生产资料社会占有之间存在着许多复杂的中介环节，不能简单化。20世纪以来，特别是第二次世界大战后，人类社会的生产力和经济社会关系发生了许多深刻的巨大的变化，资本积累和资本主义经济制度也随着生产力的发展具有了一些新的特点：

(1) 生产的集中并没有囊括整个社会，在生产的集中化趋势发展的同时，生产的分散化和小型化趋势也在发展，生产的社会化具有了一些新的特点。特别是以微电子技术为核心的新的科技革命，极大地促进了资本主义经济的发展，为资本主义的生存和发展创造了新的空间。

(2) 垄断组织的发展并没有完全代替自由竞争，相反，在垄断组织之间、垄断与非垄断之间的竞争更加激烈，特别是生产的国际化和国际竞争的广泛发展，削弱了垄断的趋势，加强了竞争的压力，市场机制并没有因为垄断的发展而失去活力，而仍然是现代生产力条件下资源配置的基础。

(3) 由于股份公司的出现和资本市场的广泛发展，私人资本通过股份制形式在资本主义私人占有的范围内实现了社会化，资本具有了社会化的性质，这在一定程度上缓解了生产集中与私人占有之间的矛盾。

(4) 资本主义经济中国家干预的广泛发展，在一定程度上克服了私人资本主义生产的盲目性，同时，随着新技术革命而出现的新的经济结构带来了阶级结构的复杂化以及福利国家的产生，把资本主义社会工人阶级和资产阶级的冲突控制在了一定的范围之内。

资本主义经济中出现的这些新的情况是资本主义经济制度的局部性调整，适应了生产社会化发展的要求，缓和了生产社会化和生产资料私人占有之间的矛盾，使资本主义生产方式在现实中仍然保持了一定的活力和发展趋势。第二次世界大战后，西方资本主义世界经历了一个经济持续增长和繁荣的“黄金时代”。1950—1970年期间，发达资本主义国家的年平均经济增长率高达5.3%，制造业劳动生产率年平均增长3.9%，平均利润率高达26.2%。但是，资本主义经济的这种繁荣和发展并没有从根本上改变资本主义制度的基本性质，也没有从根本上消除资本主义经济制度的基本矛盾。

资本主义经济在经历了第二次世界大战后持续的增长和繁荣之后，从70年代开始进入了一个相对停滞和低速增长的发展阶段，资本积累的矛盾进一步加深，经济危机的趋势日益明显。其中1974—1975年的经济危机使西方工业国家的经济增长率从1973年的5.8%急剧下降到1974年的0.9%和1975年的−3%。与此同时，通货膨胀率却一反常态，出现了大幅度上涨的局面。西方工业国的通货膨胀率从1972年的5.5%上涨到1973年的8.3%和1974年的11.9%。1973—1993年期间，西方发达资本主义国家制造业的增长率从1950—1973年期间的年均5.5%下降为2.1%，利润率从年均26.2%下降为15.7%。工人实际工资的增长率也大幅下降，失业率大幅提高。1973—1993年期间，私人企业工人的实际工资增长率，美国从1950—1973年期间的2.7%下降为0.2%，德国从5.7%下降为1.9%，日本从6.3%下降为2.7%。

随着资本主义经济基本矛盾的进一步发展，资本积累的一般规律得到了进一步的证实。以美国为例，制造业中100家最大公司在全部制造业资产总额中所占比重，1952年为34.5%，1989年增至50%。资本的集中和垄断不仅没有削弱，反而更加增强了。与生产资料占有中的两极分化相适应，收入分配中的两极分化现象也更加严重。据统计，1993年美国生活在贫困线以下的人为3 930万，占美国人口的15.1%；欧洲共同体成员国的贫困人口1993年达到5 200万。另据美国人口普查局1996年的调查，1968—1994年，20%最富有的家庭，其收入在全国总收入中的比例从40.5%上升到46.9%。在同一时期，美国其他家庭的收入统计表明，1993年20%最富有的美国家庭，其收入占所有家庭收入的48.2%。在发达资本主义国家，占总人口中不到1%的垄断资产阶级，却直接控制着整个社会的经济、政治和文化等各个领域的大权。一方面是财富在资产阶级手中的积累，另一方面是贫困在工人阶级中间的积累，资本积累的这种两极分化的一般规律仍然是支配资本主义经济发展的内关键术语思考题在规律。

马克思对资本积累的历史趋势曾经作过这样的概括："从资本主义生产方式产生的资本主义占有方式，从而资本主义的私有制，是对个人的、以自己劳动为基础的私有制的第一个否定。但资本主义生产由于自然过程的必然性，造成了对自身的否定。这是否定的否定。这种否定不是重新建立私有制，而是在资本主义时代的成就的基础上，也就是说，在协作和对土地及靠劳动本身生产的生产资料的共同占有的基础上，重新建立个人所有制。"① 联合起来的个人，在资本主义生产方式造就的社会化生产的基础上，在社会计划的协调下按照他们共同的利益进行生产，这就是共产主义社会，社会主义是共产主义社会的第一阶段。

资本积累	资本有机构成	相对人口过剩
平均利润率下降趋势	创造性毁灭	资本主义经济危机
再生产周期	资本积累的历史趋势	

① 《资本论》，第1卷，832页。

思考题

1. 如何理解资本主义的历史地位?

2. 什么是资本主义制度的基本矛盾?它在资本主义经济中集中体现为哪些方面?

3. 为什么说“相对人口过剩”和“平均利润率下降”是资本积累的两大社会经济后果?

4. 如何理解资本主义的“创造性毁灭”?

5. 为什么说资本主义经济危机是资本主义基本矛盾的必然产物?

6. 如何理解固定资本更新是资本主义经济危机周期性存在的物质基础?

7. 为什么说资本主义基本矛盾必然导致资本主义向社会主义过渡?

第十二章

社会主义经济制度的本质特征

重点问题

马克思和恩格斯对未来社会的科学预测及其现实意义
社会主义在中国的建立与发展
社会主义初级阶段的基本经济制度
公有制的主体地位
发展非公有制经济在社会主义初级阶段的意义

马克思和恩格斯通过对资本主义经济运动规律的分析，揭示了社会主义经济制度产生的历史必然性，使社会主义理论从空想变为科学。社会主义经济制度是人类历史上一种崭新的制度，它要在实践中不断完善和发展。中国特色的社会主义就是把马克思主义基本理论与中国国情相结合的产物。从本章起我们将对中国特色社会主义制度展开分析。

第一节　马克思和恩格斯对未来社会的科学预测

一、社会主义从空想到科学的发展

（一）科学社会主义的产生

科学社会主义理论是由马克思和恩格斯创立的。在《共产党宣言》中，马克思和恩格斯对于当时的社会主义文献进行了批判性的总结，他们把当时流行的社会主义理论概括为三种主要形式：反动的社会主义、保守的或资产阶级的社会主义、批判的空想的社会主义和共产主义。反动的社会主义又包括封建的社会主义、小资产阶级的社会主义和德国的或"真正的"社会主义，它们的共同特征是站在封建社会的立场上，从封建的或小资产阶级的利益出发批判资本主义，企图恢复旧的所有制关系和社会制度，开历史的倒车。保守的或资产阶级的社会主义的特征是站在资本主义社会的立场上代表资产阶级的利益批评资本主义社会，它试图在不改变资本主义经济制度的基础上通过局部的改良来消除资本主义社

会的弊病。与反动的或保守的社会主义相比，批判的或空想的社会主义代表了历史发展的方向，它是站在未来共产主义的立场上代表工人阶级的利益来批判资本主义制度的，但是，由于这一理论产生于资本主义发展的初期，因而无法科学地认识资本主义社会的发展规律。马克思和恩格斯在批判性地继承空想社会主义理论的基础上建立了科学的社会主义理论。

（二）科学社会主义与空想社会主义的区别

科学社会主义与空想社会主义的根本区别在于，它不是从人类公平、正义等理性原则出发来批判资本主义，并在此基础上构想未来的理性王国，而是依据历史唯物主义的科学方法，通过对资本主义生产方式内在矛盾和运动规律的深刻分析，从中发现否定资本主义经济关系的种种物质因素，从正在瓦解的经济运动形式内部发现未来的、能够消除这些弊病的、新的生产组织和交换组织的因素，发现未来社会主义经济关系的最基本特征。因此，在马克思主义的理论中，社会主义已不是人们头脑的主观想象了，而是资本主义生产方式矛盾运动本身提出的、用以解决这些矛盾的必然趋势，社会主义由此从空想转变成现实。

科学社会主义与空想社会主义的另一个重要区别是，空想社会主义者热衷于设计和描绘未来社会的细节，而马克思和恩格斯则认为，要谈共产主义的细节而“同时既不坠入空想又不流于空泛的辞藻”是不可能的。早在1843年马克思刚刚成为共产主义者时，他就明确宣布，我们的任务不是推断未来和宣布一些适合将来任何时候的一劳永逸的决定，而是希望在批判旧世界中发现新世界。之后，他多次重申了这个思想。

1881年1月6日在回答荷兰社会民主党提出的这样一个问题，即：假使社会党人取得政权，为了保证社会主义的胜利，他们在政治和经济方面采取的首要措施应当是什么时，马克思指出：

> “在将来某个特定的时刻应该做些什么，应该马上做些什么，这当然完全取决于人们将不得不在其中活动的那个既定的历史环境。但是，现在提出这个问题是不着边际的，因而实际上是一个幻想的问题，对这个问题的唯一的答复应当是对问题本身的批判。如果一个方程式的已知各项中不包含解这个方程式的因素，那我们就无法解这个方程式。”①

恩格斯也曾经多次强调了这一思想，他指出：

> “我们对未来非资本主义社会区别于现代社会的特征的看法，是从历史事实和发展过程中得出的确切结论；不结合这些事实和过程去加以阐明，就没有任何理论价值和实际价值。”②

> “所谓‘社会主义社会’不是一种一成不变的东西，而应当和任何其他社会制度一样，把它看成是经常变化和改革的社会。”③

> “我们没有最终目标。我们是不断发展论者，我们不打算把什么最终规律强加给

---

① 《马克思恩格斯选集》，2版，第4卷，643页。

② 同上书，676页。

③ 同上书，693页。

人类。关于未来社会组织方面的详细情况的预定看法吗？您在我们这里连它们的影子也找不到。"①

科学社会主义理论的创始人对于未来社会主义所采取的这种科学的态度，从根本上克服了空想社会主义的局限性，实现了社会主义理论从空想到科学的转变。

二、未来社会的基本特征

在马克思和恩格斯的文献中，社会主义和共产主义经常是作为同义语加以使用的，但是，为了把自己的理论与当时流行的各种空想的、改良的社会主义相区别，他们在大多数著作中更多地用共产主义而不是社会主义来表达自己的理论和主张，他们对未来共产主义（包括我们目前所讲的共产主义的高级阶段和低级阶段即社会主义阶段）社会基本经济特征的认识可以概括如下。

（一）实现个人的自由全面发展

1894年1月9日，意大利社会党人卡内帕请求恩格斯为即将在日内瓦出版的周刊《新纪元》找一段题词，来表述未来社会主义新纪元的基本思想。恩格斯对此做了这样的答复：除了从《共产党宣言》中摘出下列一段话外，我再也找不出合适的了，即"代替那存在着阶级和阶级对立的资产阶级旧社会的，将是这样一个联合体，在那里，每个人的自由发展是一切人的自由发展的条件。"② 消灭阶级和阶级对立，实现个人自由全面的发展，是马克思和恩格斯设想的未来共产主义社会的基本目标，这一目标贯穿于他们全部的理论之中。在马克思和恩格斯的早期著作中，他们已经开始把人类的解放当做无产阶级的未来目标，并把人类的解放与消灭私有制联系在一起。但是，这一理论的提出在当时是以人本主义为基础的。在《德意志意识形态》中，马克思和恩格斯比较系统地阐明了历史唯物主义的基本原理，把人的解放与生产力的发展联系起来。他们认为，共产主义和以往所有运动不同的地方在于：它推翻了一切旧的生产和交往关系的基础，并且破天荒第一次自觉地把一切自发产生的前提看做是先前世世代代的创造，消除这些前提的自发性，使它们受联合起来的个人支配。而这一点是以通过联合起来的个人对全部生产力总和的占有、消灭分工和私有制来实现的。因为，只有在集体中，个人才能获得全面发展其才能的手段，只有在集体中才能有个人自由。在《共产主义原理》中，恩格斯写道，"根据共产主义原则组织起来的社会，将使自己的成员能够全面发挥他们的得到全面发展的才能"③，并以废除私有制来实现这一点。在1857—1858年的《政治经济学批判》手稿中，马克思考察了人类社会中人与人的关系以及人的个性发展的三个阶段，把未来的共产主义社会概括为建立在个人全面发展和他们共同的社会生产能力成为他们的社会财富这一基础上的自由个性。在《反杜林论》中，恩格斯指出，只有在摆脱了私有制的共产主义社会中，人们才能真正成为自然和历史的主人，从而成为真正自由的人。

因此，社会主义并不反对个人自由，相反，他们的目标是为个人的自由全面发展创造更加广泛和真实的基础。但是马克思和恩格斯提出的未来共产主义社会个人自由全面发展

① 《马克思恩格斯全集》，中文1版，第22卷，628～629页，北京，人民出版社，1965。

② 《马克思恩格斯选集》，2版，第1卷，294页。

③ 《马克思恩格斯选集》，2版，第1卷，243页。

的目标是作为资本主义的对立面而存在的，因此，它与资产阶级思想家提出的以私有制和个人主义为基础的理论有着本质的不同。个人主义理论认为，个人利益至高无上，社会利益只是一种虚构，因此，以私有制和自由竞争为基础的社会是最好的。而马克思主义则认为，个人自由的真正实现不能离开集体，只有建立在生产资料社会占有的基础上对社会生产进行有计划调节，人类社会才能真正从必然王国进入到自由王国。

（二）以生产资料公有制代替私有制

马克思主义是关于无产阶级解放的学说，按照他们所创立的历史唯物主义的理论，无产阶级的解放只能是生产力的发展和生产关系变革的结果。他们认为，阶级对立和社会发展的无政府状态是由生产资料的私有制造成的，因而消灭私有制是建立未来自由人联合体的根本途径。马克思和恩格斯之所以把自己称做是共产主义者，就是因为他们的主张是以生产资料的公有制为核心的。在《共产党宣言》中，马克思和恩格斯指出，“共产党人可以把自己的理论概括为一句话：消灭私有制”[①]。在另一个场合恩格斯曾强调，“我处处不把自己称做社会民主主义者，而称做共产主义者。这是因为当时在各个国家里那种根本不把全部生产资料转归社会所有的口号写在自己旗帜上的人自称是社会民主主义者……因此对马克思和我来说，用如此有伸缩性的名称来表示我们特有的观点是绝对不行的。”[②] 尽管他们对未来社会的预测非常谨慎而且理论在不断发展，但是，对于未来社会实行生产资料公有制这一点却从来没有发生变化。他们认为，未来社会“同现存制度的具有决定意义的差别当然在于，在实行全部生产资料公有制（先是单个国家实行）的基础上组织生产”[③]。在《反杜林论》中恩格斯明确系统地阐述了生产的社会化与生产资料资本主义私人占有这个资本主义生产方式的基本矛盾，并在此基础上说明了生产资料社会占有的必然性。他指出，社会的生产与资本主义占有的矛盾集中体现为两种表现形式，即无产阶级和资产阶级的对立与个别工厂中的生产有计划性和有组织性与整个社会中生产的无政府状态之间的矛盾。随着这种矛盾的日益尖锐，资本主义的生产关系已经不能容纳社会化的生产力，私有制的丧钟就要敲响了。恩格斯写道：“猛烈增长着的生产力对它的资本属性的这种反作用力，要求承认生产力的社会本性的这种日益增长的压力，迫使资本家阶级本身在资本关系内部可能的限度内，越来越把生产力当作社会生产力看待。无论是信用无限膨胀的工业高涨时期，还是由大资本主义企业的破产造成的崩溃本身，都使大量生产资料不得不采取像我们在各种股份公司中所遇见的那种社会化形式。某些生产资料和交通手段一开始规模就很大，它们，例如铁路，排斥任何其他的资本主义经营形式。在一定的发展阶段上，这种形式也嫌不够了……资本主义社会的正式代表——国家终究不得不承担起对生产的领导。这种转化为国家财产的必然性首先表现在大规模的交通机构，即邮政、电报和铁路方面。”[④] 资本主义国家所有制没有从根本上解决资本主义基本矛盾，但却表明了解决这一矛盾的基本线索，生产资料的社会占有并在此基础上实行有计划的生产将是生产社会化发展的必然产物。

① 《马克思恩格斯选集》，2版，第1卷，286页。

② 《马克思恩格斯全集》，中文1版，第22卷，489～490页。

③ 《马克思恩格斯选集》，2版，第4卷，693页。

④ 《马克思恩格斯选集》，2版，第3卷，751～752页。

（三）尽快发展生产力，实现共同富裕

强调生产力的首要性是马克思主义理论的一个基本观点，马克思主义经典作家主张用公有制取代私有制，就是为了更好更快地发展生产力。他们认为，只有更快地发展生产力和创造相应的物质条件，才能不断缩短必要劳动时间，增加剩余劳动时间，为建立一个更高级的、以每个人的全面自由发展为目的的新社会创造现实的基础。在《共产党宣言》中，马克思和恩格斯就明确提出，无产阶级将利用自己的政治统治，把一切生产工具集中在国家手里，尽可能快地增加生产力的总量。并把共产主义社会的生产目的概括为扩大、丰富和提高工人的生活。在《资本论》中，马克思指出，在共产主义社会里，社会劳动按比例分配、劳动时间的节约和核算，将成为首要的经济规律。马克思和恩格斯认为，在共产主义制度下，由于消灭了阶级对立，生产力的发展不再是少数人剥削大多数人的手段，而是为了满足人们的共同需要，目的和手段实现了真正的统一。恩格斯也曾多次阐述这一思想，他说，在共产主义社会，“通过社会生产，不仅可能保证一切社会成员有富足的和一天比一天充裕的物质生活，而且还可能保证他们的体力和智力获得充分的自由的发展和运用”①。尽可能快地发展生产力以满足人民群众日益增长的文化需要，这是共产主义社会生产的基本目的，反映了这一社会的根本性质。

（四）消灭商品生产，对全部生产实行有计划的调节

按照马克思和恩格斯的观点，商品是私人劳动的产物，商品交换是私人生产者之间的一种劳动交换关系，因此，一旦社会占有生产资料，商品生产就将被消除。他们所设想的未来社会是一个没有商品货币关系的社会，在那里，人们“用公共的生产资料进行劳动，并且自觉地把他们许多个人劳动力当作一个社会劳动力来使用”②。整个社会生产过程是在直接的计划调节下进行的。由于消灭了生产资料私有制，社会的发展处在人们直接的控制之下，因此，整个生产过程和生产关系都是简单明了的。在《反杜林论》中，恩格斯明确地阐述了消灭商品生产的历史意义：

> “一旦社会占有了生产资料，商品生产就将被消除，而产品对生产者的统治也将随之消除。社会生产内部的无政府状态将为有计划的自觉的组织所代替。个体生存斗争停止了。于是，人在一定意义上才最终地脱离了动物界，从动物的生存条件进入真正人的生存条件。人们周围的、至今统治着人们的生活条件，现在受人们的支配和控制，人们第一次成为自然界的自觉的和真正的主人，因为他们已经成为自身的社会结合的主人了。人们自己的社会行动的规律，这些一直作为异己的、支配着人们的自然规律而同人们相对立的规律，那时就将被人们熟练地运用，因而将听从人们的支配。人们自身的社会结合一直是作为自然界和历史强加于他们的东西而同他们相对立的，现在则变成他们自己的自由行动了。至今一直统治着历史的客观的异己的力量，现在处于人们自己的控制之下了。只是从这时起，人们才完全自觉地自己创造自己的历史；只是从这时起，由人们使之起作用的社会原因才大部分并且越来越多地达到他们所预期的结果。这是人类从必然王国进入自由王国的飞跃。”③

---

① 《马克思恩格斯选集》，2版，第3卷，757页。

② 《资本论》，第1卷，95页。

③ 《马克思恩格斯选集》，2版，第3卷，757～758页。

恩格斯认为，消灭商品生产不仅是必要的，而且是可能的：

“社会一旦占有生产资料并且以直接社会化的形式把它们应用于生产，每一个人的劳动，无论其特殊的有用性质是如何的不同，从一开始就直接成为社会劳动。那时，一个产品中所包含的社会劳动量，可以不必首先采用迂回的途径加以确定；日常的经验就直接显示出这个产品平均需要多少数量的社会劳动……因此，到那时，它就不会想到还继续用相对的、不断波动的、不充分的、以前出于无奈而不得不采用的尺度来表现产品中包含的、现在已直接地和绝对地知道的劳动量，就是说，用第三种产品来表现这个量，而是会用它们的自然的、最恰当的、绝对的尺度——时间来表现这些劳动量……因此，在上述前提下，社会也不会赋予产品以价值……诚然，就在这种情况下，社会也必须知道，每一种消费品的生产需要多少劳动。它必须按照生产资料来安排生产计划，这里特别是劳动力也要考虑在内。各种消费品的效用（它们被相互衡量并和制造它们所必需的劳动量相比较）最后决定这一计划。人们可以非常简单地处理这一切，而不需要著名的‘价值’插手其间。”①

马克思和恩格斯虽然否定了未来的共产主义社会存在商品货币关系的可能性，把商品货币关系的消失和生产的有计划发展当做了未来共产主义社会的一个根本的特征，但马克思同时也指出，在资本主义生产方式消灭后的社会生产中，价值决定仍会在下述意义上起支配作用，即社会劳动按比例分配、劳动时间的节约和核算，将成为首要的经济规律。

（五）在共产主义社会的低级阶段要实行按劳分配

一般说来，共产主义所有制的生产力基础是生产的社会化。但是，生产的社会化的不同发展阶段不仅存在着程度上的差异，而且还具有性质上的不同。马克思在 1875 年发表的《哥达纲领批判》中曾根据生产力的不同性质明确地把共产主义社会区分为高级和低级两个发展阶段。他指出，共产主义低级阶段只能实行按劳分配，因为，一方面，在公有制下，每个社会成员所能向社会提供的只能是自己的劳动，从社会取得的只能是自己的消费品；另一方面，新社会是刚从资本主义社会中产生出来的，而不是在它自身基础上发展起来的，它在经济、道德和精神等方面还带着它脱胎出来的那个旧社会的痕迹。因此，每一个生产者在作了各项扣除之后，从社会方面正好领回他所给予社会的一切，即在个人消费品分配中要实行按劳分配的原则，这一原则就是通行的调节商品生产的同一原则，即一种形式的一定量的劳动可以和另一种形式的同量劳动相交换。只有在共产主义的高级阶段上才能实行按需分配的原则。马克思指出，“在共产主义社会高级阶段，在迫使个人奴隶般地服从分工的情形已经消失，从而脑力劳动和体力劳动的对立也随之消失之后；在劳动已经不仅仅是谋生的手段，而且本身成了生活的第一需要之后；在随着个人的全面发展，他们的生产力也增长起来，而集体财富的一切源泉都充分涌流之后，——只有在那个时候，才能完全超出资产阶级权利的狭隘眼界，社会才能在自己的旗帜上写上：各尽所能，按需分配！”② 作为共产主义低级阶段的社会主义，既有共产主义社会的一些一般特点，又具有了自身特殊的规定性。马克思关于共产主义社会两个阶段的理论，是从社会发展的实际要

---

① 《马克思恩格斯选集》，2 版，第 3 卷，660 页。

② 《马克思恩格斯选集》，2 版，第 3 卷，305～306 页。

求出发提出的，这一理论科学地揭示了社会主义区别于未来共产主义的本质特征，使社会主义运动有了更加切实可行的行动目标，具有重大的理论和实践意义。

以上几个方面的内容就是马克思和恩格斯对于未来社会基本经济特征的认识，上述思想我们可以简要地概括为：共产主义社会是在资本主义创造的物质文明和精神文明基础上产生的，这一社会的基本目的是通过在生产资料公有制的基础上对生产实行有计划的调节，以更快更好地发展生产力，实现社会的共同富裕和个人自由全面的发展；社会主义是共产主义的低级阶段，它是刚刚从资本主义社会中脱胎出来的，保留着旧式分工，劳动者之间实行等量劳动相交换的原则。

三、向社会主义的过渡

马克思和恩格斯认为，无产阶级推翻资产阶级统治以后，还必须经过一个过渡时期才能进入共产主义社会，这个过渡时期必须经过一个漫长的发展过程。在过渡时期，无产阶级的最初任务不是消灭阶级、国家和商品生产，而是逐步改造旧的生产关系，大力发展生产力和国有经济，为共产主义制度的建立创造物质条件。在《共产党宣言》中，马克思和恩格斯指出，工人革命的第一步就是无产阶级变成统治阶级，争得民主，并运用自己的统治，一步一步地夺取全部资本，把一切生产工具集中在国家手里，尽可能更快地增加生产力的总量。为此，首先必须对所有权和资产阶级生产关系实行强制性干涉，即采取这样一些措施，作为变革全部生产方式所必不可少的手段，这些措施是：

1. 剥夺地产，把地租用于国家支出。
2. 征收高额累进税。
3. 废除继承权。
4. 没收一切流亡分子和叛乱分子的财产。
5. 通过拥有国家资本和独享垄断权的国家银行，把信贷集中在国家手里。
6. 把全部运输业集中在国家手里。
7. 按照总的计划增加国营工厂和生产工具，开垦荒地和改良土壤。
8. 实行普遍劳动义务制，成立产业军，特别是在农业方面。
9. 把农业和工业结合起来，促使城乡对立逐步消灭。
10. 对所有儿童实行公共的和免费的教育。取消现在这种形式的儿童的工厂劳动。把教育同物质生产结合起来，等等。①

在总结了1848年革命和1871年巴黎公社实践的基础上，马克思、恩格斯更加明确地阐述了过渡时期的必要性和长期性。他们认为，工人阶级为了谋求自己的解放，必须经过长期斗争，必须经过一系列把环境和人都完全改变的过程。并且强调，无产阶级专政是实现消灭阶级的必经的过渡阶段，在这个过渡阶段中，无产阶级的任务是消灭一切阶级对立，消灭一切旧的生产关系以及与之相适应的一切社会关系。在《哥达纲领批判》中，马克思总结了过渡时期和无产阶级专政的理论，对过渡时期下了一个完整的定义，他指出，“在资本主义社会和共产主义社会之间，有一个从前者变为后者的革命转变时期。同这个

① 参见《马克思恩格斯选集》，2版，第1卷，293～294页。

时期相适应的也有一个政治上的过渡时期，这个时期的国家只能是无产阶级的革命专政。”[①] 在后来的一系列论述中，他们对于过渡时期的政策和纲领等问题发表了一系列重要意见，丰富和发展了过渡时期的理论。

马克思和恩格斯关于向未来共产主义社会过渡的理论是他们关于未来共产主义理论中的一个重要组成部分，这一理论指明了无产阶级革命的直接纲领和最初的行动方针，使共产主义理论具有了现实的可行性。值得注意的是，虽然马克思和恩格斯把社会全部占有生产资料和消灭商品生产作为未来社会的基本特征，但是，他们一般并不把这些特征作为革命的直接纲领和现实目标，相反，在过渡时期的政策上，他们特别强调各种中介环节的意义和作用，强调从资本主义社会进入社会主义社会的长期性和复杂性。这些理论对于社会主义的实践具有重要的指导意义。例如，马克思在 1874 年批判巴枯宁巩固小土地所有制的论调时，提出了集体所有制和农业合作化的方针，恩格斯在后来进一步发展了这个思想，提出无产阶级一旦掌握了政权，就一定要把大地产转交给（先是租给）在国家领导下独立经营的合作社，并指出，在向完全的共产主义经济过渡时，必须大规模采用合作生产作为中间环节。[②] 在《论住宅问题》中，恩格斯指出，劳动人民“将成为房屋、工厂和劳动工具的总所有者。这些房屋、工厂和劳动工具的用益权，至少在过渡时期难以无偿地转让给个人或团体。同样，消灭地产并不是消灭地租，而是把地租——虽然形式发生变化——转交给社会。所以，由劳动人民实际占有全部劳动工具，决不排除保存租赁关系”[③]。这些关于过渡时期的理论，实际上是以承认公有制下国家所有权与劳动者集体经营权的相对分离和存在商品关系为基础的，虽然这里只是涉及过渡时期的问题，但是，它至少已经证明，公有制与市场机制在一定程度和一定阶段上是可以兼容的。这一点对于社会主义建设的实践无疑是具有重要参考意义的。实践证明，马克思和恩格斯关于过渡时期的一些理论，更符合社会主义社会的现实。

马克思和恩格斯关于社会主义经济理论的科学性已被后来的社会主义实践所证实，他们关于社会主义生产资料公有制、按劳分配、有计划发展等科学理论，已经通过亿万人民的革命实践而变为现实。但是，由于时代的局限和各种主客观条件的限制，他们的关于未来社会主义的理论中也有许多观点已经被实践证明是不符合实际的，需要加以补充、修改和发展，这是科学社会主义理论的科学性所在。

第二节　对社会主义认识的发展

一、传统社会主义经济理论的形成

由于种种主客观历史条件，马克思和恩格斯提出的反市场理论不仅被后来的社会主义者所继承，而且逐步成为了社会主义理论和实践中必须遵循的一个行动纲领。消灭商品货币从一种理论设想变为行动纲领。

---

① 《马克思恩格斯选集》，2 版，第 3 卷，314 页。
② 参见《马克思恩格斯选集》，2 版，第 4 卷，675 页。
③ 《马克思恩格斯选集》，2 版，第 3 卷，217 页。

从19世纪80年代～90年代开始，就有了那种把马克思和恩格斯的理论适用于党的宣传需要而加以简单化的、有时是庸俗化的观点。社会主义经济应当排除市场关系并实现“实物”经济的观点开始成为统治社会主义经济理论的教条。当时在社会主义政党和社会主义者中流行的观念是：（1）商品生产与社会主义不能相容是一条定理，并且把消灭商品生产当做无产阶级革命的一项任务；（2）把社会主义经济解释为一家集中管理的、封闭的、自给自足的企业；（3）在向社会主义过渡的时期，就已经必须实现经济关系的“实物化”。① 在这种思想的支配下，消灭商品货币关系和市场机制已不仅仅是一种理论预测，而且变成了政策主张和行动纲领；商品货币关系的消亡不再是一种自然的历史过程、一种抽象的理论推导，而是由无产阶级专政通过暴力和权力强制加以实现的、人为的结果；社会主义日益与大工厂和自然经济联系在一起，并开始带上了浓厚的军事化色彩。在《国家与革命》中，列宁对于工厂式的社会主义曾作过这样的描述：

> “在这里，全体公民都成了国家（武装工人）雇用的职员。全体公民都成了一个全民的、国家的‘辛迪加’的职员和工人。全部问题在于要他们在正确遵守劳动标准的条件下同等地劳动，同等地领取报酬。对这些事情的计算和监督已被资本主义简化到了极点，而成为非常简单、任何一个识字的人都能胜任的手续——进行监察和登记，算算加减乘除和发发有关的字据。”②

十月革命后，列宁明确地把取消商品货币和市场机制，建立计划经济当作建立社会主义制度的基本任务。他指出，“俄共将力求尽量迅速地实行最激进的措施，为消灭货币作好准备”，并用“有计划有组织的产品分配来代替贸易”③。他主张通过建立消费合作社，实行普遍的义务制和对生产分配的无所不包的统计与监督来向社会主义过渡。对于社会主义的这种认识与战时的环境相结合，产生了高度集中和实物化的、完全排斥商品货币关系和市场的军事共产主义模式。但是战争一结束，这种模式的严重弊病就暴露出来了。事实表明，没有商品货币和个人利益的刺激，社会生产根本无法有效进行，现实与理论发生了尖锐的矛盾。在理论与实践矛盾面前，列宁根据实践的需要大胆创新，提出了利用商品货币关系和市场机制、利用个人对经济利益的关心、利用国家资本主义和经济核算制等一系列中介环节建设社会主义的政策主张，实现了从战时共产主义向新经济政策的转变。但是，在列宁看来，对于市场的利用只是过渡时期的一种特殊情况，对于未来社会主义经济中是否还应保留商品货币关系和市场机制，他没有来得及在理论上做深入的思考。

在新经济政策时期，由于商品关系和市场机制的存在，人们对于价值规律和商品货币的作用、计划和市场的关系等问题进行了比较深入的讨论。在讨论中，以布哈林等为代表的一些理论家提出了利用多种经济成分和市场关系来建设社会主义经济的富有远见的思想，但是，这些思想也主要是针对过渡时期经济而言的，并没有涉及社会主义经济的基本问题。

苏联社会主义制度的真正建立是在斯大林时期完成的。传统的计划经济体制和计划经济理论也是在这一时期最终确立的。这一模式的确立，一方面反映了马克思主义经典作家

① 参见［匈］格·萨穆利：《社会主义经济制度的最初模式》，24页，长沙，湖南人民出版社，1984。

② 《列宁选集》，3版，第3卷，202页，北京，人民出版社，1995。

③ 同上书，749、748页。

关于社会主义社会不存在商品货币的计划经济思想，另一方面也反映了社会主义原始积累阶段大规模工业化的客观要求。这种体制下，生产资料所有制形式单一，只存在国家所有制和集体所有制两种所有制形式；决策权高度集中，资源配置主要依靠自上而下的行政命令或指令性计划来推动，商品货币关系和市场机制受到严重抑制。与军事共产主义模式不同，在集中的计划经济体制中，商品货币和市场机制尽管作用很小，但并没有被完全取消；商品、货币、利润和价格在形式上还存在，被用来当做经济核算的工具；居民的消费选择和职业选择相对来说是自由的，存在着消费品市场；农民在完成农产品交纳任务后可以自由出售剩余农产品，价格由市场供求自由决定。但总的来看，在斯大林的计划经济体制中，计划与市场是对立的，以指令性计划为基础的计划经济被看做社会主义经济制度的本质规定，市场机制被看做社会主义的异己物而加以限制。

斯大林在晚年对于商品关系和市场机制的认识有了一定的变化，开始承认要利用市场调节国家和农民之间的经济关系，认为不能通过无偿的形式从农民那里积累资金，肯定了社会主义经济中经济规律的客观性和价值规律在社会主义经济中一定程度的调节作用。但是，斯大林对市场的这种认识仍然是有很大局限性的，从总体上还没有超出传统计划经济的认识框架。他不承认生产资料是商品，不承认价值规律对生产的客观调节作用，不承认全民所有制经济内部的市场关系，认为工资、价格、成本和利润等市场范畴只不过是一种“外壳”，只能作为经济核算的工具发挥作用，而不具有真正的市场调节的作用。这种传统的社会主义计划经济的理论和现实模式即苏联模式，被大多数社会主义国家所采用，并在很长时期内占据主导地位。

二、社会主义经济在中国的产生和发展

按照马克思、恩格斯的设想，社会主义革命将首先在资本主义发达的国家同时发生。然而社会主义的实践超出了他们的预想，中国就是在资本主义没有充分发展的基础上走上社会主义道路的。

选择社会主义是中国历史发展的必然。旧中国是一个经济、文化十分落后的半封建半殖民地国家。以帝国主义、封建主义和官僚资本主义为基础的腐朽的生产关系严重阻碍了生产力的发展，成为压在中国人民头上的“三座大山”，导致了旧中国经济落后、政治腐败，民族矛盾、阶级矛盾十分尖锐。在这种历史条件下，中国的民族资产阶级由于经济上、政治上的软弱性不可能担负起领导反对帝国主义、封建主义和官僚资本主义的历史重任。从世界资本主义体系的形成和发展来看，半封建半殖民地的旧中国不可能走向独立发展资本主义的道路。在世界资本主义体系中，经济落后的国家处于依附、被统治地位，特别是进入19世纪末20世纪初，资本主义由自由竞争阶段发展到垄断阶段，帝国主义把其统治的触角延伸到世界各地，在这种情况下，帝国主义列强的统治不可能使中国变成独立的、强大的资本主义国家与之竞争，而是把它纳入世界资本主义体系，变成自己的附庸。因此，在近代中国，一切选择资本主义道路的历史尝试，都以失败而告终。以毛泽东为主要代表的中国共产党人，把马列主义的基本原理与中国革命的具体实践相结合，创立了新民主主义革命的理论。在这一理论的指导下，中国共产党领导全国各族人民，经过长期的反对帝国主义、封建主义、官僚资本主义的革命斗争，取得了新民主主义革命的胜利，建立了人民民主专政的中华人民共和国。

中国的新民主主义革命是由中国共产党领导的资本主义性质的革命，它的目的是建立社会主义社会。新民主主义革命成功之后，中国共产党领导中国人民开始了由新民主主义社会向社会主义社会的过渡。过渡时期的主要任务是通过生产资料所有制的社会主义改造，建立起以生产资料公有制为基础的社会主义经济制度。对于资本主义私有制，国家采取了"剥夺剥夺者"的方式，将之转变为社会主义公有制。根据资本的不同特点及其在国民经济中的地位和作用，我国把资本区分为官僚资本和民族资本。对于官僚资本采取了无偿没收的剥夺方式，对于民族资本则采取了和平赎买的方式。旧中国的官僚资本，垄断着旧中国的经济命脉，它一方面与国家政权结合在一起，具有国家垄断资本主义的性质；另一方面与封建主义、外国帝国主义结合在一起，具有封建性、买办性。没收官僚资本并消灭其封建性、买办性，具有民主革命的性质；没收官僚资本，消灭垄断资本，又具有社会主义革命的性质。当新民主主义革命胜利后，国家立即在全国范围内没收了以蒋、宋、孔、陈四大家族为代表的官僚资本，并在此基础上建立了国家所有制。与官僚资本不同，我国的民族资本，既有剥削工人阶级、与工人阶级利益相矛盾的一面，又有有利于国计民生的积极的一面，对其实行和平赎买，利用其有利于国计民生的积极作用，限制其不利于国计民生的消极作用，有利于国民经济的恢复和发展，同时可以避免和减少由于所有制急剧变革引起的混乱和损失，顺利实现所有制的变革。对于劳动者个体私有制经济，我国经过对农业、城市手工业的社会主义改造，将之改造成为社会主义集体所有制。在农村，通过从互助组、初级社到高级社这样三个相互衔接、逐步推进的具体形式和步骤实现了对农民个体经济的改造，建立起农村集体所有制经济。在城镇，通过合作化的道路实现了手工业的社会主义改造，建立起城镇集体所有制经济。1956 年，我国基本上完成了对生产资料私有制的社会主义改造，实现了从新民主主义到社会主义的转变，从此社会主义制度在全国范围确立起来。这是我国几千年来最深刻、最伟大的社会变革，是 20 世纪中国社会发展的历史性转折。

从 1949 年中华人民共和国成立，到 1976 年"文化大革命"结束，我国经济的发展经历了几度曲折的过程。总的说来，第一个五年计划的发展是比较理想的，但 1958 年的"大跃进"及"人民公社"运动，却犯了"左"的错误。当时提出了一些不切实际的经济发展指标，例如，片面强调钢铁工业在整个工业和国民经济中的重要性，把钢铁当做"元帅"，提出"以钢为纲"，未经可行性与合理性论证，就盲目提出要把钢产量在一年内翻一番，在 1957 年年产 535 万吨的基础上，要求 1958 年年产钢达到 1 070 万吨。由此掀起了"全民大炼钢铁"的活动，不讲客观条件，不计工本，甚至不讲科学精神和实事求是态度，造成了许多人力物力的浪费，破坏了国民经济的比例关系。同时，在农业生产上追求不切实际的高指标，严重影响了对经济形势的清醒认识和正确判断。

1959 年起我国连续遭受了三年自然灾害，再加上与苏联在意识形态上出现分歧，苏联全面撤走援助中国的专家，一些苏联援建的大型建设项目半途被搁置，使中国陷入了非常严峻的三年困难时期，生产和国民经济实力都大幅度下降，人民生活水平也受到了极大的影响。60 年代初，中共中央提出了"调整、巩固、充实、提高"的八字方针，经过全体人民同心同德的努力，特别是在第二个五年计划之后用三年时间（1963—1965 年）进行调整，使得处于低谷的中国经济得以回升，到 1966 年初，即开始实行第三个五年计划时，整个国民经济已基本得到恢复。

从1966年开始的长达十年的“文化大革命”，使正常的经济秩序被严重破坏，国民经济到了崩溃的边缘。党的十一届三中全会以来，以邓小平为主要代表的中国共产党人，总结新中国成立以来正反两方面的经验，解放思想，实事求是，实现了全党工作重心向经济建设的转移，实行了改革开放，开辟了中国特色社会主义道路，形成了中国特色社会主义理论体系，打开了我国经济、政治、文化、社会全面发展的崭新局面。我国综合国力大幅度跃升，人民生活总体上实现了由温饱到小康的历史性跨越，我国社会长期保持安定团结、政通人和，国际影响力和民族凝聚力大大增强。我国经济从一度濒于崩溃的边缘发展到总量跃至世界第四、进出口总额位居世界第三，人民生活从温饱不足发展到总体小康，农村贫困人口从两亿五千多万减少到两千多万，政治建设、文化建设、社会建设取得了举世瞩目的成就。中国的发展，不仅使中国人民稳定地走上了富裕安康的广阔道路，而且为世界经济发展和人类文明进步作出了重大贡献。

三、中国特色社会主义经济理论

中国特色社会主义理论体系，是包括邓小平理论、“三个代表”重要思想以及科学发展观等重大战略思想在内的科学理论体系。这个理论体系，坚持和发展了马克思列宁主义、毛泽东思想，凝结了几代中国共产党人带领人民不懈探索实践的智慧和心血，是马克思主义中国化的最新成果，是我党最可宝贵的政治和精神财富，是全国各族人民团结奋斗的共同思想基础。

（一）中国特色社会主义经济理论的产生和发展

中国特色社会主义经济理论是中国特色社会主义理论体系的重要组成部分，它的产生与发展经历了以下三个主要的阶段。

1. 中国特色社会主义经济理论探索的起步

在20世纪50年代后期，毛泽东对斯大林的《苏联社会主义经济问题》和苏联的《政治经济学教科书》进行了认真的研究，提出了要实现马克思主义与中国实际的第二次结合、走自己道路的思想，并对苏联的模式和苏联的理论提出了一系列不同的见解。同时还发表了《论十大关系》和《关于正确处理人民内部矛盾的问题》等重要文献，对中国社会主义建设的道路进行了初步的探索，社会主义经济建设在艰难曲折中得到了发展。

2. 中国特色社会主义经济理论的形成

党的十一届三中全会以后，以邓小平和江泽民同志为代表的中国共产党人坚持把马克思主义基本理论与中国具体实践相结合，不断推进改革开放的事业，促进了经济社会的持续快速发展，开辟了中国特色社会主义经济建设的道路，确立了包括社会主义初级阶段基本经济制度，社会主义市场经济体制，以按劳分配为主、多种分配方式并存，新型工业化道路，对外开放的基本国策等在内的中国特色社会主义经济理论体系的基本框架，创立了中国特色的社会主义经济理论体系。

3. 中国特色社会主义经济理论的完善

党的十六大以来，以胡锦涛同志为总书记的党中央准确分析了我国改革和发展所面临的新形势和新任务，创造性地提出了科学发展观、构建社会主义和谐社会、完善社会主义市场经济体制、建设社会主义新农村、建设创新型国家和实现公平正义等重大战略思想，极大地丰富和完善了中国特色的社会主义经济理论，开创了中国特色社会主义经济建设事业发展的新境界和新局面。

（二）中国特色社会主义经济理论的内容

中国特色社会主义经济理论是中国特色社会主义理论的重要组成部分，是马克思主义中国化的集中体现，这一理论包括以下重要内容。

1. 社会主义经济的本质的理论

马克思主义经典作家曾经从人的自由全面发展、共同富裕、生产资料公有制和计划调节等方面阐述了社会主义经济的基本特征。改革开放以来，我们党从实际出发发展和创新了对社会主义经济的本质的认识，主要表现为三个方面：

(1) 从目的的角度深化了对社会主义的认识。邓小平指出，社会主义的本质，是解放生产力，发展生产力，消灭剥削，消除两极分化，最终达到共同富裕。党的十六大以后，党中央又提出了“以人为本”“促进人的全面发展”和“使全体人民共享发展的成果”的精神。

(2) 从制度的角度深化了对社会主义的认识，形成了中国特色的社会主义经济制度的完整的体系，包括以公有制为主体、多种所有制经济共同发展，建立和完善社会主义市场经济体制，实行按劳分配为主体、多种分配方式并存的分配制度等。

(3) 从属性和要求的角度深化了对社会主义的认识，提出了“社会和谐是中国特色社会主义的本质属性”、“维护和实现公平正义是社会主义的本质要求”以及“又好又快”、“统筹兼顾”等重要论断。

2. 社会主义初级阶段基本经济制度的理论

生产资料公有制是社会主义经济制度的基础，也是科学社会主义的一项基本原则。十一届三中全会以来，中国共产党从实际出发调整和改革了我国的所有制结构。中共十五大报告正式明确了公有制为主体、多种所有制经济共同发展，是我国社会主义初级阶段的一项基本经济制度。同时提出，公有制实现形式可以而且应当多样化，国有经济控制国民经济命脉，对经济发展起主导作用。中共十六大报告提出了坚持和完善社会主义基本经济制度的两个基本原则，即“必须毫不动摇地巩固和发展公有制经济”和“必须毫不动摇地鼓励、支持和引导非公有制经济发展”，从而确立了社会主义初级阶段基本经济制度。社会主义初级阶段基本经济制度的确立指明了现阶段中国经济制度的根本性质，为中国特色社会主义的发展奠定了可靠的经济基础。

3. 社会主义分配理论

对于社会主义社会的分配制度，马克思主义经典作家提出过两条基本原则：一是在新的社会制度中，“社会生产力的发展将如此迅速，……生产将以所有人的富裕为目的”①。二是共产主义的高级阶段将实行按需分配原则，低级阶段则要对个人消费品实行按劳分配。改革开放以来形成的中国特色的社会主义分配理论从以下三个方面继承和发展了上述分配原则：一是坚持以按劳分配为主体、多种分配方式并存，劳动、资本、技术和管理等生产要素按贡献参与分配。二是坚持效率与公平的统一，既要反对平均主义，又要防止收入差距过大，鼓励一部分人先富起来，最终实现全社会的共同富裕。三是要在经济发展的基础上更加关注社会公平，着力提高低收入者收入水平，逐步扩大中等收入者比重，有效

① 《马克思恩格斯全集》，中文1版，第46卷下，222页，北京，人民出版社，1980。

调节过高收入，坚决取缔非法收入，使全体人民共享发展的成果。

4. 社会主义市场经济理论

在社会主义条件下发展市场经济，是前无古人的伟大创举，是中国共产党人在创造性地发展马克思主义理论的进程中作出的历史性贡献。社会主义市场经济体制是同社会主义基本制度结合在一起的，它既要反映和体现市场与市场经济的一般规律，又要反映和体现社会主义基本制度的要求。社会主义市场经济的基本框架包括：坚持以公有制为主体、多种所有制经济共同发展的基本经济制度，建立适应市场经济要求的现代企业制度，建立以按劳分配为主体、兼顾效率与公平的收入分配制度，健全统一、开放、竞争、有序的现代市场体系，完善政府的经济调节、市场监管、社会管理和公共服务的职能，不断提高驾驭社会主义市场经济的能力，建立健全同经济发展水平相适应的社会保障体系，长期稳定并不断完善以家庭承包经营为基础、统分结合的农村双层经营机制等。

5. 中国特色的经济发展理论

发展是当代中国的主题，是中国共产党执政兴国的第一要务，中国特色社会主义经济理论中关于发展的思想和理论非常丰富，主要有：关于社会主义的根本任务是发展生产力和发展是硬道理的理论，关于科学技术是第一生产力和科教兴国的理论，关于做好“三农”工作、建设社会主义新农村的理论，关于加快转变经济增长方式、切实走新型工业化道路的理论，关于推进自主创新、建设创新型国家的理论，关于统筹城乡发展、统筹区域发展、统筹经济社会发展、统筹人与自然和谐发展、统筹国内发展和对外开放的理论，关于建立资源节约型环境友好型社会的理论，关于实现经济发展和人口、资源、环境相协调的理论，关于坚持走生产发展、生活富裕、生态良好的文明发展道路的理论，关于实行工业反哺农业、城市支持农村和“多予少取放活”的理论，等等。特别是科学发展观提出的以人为本、全面协调可持续发展的理论，进一步回答了什么是发展、为什么发展、怎样发展的重大问题，赋予马克思主义关于发展的理论以新的时代内涵和实践要求。

6. 经济全球化与对外开放的理论

实行对外开放和积极参与经济全球化的进程是我国的一项基本国策和中国特色社会主义经济理论的一个重要内容，这一内容包括以下主要的原则：

(1) 坚持“引进来”和“走出去”相结合，充分利用国际国内两个市场，优化资源配置，拓宽发展空间，以开放促改革促发展。

(2) 强调经济全球化作为一个客观进程，具有二重性，可以有两种发展趋势：一方面它促进世界资源的合理配置，促进各国生产力的发展，从而造福各国人民。另一方面它是资本主义经济关系的全球扩张，将进一步加剧世界资源配置和经济发展的不平衡，继续扩大南北发展差距，加剧贫富分化和环境恶化。我们应选择并推进前一种趋势，警惕并控制后一种趋势。

(3) 要正确处理对外开放同独立自主、自力更生的关系，维护国家经济安全。在坚持对外开放的同时，把立足点放在依靠自身力量的基础上，大力推进自主创新，实现自主发展。

中国特色社会主义经济理论体系的内容是十分丰富的，除了以上六个方面的内容外，建设社会主义新农村的理论、建立创新型国家的理论、深化国有企业改革的理论、政府职能和政府调节的理论等也都很重要。不过，以上六个方面的内容可以说是最基本的，它们涵盖了中国特色社会主义经济的生产、分配和交换等主要环节，以及基本制度、经济体制、经济发展和对外开放等主要方面。同时，我们还要清醒地认识到，我国还处在社会主义初级阶段，我们对社会主义经济运动规律的认识和掌握还很不够，还有许多未知的必然王国。因此，中国特色的社会主义经济理论体系的内容不是凝固不变的，而要随着实践的发展而不断发展。

第三节　社会主义初级阶段的基本经济制度

一、社会主义初级阶段

（一）关于社会主义发展阶段的探索和认识

任何社会形态都有一个由低级向高级、由不成熟到成熟的发展过程，因而各社会都存在不同发展阶段。社会主义社会也不例外，它的发展过程也可以根据生产力的发展状况和社会经济的发展进程，划分为不同的发展阶段。当社会主义制度确立以后，确认社会主义社会的不同发展阶段就成为社会主义国家制定路线、方针、政策的重要依据。苏联作为第一个社会主义国家，对社会主义社会所处发展阶段的认识经历了一个曲折的过程，最终依然没有正确把握社会主义社会的发展阶段问题。1936 年，斯大林在《关于苏联宪法草案》中指出，苏联已经基本上实现了社会主义，建立了社会主义制度。到 1939 年，斯大林在苏联共产党第十八次代表大会上就提出了向共产主义过渡的任务，把社会主义阶段看得很短。1952 年苏联共产党第十九次代表大会提出，苏联共产党决心“光荣地完成建设共产主义的历史任务”，1959 年苏联共产党二十一大时，赫鲁晓夫提出苏联已“进入全面展开共产主义社会建设的时期”，1961 年苏联共产党二十二大时，他又宣布苏联要在 20 年内过渡到共产主义社会，即到 1980 年“苏联将基本建成共产主义”。勃列日涅夫在 1967 年纪念十月革命 50 周年的报告中提出苏联是处在发达社会主义阶段，不再提建成共产主义，比赫鲁晓夫后退一步。1983 年安德罗波夫又改变了勃列日涅夫的提法，不再提苏联已经建成了发达的社会主义，而认为苏联正处在发达社会主义这一漫长历史阶段的起点。到戈尔巴乔夫就没有再提发达社会主义的概念。

中国共产党对中国社会主义发展阶段的认识也经历了一个曲折的过程。1953 年中国共产党提出了过渡时期的总路线。按当时的设想，过渡时期大约要用 15 年的时间。而实际上仅用三年时间就完成了过渡时期，1956 年正式宣布三大改造完成，进入社会主义。在建设社会主义的过程中，党的指导思想上开始出现偏差，进而也影响到对社会主义发展阶段的认识。1958 年，“左”的东西开始盛行起来。在实践中脱离我国生产力发展的实际，大刮共产风，人为地拔高生产关系，急于向共产主义过渡。结果由于超越了现实的历史发展阶段，使国家和人民遭受重大损失。实践证明，在理论和实践上不能正确认识我国所处的社会主义发展阶段及这一阶段的主要任务，就必然导致路线和政策上的错误，给我国社会主义事业造成严重后果。

党的十一届三中全会重新确立了马克思主义实事求是的思想路线。1981 年 6 月，十一届六中全会通过了《关于建国以来党的若干历史问题的决议》，总结了新中国成立以来我党在社会主义建设中的经验教训，第一次提出我国的社会主义社会现在还处在初级阶段。

以后在党的十二大报告和十二届三中全会、六中全会作出的有关决定中，都对社会主义初级阶段的问题作了阐述。党的十三大系统地阐述了社会主义初级阶段理论，并以此为根据明确概括和全面阐发了党在社会主义初级阶段的基本路线。党的十四大、十五大和十六大进一步丰富和发展了社会主义初级阶段理论。十五大报告明确提出，我国现在处于并将长期处于社会主义初级阶段，并对社会主义初级阶段的基本特征、发展进程、主要矛盾、根本任务和基本纲领等作了深刻的阐述，从而深化了对社会主义初级阶段的认识。

（二）社会主义初级阶段的内涵

社会主义初级阶段，就是指我国在生产力落后、商品经济不发达条件下建设社会主义必然要经历的特定阶段，即从我国进入社会主义到基本实现社会主义现代化的整个历史阶段，这一论断包含两层含义：一是我国已经进入社会主义社会；二是我国的社会主义社会还处在不发达阶段。要全面地把握社会主义初级阶段的这两层含义，既要明确我国社会的性质，坚持而不能离开社会主义，又要正视而不能超越初级阶段，只有这样，才能防止“左”和“右”的两种错误倾向。“左”的实质是超越阶段，“右”的实质是否定我国的社会性质。坚持社会主义初级阶段的理论，既要防止超越阶段的“左”的错误倾向，也要防止否定我国社会性质的“右”的错误倾向。

社会主义初级阶段的论断是建立在对我国进入社会主义的历史前提和现实国情的科学判断的基础上的。中国是在经济落后的半封建半殖民地的基础上开始社会主义建设的，在我国进入社会主义的时候，小农经济还占统治地位，社会主义所要求的物质技术基础远没有建立起来，生产力发展水平远远落后于发达国家。我国进入社会主义的历史前提和现实状况决定了社会主义初级阶段是这样一个阶段，即是中国逐步摆脱不发达状态，基本实现社会主义现代化的历史阶段；是由农业人口占很大比重、主要依靠手工劳动的农业国，逐步转变为非农业人口占多数、包含现代农业和现代服务业的工业化国家的历史阶段；是由自然经济、半自然经济占很大比重，逐步转变为经济市场化程度较高的历史阶段；是由文盲半文盲人口占很大比重、科技教育文化落后，逐步转变为科技教育文化比较发达的历史阶段；是由贫困人口占很大比重、人民生活水平比较低，逐步转变为全体人民比较富裕的历史阶段；是由地区经济文化很不平衡，通过有先有后的发展，逐步缩小差距的历史阶段；是通过改革和探索，建立和完善比较成熟的充满活力的社会主义市场经济体制、社会主义民主政治体制和其他方面体制的历史阶段；是广大人民牢固树立建设有中国特色社会主义共同理想，自强不息、锐意进取、艰苦奋斗、勤俭建国，在建设物质文明的同时努力建设精神文明的历史阶段；是逐步缩小同世界先进水平的差距，在社会主义的基础上实现中华民族伟大复兴的历史阶段。

确认我国处于并将长期处于社会主义初级阶段，是建设中国特色社会主义理论和实践的出发点和立足点。

二、社会主义初级阶段基本经济制度的确立及其意义

（一）社会主义初级阶段基本经济制度的确立

生产资料的所有制是社会生产关系或经济制度的基础，所有制结构的合理化，对于促进社会生产力的迅速发展和完善社会主义制度，有着极其重要的意义。在《共产党宣言》中，马克思和恩格斯对社会主义革命的实质作了这样的概括：“共产党人可以把自己的理

论概括为一句话：消灭私有制"[①]。在后来的社会主义革命和社会主义改革中，所有制和产权问题一直被作为核心问题而受到高度重视。十一届三中全会以来，中国共产党认真总结了以往我国在所有制关系问题上的经验教训，制定了以公有制为主体、多种所有制经济共同发展的方针，调整和改革了我国的所有制结构，逐步消除了所有制结构不合理造成的对生产力的羁绊，极大地促进了我国生产力的发展、人民生活水平的提高和我国综合国力的增强。1981 年党的十二大报告论述了"国营经济的主导地位和发展多种经济形式的问题"，肯定国营经济在整个国民经济中居于主导地位，劳动人民集体所有制的合作经济是农村的主要经济形式，城乡个体经济是公有制经济的必要补充，"只有多种经济形式的合理配置和发展，才能繁荣城乡经济，方便人民生活。"[②] 1987 年党的十三大报告提出，"社会主义初级阶段的所有制结构应以公有制为主体"，继续鼓励城乡合作经济、个体经济和私营经济的发展，认为私营经济是"公有制经济必要的和有益的补充"，中外合资企业、合作经营企业和外商独资企业，"也是我国社会主义经济必要的和有益的补充"[③]。1993 年党的十四大报告中对社会主义初级阶段的所有制结构作了这样的概括："以公有制包括全民所有制和集体所有制经济为主体，个体经济、私营经济、外资经济为补充，多种经济成分长期共同发展，不同经济成分还可以自愿实行多种形式的联合经营。"[④] 1997 年江泽民同志在党的十五大报告中第一次明确提出了社会主义初级阶段基本经济制度这一概念，报告指出："公有制为主体、多种所有制经济共同发展，是我国社会主义初级阶段的一项基本经济制度。"[⑤] 实行这一制度是由我国社会主义初级阶段的国情决定的：第一，我国是社会主义国家，必须坚持公有制作为社会主义经济制度的基础；第二，我国处在社会主义初级阶段，需要在公有制为主体的条件下发展多种所有制经济；第三，一切符合"三个有利于"的所有制形式都可以而且应该为社会主义服务。2002 年江泽民同志在党的十六大报告中进一步阐明了坚持和完善社会主义基本经济制度的方向，报告指出：

> "根据解放和发展生产力的要求，坚持和完善公有制为主体、多种所有制经济共同发展的基本经济制度。第一，必须毫不动摇地巩固和发展公有制经济。发展壮大国有经济，国有经济控制国民经济命脉，对于发挥社会主义制度的优越性，增强我国的经济实力、国防实力和民族凝聚力，具有关键性作用。集体经济是公有制经济的重要组成部分，对实现共同富裕具有重要作用。第二，必须毫不动摇地鼓励、支持和引导非公有制经济发展。个体、私营等各种形式的非公有制经济是社会主义市场经济的重要组成部分，对充分调动社会各方面的积极性、加快生产力发展具有重要作用。第三，坚持公有制为主体，促进非公有制经济发展，统一于社会主义现代化建设的进程中，不能把这两者对立起来。各种所有制经济完全可以在市场竞争中发挥各自优势，相互促进，共同发展。"[⑥]

---

① 《马克思恩格斯选集》，2 版，第 1 卷，286 页。

② 《十二大以来重要文献选编》上册，21 页，北京，人民出版社，1986。

③ 《十三大以来重要文献选编》上册，31、32 页，北京，人民出版社，1991。

④ 《十四大以来重要文献选编》上册，19 页，北京，人民出版社，1996。

⑤ 《十五大以来重要文献选编》上册，20 页，北京，人民出版社，2000。

⑥ 《十六大以来重要文献选编》上册，19 页，北京，人民出版社，2005。

（二）社会主义初级阶段基本经济制度确立的意义

社会主义初级阶段基本经济制度的确立具有重要的理论和现实意义。

首先，基本经济制度概念的提出进一步明确了我国社会制度的性质。苏联、东欧剧变以后，社会主义发展处于低潮，社会主义制度的可行性受到了怀疑。有不少人主张对社会主义进行重新定义，即把社会主义从独立的经济制度，修正为一种以追求平等和社会福利为目标的价值观和经济政策。对社会主义经济的这种所谓新认识，实际上否定了社会主义作为一种基本经济制度存在的可能性和现实意义，使科学社会主义蜕化为了空想社会主义和社会民主主义。在这种情况下，肯定社会主义作为我国的基本经济制度显然具有重要的现实意义。

其次，基本经济制度的提出进一步深化了对社会主义经济制度的认识。现实的社会主义经济制度是由两个不同层次的内容组成的：一是社会主义基本经济制度；二是社会主义经济体制。社会主义基本经济制度是社会主义经济制度的本质，社会主义经济体制是社会主义基本经济制度的实现形式，坚持和完善社会主义经济制度首先是坚持和完善社会主义基本经济制度，改革社会主义经济制度首先要实现社会主义基本经济制度的创新。

最后，基本经济制度的提出进一步明确完善了经济改革的思路。中国经济改革的目标是建立社会主义市场经济，实现社会主义与市场经济的有机结合。社会主义基本经济制度的提出为达到这一目标奠定了可靠的基础。公有制的主体地位保证了市场经济的社会主义性质，多种所有制的共同发展为商品关系和市场体系的发展创造了条件。社会主义市场经济的发展过程就是社会主义基本制度的完善和创新的过程。

因此，只有从社会主义基本经济制度出发考虑问题，才能深刻把握中国社会主义经济的实质和发展方向。

三、公有制经济的主体地位

（一）公有制经济的范围

在社会主义初级阶段多种所有制形式并存的所有制结构中，公有制经济居于主体地位。在社会主义初级阶段的社会主义经济中，公有制经济的范围主要包括国有经济、集体经济和混合所有制中的国有成分和集体成分。

（1）国有经济。这是由国家代表全体人民占有生产资料以满足社会公共利益的一种所有制形式，它是与生产的高度社会化相适应的。生产的高度社会化要求全体劳动者在全社会范围内联合起来按照共同的利益对所属的生产资料进行统一的调节。为了使这种全社会的联合和占有不至流于形式，不致被局部利益的冲突所瓦解，不致成为一种理论上的虚构，就需要体现为客观的有形的经济组织和明确的集体理性，以代表社会共同的利益对社会化的生产进行有计划的调节。在国家存在的条件下，国家就是整个社会的正式代表，公共的所有权只能由国家来加以代表。

（2）集体经济。这种所有制的特点是，它在劳动者集体内部实行生产资料的共同占有和按劳分配，在不同劳动者集体之间则以不同的所有者相对待。这种所有制在社会主义市场经济中具有自己特殊的优点，它既可以广泛吸收社会分散资金，缓解就业压力，增加国家税收，提高人民生活水平，有利于实现社会主义共同富裕的原则和体现公有制的主体地位；又可以有效地实现企业的自主经营和自负盈亏，充分发挥市场竞争的作用，促进社会主义市场经济的健康发展。

（3）混合所有制中的国有成分和集体成分。在传统的计划经济条件下，由于资源的配置主要是依靠自上而下的行政命令调节的，不同的所有制以及国有制内部不同单位之间存在着严格的行政分割现象。而在市场经济中，各种商品和生产要素都处在不断流动的状态中，这就为不同所有制的相互渗透和相互融合创造了广阔的空间，各种所有制的相互渗透和相互融合导致了混合所有制的兴起。混合所有制是不同所有制或不同产权形式的相互联合，这种联合的典型形式就是股份制。随着企业改革的深入，纯粹意义上的国有企业和集体企业即国有或集体独资公司将会大大减少，大量的国有和集体企业将会以混合所有制的形式出现。

公有制经济的主体地位既有其量的规定，也有其质的规定。从量上来看，公有制的主体地位主要体现在公有资产要在社会总资产中占优势；从质上看，公有制经济的主体地位应体现在公有制经济特别是国有经济对国民经济命脉的控制和对经济发展的导向作用上。

（二）国有经济的主导作用

国有经济的主导作用，是坚持公有制主体地位的一个基本要求。新中国成立五十年来，国有经济始终是我国国民经济的支柱和工业化与现代化建设的主力军，为我国社会主义经济建设和工业化的发展做出了巨大的历史贡献。改革开放以来，随着计划经济向市场经济的转轨和多种所有制经济的不断发展，国有经济在国民经济中的比重呈现出明显下降趋势，国有经济的地位和作用发生了重大变化，但是，国有经济在国民经济中的主导作用并没有因此而失去意义。

（1）国有经济是与生产的高度社会化相适应的，集中在能源、交通、通信、金融、基础设施和支柱产业等关系国民经济命脉的重要行业和关键领域，国有经济是国家进行宏观调控的经济基础。发挥国有经济的主导作用，有利于国家从全局和长远的需要出发调节国民经济发展的方向、速度和总体结构，支撑、引导和带动整个社会经济的发展，克服单纯市场调节的局限性，保障社会主义市场经济的正常运行和国民经济的持续、协调和健康发展。

（2）国有经济是公有制主体地位和社会主义基本经济制度的核心，是国家引导、推动、调控经济和社会发展的基本力量。发挥国有经济的主导作用，有利于消除两极分化，实现共同富裕；有利于个人利益与社会利益、公平与效率、政府调节与市场调节的统一；有利于引导非公有制经济和非国有制经济的健康发展，完善以公有制为主体、多种所有制共同发展的社会主义初级阶段的基本经济制度。

（3）搞好国有企业的改革与发展，是实现国家长治久安和保持社会稳定的重要保证。在现阶段我国的改革与发展过程中，国有经济承担了许多重要的社会责任，为维护政治和社会的稳定做出了巨大贡献。继续发挥国有经济的主导作用，有利于增强国家的经济实力、国防实力、民族凝聚力以及应付各种突发事件和重大风险的能力，维护社会安定团结的政治局面，为社会主义现代化建设的顺利推进创造良好的社会环境。

（4）随着经济全球化的发展，国际间的竞争日趋激烈，全球范围内资本的集中和垄断趋势进一步加剧。发挥国有经济的主导作用，有利于加速国内资本的集中和积累，培育我国自己的具有国际竞争力的大型企业集团，推动重点部门和重点企业的迅速扩张，加快产业结构的重组和高新技术的发展，增强国民经济的国际竞争力，尽快缩小与发达国家的差距。

因此，在发展社会主义市场经济的条件下，国有经济有着广泛的发展空间，发挥国有经济的主导作用对于改革、发展和稳定的大局都具有举足轻重的意义。改革和发展国有企业的目的就是要在新的历史条件下壮大国有经济，更好地发挥国有经济的主导作用，促进国民经济持续、稳定和健康发展，巩固社会主义初级阶段的基本制度。

（三）国有经济主导作用的发挥

在传统的计划经济体制中，国有经济的绝对优势地位是通过排斥非国有经济的发展实现的。在社会主义市场经济条件下，国有经济实现其主导作用的方式要与市场经济的要求相适应，国有制经济与其他所有制经济的关系不是相互对立和排斥的，而是相互渗透、相互依赖、相互促进的，多种所有制经济的共同发展，是社会主义市场经济健康发展的必要条件。中国共产党十五大报告提出，国有制经济的主导作用主要体现在控制力上，只要坚持公有制经济的主体地位，国家控制国民经济命脉，国有经济的控制力和竞争力得到增强，国有经济的比重适当下降不会影响我国经济的社会主义性质。因此，发挥国有制经济主导作用的关键不在于使国有企业在数量上占绝对优势和垄断地位，而需要在提高国有经济的控制力、竞争力和影响力上下大功夫，按照生产力发展的要求调整国有经济的布局和结构，总的原则是：坚持有进有退，有所为有所不为，集中力量，加强重点，提高国有经济的整体素质。从总体上看，可以把国有经济的分布领域分为两种情况，即有控制的领域和一般性的领域。国有经济需要控制的行业和领域有：涉及国家安全的行业、自然垄断的行业、提供重要公共产品和服务的行业以及支柱产业和高新技术产业中的骨干企业。在这些领域内，国有经济要起支配地位，国有企业的范围、制度和行为的选择不仅要考虑市场化的短期目标，而且要考虑宏观调控的总体要求和约束。在其他一般性的领域，国有企业的范围、制度和行为的选择则要完全以市场竞争为导向，国家对此一般不进行直接干预和约束。根据这一思路，近年来我国对于国有经济结构进行了重大的战略性调整，并取得了积极进展。2001 年末，我国基础产业占用国有资产总额为 37 235.7 亿元，比 1995 年增长 1.1 倍，年均递增 13.5%，占国有工商企业国有资产总量的 62.2%，比重比 1995 年末增加了 7.3 个百分点。2001 年，国有大中型企业占用国有资产总量为 45 990.7 亿元，比 1995 年末增长 1.5 倍，年均递增 16.1%，占国有工商企业国有资产总量的 76.9%，比重比 1995 年提高 16.6 个百分点。国有经济的这种战略调整对于提高国有经济的整体效益，发挥国有经济的主导作用产生了积极影响。

发挥国有经济的主导作用还必须深化对国有经济的改革。在传统的计划经济体制中，国有经济的主导作用是通过行政命令实现的，排斥了市场机制的作用。在社会主义市场经济条件下，国有经济的主导作用要通过市场机制来实现。国有经济的主导作用都要尽可能有利于社会主义市场经济的发展，而不能阻碍市场经济的发展。因此，应当根据市场经济的要求深化国有经济的改革，建立起适应社会主义市场经济要求的国有资产管理体制，使国有企业成为自主经营、自负盈亏的商品生产者。

国有经济主导方式的这种转变，既能适应市场经济发展的要求，有利于公有制与市场机制的结合，又可以弥补市场的不足，克服市场的缺陷，在国民经济的发展中发挥其主导作用。

四、公有制的本质和实现形式

（一）公有制的本质

公有制的本质是指公有制作为一种生产关系所具有的基本属性，公有制企业不论采取什么样的具体形式，如承包制、租赁制、股份制等都要体现这一基本属性，所有制形式的选择要受所有制本质的制约。公有制的本质和公有制的实现形式是两个不同的概念。公有制的本质在不同的条件下要通过不同的具体形式表现出来，公有制的实现形式是多样化的，并且应当随着生产力发展的要求而不断调整，公有制形式的单一化或凝固化，不利于社会主义市场经济的发展。

社会主义公有制的典型形式是生产资料的全社会占有，即通常所说的国有制，这种所有制既不同于原始的共产主义制度，也不同于高级的共产主义，它除了具有公有制的一些一般特点外，还具有自身特殊的规定性。从公有制的一般特点看，在公有制下，生产资料成为了劳动者共同的财产，他们通过社会联合实现对生产资料的共同占有，人们在生产资料占有上处于了完全平等的地位，任何个人或集团都不是所有权的垄断者，都不能凭借对生产资料的占有获得特殊的利益，从而消灭了所有者与非所有者的关系，人们之间的关系是一种消灭了阶级统治的真正平等的社会关系，生产资料的占有具有了真正社会化的性质，即生产资料的支配和使用是为了满足劳动者共同的利益。但是，这些特点只是把公有制与私有制区别开了，而没有对共产主义高级阶段的公有制与社会主义阶段的公有制作具体的区分，仅仅从这些特点出发还不能对社会主义所有制的实质与具体结构进行深入分析。社会主义所有制除了具有公有制的一般规定外还具有自身特殊的规定性。

社会主义公有制与共产主义高级阶段公有制的最主要的区别在于：后者是以消灭分工、个人实现自由全面发展为基础的，而前者则是建立在分工这种特殊的劳动技术组织形式上的。这决定了：

（1）在社会主义所有制中，劳动者与生产资料的结合并不完全是一种直接的自然而然的现象，而是一种间接的有条件的事情，要通过劳动力与企业的双向选择才能实现，这种双向选择可能成功，也可能失败，因此，社会主义公有制下劳动者与生产资料的结合具有一定的间接性。

（2）劳动者之间还存在着经济利益上的差别和矛盾，任何个人和集团占有社会共有的生产资料都不能是无偿的和无条件的，在劳动者与劳动者之间以及企业和企业之间都必须实行等量劳动相交换的原则，每个人只有在向社会提供了一定的劳动量后，才能从社会获得相应的报酬。

（3）在社会主义公有制中，虽然生产资料是社会成员共同所有的，它们通过在全社会范围的联合并在此基础上统一调节生产资料来实现对生产资料的共同占有。但是，由于旧分工的存在，属于社会共同所有的生产资料又是通过每一个具有个人理性的具体的人和单位来分别使用的，这不可避免地使生产资料的占有关系带上局部占有的性质。每个从业者个人以及每个从业者集体之间在对生产资料的使用上具有明显的经济利益上的差别，共有的生产资料在这里是他们实现自身利益的手段，与个人和集体的特殊的经济利益具有十分密切的内在联系。

社会主义公有制的这一本质决定了国家所有权与经营权不应当合二为一，都控制在国家手中，而应当适当分开。

（二）公有制的实现形式

在过去一个很长的时期内，我国的公有制采取了特定实现形式的国家所有制和集体所有制形式。在国家所有制中，国家既是所有权主体，同时也是经营主体，集所有权与经营权于一身，企业生产什么、生产多少，完全由国家指令性计划规定，企业只是行政机构的附属物。这不可避免地会抑制企业的活力，降低经济活动的效率。集体所有制也采取了类似于国家所有制的实现形式。在农村，实行“三级所有，队为基础”、“政社合一”的实现形式，使得集体所有制的权利难以落实，严重挫伤了农民的生产积极性。城镇集体所有制同样如此，国家一方面按国家所有制的管理办法进行管理，实行政企合一、统负盈亏，使集体企业成为各级政府主管部门的附属物；另一方面，人为地造成集体企业与国有企业的经济上的差别，把集体所有制当做公有制的低级形式、过渡形式看待，使集体所有制难以发挥应有的作用。正是实现形式上的缺陷限制了公有制优越性的发挥。要发挥公有制的优越性，必须改革公有制的实现形式，寻找能够极大促进生产力发展的公有制的实现形式。

在我国的改革开放实践中，出现了多种公有制的实现形式，主要是合作经济、股份制、股份合作制和各种混合所有制经济等。合作经济就其内涵来看，它是劳动者在自愿的基础上，通过资金、劳力、技术、设备以及其他生产要素联合起来进行合作生产与经营的一种经济形式。合作经济作为一种所有制形式，它与典型的集体所有制不同，这表现在：集体所有制中，生产资料由劳动者共同占有，它排斥个人对生产资料的所有权；而合作经济除合作组织共同占有生产资料外，还存在劳动者个人对部分生产资料的所有权。因此，合作经济既有集体所有制经济的属性，又不同于典型的集体所有制。在我国农村，合作经济成为公有制的一种新的实现形式，在那里集体还保留着对土地和其他农业生产资料的所有权，但集体所有的生产资料只是农业生产资料的一部分，很大部分生产资料为农民个人或家庭所有。这种合作经济既不同于原来的集体经济，也不同于20世纪50年代的那种以私有制为基础的合作经济，它把生产资料的共同占有同劳动者个人占有有机结合在一起，能够较好地适合我国现阶段农村生产力的状况和农业生产的特点，有利于调动广大农民的生产积极性，有利于促进农村产业结构的调整和农村市场经济的发展，因此应在坚持土地公有和继续实行家庭联产承包责任制的基础上，按照有利于发展农村市场经济和自愿互利的原则，发展多种形式、多层次的经济联合与合作经济，推动农村生产力的发展。

股份制在国外早已大量存在，对于它是否可运用于我国的社会主义经济，理论界一直争论不休。党的十五大根据时代的要求和我国的改革实践，对此作了明确的回答，指出股份制是现代企业的一种资本组织形式，有利于所有权和经营权的分离，有利于提高企业和资本的运作效率，资本主义可以用，社会主义也可以用。不能笼统地说股份制是公有还是私有，关键看控股权掌握在谁手里。国家和集体控股，具有明显的公有性，有利于扩大公有资本的支配范围，增强公有制的主体作用。十五大报告的这一论述，对于我国国有企业的改革具有重要的指导意义。按照现代企业制度改革国有企业，要求对原来的国有大中型企业进行公司制改组，在公司制改组中，大部分企业应变为具有多元投资主体的公司制企业，以利于实现政企分开，转换企业的经营机制，建立和健全公司治理结构，从而使国有制的实现形式发生重大变化。

股份合作制是兼有股份制与合作制特性的所有制实现形式，其特点是把劳动联合与资本联合相结合。它一方面保持了联合劳动和互助合作的性质；另一方面允许职工持股，实现资本联合，使职工既是公有财产的所有者，也是个人财产的所有者，因而强化了职工的主人翁地位和责任感，激发了广大职工的积极性。股份合作制作为我国改革中涌现出来的新事物，近几年来在我国广大城乡发展很快，形式也多种多样，是国有中小企业改革的一种重要形式。

改革开放以来，逐步打破了各所有制分割发展的格局，使得各种所有制经济单位联合和互相参股的混合所有制经济得以广泛发展，在很多企业，股本都来自不同的所有制单位，有的是国家控股，有的是国家参股，有的是以集体股为主，形成了多种所有制经济融合发展的局面。可以说，随着我国市场经济的发展，单纯的国家所有或集体所有或个人所有的企业会越来越少，各种所有制融合形成的混合经济单位会越来越多。这当中，无论是国家或集体控股或参股的部分，都应包括在公有制经济的范围之内。

（三）公有制实现形式多样化的原因

公有制实现形式的多样化是我国经济发展的必然趋势。之所以如此，首先，我国生产社会化发展存在多层次性。公有制是适应生产社会化发展而产生的所有制形式，生产社会化发展的程度，不仅制约着公有化的发展程度，而且制约着公有制的实现形式。与我国生产社会化发展的多层次性相适应，公有制的实现形式也应多样化，否则就不符合生产社会化的本性。其次，社会分工的存在，决定了劳动者共同占有形式的多样性。在社会主义条件下，由于社会分工的存在，劳动者只能在一定范围内通过一定的委托—代理关系来实现对生产资料的占有。委托—代理关系不同，其实现形式也就有所不同。最后，在社会主义市场经济条件下，任何所有制都不可能孤立地发展，不同所有制必然会在相互竞争、相互开放中融合发展，这必然导致公有制自身实现形式的多样化。实际上，股份制、股份合作制和各种混合经济都是不同所有制融合发展的结果。

总之，对于公有制来说，一切反映社会化生产规律的实现形式，都可以利用，要努力寻找能够极大促进生产力发展的公有制实现形式。

五、积极鼓励、支持和引导非公有制经济的发展

在我国社会主义现阶段，非公有制经济主要有以下几种形式：

个体经济：指劳动者个人占有生产资料并从事劳动的所有制形式。

私营经济：指生产资料属于个人，存在着雇佣关系的所有制形式。

外资经济：指各种中外合资、合作经营所形成的混合所有制形式。

以上几种所有制形式的存在，从根本上来说是由生产力发展的要求决定的。我国现阶段的社会生产力是一个多层次的复杂结构，不同部门、不同地区和不同企业具有不同的技术特点和劳动方式，因此，需要采取不同的所有制形式，各种所有制形式都是与特定的生产力相联系的，具有各自适用范围的相对的效率优势，脱离开具体的生产力条件抽象地判断所有制形式的优劣，或者试图用某种单一所有制形式囊括复杂多样的生产力体系，都不符合历史唯物主义的要求。在这方面，我国是有深刻教训的。从 20 世纪 50 年代后期起，由于“左”倾思想的影响，我国脱离开生产力发展的要求，盲目追求“一大二公”，个体、私营等非公有制经济被看成异己力量，受到排斥、限制或打击，到改革开放前夕，我国几乎是公有制经济一统天下，只残留个体经营 14 万户，从业人员 15 万人，私营经济则被彻

底扫光，结果是严重束缚了各方面的积极性和创造性，抑制了经济发展的活力。改革开放以来，我国的非公有制经济得到了迅速发展，我国国民经济以年均 9.5%的速度增长，而个体、私营经济的年增长速度却达到 20%以上，以公有制为主体、多种所有制经济共同发展的所有制结构初步形成。

在现实的生产力结构中，与公有制特别是国有制相适应的高度社会化的生产方式是比较有限的，因而需要由国家占有的生产资料也是有限的，除了涉及国家安全的行业、自然垄断的行业、提供重要公共产品和服务的行业以及支柱产业和高新技术产业中的骨干企业之外，其他大部分行业的大部分企业会采取非国有和非公有制的形式，非公有制经济的发展有着广阔的空间，它对于增强经济活力，充分调动人民群众的积极性，加快生产力的发展，有着重要的作用。这主要表现为以下方面：第一，支持了国民经济的高速增长。目前非公有经济创造的增加值已经占 GDP 的三分之一。第二，增加了就业机会。到 2001 年底，城镇非公有单位从业人员已达 4 329 万人，占城镇从业人员的 23.9%。第三，扩大了投资渠道。到 2001 年底，非公有制经济和混合所有制经济投资占社会总投资的比重已达到 38.5%。第四，为社会主义市场经济创造了一个多元化的竞争环境。到 2001 年底，全国私营企业 202.9 万家，私营企业投资者 460.8 万户，注册资金 18 212.2 亿元。全国个体工商户 2 433 万户，注册资金 3 435.79 亿元。第五，促进了一批新兴产业和行业的发展，特别是在一些高新技术产业，非公有制经济占了很大比重。

那么，非公有制经济特别是私营经济的发展会不会导致资本主义呢？这是完善社会主义基本经济制度必须回答的一个关键性问题。在这一问题上需要强调以下两点：

第一，所有制形式的选择不能抽象地从姓“社”、姓“资”出发，而首先应当服从生产力发展的要求，在社会主义初级阶段，非公有经济在积累资金、扩大就业、增加税收、满足人们多样化的需要和推动国民经济的发展方面仍然发挥着重要的作用。

第二，不能把具体的企业制度与作为社会基本经济制度的社会主义或资本主义等同起来。在公有制为主体的前提下，私营经济的适当发展并不会导致社会基本经济制度的变化。我国现阶段的非公有制经济是在社会主义基本制度的基础上产生和发展的，因而它的性质、作用、范围和发展趋势都与资本主义社会不完全相同，从总体上看，它已经纳入了社会主义市场经济的体系之内，有利于社会主义经济的健康发展。

因此，完善社会主义基本经济制度必须鼓励和支持个体、私营经济的发展，充分发挥个体、私营等非公有制经济在促进经济增长、扩大就业和活跃市场等方面的重要作用。为此，必须进一步放宽国内民间资本的市场准入领域，在投融资、税收、土地使用和对外贸易等方面采取措施，实现公平竞争。同时，要依法加强监督和管理，促进非公有制经济的健康发展，完善保护私人财产的法律制度。

关键术语

科学社会主义　社会主义初级阶段　社会主义初级阶段的基本经济制度
公有制　公有制的主体地位　国有经济
非公有制经济

思考题

1. 如何科学看待马克思和恩格斯关于未来社会的理论？
2. 运用历史唯物主义的原理说明社会主义经济制度在中国产生的必然性。
3. 如何理解公有制在社会主义初级阶段所有制结构中的主体地位？
4. 如何正确认识非公有制经济在社会主义经济中的地位和作用？

第十三章

社会主义市场经济

重点问题

传统计划经济体制的历史意义和弊端
社会主义市场经济理论的形成与发展
社会主义市场经济的基本特征
中国渐进式改革的实质与经验

在社会主义条件下发展市场经济是前无古人的伟大创举，是对马克思主义的重大发展。改革开放以来，我国的经济体制逐步实现了从计划经济向市场经济的转轨，初步建立了社会主义市场经济体制，推动了经济的蓬勃发展。

第一节　传统计划经济体制的历史意义和弊端

一、计划经济体制的基本特点

从20世纪50年代中国建立社会主义经济制度开始到改革开放前，中国实行的是高度集中的计划经济体制，它的基本特点是：

（1）从所有制结构看，公有制经济处于绝对垄断地位，公有制又只有全民所有制和集体所有制两种形式，其他所有制基本不存在或只占极小比重。

（2）从决策结构看，几乎所有重要的宏观决策和微观决策都集中于国家手中，企业和个人缺乏经济自主权。

（3）从运行机制看，经济发展和资源配置主要是以通过指令性计划为基础进行的，市场机制对经济发展和资源配置基本不起作用。

（4）从激励机制看，强调精神激励的作用，企业和个人的经济利益受到严重抑制，收入分配中存在着严重的平均主义和“大锅饭”。

（5）从信息的传导机制看，信息的交流主要是借助于行政隶属关系在上级与下级之间进行的，实物指标成为经济信息中的主要内容。

二、计划经济体制形成的历史原因

计划经济体制的形成在中国有着深刻的社会历史背景。我们知道，我国的社会主义是从半封建、半殖民地的旧中国脱胎而来的，新中国成立初期经济上极端落后，现代工业基础极其薄弱，国内国际的阶级斗争非常尖锐，极低的生产力水平和人均国民收入严重制约着国内资金积累能力的提高，当时的历史环境也不允许我们通过大规模的引进外资来弥补国内资本积累不足。在这种条件下，为了在较短时期内缩短与发达资本主义国家的差距，摆脱国内外面临的种种困境，巩固社会主义制度，就必须加速资金积累，集中国内有限资源，加快国家的工业化进程。集中的计划经济正是当时这种粗放型发展阶段的产物。借助于高度集中的计划经济体制，国家对农产品实行统购统销，对国有企业实行统收统支，产品统一调拨；在价格上，国家对农产品实行垄断低价，对工业品特别是加工工业产品实行垄断高价；资金分配上实行供给制；生产管理上实行以实物指标为主的指令性计划；在收入分配上实行带有平均主义色彩的分配方式。依靠这些行政性手段，国家强制集中和动员社会的有限资源，集中投入到工业化过程之中，在较短时期内建立了比较完整的国民经济基础，大大推进了工业化进程。

传统计划经济体制的形成还与以下一些特殊的历史条件有关：

（1）中国是在资本主义生产方式和商品经济不发达、生产力比较落后的基础上从事社会主义建设的，具有浓厚的自然经济和半自然经济的传统。

（2）在新中国成立初期，中国既缺乏建设社会主义经济的实践经验，又缺乏成熟和具体的理论，因而在很大程度上只能照搬苏联的模式。

（3）由于面临着资本主义的封锁和包围，因而存在盲目冒进、急于求成的情绪，易于导致唯意志主义和对行政方法的迷信。

（4）国际共产主义运动中长期盛行对领袖人物及其思想盲目崇拜的倾向，这种倾向不适当地把马克思恩格斯的理论加以绝对化，妨碍了人们对于这些理论的科学认识和发展与创新。

三、计划经济体制的弊端

高度集中的计划经济体制在社会主义建设初期曾经发挥过十分重要的作用，但是，随着经济从粗放型阶段向集约化阶段的过渡，集中计划经济越来越难以适应经济发展的要求。这主要表现在：

（1）决策权的高度集中造成政企不分，企业变成各级行政机构的附属物，既缺乏内在的动力，又缺乏外在压力，严重抑制了企业和劳动者的积极性、主动性和创造性。在新中国成立初期，依靠革命热情和政治觉悟也能在一定程度上调动人们的积极性。但是，在社会的主要任务从阶级斗争转移到经济建设，个人经济利益代替了政治热情成为了经济发展的主要动力之后，依靠自上而下的行政命令来推动经济发展已不能调动生产者的积极性，经济运行过程缺乏动力的问题日益严重。

（2）在工业化初期，经济结构比较简单，经济目标比较单一，经济发展主要是通过强制性的大规模增加资源的投入和数量上的扩张实现的。这种粗放型的发展虽然能够在一定时期带来经济的高度增长，但却由于缺乏效率而难以持久。实现经济的持续健康增长需要完成从外延式增长为主向内涵式增长为主的转变，技术创新、产品创新和资源配置的效率将成为经济发展的关键。而没有生产者的自主决策和内在动力，技术创新、产品创新和资源配置的效率问题是很难解决的。

(3) 高效率的分配资源要求充分利用经济中的各种信息，由于人们必须利用的各种情况的信息从来也不是以集中的或完整的形式存在的，而往往是以分散而不完整的形式为许多个体所掌握，因而单纯依靠集中的计划来配置资源就面临着无法解决的信息难题。在计划经济体制下，由于行政性层次过多，行政链条过长，不可避免地造成信息传递时滞。此外，在信息收集、整理、加工和传递过程中，当事人出于自身利益还会本能地隐瞒或扭曲，造成信息失真。

这样，从计划经济向市场经济的过渡成为了生产力发展的必然要求。

第二节　从计划经济向社会主义市场经济的发展

一、相关的理论论争

从20世纪50年代末60年代初开始，计划经济运行中动力不足、经济结构僵化、经济效率低下的弊病日益明显，引入市场机制和扩大市场的作用成了经济发展的必然趋势。

在社会主义经济中引入市场机制的观点在19世纪末20世纪初就出现了，在20世纪20年代～30年代关于在社会主义计划经济中能否合理配置资源的大论战中，这种观点得到了进一步的发展。在这场论战中，以米塞斯、哈耶克为代表的一些自由主义经济学家断然否定了在社会主义经济中能够合理进行经济计算和资源配置的可能性，而以泰勒、兰格、勒纳为代表的一批经济学家则利用新古典经济学的一般均衡理论提出了著名的兰格—勒纳—泰勒模式（通常简称为兰格模式）。这一模式假定，在社会主义经济中，存在着消费品市场和劳动力市场，由于生产资料归社会所有，因而不存在生产资料市场，但中央计划机构可以根据“试错法”，模拟市场，加以决定生产资料的价格，经过一系列“错了再试”的程序，中央计划当局最终能制定出一套不仅使一种产品，而且使所有产品供求都相等的“均衡价格”体系。由于中央计划机构对整个经济体制动态的了解要比私人企业广泛得多，所以，中央计划机构通过“试错法”实现的经济均衡，比真正的市场调节要快得多。[①] 这种在社会主义经济中引入市场机制的思想在各社会主义国家后来的经济改革中得到了进一步深化。同时，社会主义经济中引入市场机制的设想在实践中也取得了很大突破。

二、中国从传统计划经济向社会主义市场经济的转变

中国的改革起步虽晚，但进展很快。中国经济改革的理论和实践在短短的十几年时间内就完成了从传统计划经济向社会主义市场经济的转变。

改革初期，中国的经济改革是在“计划经济为主，市场调节为辅”的指导下展开的。

① 参见［波］兰格：《社会主义经济理论》，86页，北京，中国社会科学出版社，1981。

这一原则明确提出社会主义经济必须利用市场机制，把利用市场调节当做经济改革的一个重要方面，这对于当时的经济改革具有重要指导意义。但是，从总的方面看，这一原则显然还是以传统的集中计划经济为基础的。在这一原则中，直接的指令性计划仍被看做社会主义制度的本质和整个经济运行的基础，市场调节只是从属的、次要的；计划与市场之间是一种缺乏有机联系的“板块”式结合的关系，即计划调节是指令性的、排斥市场的，而市场调节则是自由的、计划以外的部分。在这种理论指导下，当时真正实行市场调节的改革只能在一些小商品的生产和经营中进行。

1984 年 10 月，中国共产党十二届三中全会通过的《中共中央关于经济体制改革的决定》中明确提出了有计划商品经济理论，这是对社会主义经济中市场机制认识上的一次重大突破，对于全面推进经济体制改革起到了巨大的推动作用。这一理论最重要的突破有两点，一是突破了把社会主义和商品经济对立起来的传统观念，第一次肯定了社会主义经济是商品经济，把商品经济当做了社会主义经济的内在属性；二是突破了把指令性计划当做社会主义计划经济根本特征的传统观念，肯定了指导性计划也是计划的一种形式，从而从根本上动摇了传统计划经济的基础。但是这一理论把市场经济当做完全自发的市场调节，把发展市场体系仅仅理解为发展商品市场，因此对于市场机制的理解还比较简单。

有计划商品经济的理论在 1987 年 10 月召开的党的十三大的报告中得到了进一步的发展。十三大报告在有计划商品经济理论基础上对社会主义市场机制问题进行了新的概括和说明，提出了“国家调节市场，市场引导企业”的经济运行模式，并明确指出，社会主义商品经济与资本主义商品经济的区别不在于市场与计划的多少，而在于所有制的不同，社会主义市场体系不仅包括商品市场而且还包括生产要素市场。

1992 年春，邓小平在南方讲话中指出，计划经济不等于社会主义，资本主义也有计划；市场经济不等于资本主义，社会主义也有市场。计划和市场都是经济手段，计划多一点还是市场多一点，不是社会主义与资本主义的本质区别。党的十四大明确提出，我国经济体制改革的目标是建立社会主义市场经济体制，以利于进一步解放和发展生产力。而建立社会主义市场经济体制，就是要使市场在社会主义国家宏观调控下对资源配置起基础性作用，使经济活动遵循价值规律的要求，适应供求关系的变化；通过价格杠杆和竞争机制的功能，把资源配置到效益较好的环节中去，并给企业以压力和动力，实现优胜劣汰；运用市场对各种经济信号反映比较灵敏的优点，促进生产和需求的及时协调。至此，人们对社会主义的认识就从传统的计划经济思想中彻底摆脱出来，市场经济开始与社会主义基本制度相结合，成为中国经济改革的基本目标。

十五大和十六大进一步坚持了社会主义市场经济的改革目标，从国有企业改革、财税金融体制、社会保障制度、对外开放等方面，深化了对改革的认识。

第三节　社会主义市场经济的基本特征

一、市场经济的性质

（一）市场经济的内涵

商品经济的产生在人类社会中已经有了几千年的历史，但是，在资本主义生产方式出现之前，自给自足的自然经济一直是人类社会占统治地位的经济形式，商品经济始终处于从属地位，只存在于比较狭隘的范围之内，包括自然资源、劳动力、货币资源和信息等在内的各种生产要素没有纳入商品交换的范围，因此，这时候的商品经济被称做简单的商品经济。近代以来，一方面，生产力的提高特别是工业革命爆发，使社会分工在广度和深度上都得到了迅猛的发展；另一方面，资本主义经济制度的产生使追求价值和货币的增值成了生产的唯一动机，这两方面因素的结合，导致了商品关系的普遍化，这种普遍化表现在以下三个方面：（1）分工扩展到社会的各个部门，不同生产者之间的经济联系都以商品交换为纽带；（2）除一般的物质产品外，各种生产要素或社会资源（劳动力、自然资源、科学技术、信息等）都纳入了市场交易的范围；（3）越来越多的地区、国家和居民卷入了商品经济之中，商品关系渗透到了社会的各个方面。由于商品关系的普遍化，市场机制就自然成为了生产要素或资源配置的基础。从这个角度看，市场经济通常又被定义为以市场机制为基础调节资源配置的一种经济体制。这一定义除了强调市场的基础作用外，还特别突出了市场是一种经济体制，这一点是与基本制度相对而言的。

在前面，我们曾经把经济制度区分为基本经济制度和经济体制两个层次。一个社会的基本经济制度是由生产资料所有制决定的，反映了基本的生产关系。而经济体制则是在基本制度的约束下制定的具体的经济行为规则。在历史上，市场经济最初是作为资本主义制度的同义语加以使用的。因为早期的市场经济只存在于资本主义经济制度之中，早期的社会主义则是一种排斥商品货币关系和市场机制的高度集中的计划经济，因而从现象上看，市场经济就是资本主义经济，计划经济就是社会主义经济。但是，随着经济生活的发展和变化，把市场经济等同于资本主义的认识越来越不符合实际情况了。在现代资本主义经济中，国家是经济舞台上的重要角色，它不仅维护市场法规和秩序，而且开始介入国民经济的生产、分配和流通过程，并通过财政货币政策、产业政策、收入政策、外贸政策等手段对国民经济的运行进行有计划的组织和调节，从而使资本主义经济的发展具有明显的计划性。另一方面，从20世纪50年代、60年代开始，实行传统计划经济的社会主义国家都不同程度地进行了引入市场机制的经济改革，市场机制在社会主义经济中的作用日益显著，社会主义市场经济逐步成为了经济改革的方向，市场经济因此不再简单地与某种“主义”相联系，而逐步被看做一种独立于社会基本经济制度的特殊的经济体制。不过需要说明的是，市场经济虽然不等于社会的基本经济制度，不是区别社会主义与资本主义的根本标志，但它又不可能脱离开社会的基本经济制度而孤立存在，它总是与某种具体的基本制度结合在一起的。在不同的基本经济制度下，市场经济具有不同的规定性，市场机制的性质、地位和作用也是很不相同的。

例如，从资源配置的一般过程看，不同类型的市场经济总会具有某些共同的因素，如供求、价格、竞争、货币、成本、收益等，存在某种共同的规则，如价值规律、供求规律、竞争等。但是，在不同的经济制度下，这些共同的因素和共同的规则具有不同的制度含义。拿成本和收益这两个范畴来说，个体企业、集体企业、资本主义企业和社会主义国有企业对于成本和收益的规定就不完全是一样的。在资本主义企业中，利润最大化是生产经营的唯一目标；在个体和集体经济中，企业的净收入可能比利润更具有经济意义；而在社会主义国有企业中，劳动者的个人收入则可能是企业最重要的经济目标。由于不同的所有制中的成本收益函数的内容不同，因而价值规律的具体形式和由此决定的供求、竞争和市场均衡过程也会存在很大差异。在不同的社会制度下，市场机制的地位和作用也不相同。以个体劳动为基础的小商品生产只能存在于自然经济的夹缝中，而不可能成为社会经济关系的基本形式；只有在以追求剩余价值为唯一动机的资本主义市场经济中，商品关系才能得到普遍发展，成为占主导地位的社会关系。

（二）社会主义市场经济的特征

社会主义市场经济，是与社会主义基本经济制度结合在一起的。因此，社会主义市场经济体制除具有市场经济体制的一般特征外，还具有自己的特征。这些特征主要表现在：

（1）在所有制结构上，社会主义市场经济实行的是以公有制经济为主体、多种所有制经济共同发展的所有制结构，以公有制为主体的多种所有制经济相互补充、相互促进、共同发展，为社会主义与市场经济的结合奠定了制度基础。

（2）在分配制度上，社会主义市场经济实行以按劳分配为主体、多种分配方式并存的制度，坚持效率优先、兼顾公平，既要反对平均主义，又要防止收入差距过大。初次分配注重效率，发挥市场作用，再分配注重公平，加强政府对收入分配的调节职能。

（3）在宏观调控上，社会主义市场经济中，国家能够更好地把当前利益与长远利益、局部利益与整体利益结合起来，充分发挥计划和市场两种手段的长处，强有力的政府调节是社会主义市场经济有效运转的重要保证。

从以上方面看，市场经济又不完全是中性的，而具有特殊的社会属性和历史特征。因此，社会主义市场经济是市场经济的一般性与社会主义制度的特殊性的结合。

二、公有制与市场经济的兼容

社会主义初级阶段的基本经济制度是以公有制为主体的，因而能否实现公有制与市场机制的结合是社会主义市场经济的关键所在。传统的观念认为，公有制与市场经济是对立的，是不可能兼容的，实践证明，这种观点是不正确的。实际上，商品关系是内生于社会主义公有制的。不仅公有制经济中的乡镇经济、社团经济、合作经济和各种形式的非国有经济可以直接与市场经济结合在一起，即使是国有经济内部各企业之间也存在商品交换的内在根据。前面在说明社会主义公有制的本质时我们已经指出，社会主义公有制是以分工这种特殊的生产方式为基础的，由于分工的存在，属于社会共同所有的生产资料是通过每一个追求局部利益的个人和单位来分别使用的，这些不同的个人和单位之间在很大程度上还要以不同所有者的身份相互对待，他们的劳动在一定意义上说也是一种私人劳动，他们之间的关系是一种等量劳动相交换的商品关系，个别劳动需要通过市场以商品交换的形式实现向社会劳动的转化。国有企业产权改革的意义就在于寻找一种适应市场经济要求的产权形式，使企业成为独立的商品生产者，为市场经济的发展创造条件。

社会主义市场经济是以公有制为所有制主体的，它与以私有制为基础的资本主义市场经济存在重要差别。公有制经济中市场机制作用的程度和范围与私有制相比较也受到了明显的限制，公有制关系与市场经济既存在着相互统一的方面，同时在许多方面也存在着一定摩擦，需要采取有效的措施进行调节。比如，在社会主义公有制经济中，存在着全体人民与国家、国家与国有资本的所有权代表以及这些所有权代表与经理人员之间的多层的代理关系，这些代理关系有商品关系的一方面，同时也有非商品关系的一方面。就公有制的真正主体即全体劳动者与国家机构这个代理人的关系来说，要涉及的是政治的民主化问题；就国家与资本所有权代理人的关系来看，还存在着一定的纵向的指令关系，特别是在一些垄断性的企业的主导性部门，国家对资本的流向具有很大决定权；只有涉及企业之间的关系时才具有了比较完全的商品性。又如，在社会主义国有企业中，虽然要实行所有权与经营权的分离，企业要逐步成为独立的商品生产者，但是，由于生产资料的所有权归国家所有，因此，国家必然要掌握企业领导人的选择、重大战略决策和收益分享等重要权能，以实现生产资料的所有者即社会整体的利益和目标，因此，企业的独立性是相对的、有条件的。发展社会主义市场经济需要根据生产力发展的要求选择公有制的范围、形式和具体制度，促进社会主义市场经济健康发展。

三、公平与效率的统一

追求公平与效率的统一是社会主义基本经济制度在分配领域的表现，是社会主义市场经济不同于资本主义市场经济的一个重要特征。

公平是一个抽象的概念，对不同的人和不同的社会具有不同的含义。通常人们是从以下两个不同角度考察公平问题的：第一个层次的平等是指初次分配过程中的平等，这种平等反映的是生产资料的占有关系。第二个层次的平等属于再分配过程中的平等，反映了不同社会阶层收入差距的状况。

从生产资料占有关系来看，平等与不平等总是具体的、历史的，在不同的制度下有不同的标准和含义。对于以生产剩余价值为目标的资本主义企业来说，资本家无偿占有剩余价值是公平的、合理的，不存在剥削问题。但对社会主义公有制来说，这种以资本为基础的分配制度就是不合理的。社会主义公有制经济中的平等是以按劳分配为基础的，对于这种意义上的平等，马克思在《哥达纲领批判》中曾作过深刻的论述。他指出，在社会主义社会，“生产者的权利是同他们提供的劳动成比例的；平等就在于以同一尺度——劳动——来计量”[①]，这种平等不承认阶级差别，因为每个人都像其他人一样只是劳动者。但它又不同于空想社会主义者理解的平等，因为“这种平等的权利，对不同等的劳动来说是不平等的权利。它不承认任何阶级差别，因为每个人都像其他人一样只是劳动者；但是它默认，劳动者的不同等的个人天赋，从而不同等的工作能力，是天然特权。所以就它的内容来讲，它像一切权利一样是一种不平等的权利。”[②] 从这个意义上来看的公平是以一定的所有制关系为基础的，只要一定所有制形式是合理的，是能够促进生产力发展的，以这种所有制关系为基础的公平就与效率是一致的。在社会主义公有制中，按劳分配原则的充分的实现，会产生有效的激励机制，有利于发挥个人主动性和创造性，推动生产力的发展。

现代西方经济学中所说的平等主要是就再分配而言的，平等是指收入分配的均等化，效率则是指资源的有效配置，在平等与效率之间往往存在一种此消彼长的替代关系，过分的平等会降低效率，而过分追求效率则又会影响社会的公平，因此，需要在公平与效率之间进行权衡。从这个意义上定义平等由于缺乏明确的制度标准，因而它与效率的关系是不确定的。在公平与效率之间到底存在不存在矛盾以及如何处理公平与效率的关系，学者之间有很大分歧。大体上说来，在市场经济中，特别是资本主义市场经济中，市场竞争的结

---

① 《马克思恩格斯选集》，2版，第3卷，304页。

② 同上书，305页。

果必然会扩大收入差距，导致两极分化，影响社会的稳定和健康发展，因而政府对于收入再分配过程的干预是必要的，这已经成为了现代资本主义市场经济国家政府的一个基本职能。但是，收入分配过分均等又会影响要素所有者的积极性，降低经济效率。社会主义市场经济实行的是以生产资料公有制为主体的经济制度，因此，可以在更大的范围和更高的程度上达到发展生产力、消灭两极分化、实现共同富裕的社会主义目标。社会主义经济既可以通过公有制的主体地位在初次分配过程中实现以按劳分配为基础的公平与效率的统一，又可以通过社会主义国家对收入分配的调节，防止两极分化，实现共同富裕，把再分配中的平等与效率统一起来。

四、计划调节与市场调节的结合

计划与市场作为资源配置的方式，虽然不等于社会主义的基本经济制度，不是区别社会主义与资本主义的根本标志，但它又不能脱离开一定的基本制度而存在。在不同的基本制度中，计划与市场的规模、作用和地位是不一样的。在社会主义市场经济中，国家对经济的调节有着特殊的制度含义。

首先，社会主义制度的建立就是为了克服资本主义生产的无政府状态，为生产力的发展开辟更加广阔的空间。马克思认为，资产阶级社会的症结正是在于，对生产自始就不存在有意识的调节，对社会生产过程的任何有意识的社会监督和调节，都被说成是侵犯资本家的财产权、自由和自决的“独创性”。而在公有制条件下，全部生产的联系，是作为他们的集体理性所把握、从而受他们支配的规律来使生产过程服从于他们的共同控制。从这个意义上说，没有国家对经济的有计划调节，就不可能有社会主义。

其次，社会主义市场经济是建立在以公有制为主体基础上的市场经济。在公有制经济中，如果没有一个社会中心代表社会的共同利益，行使所有权的职能，调节局部利益与整体利益、眼前利益与长远利益的矛盾，各个独立个体之间的利益冲突就会损害社会的整体利益，导致公有制的彻底瓦解。因此，国家在社会主义市场经济中不仅作为政治组织承担维护法律和秩序的职责，而且还要代表全社会的总体利益自觉地调节国家与企业之间、地区之间、城乡之间、公有制经济与非公有制经济之间、按劳分配领域与非按劳分配领域之间各种复杂的经济利益关系，以保证在一部分人、一部分地区先富起来的基础上，逐步实现共同富裕的目标，这是社会主义经济本质的客观要求。显而易见，没有强大而有效的国家干预与调节，单纯依靠市场机制的作用，这个目标是不可能实现的。

最后，中国是一个发展中国家，在相当长的时期内市场经济处于不发达状态，市场发育不全，市场机制的作用有限，因此，国家承担着培育市场、组织市场，并在市场失灵的地方替代市场的重要职责；另一方面，为了尽快摆脱经济落后的局面，实现赶超发达国家的目标，需要迅速把传统的经济结构改造成现代化的国民经济体系，而在市场机制发育不全、市场作用有限的条件下，单纯依靠市场机制来调节国民经济长期结构和发展方向，很难达到目标。因而，在一定阶段充分发挥国家的调节作用，可以选择有效的经济发展战略，发挥后发优势的潜力，尽量避免不必要的弯路，缩短经济现代化所需要的时间。

因此，实现计划与市场的结合也是社会主义市场经济的一个重要特征。

社会主义市场经济的上述特征是根据目前社会主义市场经济发展的现实情况而作出的概括。由于社会主义市场经济是一种新型的市场经济，目前它还不够成熟和完善，还处在

改革的发展过程之中，因此，目前还不可能在理论上对社会主义市场经济作出完整、系统和科学的概括，对社会主义市场经济的认识需要根据实践的发展而不断探索。

第四节　市场体系与市场秩序

一、现代市场体系的构成

现代市场体系是指社会主义条件下各类市场在相互联系、相互作用过程中形成的市场有机整体。我国经济体制改革的目标是建立社会主义市场经济，使市场在资源配置中发挥基础性作用，为此，必须发展和健全完整、统一、开放、竞争、有序的现代市场体系。

完整的市场体系既包括商品市场，也包括生产要素市场。商品市场包括消费品市场、生产资料市场和服务贸易。消费品市场直接满足人们的物质文化需要，生产资料市场满足社会再生产的需要，服务贸易包括金融业、电信业、交通业、旅游业等，它们有的满足最终消费，有的满足社会再生产的需要。人类的一切经济活动都是为了满足人们的消费需要，生产资料为生产消费品提供物质条件，生产要素则为生产生产资料和消费品提供物质条件，因此，商品市场是市场体系的基础，商品市场的价格信号引导着要素资源的配置，对商品的最终消费需求会形成对生产要素的派生需求，商品市场上供求不平衡引起价格变动，价格信号传导到要素市场上，使对生产要素的派生需求发生变动，引导要素资源实现再配置。如果商品市场价格形成机制存在扭曲，必然使要素资源的配置发生扭曲。

生产要素市场提供各类生产要素的交易，包括金融市场、产权市场、劳动力市场、土地市场等。在市场经济的发展过程中，生产要素市场具有十分重要的地位。没有发达的生产要素市场，市场机制在资源配置中的基础性作用就不可能实现。这是因为：第一，社会再生产过程实际上就是生产要素的配置过程，如果要素市场发育不全，生产要素配置的价格扭曲甚至失真，商品市场的供求也就不能及时达到平衡，市场机制对资源的有效配置就不可能实现。第二，企业作为市场主体要受生产要素市场发育的制约。只有形成完善的生产要素市场，从而使企业实现不仅其产出要面向市场，接受市场的检验和选择，而且其投入的各种生产要素也能从市场上获取，也要受市场价格与竞争机制的调节，企业的经济行为才能真正趋向合理，市场机制的优胜劣汰功能才能充分发挥出来。第三，国家对市场运行过程的有效调控、监督和引导，也需要一个发育良好的生产要素市场。完善的生产要素市场和价格可以准确反映宏观经济的运行状况，为国家的宏观调控提供充分的信息。

二、市场秩序

市场秩序是指在特定时空范围内形成的旨在确保交易顺利进行的一系列规范交易主体权利义务的法律制度和习俗惯例的总和，以及这些总和的现实表现状态。发展社会主义市场经济必须建立完善的市场秩序，即统一、开放、竞争、有序的市场秩序。

统一是指市场体系在全国范围内应该是统一的。统一还意味着市场按照统一的规划、制度进行组织和运作，要打破行业垄断和地区封锁。开放指市场对内和对外都是开放的，从而能促进商品和要素的自由流动。竞争是指在市场体系中商品和要素的流动，必须在一个公平竞争的环境中进行。有序是指要有一定的规则来维持市场的正常秩序，保证公平竞争和资源合理流动。中国商品市场的改革起步较早。经过 20 多年的实践，已形成较为健全的商品市场，这为生产要素市场的发展奠定了基础。党的十六大报告指出：要在更大程度上发挥市场在资源配置中的基础性作用，健全统一、开放、竞争、有序的现代市场体系。推进资本市场的改革开放和稳定发展。发展产权、土地、劳动力和技术等市场。创造各类市场主体平等使用生产要素的环境。在完善市场体系的同时，要求提高宏观调控的水平。社会主义市场秩序包括市场进入退出秩序、市场竞争秩序，市场交易秩序和市场仲裁秩序等方面的内容。公平竞争是社会主义市场秩序的基本要求。加强市场法制建设，加强市场监管力度，整顿和规范市场秩序，打击假冒伪劣、欺行霸市、商标侵权、虚假信息、操纵市场等问题，既是保证经济正常运行的迫切需要，也是完善社会主义市场经济体制的客观要求。加强信用建设，形成以道德为支撑、产权为基础、法律为保障的社会信用制度，是建设现代市场体系的必要条件，也是规范市场经济秩序的治本之策。信用的基本解释就是要遵守诺言、实践成约、取信于人。信用既属于道德规范，又属于经济范畴，缺乏信用不仅会造成经济关系的扭曲，而且会败坏社会风气。要增强全社会的信用意识，政府、企事业单位和个人都要把诚实守信作为基本行为准则。要加快建立企业、中介机构和个人的信用档案制度，防止商业欺诈、恶意拖欠和逃避债务等不法行为的发生，为市场经济的正常运行创造良好的条件。要注意现代市场体系的特征、完善市场体系和规范市场秩序问题。

具体而言，中国建设社会主义市场秩序，主要从竞争秩序和市场监管两方面入手。

三、竞争秩序

（一）对垄断的规制

垄断是指垄断主体（市场主体或行政主体）对市场的经济运行过程进行排他性控制或对市场竞争进行实质性的限制，妨碍公平竞争秩序的行为或状态，包括市场独占、行政垄断等。在中国，一方面由于计划经济体制形成的极端的行政性垄断和公用企业滥用优势的垄断行为已经成为影响社会主义统一市场建立的桎梏，而另一方面，日渐出现的市场垄断也开始危及国内市场的公平竞争。1980 年国务院发布的《关于开展和保护社会主义竞争的暂行规定》是中国关于保护市场竞争的最早的行政性法规。这个规定指出，在社会主义公有制占优势的情况下，允许和提倡各种经济成分之间、各个企业之间发挥所长、开展竞争。在经济活动中，除国家指定由有关部门和单位专门经营的产品以外，其余的不得进行垄断，搞独家经营。开展竞争必须打破地方封锁和部门分割。任何地区和部门都不准封锁市场，不得禁止外地商品在本地区、本部门销售。

（二）对限制竞争行为的规制

限制竞争行为是指企业滥用优势地位，或通过订立协议、团体决定或其他方式排斥或限制市场竞争的行为，如差别对待、限制专售价格、搭售等行为，企业之间通过订立协议的形式限制自由贸易和竞争，如共同划分市场、联合定价、抵制交易等行为。限制竞争行为是经济生活中经常出现的现象。中国在加入世界贸易组织前后很短的时间内制定了《中华人民共和国反倾销条例》、《中华人民共和国反补贴条例》和《中华人民共和国保障措施条例》，并且在 2002 年 6 月颁布了《中华人民共和国政府采购法》和《中华人民共和国中小企业促进法》，使对限制竞争行为的规制有法可依。

（三）对不正当竞争行为的规制

在市场竞争中，经营者为了牟取自身的利益，采用损人利己、违背诚实信用的商业原则的竞争手段争夺市场，给市场秩序带来了极大的危害，同时也损害了其他经营者和消费者的利益。中国在引进市场竞争的同时，也“引进”了大量的不正当竞争行为。1980 年国务院发布的《关于开展和保护社会主义竞争的暂行规定》是中国关于保护市场竞争的最早的行政性法规。这个规定指出，开展竞争必须扩大企业的自主权，尊重企业相对独立的商品生产者的地位。1993 年我国颁布的《中华人民共和国反不正当竞争法》在以往对不正当竞争行为零星调整的基础上，开始完整地规制不正当竞争行为。对欺骗性交易行为、虚假广告宣传行为、商业贿赂行为、诋毁他人声誉行为以及不正当低价竞销等七种不正当竞争行为进行了专门的规定。

四、市场监管

（一）商品市场监管

中国商品市场是在以放松管制和转变机制为主线的市场化进程中逐渐发育成熟的，期间经历了调整商品购销政策；改革批发体制；充实商业所有制结构；转换国有商业企业经营机制；推行商业行政体制改革；允许外资进入零售经营领域等一系列的制度变迁，一个包括消费品和生产资料在内的城乡结合、批零兼营、大中小相匹配的多成分、多层次、多形式的流通网络业已形成。与商品市场的发展和市场化进程相适应，商品市场的法制化进程加快，我国相继出台了《中华人民共和国反不正当竞争法》、《中华人民共和国拍卖法》、《关于制止低价倾销行为的规定》、《商品交易市场登记管理办法》、《连锁店经营管理规范意见》和《零售业态分类规范意见》等一系列法律法规和政府部门规章，初步形成了依法治市、鼓励竞争、适应市场经济运行的法律体系框架，促进了市场的规范化发展。

（二）劳动力市场监管

为规范劳动力市场秩序，推动劳动力市场健康发展，1994 年我国颁布了《中华人民共和国劳动法》，使中国劳动法律制度建设取得了很大的成就，对保障劳动者的基本权利，维护稳定和谐的劳动关系，促进市场经济的发展起到了重要的作用。我国制定了一系列关于劳动者最基本劳动条件的法律法规，规定要改善劳动条件，保障劳动者的基本生活，避免伤亡事故的发生。我国《中华人民共和国工会法》的颁布适应了建立社会主义市场经济体制发展的要求，有利于充分发挥工会作为党和政府联系职工群众的桥梁纽带作用，有利于建立和谐稳定的劳动关系。同时，劳动力市场监管要求建设健全社会保障体系，大力实施养老保险法、医疗保险法、失业保险法、工伤保险法、生育保险法等，对劳动者基本生存条件进行保障。

（三）金融市场监管

在金融市场发展过程中，中国金融市场基本制度建设不断改进和完善，为维护统一开放、公平竞争的金融市场奠定了基础，主要表现在三个方面：首先建立起集中统一的市场监管体制。1992 年 10 月，国务院证券委员会和中国证券监督管理委员会宣布成立，标志着中国证券市场的统一监管体制开始形成。中国证监会于 1997 年开始对上海、深圳证券交易所进行监管，在两市设立中国证监会证券监管委员办公室。中国各金融市场分别由不同部门监管，如中国人民银行依法监管银行间同业拆借市场、银行间债券市场、银行间外汇市场和黄金市场，它还承担对于金融市场系统性风险和跨市场风险的防范，稳定金融秩序的职责。人民银行、证监会和保监会等监管部门分工合作，沟通协调，形成了比较完整的金融市场监管构架。其次，政府制定了相应的法律、法规和条例，建立和完善了中国金融市场的法律制度。《中华人民共和国中国人民银行法》、《中华人民共和国商业银行法》、《中华人民共和国保险法》、《中华人民共和国证券法》等一系列金融法律界定了市场各方责权关系，奠定了金融市场运行的重要基础。经国务院批准，国务院证券委员会陆续颁布的《股票发行与交易管理暂行条例》、《股份有限公司境内上市外资股规定的实施细则》和《证券交易所管理办法》等一系列金融市场规章和规范性文件，为规范市场管理做出了贡献。最后，近年来，中国对市场基础建设设施不断改进，金融市场交易结算系统机制灵活，托管系统不断优化，防范市场风险能力加强；资金清算系统高效安全，满足大规模频繁清算；市场基础设施中的各个系统连接协调，增强了各个市场的联通和互动，为中国金融市场快速健康发展提供了有效的技术支持和运行平台。

第五节　中国渐进式改革的实质与经验

一、经济转型的两条道路

社会主义国家对计划经济体制的改革从20世纪50年代末就开始了，各国改革的内容各不相同，改革的步伐有快有慢，但都是围绕着如何在社会主义制度中发展商品关系和发挥市场的作用展开的。主要的改革模式和改革思路大体可以归纳为以下三种类型：

（1）改良的集权模式或完善计划经济的思路。这种思路认为，社会主义经济是计划经济，指令性计划是计划经济的本质。在此前提下，承认社会主义生产也具有商品性的一面，承认价值规律的有限作用，主张利用价值、价格、利润等经济杠杆来刺激生产，实现计划的目标，至多在产品的品种、规格、费用结构等方面赋予企业以有限的权力，高度集中的计划经济体制没有受到根本的冲击。20世纪80年代以前的苏联、民主德国、保加利亚等国大体上都是按照这样的思路改革的，实行的是这种改良的集权模式。

（2）改革计划经济的思路或集权与分权相结合的思路。在这种思路中，指令性计划被否定了，生产、分配和流通被纳入了市场调节的轨道，传统的高度集中的计划经济体制被打破，企业开始成为相对独立的商品生产者，市场机制已经开始发挥重要的调节作用。但是，市场经济并没有真正被接受，整个经济运行的市场化只局限在商品市场上，市场体系很不健全，市场竞争很不充分，市场机制并没有成为资源配置的基础。90年代以前的中国、匈牙利、波兰是这种模式的代表。

（3）自治社会主义模式。在这种模式中，以国有制为基础的传统的计划经济以及与之相适应的行政协调被否定了，但市场经济以及与之相适应的市场调节也没有被真正接受，以工人自治为基础的企业之间的劳动联合和“社会契约”成为了整个经济运行的基础，国家的集中决策和宏观调节相当微弱，市场机制的作用也非常有限。80年代以前的南斯拉夫是这种模式的典型。

对于计划经济的改革到80年代已经取得了相当大的进展。特别是在改革步伐比较大的南斯拉夫、匈牙利和中国，传统的计划经济已经被打破，市场机制的作用大大增强，这些改革对于推动经济发展、提高人民生活水平起了积极作用。但是，从总体上看，在大部分社会主义国家中，市场化改革的进展是相当有限的。例如，南斯拉夫是最早进行经济改

革的社会主义国家，国民经济曾得到了较快的发展。但是，南斯拉夫的自治社会主义是一种既排斥中央计划又排斥市场经济的“社会契约”体制，企业是独立的商品生产者，但由于财产关系不明确，企业的行为缺乏有效的约束；中央计划被取消了，但竞争的市场却没有形成，从而使整个经济运行陷入混乱之中。匈牙利60年代的改革取得了很大的成绩，取消了指令性计划，形成了计划与市场相结合的新的经济体制。但是，从此之后经济改革陷于停滞，经济体制长期处于双重体制并存状态。苏联则实际上从未进行过真正意义上的经济改革，它们的所谓改革只是在完善高度集中的计划经济体制上做文章，市场机制的作用一直受到排斥和限制。经济体制和经济结构的僵化导致了经济发展的停滞，为了摆脱困境，从80年代开始，一次新的改革浪潮又一次冲击着各个社会主义国家。在这次新的改革浪潮中，中国开始了自己的市场化进程。在改革的初期，虽然中国的改革与苏联、东欧国家的改革存在许多具体差别，如中国的改革是以农村改革为中心开始的，而苏联、东欧各国则是以城市的工业改革为中心开始的；中国的改革注重从实际出发大胆试验，而东欧的改革则具有浓厚的教条主义倾向；中国的改革起步晚但进展快，而苏联、东欧国家的改革则长期处于停滞状态等。但是从总体上看，90年代以前中国的改革与苏联、东欧各国的改革大体上是在相同的框架，即传统的社会主义宪法制度的框架中进行的，都是一种渐进式的改革。

但是，到了20世纪80年代后期，特别是1989年前后，社会主义国家的经济改革的方向发生了重大转折。中国的改革在社会主义基本制度的基础上选择了市场经济的改革目标，而苏联、东欧国家以完善社会主义制度为目标的改革则在严重的经济和政治危机中宣告失败，传统的政治结构被西方式的多元化政治制度所代替，新自由主义的意识形态取得了统治地位。随着剧变后政治结构和意识形态的变化，传统的社会主义制度以及以此为基础的市场化改革思路被彻底否定了，一种被称为“休克疗法”“大爆炸”的激进式改革方式被广泛采用。激进式改革包括稳定化、私有化、自由化和制度化四个部分，它试图通过紧缩货币、放开价格、全面推进私有化，在短时期内实现计划经济向市场经济的过渡，推动经济的稳定增长。激进式改革的措施大体包括以下内容：大幅度缩减货币供应量，实行高利率，取消优惠贷款；消除预算赤字，减少对企业和价格的补贴；保留少数重要商品的国家定价，绝大多数商品价格全面放开；取消对企业工资的限制；取消和减少政府对对外经济活动的各种限制，实行对外经济活动的自由化；全面改革财政税收体制，引入新的预算制度和税收制度；引入新的银行制度，实行银行的商业化；建立新的社会保障制度；更新民法体系，建立新的法规制度；实行国有企业的私有化。

与这些国家前30年进行改革和中国正在进行的改革相比，这种“大爆炸”式的改革是一种整体的、全面的、根本的和快速的，因而被称做激进式改革。中国正在进行的改革则被称作渐进式改革。至此，以1989年为分水岭，从计划经济向市场经济的过渡形成了两种不同的改革道路，即激进式改革与渐进式改革。对于两种改革道路的研究成为了过渡经济学或转型经济学的中心问题。

二、对中国经验的不同解释

20世纪80年代末，当苏联、东欧国家发生剧变时，在西方正统经济学家中间立刻达成了一种共识，即向市场经济的过渡必须采取激进的方式，人们不可能两步跨越一道鸿沟，渐进式改革是难以成功的。然而，结果出人意料，迄今为止的实践对这种流行的正统理论提出了严重挑战：中国的渐进式改革并没有停滞，中国的经济高速增长，而苏联和东欧各国，特别是原苏联各国的经济却陷入持续的停滞和衰退，至今仍未“跨过眼泪之谷”。1998 年，在历经了 9 年的痛苦的衰退之后，转型国家的平均加权国内生产总值只达到转轨之前的 67%，其中东欧 13 个国家的这一指标达到了 98%，而独联体的 12 个国家 1998 年的产量水平仅为转轨前的 53%。实行激进式改革比较典型的俄罗斯，经济衰退尤为严重。1990—1998 年俄罗斯的增长率分别为 −4%，−13%，−14.5%，−8.7%，−12.6%，−4%，−4.9%，0.4%和−0.4%，改革不仅没有带来生产力的提高，相反却造成了生产力的巨大破坏。除此之外，以下的一些结果也出人意料：价格自由化和宏观稳定化之后产量的大幅度下降；私有化的结果导致了“内部人”获益；有组织的犯罪活动引人注目地增长，俄罗斯的所谓黑手党现象严重；国家分崩离析。最大的正面意外是中国经济改革的成功，与苏联、东欧国家特别是俄罗斯的改革相比，中国改革的成功则是显而易见的。改革后的 1981—1991 年，中国国内生产总值平均每年增长 10.2%，1991—1999 年国内生产总值年平均增长 10.4%，人民生活水平大幅度提高，综合国力大大增强。

中国经济的持续高速增长和苏联、东欧各国特别是原苏联各国经济的持续停滞与衰退，对正统的经济学理论提出了严重挑战，从而引起了一场关于改革方式的大讨论，进而激发了人们对经济学基本理论特别是制度变迁理论的深刻反思。

（1）以萨克斯为代表的一批西方学者认为，中国渐进式改革与苏联、东欧激进式改革在经济绩效上的差别主要是由于不同的初始条件造成的，而与改革的道路和性质无关。初始条件的差别主要表现在，中国是作为一个农业社会开始改革进程的，苏联、东欧各国则已经完成了城市化和工业化；中国面临的是典型的古典式经济发展问题，即劳动者从低生产效率的农业部门向高生产率的工业部门转移的问题，而苏联、东欧面临的问题则是经济结构的调整问题，即削减被政府补贴的低效率的工业部门的就业以使劳动者向新的有效率的工业和服务业转移；标准的经济发展通常是一种帕累托改进，即所有的社会群体都能在劳动力从农业部门向工业部门的流动中受益，而经济结构的调整则很可能引起利益上的巨大冲突。萨克斯等人认为，中国和苏联、东欧各国经济结构的差别，是导致不同的经济绩效的主要原因，因而中国的改革不具有普遍意义，而是一种特殊环境的产物。他们还强调，中国渐进式改革的成功是十分有限的，中国的改革正在陷入困境，而这种困境正是由于没有实行彻底的自由化路线所导致的。新古典经济学家们提出的这种解释，受到了来自各个方面的众多的批评。

（2）斯蒂格利茨根据新的信息经济学的范式对以新古典经济学为基础的转型经济学理论提出了批评，并对东亚模式和中国渐进式改革的经验做了肯定性的评价。他认为，不完全且代价很高的信息、不完全的资本市场、不完全的竞争，这些都是市场经济的现实，正统的以亚当·斯密的“看不见的手”为基础的新古典经济学不仅对于在转型经济和制度选择中用处很小，即使在解释发达的市场经济方面也存在着根本的局限，由于信息的不完全，私有企业和公有企业一样都会出现激励问题，市场和政府都会出现失败，因此，建立一种集中与分散、公有因素与私有因素相结合的混合体制才是现代市场经济的正确选择。

（3）诺顿和蒙勒等人以演进主义观点为基础证明渐进式改革的合理性。按照演进主义的观点，知识和信息是主观的，而且是以分散的个人的状态而存在的，因而人们根本无力认识和控制社会生活，文明的进化只能是自发的、渐进的、无意识的，是对经验和传统不断适应的结果，通过理性设计而进行大规模的社会变革只能是一种乌托邦，必然会造成社会的灾难。因此，改革只能采用渐进方式。激进式改革造成连续性的中断，其计划在现实中根本无力落实，因为你可以在一夜间破坏旧体制，但却无法使在经济中占统治地位的国有企业适应新的变化。因此，最成功的改革将属于那些在一个较长的时间里不断进行变革的国家，而不是那些用经济战略在过去和未来之间造成突然断裂的国家。

(4) 马克·奈尔等人认为，中国经济改革最重要的特点是不一步放开价格和对国有企业实行私有化，而是逐步放开价格并在经济转型过程中出现了大量的非国有经济，从而在经济生活中引入了竞争机制，产生了硬性预算约束和足够的供给反应，导致了短缺的逐步消失，并迫使国有企业改变其行为方式，推动了经济增长。樊纲把中国渐进式改革的这一特点概括为双转过渡和增量改革，他认为，渐进式改革的基本特征就是在旧体制因阻力较大还“改不动”的时候，先在旁边或周围发展起新体制，并随着新体制的逐步壮大逐步改革旧的体制；而苏联、东欧激进式改革的基本特征则在于从一开始就必须对旧体制进行改革，并以此来为新体制的成长铺平道路。

(5) 彼特·诺兰认为，中国的渐进式改革证明，在经济转型过程中这样不确定的环境下，私人行为更倾向于短期化，市场失败的范围更大，因此，政府的有效干预是解决市场失败的手段，一个强有力的政府，能够把社会的整体利益置于个别集团的利益之上，从而使经济转型更容易成功。高鸿业认为，中国的经济改革之所以能取得举世瞩目的成功，重要原因之一在于它在体制改革中实现了国家与市场并举的政策，即在使用市场机制的同时又保持国家对经济运行的包括行政命令在内的调控和管理，中国体改政策的成功是对西方新古典学派“管理最少的政府是最好的政府”的教条的一种否定。

(6) 林毅夫等人认为，经济改革的核心是经济发展战略的转轨，改革以前中国发展缓慢的根本原因在于推行了重工业优先发展的赶超战略，而改革以来中国经济迅速发展的关键则在于改革三位一体的传统经济体制，使中国的资源比较优势能发挥出来。同时，中国改革成功的一个重要保证是采取了一条代价小、风险小，又能及时带来收益的渐进式改革道路。

以上这些观点从不同的方面反映了中国渐进式改革的一些特点和经验，但是都忽视了这样一个关键性的问题，即什么是中国渐进式改革的本质，中国渐进式改革与苏联、东欧激进式改革的根本区别是什么。只有弄清这一问题，才能对中国渐进式改革的实质和经验作出科学的解释。

三、宪法制度与改革道路

为什么在大体相同的体制的基础上中国和苏联、东欧国家的改革道路出现了如此巨大的差异，中国渐进式改革与苏联、东欧国家的激进式改革的根本差别是什么，这是过渡经济学面临的首要问题，它直接影响着人们对改革实质、走向和一系列重大的理论和实践问题的看法。目前，国内外经济学界对于这一问题的分析大都是围绕着市场化的方式方法而展开的，例如，把渐进与激进归结为一步到位还是分步前进，是整体推进还是分部推进，是强制性变迁还是诱致性变迁，是经济改革为主还是政治改革为主，是增量改革还是存量改革，是先立后破还是先破后立，是从农村开始还是从城市开始等。这些不同的概括虽然各有侧重，但都回避了一个根本的问题，即改革的性质和目标问题，改革的方式从根本上来说是内生于改革目标的，不同的改革目标必然会导致不同的改革方式，形成不同的改革路径。中国的渐进式改革与苏联、东欧激进式改革的根本差异不是市场化的方式方法问题，而是改革的性质问题，中国的渐进式改革是在工业化和社会主义宪法制度的基础上进行的市场化，而苏联、东欧的激进式改革则是在根本否定社会主义宪法制度的基础上向西方式的社会制度过渡。中国渐进式改革与苏联、东欧激进式改革在性质上存在的这种根本差异，决定了它们在具体的转型方式上存在的具体差别。宪法制度对于改革道路的决定作用主要体现为以下两个方面：

（1）宪法制度的内容决定了改革的内容。宪法制度是一个社会基本的经济和社会制度，是制定规则的规则，它规定了一个社会生产、分配和交换的基本规则、国家政体的性质和政治组织的相互关系以及居主导地位的意识形态，因而它规定了一个社会制度变迁的基本边界和约束条件，对于一个社会的制度安排具有决定性的影响，宪法制度不同，具体的制度安排必然会产生众多的差异。中国的渐进式改革的根本特点是它是在社会主义宪法制度的基础上进行的，在经济制度上坚持了公有制的主体地位（在改革的初期还坚持了以计划经济为主的原则），在政治制度上坚持共产党的领导，在意识形态上坚持马克思列宁主义、毛泽东思想和邓小平有中国特色的社会主义理论，并在此前提下，逐步改革传统的经济体制、政治体制和意识形态，引入非公有制经济，发展社会主义民主，改革传统的意识形态，实现从计划经济向市场经济的过渡，而苏联、东欧的激进式改革则从根本上否定了社会主义宪法制度，并在此基础上全面向西方式的自由经济或个人资本主义制度过渡，从而必然在改革的内容上强调经济的私有化、政治和意识形态的多元化。

（2）制度的变化方式决定着改革的方式。中国渐进式改革是在社会主义宪法制度的基础上进行的，但这并不意味着宪法制度的绝对不变，如果传统的社会主义宪法制度毫无变化，制度变迁和市场化改革就不可能有任何实质性进展。渐进式改革的根本特点在于，它对于原有的宪法制度没有采取推倒重建的“革命”性态度，而是在原有宪法制度基础上通过边际性调整，逐步修改原有宪法制度的内涵，赋予社会主义制度以新的含义。例如，传统的社会主义经济制度是以计划经济为基础的，而现在则与市场经济联系在了一起；传统的社会主义经济理论认为国有制是社会主义所有制的高级形式，其他的所有制形式应当向这种形式过渡，而中国共产党十五大的报告则提出，国有制的主导作用在于它的控制力而不在于比重的大小，国有制比重的适当降低并不影响社会主义制度的性质。对于宪法制度的这种逐步“修正”必然使改革具有温和的、连续的和长期的特点。而激进式改革则由于对原有的社会主义宪法制度采取了完全否定的态度，因而在改革方式上必然要求全面性、彻底性、间断性，在新制度与旧制度之间进行彻底的转换。

简而言之，中国的改革目标是建立社会主义市场经济，是在宪法制度相对稳定的基础上进行的市场化改革，而苏联、东欧的激进式改革则是对社会主义宪法制度的彻底否定，它们的区别不在于转型的方式和速度，也不在于它们是温和的还是激烈的，而在于是改革还是否定社会主义宪法制度，这就是 20 世纪 80 年代末出现的两种转型方式的根本原因。正如胡锦涛同志为总书记在党的十七大报告中指出的那样：“改革开放以来我们取得一切成绩和进步的根本原因，归结起来就是：开辟了中国特色社会主义道路，形成了中国特色社会主义理论体系。高举中国特色社会主义伟大旗帜，最根本的就是要坚持这条道路和这

个理论体系。……中国特色社会主义道路之所以完全正确、之所以能够引领中国发展进步，关键在于我们既坚持了科学社会主义的基本原则，又根据我国实际和时代特征赋予其鲜明的中国特色。”① 坚持和发展中国特色社会主义道路和中国特色社会主义理论体系是中国改革开放取得成功的根本原因所在。

四、中国渐进式改革的主要经验

中国渐进式改革道路的成功之处就在于它从中国的实际出发，初步寻找到了一条把社会主义的经济制度、政治制度和意识形态与市场经济结合起来的具体途径。以下几个环节对于中国渐进式改革的成功具有关键性意义。

（一）所有制结构与市场经济

中国的经济改革是在公有制为主体的基础上展开的，如果公有制与市场机制像科尔内断言的那样，是水火不容，那么渐进式改革的成功显然是完全不可能的。实践证明，公有制与市场机制之间的关系既非水火不容，又非水乳交融，它们的关系要比人们所想象的复杂得多。认为公有制特别是国有制经济与市场机制之间没有任何矛盾，从而传统的社会主义宪法制度可以不经任何调整就可以与市场经济统一起来，这可能是一种很不现实的想法，但是，断言公有制与市场经济是完全对立的，也缺乏足够的理论与现实依据。在建设有中国特色的社会主义经济的过程中，我们党认真总结了以往在所有制问题上的经验教训，制定了以公有制为主体、多种所有制形式共同发展的方针，并在十五大上把这一方针确立为社会主义初级阶段的一项基本经济制度，从而为社会主义与市场经济的结合奠定了基础。

正是公有制与市场机制之间的这种兼容性，使得中国的以体制内改革与体制外推进相结合的双轨过渡成为可能。中国渐进式改革的成功在很大程度上得益于多种所有制形式特别是非国有经济的迅猛发展。由于传统国有体制存在的种种弊端，如企业难破产、工人难失业、政企难分离、历史包袱过重等，使得单纯从国有制改革入手推进市场化必然会面临很多困难。而非国有经济的发展则可以绕过这些难题，创造出比较充分的市场关系和竞争的市场环境，大大促进了市场经济的形成和发展，并会对国有企业改革产生积极推动作用，体制外突破是渐进式改革的一个重要经验。但是，在强调体制外改革的积极作用的同时，绝不应当忽视国有经济在改革和发展中的巨大作用，完全否定体制内改革的意义实际上等于完全否定了国有经济的主导作用。应当看到，国有经济市场化的速度较慢固然在一定程度上不利于市场化的进程，但却可以使大量经济资源特别是关系国民经济命脉的部门处于政府的控制之下，这不仅有利于维护经济和政治的稳定，有利于控制转轨中的各种矛盾，而且能够在市场机制很不完善的情况下，通过政府的调节弥补市场的不足，克服市场的缺陷，充分发挥政府在经济发展中的导向作用，保证国民经济的正常运转。而且，即使从制度创新的方面看，国有经济也不是毫无作为的。国有经济尽管存在着这样那样的问题，有的问题甚至还很严重，但是，与传统的国有体制相比，经过改革后的国有制经济在适应市场机制的要求方面取得的进展是十分明显的。在商品市场上，国有企业已经基本上

① 胡锦涛：《高举中国特色社会主义伟大旗帜　为夺取全面建设小康社会新胜利而奋斗》，11页，北京，人民出版社，2007。

完成了从计划经济向市场经济的转轨，在生产要素的市场化方面，国有企业的改革也有了相当的进展。由于国有经济在经济生活中所具有的重要地位和广泛影响，如果没有体制内改革的这种配合而单纯依靠体制外突破，建立社会主义市场经济的目标是难以实现的。

当然，我们也应当看到，实现公有制与市场经济的结合是一个复杂的长期的任务，还面临着许多矛盾和困难，有待我们在实践中不断地探索和努力。这里特别需要强调的是，承认社会主义与市场经济之间的统一性，并不意味着它们之间没有任何摩擦；同样，承认公有制与市场经济之间的摩擦也不意味着否定公有制在社会主义经济中的基础地位。社会主义公有制具有自己特殊的属性和功能，它是消灭剥削、消灭两极分化、实现以劳动为基础的社会公平和在更大的程度和范围上实现社会自觉有计划发展的物质基础。否定公有制的这些特殊属性或者完全用市场机制的要求代替公有制的作用，实际上等于否定了社会主义市场经济的客观基础。公有制与市场机制结合的目的是要把公有制的优点与市场机制的作用有机结合起来。中国的经验证明，实现这一目的是完全可能的。

（二）经济体制改革与政治体制改革

有一种比较流行的看法认为，中国渐进式改革的主要特点是：先进行经济体制改革，后进行政治体制改革；中国的经济改革获得了很大成功，但中国的政治体制并未发生根本的变化，这一点必然会严重阻碍市场化的进程，只有实行西方式的多元政治，市场经济才能真正建立。这种观点是不符合事实的。

实际上，早在1978年12月中国共产党十一届三中全会上，邓小平就强调："必须使民主制度化、法律化，使这种制度和法律不因领导人的改变而改变，不因领导人的看法和注意力的改变而改变。"[①] 1980年8月，在《党和国家领导制度的改革》中，邓小平进一步明确提出了政治体制的改革问题，强调要从制度上解决问题，健全社会主义民主和法制。正是由于实行了一系列健全民主和法制的重大措施，才保证了经济改革的顺利推进。1985年邓小平进一步指出，我们国内的政策最重要的有两条，一是在政治上发展民主；二是在经济上进行改革。经济体制改革以来，随着市场化进程的不断深入，政治体制改革的必要性在日益增强。1986年9月～11月，邓小平就政治体制改革问题进行了几次重要谈话，在谈话中他明确指出："现在经济体制改革每前进一步，都深深感到政治体制改革的必要性。不改革政治体制，就不能保障经济体制改革的成果，不能使经济体制改革继续前进，就会阻碍生产力的发展，阻碍四个现代化的实现。"[②] 并指出，政治体制改革的目标是消除官僚主义，发展社会主义民主，调动人民和基层单位的积极性。1987年召开的中国共产党十三大，着重讨论了政治体制改革的问题，制定了政治体制改革的总的目标和方向。因此，无论是从理论上看还是从实践上看，中国的经济改革都没有离开过政治体制的改革而单独推进。党政分开、政企分开、行政分权、机构改革、完善社会主义民主与法制，这都是政治体制改革的重要体现，社会主义政治制度与市场经济的结合在实践中同样取得了不容忽视的重要进展。

当然，与苏联和东欧的激进式改革相比，中国的政治改革具有完全不同的含义。中国的渐进式改革是以社会主义制度为基础、在共产党的领导下进行的，它的目标不是实行西

① 《邓小平文选》，2版，第2卷，146页，北京，人民出版社，1994。

② 《邓小平文选》，2版，第3卷，176页，北京，人民出版社，1993。

方式的资本主义民主制度，因而在改革的过程中坚持了共产党的领导，保持了政治秩序的相对稳定，并在此基础上逐步改革政治体制，完善社会主义民主和法制，以适应生产力的发展。实践证明，中国的这种政治结构和政治改革战略从总体上看是成功的，它促进了生产力的发展和社会的进步。

第一，政治结构是否合理最终只能以生产力的发展作为检验标准。实践证明，在向市场经济过渡过程中，随着经济和社会结构的急剧变化，经济、政治和文化等各个领域的矛盾和冲突不断加剧，不稳定因素日益增多，政治上的相对稳定和集中，可以减少改革中摩擦和冲突引起的损耗，有利于党和政府从全局的利益出发推进改革。

第二，在政治秩序相对集中和稳定的条件下推进改革，有利于党和政府从全局的、长远的利益出发对经济和社会发展进行统一的协调，可以有效地组织和动员社会的各种资源和各方面的力量，排除内部和外部各种不利因素的干扰，集中精力搞好经济建设。

第三，在经济改革和经济发展的过程中稳定推进民主化更符合社会发展内在要求。一方面，市场经济的发展打破了自上而下的命令型的经济与政治体制，扩大了各级基层单位的自主权，形成了独立的利益主体和利益结构以及竞争、开放和平等的社会关系，从而为社会主义民主的发展奠定了坚实的经济基础；另一方面，渐进式改革中不同社会阶层在生产力发展的条件下通过“做大蛋糕”进行的体制调整，得到了绝大多数社会阶层的拥护，为改革的持续推进创造了良好的政治条件。

中国渐进式改革的经验证明，经济与政治、经济改革与政治改革具有极为密切的联系，需要密切配合、协调推进。在渐进式改革过程中，一方面，由于货币化和市场化在迅猛发展，另一方面，政府对经济的干预在很大程度上还需要保留，这样就可能为权钱交易的腐败现象的蔓延提供温床；一方面，市场经济的发展要求决策的分散化和资源配置的市场化，另一方面，由于发展中国家所面临的复杂的国内外环境和社会主义制度的根本性质，又要求建立一个强有力的、有权威的政治结构，以维护社会的稳定，保证改革与发展的顺利进行。既要民主，又要权威；既要自由，又要集中；既要变革，又要稳定，这是中国渐进式改革面临的最深刻的矛盾。能否有效协调这些矛盾，是对渐进式改革的最大的挑战。对于这些矛盾，我们不能用限制市场化进程或牺牲党和政府的领导作用的途径来解决，而必须依赖于经济体制改革与政治体制改革的协调和配合。必须在积极推进经济市场化的同时建立高度的社会主义民主，健全社会主义法制，强化人民群众对政府机关的监督和约束，从根本制度上抑制官僚主义和腐败现象的蔓延，这样才能保证经济改革的顺利进行和社会主义现代化建设的健康发展。

（三）改革的理论与改革的实践

中国的改革是在党和政府的领导下有组织地推动的，执政党对于改革的看法，即关于改革的理论和意识形态在很大程度上决定着改革的方向和进程。在社会主义运动中长期以来存在着这样一个尖锐的矛盾，即：根据历史唯物主义的观点，社会存在决定社会意识，那么，在社会主义制度还没有成熟的条件下，人们如何能够形成一种科学的社会主义的理论并在这一理论的指导下去建立一个新的社会？另一方面，没有社会主义的理论，就没有社会主义的实践，如果人们对于社会主义的实质和目标毫无了解，那么，现实的社会主义运动还有什么意义？这个矛盾从科学社会主义诞生的那天起就始终困扰着社会主义者们，社会主义运动中很多重要的理论和实践问题都是由这一矛盾引起的。教条主义把理论视为神圣不变的教义，认为理想就是一切，手段微不足道；机会主义把经验视为真理的源泉，认为目标微不足道，运动才是一切，这两种片面性都是由于不能正确处理这一矛盾造成的。特别是严重的教条主义，长期以来一直束缚着人们的思想，阻碍着社会主义制度的自我更新，造成了经济社会的日益停滞，成为推进改革的最大障碍。因此，如何处理理论与实践之间的关系，形成一种正确的指导思想，也是决定渐进式改革成败的一个重要因素。而在马克思主义的理论中，正确的理论和思想只能以实践为基础，因此，“实践是检验真理的唯一标准”就成了推动改革的第一面旗帜，以“实事求是”为核心的党的思想路线，以“经济建设为中心”的党的政治路线，以“三个有利于”为原则的检验改革成败的标准，都鲜明地反映了中国改革中的实践理性。由于确立了正确的思想路线，中国的渐进式改革成功地解决了理论与实践、自发性与自觉性、自上而下与自下而上的矛盾，为“一个中心，两个基本点”基本路线创造出了有效的实现形式。

很多人都注意到，中国的渐进式改革具有明显的自下而上和演进主义的特点，个人、企业和其他基层单位为了自身的利益而进行的制度创新极大地影响着改革的进程。改革的发动虽然是自上而下的，但这不过是对社会生活中早已存在的改革要求的一种承认；改革是在统一领导下进行的，但各个具体部门、地区和单位的改革措施、内容和步骤却丰富多样；改革中提倡大胆创新、大胆试验，尊重群众的首创精神；自下而上的局部性试验往往引导着自上而下的全局性变革；完美的设计、精确的计算和全面的规划，往往还没有形成就被实践抛到了后面，摸着石头过河、走一步看一步却具有更实际的意义。这种自下而上的改革不仅可以减少集中决策由于信息不足而导致的风险过大的危险，而且可以从根本上改变传统体制下形成的集中的利益结构、信息结构和决策结构，反映市场机制和市场化改革的要求，调动基层单位的积极性，为改革的持续推进提供了强大动力，创造了广阔的空间，生动地体现了马克思主义的实践唯物主义的品格。但是，在强调自发性变迁的积极作用的时候，我们不能走向另一个极端。中国渐进式改革的成功使保守主义观点开始流行起来，这种保守主义的观点认为，由于人的知识是有局限的，而且是以分散的、不完整的形式为许多个人所掌握，因而社会的进化只能自发地进行，集体利益和集体理性只是一种虚幻，对社会进化的有意识设计和控制必然导致灾难性后果，中国的渐进式改革就是自发秩序的产物。这种观点是对中国渐进式改革经验的一种错误理解，是对社会主义理论和实践的根本否定。中国的经济改革是在中国共产党的领导下为完善社会主义制度而进行的有组织的制度变迁，党和政府的政策和法令主导着改革的方向和路径。在社会主义宪法制度的框架内，制度的进化过程显然要比其他任何社会都更多地要求社会理性干预，更多地受有组织力量的控制。自发性与自觉性、自上而下与自下而上的关系会随着改革的深入而发生变化，但是政府的主导性作用始终不可缺少。抛开社会主义宪法制度的要求不说，社会的进化也并不完全像保守主义认为的那样，是个人之间无意识作用的产物，只能自发演进，而不能人为建构。相反，任何合法的社会规则都是通过国家来制定和实施的，都具有公共产品的性质，人类社会既是演进的，又是建构的，既是自发的，又存在着选择性，这才是进化的实质。如果制度变迁只能演进，不能建构，那么就不可能有任何集体的行动和强制性的变迁，就不可能产生任何明确的改革目标、改革政策、改革的法律和方案以及有组织的活动。中国渐进式改革的经验证明，社会主义的理论与社会主义的实践、统一的领导与自发的变迁、自上而下与自下而上并不是完全对立的，而是可以统一起来的。中国的渐进

式改革就是实现这种统一的具体实践。

（四）市场机制与政府调节

从计划经济向市场经济的过渡从本质上看是一个由集中到分散、由集权到分权、由管制到自由的转化过程，这是对传统高度集中的计划经济体制的根本否定，这是对自发秩序合理性的一种肯定。中国20年来改革开放的巨大成就充分证明，市场经济具有不可替代的巨大优越性，加快改革开放的步伐，尽快建立社会主义市场经济体制，是中国社会主义经济走向繁荣昌盛的必由之路。在当前中国的经济生活中，我们面临的主要矛盾仍然是政府行政干预过多，行政垄断过强，政企不分严重，这是问题的基本方面。但是，在否定传统集权体制的时候，有不少人却走到另一个极端，把中国经济改革的成功完全归结为经济的市场化和自由化，对于经济生活中存在的政府调节持完全否定的态度。有不少持自由主义观点的学者认为，政府的规模越小越好，职能越少越好，政府除了保护产权、制定竞争规则以外，不应当管更多的事情，改革的指导思想应当是"大市场，小政府"。这种看法虽然对于打破高度集中的计划经济体制有一定的积极意义，但它并没有抓住问题的实质，而且存在很大片面性。实际上，判断政府优劣的标准不在于规模的大小和职能的多少，而在于它在社会整体结构中的地位和作用。就市场经济而言，政府规模过大，权力过分集中，往往会导致严重的官僚主义，抑制经济和社会的活力，但政府规模也不是越小越好。从早期资本主义到现代资本主义的发展过程中，国家所承担的社会职能是越来越多了而不是越来越少了，政府的规模是扩大了而不是缩小了。在当前的历史条件下，政府的强弱对于国家强盛和社会的发展来说，已经具有越来越重要的意义。而在发展中国家，这一点更是有着生死攸关的重要性。一个软弱无能的政府不可能打开现代化的大门。在中国的经济改革和经济发展过程中，充分发挥政府的作用还具有以下一些特殊的理由：

（1）公有制的广泛存在要求政府有效行使所有权的职能，否则各个独立的公共企业就会自发地蜕化为集团所有制和私有制，导致严重的社会腐败、不公平和低效率。

（2）作为一个发展中国家，中国将长期处在市场欠发达状态，市场失灵的范围和规模要比一般的市场经济国家大得多，这在客观上要求政府的广泛调节。

（3）对于中国这样一个拥有巨大国内需求而又缺乏国际竞争优势的不发达国家，缺乏必要的保护和强有力的协调，将会在国际竞争中处于非常不利的地位。

（4）在经济和社会转型过程中，经济、政治、文化和社会各个领域的矛盾和冲突有不断加剧的趋势，没有一个强有力的政府，社会的稳定无法得到保证。

因此，中国的现代化需要的是能充分履行其经济和社会职能的强政府，而不是无所作为的弱政府和小政府；改革的目标不是"大市场，小政府"，而是"大市场，强政府"；改革的方向不是否定政府的积极作用，削弱政府的经济职能，而是提高政府的运行效率，改革政府的调节方式。近20年中国经济的持续快速发展既得益于资源配置的市场化，得益于改革开放的正确路线，同时也在很大程度上有赖于稳定的社会环境、有效的宏观调控、适当的行政干预、明智的战略和策略以及强有力的组织和协调。原苏联各国特别是俄罗斯经济的持续衰退和东南亚严重的金融危机进一步说明，单纯依靠自发的市场调节不可能保证经济持续稳定的增长，有效的市场调节和有效的政府调节必须有机地结合起来。当然，强政府既可能成为现代化的强大杠杆，同时也可能导致更大的政府失灵，因此，转换职能、精简机构、提高效率、强化约束、反腐倡廉、积极推进民主与法制建设就成了有效发挥政府主导作用的必要前提。

中国的渐进式改革已经取得了很大成功，但是与社会主义市场经济的改革目标相比，改革的任务还没有完成。中国渐进式改革在取得巨大进展的同时，也面临着一系列无法回避的难点问题，如公有制与市场经济、集权与分权、政府调节与市场调节、工业化与信息化、经济改革与政治改革等方面的矛盾如何在社会主义宪法制度的框架中得到有效协调等问题。能否通过对宪法制度不断进行的边际调整，在社会主义宪法制度与市场经济之间形成一种稳定、持续、动态的合理关系，避免在它们之间产生不可解决的严重冲突和无法化解的累积性矛盾，是渐进式改革能否持续推进的基本条件。而实现这一基本条件的关键又在于能否在新的历史条件下，继续坚持中国特色的社会主义道路，特别是能否继续成功地贯彻“一个中心，两个基本点”的基本路线，把经济体制改革持续推进下去，直到获得成功。

关键术语

计划经济　市场经济　社会主义市场经济

市场体系　商品市场　生产要素市场

渐进式改革与激进式改革　宪法制度

思考题

1. 传统计划经济体制的主要弊端是什么？
2. 如何认识公有制与市场经济的兼容性？
3. 社会主义市场经济体制的基本框架是怎样的？
4. 中国渐进式改革与苏联、东欧激进式改革的根本区别是什么？
5. 中国渐进式改革是否具有普遍意义？

第十四章

社会主义初级阶段的收入分配制度

重点问题

> 按劳分配的实质、意义和实现形式
> 按劳分配与按生产要素分配结合的根据和形式
> 公平与效率的关系

社会主义初级阶段实行以按劳分配为主、多种分配方式并存、按劳分配和按生产要素分配相结合的收入分配制度。这一分配制度是同我国公有制为主体、多种所有制并存的所有制结构相联系的，体现了社会主义初级阶段生产关系的特性和要求，同时也体现了我国社会主义市场经济发展的客观要求。坚持和完善以按劳分配为主体、多种分配方式并存的收入分配制度，对于完善社会主义基本经济制度，优化资源配置，促进经济发展，保障社会稳定具有重要意义。

第一节　社会主义经济中的按劳分配

一、按劳分配的实质和意义

社会产品和国民收入的初次分配是一个社会经济制度的重要组成部分，它是在生产过程中发生的各个经济主体之间在产品占有上形成的一种经济关系。马克思主义政治经济学认为，所谓的分配关系，是同生产过程的历史规定的特殊社会形式以及人们在生产过程中所处的相互关系相适应的，并且是由这些形式和关系产生的。因此，产品的分配关系不是独立于生产过程之外的，而是生产资料所有制关系的一个重要内容或表现形式，考察一个社会的分配制度必须以这个社会的所有制关系为基础。

社会主义经济中产品的分配方式是以按劳分配为基础的，按劳分配是社会主义公有制中个人消费品分配的基本原则，它集中体现了社会主义经济制度的本质。在社会主义公有制经济中实行按劳分配制度虽然也有利于社会公平和实现共同富裕，但是，实行按劳分配的主要根据却不是出于公平或伦理上的考虑，也不是因为人们的道德觉悟不高，而是由社会主义公有制的基本性质决定的。在社会主义公有制的条件下，一方面，生产资料归社会占有，人们在生产资料的占有上处于平等地位，任何人都不能凭借对生产资料的垄断占有获得特殊的经济利益，劳动成了他们占有生产资料和获得社会产品的唯一根据；另一方面，由于存在社会分工，劳动还主要是一种谋生的手段，脑力与体力、简单与复杂等不同劳动之间存在着质的差别，劳动的能力还是一种个人“天赋”的权利，具有私人性质，因此，劳动者所创造的产品在作了各项社会扣除之后，还必须以各自付出的劳动量为基础分配个人消费品，按劳分配所体现的经济关系对于社会主义制度具有十分重要的意义：

（1）它用劳动代替了资本，使劳动成为了占有社会产品和获得收入的唯一根据，体现了生产资料公有制中人们在占有生产资料上的平等关系，从而为消灭剥削，消除两极分化，实现共同富裕奠定了制度基础。

（2）它用劳动的尺度代替了需要的尺度，承认个人能力和与此相关的利益差别是个人天然的权利，承认社会主义经济中劳动者所具有的“经济人”的身份，从而为社会主义经济的有效运行提供了有效的激励和约束机制。

（3）社会主义经济中的按劳分配要求不同的个人和不同的企业之间具有明确的利益边界和产权边界，要求企业实行自主经营、自负盈亏，这为公有制企业产权的明晰化和市场化奠定了基础。

总之，按劳分配是社会主义分配制度和利益关系的基础，它对于社会主义经济制度的形成与发展，对于提高社会主义经济的运行效率具有十分重要的意义，坚持公有制就必须切实实行按劳分配原则，反对剥削，反对平均主义。但是，按劳分配的具体实现形式是多种多样的，应当根据实际的情况不断进行调整。在社会主义初级阶段，按劳分配的实现形式应当随着公有制实现形式的变化而变化。

二、按劳分配的实现形式

在社会主义初级阶段的经济中，集体所有制内部的按劳分配是通过劳动的直接计量来进行的。但是，全社会范围内的按劳分配却与马克思设想的存在很大差别。马克思设想的公有制和按劳分配是以消灭商品货币和市场机制为前提的，个人劳动从一开始就直接成为社会总劳动中的一个部分，而不需要经过市场机制和价值关系这种曲折的形式实现个人劳动向社会总劳动的转化，因而劳动时间是劳动支出直接的计量单位。但是，在市场经济条件下，个别劳动不能直接转化为社会劳动，按劳分配不能通过社会直接计算和分配劳动时间来实现，而只能通过市场机制和价值形式以迂回曲折的形式来间接地加以完成，按劳分配的具体含义和实现形式与马克思当年理论上设想的存在很大差别。

（1）在市场经济条件下，企业之间的劳动交换首先表现为商品交换，企业投入的劳动量首先必须表现为价值。但是，并不是任何劳动都能形成价值，这里的情况仍然像马克思在《资本论》中所指出的那样，企业的劳动只有在两种意义上都符合社会必要劳动时间的要求时才能得到承认，才能形成价值。这就是，不仅在每个商品上只使用必要的劳动时间，而且在社会总劳动时间内，也只把必要的比例量使用在不同类的商品上。在以上两方面的内容中，无论哪一方面出现了不符合社会必要劳动时间要求的现象，都会这样或那样地影响企业产品价值的形成，从而影响企业的劳动收入。

（2）在市场经济条件下，作为按劳分配尺度的社会必要劳动不仅包括生产过程中脑力和体力的支出，而且包括管理和经营等特殊的劳动形态。企业的劳动成果和收入水平不仅要受企业劳动者劳动强度和熟练程度的影响，更重要的是要受企业的经营和管理水平的影响。如果说企业的管理是对生产活动进行的组织、协调、计划和指挥，产生于协作劳动的需要，属于生产性要素，那么，企业的经营活动则是直接与商品流通和市场营销联系在一起的，这种劳动的性质明显地反映了市场经济的影响。

（3）在社会主义市场经济条件下，由于企业是一个独立的商品生产者，因此，按劳分配的实现必须以企业为中介，通过国家、企业和个人三个主体之间的分配关系来实现，企业首先要根据自己创造的价值和实现的收入即根据所创造的经济效益从社会获得相应的收入，然后才能在企业内部进行按劳分配。由于在劳动和价值、价值和价格、价格和收入之间存在许多中介环节，受到许多复杂的主客观因素的影响，因此企业的收入以及根据这种收入而进行的按劳分配从全社会看只能作为一种趋势或近似值而存在。

按劳分配在市场经济条件下的这种变化不是对按劳分配的否定，而是对按劳分配理论的发展，不能把市场经济与按劳分配对立起来，否定市场经济条件下按劳分配的可能性和重大意义。应当把按劳分配的本质和按劳分配的实现形式区别开。按劳分配的本质是反对剥削，反对平均主义，承认能力和贡献上的差别及其对收入分配的影响，按劳分配的形式涉及的只是这一原则的实现方式问题。从马克思非市场型的按劳分配发展成为市场型按劳分配不是对按劳分配本质的否定，而是在市场经济条件下更好地实现了按劳分配原则。在市场型的按劳分配中，一方面，消灭了阶级剥削，消灭了靠生产资料的私人垄断无偿占有剩余价值的私有制分配关系，实现了生产资料占有上的平等；另一方面，找到了现实可行的符合市场经济要求又体现了按劳分配本质的劳动计量方式，使按劳分配与市场机制有机地结合在了一起，不仅有利于按劳分配的实现，而且也有利于社会主义市场经济的形成和发展。

三、按劳分配与企业分配制度

在社会主义市场经济中，按劳分配是通过以下两个主要环节实现的，即国家与企业的分配和企业内部的分配。

（一）国家与企业的分配

在国家与企业的分配关系上，国家以政权机关和生产资料的所有者两种不同的身份与企业发生关系。在前一种场合下，国家以政治上层建筑和公共的行政权力的身份，以税收这种无偿、强制的形式参与企业收入分配过程，获取一部分公共收入，目的是满足国防、治安、行政等公共需要，以保证国家政权的正常运转。在后一种场合下，国家不再是一种上层建筑的范畴，不再是一种单纯的政治组织，而是生产关系的内在环节和经济基础的组成部分，是生产资料的共有者联合体在一个有形组织中的集中体现，它以所有者的身份介入到经济关系和经济生活的内部，从整体上对社会的再生产过程进行统一的调节。国家作为生产资料所有者从企业获得的收入实质上就是所有权收益，它在现实中体现为上缴利润、承包和租赁收入、国有股权的股息等多种形式。从形式上看，它与私有企业中所有权的收益或资本收益是相同的，是资本所有权在经济上的实现。但从实质上看，在公有制中，国家所有权的收益具有与传统的所有权完全不同的性质。它不像私有制企业中的所有权收益，来自于所有权的私有垄断，体现了资本所有者阶级与非所有者阶级的一种对立关系，而是来自于联合起来的社会全体成员按照社会的共同利益调节社会生产的需要，是国家为了实现公有制经济的共同目标而对社会积累的一种扣除。企业总收益中扣除了国家的财产收益后形成的企业收益，就构成了企业自有收入，它是国家对企业进行劳动评价和实行按劳分配的基础，构成了企业所具有的经济利益的真实内涵。从上面的分析中可以看出，国家利益与企业利益的合理分配关系的形成实际上是由国家与企业的产权关系决定的。在国有企业的产权关系还没有完全理顺的情况下，国家与企业的分配关系也不可能合理。比如，在许多国有企业，由于政企不分，企业没有获得独立的经营权，因而企业的经济效益无法与自己的劳动质量建立对称的关系；还有一些市场化程度比较高的国有企业，所有者对经营者的约束和监督缺乏有效的手段，导致了所谓的“内部人控制”问题，国有资产的保值增值目标得不到实现，导致了国有资产的严重流失。在这两种情况下，国家都无法对企业的经济效益以及它们应得的劳动报酬作出准确合理的评价，从而也就无法形成有效的激励约束机制，实现按劳分配。

（二）企业内部的分配

企业的总收入在作了必要的扣除之后，剩余的部分就形成了企业的自有收入，它是企业按劳分配的来源。由于企业内部劳动者的劳动交换关系是一种直接的非市场的交换关系，是通过直接的指令性调节实现的，因此，企业内部消费基金的分配不再经过市场机制，而是通过直接劳动计量来实现的。这个层次上的按劳分配问题从劳动的计量角度看相对来说是比较简单的，只要存在有效的激励约束机制，企业内部多劳多得、少劳少得的问题不难得到解决。问题的复杂性在于，在对企业内部劳动者实行按劳分配之前，企业收入首先要分解为积累和消费两个部分，形成合理的积累消费关系。在一个合理的经济体制中，企业消费增长是与企业生产的发展和积累的增长联系在一起的，企业的分配行为具有良好的激励作用和经济合理性。但是，在企业制度不合理、企业的预算约束软化、缺乏有效的约束与监督机制的条件下，企业的分配行为就可能与企业生产的发展和积累相脱离，导致重消费轻积累、工资收入与劳动效益脱节、不同企业和部门收入的盲目攀比等短期化行为。因此，为了使社会主义经济能够有效运转，必须硬化企业的预算约束，完善各种监督和约束机制，同时要加强政府对企业收入分配的调节和控制，使企业的短期利益与长期利益紧密地结合起来。

按劳分配的实现还需要对不同种和不同质的劳动进行比较，从而在不同质的劳动和不同报酬之间形成合理的比例关系。只有把不同质的劳动化为量的差别之后，才能在企业内部对劳动进行监督和计算，而这一点离不开劳动力市场的作用。在社会主义市场经济中，按劳分配不仅要通过商品市场来实现，而且要以劳动力市场作为实现的中介。只有通过完善的劳动力市场，不同复杂程度、不同熟练程度和不同强度的劳动才能进行比较和转换，形成符合实际需要的交换比例，保证劳动力资源的充分利用。

第二节　按劳分配与按生产要素分配

一、多种分配方式并存

随着我国经济体制改革的不断深入，我国收入分配关系和个人收入分配方式发生了深

刻变化，单一的分配方式逐步为多种分配方式并存所取代。收入分配方式的这种变化是同我国客观经济条件的变化相适应的。首先，我国所有制结构已由单一公有制转变为多种所有制并存的所有制结构，不仅存在多种公有制形式，而且存在多种非公有制形式。多种所有制形式并存相应要求多种收入分配形式与之相适应。其次，随着市场经济的发展，各生产要素或市场化了的要素都有了自己的价格，因此与要素价格相联系的收入分配范畴和分配形式如利息、股息、租金以及作为劳动力价值工资等必然成为个人收入分配的重要形式。最后，所有制实现形式的多样化，使得同一所有制形式内部不同企业的制度也具有了不同的收入分配形式，促进了收入分配方式的多样化。可见，收入分配方式的多样化是我国生产条件和资源配置方式改变的必然结果。

在多种分配方式并存的收入分配制度中，按劳分配是主体。这是由社会主义公有制的主体地位和它在国民经济中的地位和作用决定的。如前所述，按劳分配是与社会主义公有制经济相适应的收入分配形式，是公有制经济在分配关系上的实现形式。实行以公有制为主体的所有制结构，相应地在分配上必然实行以按劳分配为主的分配制度。只有这样，才能充分调动广大劳动者的积极性和创造性，才能保证公有制经济的社会主义性质，巩固和发展社会主义初级阶段的基本经济制度。

在个体经济中，劳动者利用自己的生产资料进行劳动、生产产品，并通过出售产品取得收入。个体经济劳动者的收入是由个体劳动者的劳动效率决定的。劳动效率高，生产的产品适销对路，劳动者就会由于个别劳动时间低于社会必要劳动时间而取得较高收入；反之，只能取得较少的收入。而劳动者劳动效率的高低一方面取决于劳动者的劳动技能和劳动熟练程度，另一方面取决于物质生产条件的好坏，个体劳动效率会由于物质生产条件的不同而不同，因而他们的劳动形成的价值就不同，从而造成个体劳动者的收入的差别。由此看来，个体劳动者的收入虽然是以劳动收入的形式出现的，但它包含着资产性收益。就是说个体劳动者的收入包含两部分，一部分是劳动者的劳动性收入；另一部分则是劳动者所有的生产资料的收益。

在以雇佣劳动为基础的私营经济中，雇主是以生产资料所有者、雇工是以雇佣劳动者的身份出现的，由此决定了私营经济中的分配方式必然采取按资本和按劳动力价值分配的双重分配方式。雇主所得的收入除了少部分的管理劳动报酬（如果雇主参与管理劳动），主要是资本收入。而雇工所得的收入则是劳动力价值或价格的货币表现，其高低取决于劳动力价值的高低，同时受劳动力市场供求关系的影响。

在“三资”企业中，外商所得利润属资本收入，而劳动者参与收入分配的方式较为复杂。在外商独资企业中，劳动者所得工资收入实质上是劳动力商品的价格。在中外合资和中外合作企业中，由于企业资本结构的二重性，职工所得收入具有二重性。从企业具有公有股份、职工具有公有股份所有者的身份看，他们的收入具有劳动报酬的性质；从职工受雇于外商和企业实行雇佣劳动制度看，企业与职工存在雇佣与被雇佣关系，因此他们的收入又具有劳动力价值的属性。总的说来，在“三资”企业中，分配方式是二重的或多重的。

居民个人通过持有股票、债券和房屋资产而获得的收入属于按资产分配，这种分配既不同于按劳分配，也不同于按资本分配。按劳分配是以劳动为基础的，按资本分配是以雇佣关系为基础的，而按资产分配则是根据资产的价格来分配的。

此外，国家要作为宏观收入分配主体参与国民收入的再分配过程，它通过税收等形式从各经济主体那里取得收入，并在此基础上根据公平原则在社会范围内进行再分配，社会成员从国家再分配收入中获得的转移性支付、福利性收入等，属于调节性收入。显然，调节性收入的分配既非按劳分配，也不是按资分配，而是按公平原则分配。

二、按劳分配与按生产要素分配相结合

（一）按劳分配与按生产要素分配相结合的根据

所谓按生产要素分配，指的是这样一种经济现象，即在市场经济中，劳动、土地、资本等生产要素都要参与收入分配，获得相应的报酬，表现为劳动获得工资，土地获得地租，资本获得利润或利息。马克思主义经济学认为，产品的分配是生产条件本身分配的结果，归根到底是由生产资料所有制的形式决定的，按生产要素分配实际上是按生产要素的所有权分配。在我国社会主义初级阶段，按劳分配与按生产要素的分配并存是由以下两方面的原因决定的。

（1）以公有制为主体、多种所有制共同发展的所有制结构，决定了以按劳分配为主、多种收入分配方式并存的分配结构。社会主义公有制经济实行的是按劳分配，这种分配方式消灭了私人对生产资料的占有，否定了任何个人和集团凭借对所有权的垄断而占有社会产品的制度基础，因此，从本质上看，生产要素（主要指生产资料）不再成为占有社会产品的根据。但是，在非公有制经济中，由于生产资料是私人所有的，因此，产品的占有必然要体现私人所有者的利益，按生产要素的分配就是生产要素私人所有在经济上的实现。

（2）社会主义市场经济中不同经济主体在产权关系上的独立性，决定了各种生产条件或生产要素无论其归谁所有，都要通过市场进行配置。公有制经济虽然消灭了生产资料的私人垄断，任何人都只能通过劳动获得收入，但是由于资源的稀缺性和经营权的排他性，公有的资本、土地等资源也要有偿加以使用，具有使用的“价格”，如利息、地租等。公有资源的这种有偿使用对于准确反映资源的稀缺状况、实现资源配置的合理化具有重要意义，并且或多或少地会间接地影响到按劳分配的实现过程和实现形式。

（二）按劳分配与按生产要素分配相结合的含义

与上述两方面不同的原因相适应，我国现阶段按劳分配与按生产要素分配的结合具有以下两种不同的含义。

（1）收入分配的劳动标准与所有权标准的结合。按劳分配是社会主义公有制经济中通行的分配原则，这一原则的实质是以劳动为尺度进行收入的分配，物质生产条件不能成为个人参与收入的根据。但在存在非公有制的条件下，社会成员还可以为社会提供物质生产要素，劳动者既可以与公有制的生产资料结合，也可以与非公有制生产资料结合，在这种情况下，占有或提供物质生产要素的社会成员将依据其对生产要素的所有权参与收入分配。公有制经济中，劳动标准支配着收入分配；非公有制经济中，所有权标准支配着收入的分配；混合所有制经济的收入分配中，劳动标准和所有权标准，二者兼而有之。因此，从社会范围内的收入分配来看，按劳分配与按要素分配结合，其实质就是两个不同分配标准即劳动标准与所有权标准的结合。显然，双重标准的确立，是与我国社会主义初级阶段生产条件分配的性质和特点相适应的，也是我国在收入分配理论上的重大突破。在我国社会主义初级阶段，实现这两个标准的结合，对于促使劳动者为社会提供更多的有效劳动，

促使社会成员创造、积累更多的物质生产要素，从而推动生产力的发展具有积极意义。

(2) 社会主义市场经济中，按劳分配的实现形式与按要素分配的实现形式的结合。由于各种生产条件的分配都要通过市场来进行，要素价格的决定与收入的分配联系在一起，因此按劳分配和按生产要素分配都要借助于价格机制来实现。对于非公有制经济来说，要素的市场配置过程，既是所有权的交易过程，也是所有权的实现过程，即所有者凭借所有权获取等于要素价格报酬的过程，在这里按要素分配就是按所有者提供的要素和要素的价格来分配。对于公有制经济来说，虽然公有资源不是个人获得收入的根据，但在资源配置过程中同样具有"价格"；由于劳动不具有直接的社会性，对劳动者的按劳分配只能借助于商品交换实现的价格量作为衡量劳动者提供劳动量的尺度；虽然劳动力不是商品，但工资的决定不能不受市场状况的影响。这意味着社会主义市场经济条件下，按劳分配必然借助于市场化的收入分配形式实现并受市场化收入分配形式的影响，或者说按劳分配借助于市场按要素分配的形式实现并受市场按要素分配方式的影响，因此按劳分配不可能是纯粹的，其实现过程和实现程度都或多或少地渗透着按要素分配的影响。当然，按要素分配的这种渗透影响完全不同于非公有制经济中按要素分配，因为非公有制经济在市场化收入分配中通行着所有权标准。

在社会主义市场经济中，实行按劳分配与按生产要素分配相结合，使得我国多种所有制经济中的收入分配方式能够相互渗透、相互影响、相互补充，有助于形成适合我国经济发展的收入分配结构。

应当指出的是，实行按劳分配和按生产要素分配，并不意味着劳动和生产要素都参与了价值的创造，应当把价值的创造与价值的分配区分开来。价值的唯一源泉是劳动者的劳动，资本、土地等生产要素不创造价值，按生产要素分配属于创造出来的价值如何分配的问题。价值如何分配的问题不取决于要素是否创造价值，而是取决于生产条件分配的状况，这一点前面已作了分析。在社会主义初级阶段，实行按劳分配与按生产要素分配相结合，使得社会成员能够通过提供劳动和物质生产要素参与收入分配，不仅有助于调动劳动者和生产要素所有者的积极性，促进劳动的积累和资本积累，而且有利于生产要素的有效、合理利用，促进其使用效率的提高。

第三节　收入分配中的公平与效率

一、对公平与效率关系的不同认识

公平与效率的关系是收入分配中的一个基本问题。效率通常是指经济组织在既定的投入和技术的约束下，使人们的需要尽可能得到最大满足的经济资源利用状态。公平通常指的是收入分配的均等化。经济学家们认为，效率与公平的关系是鱼与熊掌的关系。现代经济社会始终面临这样的两难抉择：究竟是以效率为主要目标，还是以公平为主要目标？对于这一问题，西方的经济学家们大体有三种观点：效率优先，公平优先和效率与公平兼顾。

(一) 效率优先的观点

持这种观点的经济学家们认为，效率与自由是不可分割的，经济自由是市场机制正常运行从而实现配置效率的前提条件。如果追求公平，牺牲了自由，必将破坏市场机制的正常运行，由此而损害效率，那么这种公平就是不可取的。持效率优先观点的经济学家反对通过政府干预来纠正市场机制自发调节所形成的收入分配不公平。他们认为，公平只能通过自由竞争的市场机制来实现，而不能依靠法律、行政和税收手段来实现。因为依靠后一种方式实现公平，实际上是把一部分人的努力移作另一部分人的所得，把一部分人的偏好强加给另一部分人。这种做法本身就是不公平的。在这些经济学家看来，如果人们的所得是通过“公平”获得而不是依靠他们的努力和冒险去获得，那么，用于公平分配的蛋糕又从何而来呢？还有什么机制刺激人们去生产这个蛋糕并努力把这个蛋糕做得更大一些呢？如果没有法律保护发明人的专利权和专利收入，就没有人愿意花时间和精力以及冒风险去搞发明创造。而没有发明创造，人类的效率损失将无法估量。

（二）公平优先的观点

主张公平优先的经济学家认为，收入分配不公平会导致权力和机会的不公平，因为在市场经济条件下，金钱可以和权力相交换，权力又可以成为收入和财富的源泉。这样一来，人们的收入和财富不一定同他的干劲和努力程度成正比，收入和财富不一定都是“公平”所得，从而不公平会通过损害人的积极性和工作热情来降低效率。并且，不平等的收入分配还会损害人的尊严，使“人人生而平等”成为一句空话。持公平优先的经济学家还认为，收入分配格局是决定经济增长的内生变量，公平左右着效率，严重的收入分配不平等会降低资源配置的效率。

（三）效率与公平兼顾的观点

持这种观点的经济学家既不赞成效率优先，也不赞成公平优先，而是主张二者兼顾。他们试图找到一条既能保持市场机制的优点，又能消除收入差距扩大的途径。持这种观点的经济学家认为，平等与效率之间存在一种交替关系，平等和效率双方都有价值，其中一方对另一方没有绝对的优先权。因此，“在它们冲突的方面，就应该达成妥协。这时，为了效率就要牺牲某些平等，并且为了平等就要牺牲某些效率”。①

西方经济学者关于公平与效率关系的这些认识，对于正确处理社会主义市场经济中公平与效率的关系具有重要的参考价值。但是，马克思主义的观点认为，公平与效率是相对的历史的概念，在不同的历史条件和不同的社会制度中具有不同的含义，把握我国现阶段公平与效率的关系应当从社会主义初级阶段中国的国情出发。

二、公平与效率的统一

在传统的计划经济体制下，中国实行的是高度平均化的收入分配制度。改革开放以来，随着社会主义市场经济体制的建立和发展，分配制度改革不断深化，分配关系逐步趋于合理，高度平均主义的分配模式被打破。但是，在改革过程中也出现了一些新的矛盾和问题：一方面，收入分配中的平均主义和“大锅饭”现象在一些单位和部门仍然存在；另一方面，收入分配不公和收入差距过大的问题日益突出，分配方式不规范、分配秩序混乱的问题也比较严重。在这种情况下，如何处理公平与效率的矛盾成为收入分配乃至整个经济生活中的一个突出问题，引起了社会普遍的关注，并受到了党和政府的高度重视。总的

① ［美］奥肯：《平等与效率》，80页，北京，华夏出版社，1987。

来说，我们党高度重视公平与效率的统一。邓小平指出，社会主义的本质，是解放生产力，发展生产力，消灭剥削，消除两极分化，最终达到共同富裕。社会主义不是少数人富起来、大多数人穷，不是那个样子。社会主义最大的优越性就是共同富裕，这是体现社会主义本质的一个东西。江泽民多次强调：消灭贫困，实现共同富裕，是社会主义的本质要求和社会主义优越性的体现。发展社会主义市场经济体制，既要追求资源配置的效率目标，也要兼顾公平原则。社会主义应当创造比资本主义更高的生产力，也应当实现资本主义难以达到的社会公正。从根本上说，高效率、社会公正和共同富裕是社会主义本质决定的。

在社会主义市场经济发展的初期，经济改革的主要任务是反对平均主义，提高经济效率。因此，这一时期政策上比较强调效率优先。1993 年《中共中央关于建立社会主义市场经济体制若干问题的决定》第一次明确提出了“效率优先、兼顾公平”的原则，《决定》指出，个人收入分配要坚持以按劳分配为主体、多种分配方式并存的制度，体现效率优先、兼顾公平的原则。1997 年中共十五大报告指出，坚持效率优先，兼顾公平，有利于优化资源配置，促进经济发展，保持社会稳定。2002 年中共十六大报告再次明确指出，坚持效率优先、兼顾公平，既要反对平均主义，又要防止收入差距过大。初次分配注重效率，发挥市场作用，再分配注重公平，加强政府对收入分配的调节职能。

随着社会主义市场经济的发展，我国居民之间收入差距不断扩大，人们对公平与效率关系的认识有了进一步的发展。党的十六大以来，党和政府高度重视收入分配制度的改革和社会公平问题。十六届三中、四中、五中和六中全会都强调了要注重社会公平，加大调节收入分配的力度，努力缓解地区之间和部分社会成员收入分配差距扩大的趋势。中共十六届三中全会提出要整顿和规范分配秩序，加大收入分配调节力度，重视解决部分社会成员收入差距过分扩大问题。十六届四中全会强调，注重社会公平，合理调整国民收入分配格局，切实采取有力措施解决地区之间和部分社会成员收入差距过大的问题，逐步实现全体人民共同富裕。胡锦涛总书记 2005 年 2 月 19 日在中共中央举办的省部级主要领导干部提高构建社会主义和谐社会能力专题研讨班开班式上的讲话中，明确提出维护和实现社会公平和正义是我国社会主义制度的本质要求的重要论断，他强调，维护和实现社会公平和正义，涉及最广大人民的根本利益，是我们党坚持立党为公、执政为民的必然要求，也是我国社会主义制度的本质要求。只有切实维护和实现社会公平和正义，人们的心情才能舒畅，各方面的社会关系才能协调，人们的积极性、主动性、创造性才能充分发挥出来。要坚持把最广大人民的根本利益作为制定和贯彻党的方针政策的基本着眼点，正确反映和兼顾不同地区、不同部门、不同方面群众的利益，在促进发展的同时，把维护社会公平放到更加突出的位置，综合运用多种手段，依法逐步建立以权利公平、机会公平、规则公平、分配公平为主要内容的社会公平保障体系，使全体人民共享改革发展的成果，使全体人民朝着共同富裕的方向稳步前进。

2006 年 5 月 26 日，中共中央政治局召开会议专门研究了改革收入分配制度和规范收入分配秩序问题，会议提出要积极推进收入分配制度改革，进一步理顺分配关系，完善分配制度，着力提高低收入者收入水平，扩大中等收入者比重，有效调节过高收入，取缔非法收入，努力缓解地区之间和部分社会成员收入分配差距扩大的趋势。中共十六届六中全会通过的《中共中央关于构建社会主义和谐社会若干重大问题的决定》提出，实现全面建设惠及十几亿人口的更高水平的小康社会的目标，努力形成全体人民各尽其能、各得其所而又和谐相处的局面。坚持按劳分配为主体、多种分配方式并存的分配制度，加强收入分配宏观调节，在经济发展的基础上，更加注重社会公平，着力提高低收入者收入水平，逐步扩大中等收入者比重，有效调节过高收入，坚决取缔非法收入，促进共同富裕。《决议》还强调，要加强制度建设，保障社会公平正义，完善民主权利保障制度、法律制度、司法体制机制、公共财政制度、收入分配制度、社会保障制度，系统完整地阐明了实现社会公平的要求。党的十七大报告对公平与效率的关系又作了新的阐述，提出“初次分配和再分配都要处理好效率和公平的关系，再分配更加注重公平”①。为进一步处理好公平与效率的关系指明了方向。

第四节　如何认识当前收入分配差距扩大的问题

一、当前收入分配差距扩大的现状

改革开放以来，我国居民生活持续得到改善，2004 年城乡居民人均收入比改革初期的 1978 年分别增长了 20.7 倍和 16.5 倍，与此同时，不同社会阶层之间的收入分配差距也越来越大，主要表现为：（1）以基尼系数反映的居民收入总体性差距逐年拉大，已经超过国际公认的承受线。1991 年为 0.282，1998 年为 0.456，1999 年为 0.457，2000 年为 0.458，10 年上升 1.62 倍。（2）城乡居民收入差距不断扩大。1990 年城乡居民收入之比为 1∶2.2，1995 年为 1∶2.71，2000 年为 1∶2.79，2001 年扩大到 1∶2.9，2003 年又上升为 1∶3.1。（3）地区间差距扩大。2000 年，东部地区人均收入是西部的 2.26 倍，最高的省与最低的省差距超过 3 倍。差距的不断拉大引起了社会各个方面的普遍关注，如何解决收入差距过大问题成了党和政府高度重视的一个问题。

在市场经济中人们之间收入分配差距的存在是必然的，问题在于这种差距的存在是否违反了社会公平的原则，是否损害了经济和社会的和谐发展。而判断现阶段的收入分配是否公平，又不能只看收入分配差距的大小，而需要有一个合理的尺度或标准，离开一定的尺度或标准，就无法对收入分配差距合理与否作出正确判断。

二、收入分配差距扩大的合理性和非合理性

应当肯定的是，改革开放以来我国收入分配差距扩大有一定的必然性和合理性，这主要体现在以下三个方面：

（1）在传统的计划经济体制下，我国的收入分配中存在着严重的平均主义。改革开放以来，随着以按劳分配为主、多种分配方式并存的分配制度的实行，特别是随着资本、土地、技术和信息等生产要素参与分配，人们之间的收入差距不可避免地会逐步拉大。

（2）市场经济是以效率为基础通过市场竞争来分配收入的。由于不同企业和不同个人之间的资源禀赋和生产能力各不相同，这必然会导致它们之间在效率和收入上的差别，特

① 胡锦涛：《高举中国特色社会主义伟大旗帜　为夺取全面建设小康社会新胜利而奋斗》，39 页，北京，人民出版社，2007。

别是价值规律所具有的激励创新、择优汰劣的作用，往往会把收入分配上的这种差别加以放大。

(3) 在经济转型和结构调整过程中，不同地区、不同行业、不同社会阶层和不同个人以及城乡之间面临着不同的发展机遇，有的地区、行业和社会阶层得到迅速发展，有的地区、行业则逐步衰落甚至被淘汰，有的社会阶层成为弱势群体。

但是，也要承认，在现阶段收入分配差距的不断扩大中也包含着一些不合理和不公平的因素，这主要体现在以下三个方面：

(1) 市场经济的公平竞争秩序还未完全形成。这主要表现为：某些特殊的行业和特殊的企业掌握着垄断性的权力和垄断性的资源，由此获得了巨额的垄断高额利润；市场体系特别是生产要素市场不够健全，资金、劳动力等生产要素缺乏流动性，利率、工资和土地的价格不能充分反映资源的稀缺状态，由此导致了要素报酬分配的不合理；由于政企不分的现象普遍存在，一些掌握着行政权力和稀缺资源的单位和个人就可能利用手中的公共权力为自己谋私利，寻求在行政定价与市场价格之间产生的巨额的政策“租金”，从而导致腐败现象的蔓延；市场秩序不完善，存在大量的非法收入，这主要表现为侵吞公有财产、偷税漏税、造假贩假、权钱交易、贪污受贿、走私贩私等。

(2) 按劳分配的公平原则没有得到充分贯彻。这主要表现为：国有企业内部平均主义或“大锅饭”问题依然存在，科技人员、经营管理人员和一些创造性劳动与简单劳动的报酬差距没有拉开，多劳多得的原则得不到实现；对于国有资源占有的不平等所造成的收入差距缺乏有效的调节，一些垄断性或特殊性行业的收入畸高问题有待解决；劳动力市场和工资形成机制不健全，国有企业中同工同酬的原则也没有得到充分体现。

(3) 平等的生存权和发展权还没有得到切实保障。这主要表现在两个方面：一是目前我国还存在大量的贫困人口。根据世界银行确定的每天收入一美元的标准，2002 年中国的贫困人口还有 8 800 万，根据每天消费一美元的标准，2002 年中国的贫困人口还有 1.6 亿[①]，这部分贫困人口的基本的生存权和发展权得不到有效保障，严重影响着社会主义的公平原则。二是教育公平得不到保障。据统计，自 1986 年《中华人民共和国义务教育法》颁布到 2000 年“义务教育基本普及”的 15 年间，中国大约有 1.5 亿的农民子女没能完成初中教育，直至 2004 年，仍然有至少 10%的农村地区尚没有普及九年义务教育，有的县甚至没有普及小学教育。从初中毕业生升入高中的比例来看，城市的升学率从 1985 年的 40%提高到了 1999 年的 55.4%，而同期农村的升学率则从 22.3%下降到 18.6%，两者的倍数差距从 1.8 倍扩大到 3 倍。缩小城乡教育差距，促进教育均衡发展成为保障教育公平的重中之重。[②] 三是平等的健康权利没有实现。占有中国 80%的农村人口只享有 20%的卫生健康资源，而占中国 20%的城市人口则享有 80%的卫生健康资源。在城市内部，由于贫富差距的扩大和社会保障制度还不够完善，一部分低收入人群的卫生健康也得不到充分保障。

三、收入分配差距扩大的解决途径

收入分配差距的过分扩大，会带来很大的消极后果，它会影响劳动者的劳动积极性，

---

① 参见世界银行：《中国推动公平的经济增长》，25 页，北京，清华大学出版社，2004。

② 参见汪大勇、姜玮：《大力促进教育公平》，载《光明日报》，2005-05-20。

引起群众的不满，不利于安定团结和社会稳定，也不利于改革与发展大业的顺利推进。鉴于此，党中央一再强调要更加关注社会公平，加大收入分配的调节力度，重视解决收入差距过大问题。

（1）在发展生产力的基础上实现共同富裕是社会主义经济发展的根本目标，也是解决当前我国收入分配问题的出发点。必须保持经济持续快速协调发展，努力把国民收入的“蛋糕”做大，并在此基础上建立合理公平的分配制度，实现共同富裕。收入分配制度改革总的思路是：完善按劳分配为主体、多种分配方式并存的分配制度，坚持各种生产要素按贡献参与分配，在经济发展的基础上，更加注重社会公平，加大调节收入分配的力度，规范个人收入分配秩序，着力提高低收入者收入水平，扩大中等收入者比重，有效调节过高收入，取缔非法收入，努力缓解地区之间和部分社会成员收入分配差距扩大的趋势。

（2）进一步完善社会主义市场经济秩序，促进生产要素的自由流动，理顺生产要素的价格，打破不合理的行政和经济的垄断，进一步减少政府对微观经济活动的干预，创造公平竞争的市场环境，同时加强对垄断行业收入分配的监管，加快电信、铁路、民航、公用事业等行业的分配体制改革，打破垄断，引入竞争机制，使收入分配与市场机制接轨。

（3）健全社会保障体系。社会保障体系是国家通过立法和国民收入再分配，对社会成员由于年老、疾病、伤残、失业、贫困、低收入等多种原因出现生存困难时提供基本生活需要的一系列政策制度，包括社会救助、社会保险、社会福利和社会优抚等方面的内容。健全的社会保障制度对于保障低收入者基本的生活权利，促进社会公平分配具有重要作用。

（4）加大对非法收入的打击力度。在鼓励和保护依靠合法经营和劳动致富的同时，要建立完善权力约束和制衡机制，从源头上防止和杜绝权钱交换的腐败现象的滋生和蔓延。同时要进一步完善法制，严格执法，加大对各种非法收入的打击力度。

（5）充分发挥税收调节收入差距的作用。一方面采取各种配套措施，全面监控个人的各种收入，同时完善个人所得税法，并在适当的时候开征遗产税等财产税新税种，使得税法税制更加科学合理；另一方面要进一步完善收入转移支付制度，增加对落后地区和贫困人口的投资和收入补贴。

（6）大力发展教育事业。教育的差别是导致人们收入差别的一个重要因素，为缩小收入差距，不断提高全民族的科学文化水平，必须大力发展教育事业，进一步普及义务教育，扩大高等教育，拓展升学渠道，给贫困家庭的孩子以受教育的机会和受教育的保障，保障人民群众平等地享受基本的教育权利。

（7）加大农业投入，提高农民增收幅度。为了缩小收入差距，必须增加农业投资，实施严格的保护耕地制度，坚决制止乱占滥用耕地的现象，坚决消除部分农民无地、无业、无社会保障的现象，减轻农民负担，逐步取消农业税，多渠道扩大农村劳动力转移就业，提高农民人均收入增长率。

改革和完善我国收入分配制度，是完善社会主义市场经济体制的需要。市场型分配体制，也是市场经济体制的组成部分。在对待和处理收入分配问题时，应在重视效率的前提下，重视分配的公平。而且分配的公平合理也有利于促进效率的提高。这也是全面建设小康社会的需要，最终是实现社会主义共同富裕目标的需要。

第五节　社会主义市场经济的保障体系

一、建立健全社会保障体系的意义

社会保障是指国家和社会通过立法对国民收入进行分配和再分配，为社会成员特别是生活有特殊困难的个人或家庭提供基本生活保障的一种制度。这一制度一般由社会保险、社会救济、社会优抚和社会福利等组成。尽快建立和健全社会保障体系，关系改革、发展、稳定的全局，具有重要意义。

（1）建立健全社会保障体系，涉及的是亿万人民群众的基本权益和基本生活，关系到他们的日子过得是否安心，能否真正过上小康生活，安居乐业，老有所养，病有所医。贯彻“三个代表”重要思想，全面建设小康社会，就必须加快完善社会保障体系，为广大人民群众提供项目较完善、水平较适当的基本生活保障。

（2）建立健全社会保障体系是我国经济结构战略性调整的迫切要求，这种战略性调整不可避免地要引起较大规模的职工岗位转换，引起结构性失业的增加和就业竞争的加剧。这对于我国社会保障体系提出了严峻挑战，能否建立健全失业保险制度、城市居民最低生活保障制度，不仅关系社会的安定，而且直接关系到我国经济结构战略性调整能否顺利进行。

（3）建立健全社会保障体系也是应对新世纪我国人口老龄化挑战的迫切需要。目前，我国 60 岁以上的人口已达到 1.26 亿，65 岁以上的人口达到8 600万，分别占总人口的 10%和 7%，按照国际通行标准，我国已进入老龄化社会。到 21 世纪 30 年代左右，我国将达到老龄化高峰时期，届时，每 4 个人中就有一位老年人。能否在保持国民经济持续、快速、健康发展的前提下，平稳渡过人口老龄化高峰，对我国社会保障制度建设是一个严峻的挑战。

（4）建立健全社会保障体系是建立现代企业制度、转变企业经营机制的迫切需要。在我国原有社会保障体系中，企业职工的社会保障费用是由企业承担的，这样社会保障实际上成为“企业保障”，这一方面加重了国有企业的负担，另一方面也造成新老企业的苦乐不均，不利于企业之间开展公平竞争。建立健全社会保障制度，把“企业保障”变成真正的社会保障，使企业摆脱职工养老、医疗、失业等社会负担，有利于劳动力的合理流动，有利于推行现代企业制度，转变企业经营机制。

二、完善我国社会保障体系的基本目标和实现途径

我国原有社会保障体系是适应计划经济体制的需要建立起来的，存在着保障水平较低、社会保障面窄、保障内容不全、筹资渠道单一和社会保障依附于企事业单位等问题。这种社会保障体系已不能适应我国社会经济发展的需要，特别是不能适应社会主义市场经济体制的需要。经过 20 多年改革探索，我国逐步明确了完善我国社会保障体系的基本目标，那就是要形成独立于企业事业单位之外、资金来源多元化、保障制度规范化和管理服务社会化的社会保障体系。

（1）完善的社会保障体系的建立，有赖于稳定、可靠的社会保障资金筹措机制的建

立。社会保障资金的主要来源，一是用人单位和职工个人缴纳的社会保险费，二是各级政府的社会保障财政预算。这两条资金来源的渠道稳定了，社会保障的资金就有了保证。同时，还要开辟新的资金筹集渠道，弥补社会保障资金的不足。无论何种资金筹措方式，都应使之制度化、规范化，以确保社会保障资金能够筹集到位。

（2）完善的社会保障体系的建立，需要建立相应的法律体系。社会保险与商业保险不同，它是通过国家立法强制实施的，目的在于保持经济平稳运行和社会稳定。因此，要加强社会保障体系的法制建设，使社会保障资金的筹集、运用、管理，有法可依。这也是世界各国建立社会保障制度的普遍做法。社会保险法是国家社会保险方面的基本法律，是规范社会保险行为、制定单项社会保险政策的基础和依据，应当尽快出台，并逐步形成具有我国特色的社会保障法律体系。

（3）完善的社会保障体系的建立，需要建立社会化的科学管理体制，保证社会保障资金的收缴支付及运营的规范化、制度化。独立于企业事业单位之外的社会保障体系的核心，体现在社会保障的社会化上，这是向市场经济转轨、实现政府职能转变的要求，是社会保障制度改革的必然趋势。要抓紧建立管理统一、行为规范、运转协调的社会保险资金发放系统和社会保障对象的管理服务体系，建立统一的覆盖全国的社会保障信息服务网络，运用高新技术，实现社会保障管理的现代化。

三、我国社会保障体制改革的推进

为实现向新的社会保障体系的顺利过渡，我国社会保障体制改革需要在以下几方面推进：

（1）调整和完善基本养老保险制度。要推行社会统筹与个人账户相结合的基本养老保险制度，并在实践中逐步加以完善。由于过去没有足够的资金积累和人口老龄化导致的退休人员急剧增加，我国养老基金面临很大缺口。为解决这一问题，需要多渠道筹集养老保险资金，扩大资金积累规模。此外，要根据完善养老保险制度的要求，探索解决个人账户资金筹集、分账管理问题。同时，推进机关事业单位的养老保险制度改革，使其与企业养老保险制度相衔接，以利于促进人员流动。

（2）推动国有企业下岗职工基本生活保障向失业保险并轨。从1998年开始，为了配合国有大中型企业实现三年脱困目标，企业为下岗职工设立了再就业服务中心，国家实行了下岗职工基本生活保障制度。实践证明，在下岗职工数量巨大，而失业保险的覆盖面小、基金积累和保障水平低，以及职工的心理承受能力比较差的情况下，实行下岗职工基本生活保障制度是十分必要的，也是完全正确的。但是从社会主义市场经济发展方向和完善社会保障体系的要求看，这项过渡性措施最终必须与失业保险并轨。为实现下岗职工基本生活保障制度向失业保险制度的平稳过渡，必须完善下岗职工出中心、解除劳动关系的有关政策措施，妥善解决好他们的经济补偿金及债务清偿问题；与此同时，要努力扩大失业保险覆盖范围，加强基金征缴，采取各种措施筹集资金，增强失业保险基金的支付能力，为下岗职工出中心做好准备，保证失业人员能按规定领到失业保险金。

（3）积极稳妥地推进城镇职工基本医疗保险制度改革。为推进医疗保险制度改革，国务院作出了医疗保险制度、医药卫生体制和药品流通体制三改并举、同步推进的决策。城

镇职工基本医疗保险制度及相关配套政策已经确定，各地应从实际出发，探索解决超过规定标准以上的医疗费用问题，最终形成一个满足不同人员需要的多层次医疗保险体系。

（4）完善城市居民最低生活保障制度。城市居民最低生活保障制度是近年来保障国有企业下岗职工、失业人员和城市生活贫困居民的“最后保障线”。要进一步完善这一制度，强化其最后保障线的作用，将符合条件的所有城市贫困居民纳入最低生活保障范围，并将这一保障线与其他社会保障线相衔接，特别是要加强对产业结构调整和企业改组改制过程中出现的特殊困难人群的最低生活保障。

（5）强化社会保障资金的筹集、管理和监督，推进社会保障管理和服务的社会化。社会保险费是社会保险资金的主要来源，应强化征收力度，确保该缴纳的社会保险费足额缴纳。各级政府要调整财政支出结构，加强社会保障部门预算，落实破产关闭企业职工分流安置、城市居民最低生活保障资金，弥补养老保险资金缺口，逐步增加社会保障支出。与此同时，开辟新的社会保障资金筹集渠道，如通过变现部分国有资产、发行社会保障债券、开征新税种、发行彩票等方式，筹集社会保障资金，提高社会保障资金支付能力。要建立健全社会保障资金的监管机制，加强对社会保障基金的监督和管理，保证基金的安全、完整和保值增值。同时实现社会保障管理和服务的社会化，提高社会保障管理和服务的效率。

党的十六届六中全会从建设社会主义和谐社会的要求出发，全面阐明了进一步完善我国社会保障制度的基本方向，即完善社会保障制度，保障群众基本生活。适应人口老龄化、城镇化、就业方式多样化，逐步建立社会保险、社会救助、社会福利和慈善事业相衔接的覆盖城乡居民的社会保障体系。多渠道筹集社会保障基金，加强基金监管，保证社会保险基金保值增值。完善企业职工基本养老保险制度，强化保险基金统筹部分征缴，逐步做实个人账户，积极推进省级统筹，条件具备时实行基本养老金基础部分全国统筹。加快机关事业单位养老保险制度改革。逐步建立农村最低生活保障制度，有条件的地方探索建立多种形式的农村养老保险制度。完善城镇职工基本医疗保险，建立以大病统筹为主的城镇居民医疗保险，发展社会医疗救助。加快推进新型农村合作医疗。推进失业、工伤、生育保险制度建设。加快建立适应农民工特点的社会保障制度。加强对困难群众的救助，完善城市低保、农村五保供养、特困户救助、灾民救助、城市生活无着的流浪乞讨人员救助等制度。完善优抚安置政策。发展以扶老、助残、救孤、济困为重点的社会福利。发扬人道主义精神，发展残疾人事业，保障残疾人合法权益。发展老龄事业，开展多种形式的老龄服务。发展慈善事业，完善社会捐赠免税减税政策，增强全社会慈善意识。发挥商业保险在健全社会保障体系中的重要作用。拓宽资金筹集渠道，加快廉租住房建设，规范和加强经济适用房建设，逐步解决城镇低收入家庭住房困难。

按劳分配	按生产要素分配	按劳分配的实现形式
公平与效率	社会保障	

思考题

1. 按劳分配的实质和意义是什么？
2. 如何理解按劳分配与按生产要素分配相结合？
3. 为什么要更加注重社会公平？
4. 我国社会保障体制改革的基本目标是什么？

第十五章

中国的经济发展

重点问题

科学发展观
新型工业化道路
完善产业结构
城市化

中国作为一个经济体制转型期的发展中大国，改革开放以来实现了快速的经济发展，1979年至2004年我国国内生产总值年均增长率达到9.6%，创造了举世闻名的“中国奇迹”，形成了独具特色的中国经济发展的道路。这不仅推动了中国经济的迅速发展，改变了世界经济的基本格局，而且形成了以科学发展观为核心的中国特色的经济发展理论。因此，总结中国经济发展的成功经验，续写未来的持续发展，具有重要的理论意义和实践价值。

第一节　科学发展观与中国的经济发展

一、科学发展观的深刻内涵和基本要求

（一）我国经济发展道路的探索过程

建国以来，在探索中国特色的经济发展道路的过程中，我们对于经济发展规律的认识也在逐步深入和完善。新中国成立以后，中国共产党领导人民建立起社会主义基本制度，提出要以实现工业化为核心，逐步建立独立的比较完整的工业体系和国民经济体系，大大推动了工业化进程和经济的快速发展。1953—1978年，我国工农业总产值年均增长率为8.2%；其中工业总产值年均增长率为11.4%；农业总产值年均增长率为2.7%。在此期间，我国建立了独立的比较完整的工业体系和国民经济体系，基础工业有较大发展，钢铁产量大幅度提高，甩掉了贫油帽子，基本实现了原油自给，铁路、公路、航空、水运等交

通设施及水利、电力、邮电等基础设施方面的建设，基本上能满足当时工业和整个国民经济发展的需要，一些接近当时世界领先水平的科技成果也不断涌现，人民的生活水平有明显提高，社会主义经济制度的优越性得以一定程度的展现。

由于种种复杂的原因，我国的经济发展走了不小的弯路。实践证明，传统的高度集中的计划经济的发展模式存在根本的弊端。党的十一届三中全会以后，我们党认真总结经验教训，在正确判断社会主义初级阶段基本国情的基础上，形成了以“一个中心、两个基本点”为主要内容的基本路线，制定了一系列推进发展的方针政策。这些理论、方针和政策促进了中国经济持续高速的发展。1979—2004 年我国国内生产总值年均增长 9.6%，这一时期是新中国经济发展最快的时期，我国因此成为世界同期经济增长速度最快的国家，综合经济实力明显增强。根据国际货币基金组织公布的数据，2005 年中国国内生产总值跨过 2 万亿美元台阶，跃居世界第四位，国内生产总值占世界的份额由 2001 年的 4.2%提高到 2005 年的 5.0%。人均国内生产总值则由 1952 年的 119 元提高到 2005 年的 14 043 元，中国特色的社会主义经济发展道路在实践中逐步形成并不断得到完善。

但必须清醒地看到，由于种种主客观因素的制约，改革开放以来我国经济与社会的发展过程中还存在诸多不够协调的情况，主要表现为：在经济高速增长的同时，人口、资源、环境、就业等压力也不断加大，人与自然之间的矛盾不断加深，资源、能源、环境、技术瓶颈的制约更为突出；在农业和农村经济持续发展的同时，城乡之间在经济和社会发展水平上的差距在不断扩大，解决好农业、农民和农村问题的任务仍然十分艰巨；在对外开放不断扩大和国际化程度日益提高的同时，我国的自主创新能力和国际竞争力没有根本的提高，统筹国内发展与对外开放的要求更高；在经济发展的同时，社会事业的发展相对滞后，群众看病难、上学难和就业难的问题十分突出；各地区的经济都有很大发展，但地区发展的差距也在不断扩大，区域发展不平衡的趋势没有得到根本改变；我国人民生活总体上达到小康水平，但现在达到的小康还是低水平的、不全面的、发展很不平衡的小康，城乡贫困人口和低收入人口尚有相当数量，全面满足人民群众日益增长的物质文化需要任务繁重，等等。

（二）科学发展观的形成

面对这些新的情况，以胡锦涛同志为总书记的党中央，坚持以马克思列宁主义、毛泽东思想、邓小平理论和“三个代表”重要思想为指导，准确把握时代特征和中国国情，认真研究和回答我国社会主义经济建设、政治建设、文化建设、社会建设和党的建设面临的一系列重大问题，不断总结实践经验，不断扩展理论视野，不断作出理论概括，形成了以人为本、全面协调可持续发展的科学发展观这一重大战略思想。科学发展观进一步回答了什么是发展、为什么发展、怎样发展的重大问题，赋予马克思主义关于发展的理论以新的时代内涵和实践要求，进一步丰富了中国特色社会主义理论。

科学发展观的深刻内涵和基本要求是：

——坚持以人为本，就是要以实现人的全面发展为目标，从人民群众的根本利益出发谋发展、促发展，不断满足人民群众日益增长的物质文化需要，切实保障人民群众的经济、政治、文化权益，让发展成果惠及全体人民。

——全面发展，就是要以经济建设为中心，全面推进经济建设、政治建设、文化建设和社会建设，实现经济发展和社会全面进步。

——协调发展，就是要统筹城乡发展、统筹区域发展、统筹经济社会发展、统筹人与自然和谐发展、统筹国内发展和对外开放，推进生产力和生产关系、经济基础和上层建筑相协调，推进经济建设、政治建设、文化建设、社会建设的各个环节、各个方面相协调。

——可持续发展，就是要促进人与自然的和谐，实现经济发展和人口、资源、环境相协调，坚持走生产发展、生活富裕、生态良好的文明发展道路，保证一代接一代地永续发展。①

科学发展观的第一要义是发展，核心是以人为本，基本要求是全面协调可持续发展，根本方法是统筹兼顾。这几个方面相互联系、有机统一，其实质是实现经济社会又好又快发展。科学发展观深刻反映了中国共产党对发展问题的新认识，反映了当今世界经济政治文化发展的新情况，反映了我国经济社会发展进入关键时期的新要求，是推动我国经济和社会发展的总的指针。

二、实现经济的又好又快发展

（一）又好又快发展的提出

2003 年 10 月 14 日，中共十六届三中全会通过的《中共中央关于完善社会主义市场经济体制若干问题的决定》第一次明确提出了科学发展观，强调要实现经济社会又快又好发展。“快”是对经济发展速度的强调，“好”是对经济发展质量和效益的要求，强调又快又好发展表明我们既要重视发展的速度，也要注重发展的质量，把速度和效益统一起来。2006 年 12 月召开的中央经济工作会议提出了“又好又快”的发展，把“好”放在“快”的前面，这个词序的变化，表明我们更加重视经济发展的质量和效益，把质量和效益放在更加突出的位置，这是对科学发展观本质要求认识的进一步深化，是对我国经济社会发展新形势认识的进一步深化。

我国是发展中国家，在经济、科技和人民生活水平等方面都与发达国家存在不小差距，为了促进就业、增强国力、不断提高人民群众的生活水平和缩小与发达国家的差距，保持较快的增长速度是十分重要的。但是，实践证明，在我国保持较快的增长速度是比较容易做到的，改革开放以来我国经济年平均增长率达 9.4%就证明了这一点。相对来说，多年以来我们在经济增长的质量和效益方面的效果却没有明显提高。经济增长的质量不高、效益不好、大起大落等问题一直比较突出。在现阶段，国家的发展水平和竞争力主要取决于科学技术水平的高低，只有大的规模和总量，我们并不能真正跻身发达国家之列。因此，当前我们要特别强调“好”的发展，在不否定“快”的前提下，要更加注重发展的质量、效益，以保持经济的全面协调和可持续发展。

（二）又好又快的发展的落实

又好又快的发展实质就是科学的发展，就是以人为本、全面协调可持续的发展。落实“又好又快”方针的关键是要坚持以科学发展观统领经济社会发展全局，全面落实科学发展观，推动经济社会发展切实转入科学发展的轨道。需要采取的主要措施包括：要坚持以人为本，不断促进社会和谐，把促进社会发展和解决民生问题摆在更加突出的位置，努力让广大人民共享改革发展的成果；要注重统筹城乡发展、区域发展、经济社会发展、人与

① 参见中共中央宣传部理论局：《科学发展观学习读本》，1 页，北京，学习出版社，2006。

自然和谐发展、国内发展和对外开放，实现经济和社会的协调发展；要注重节约能源资源，保护生态环境，实现经济社会可持续发展；要大力调整经济结构，加快转变增长方式，在优化结构、提高效益的基础上实现平稳较快增长；要不断深化改革扩大开放，加快形成落实科学发展观的体制机制保障；要坚持走中国特色自主创新道路，不断提高开放条件下的原始创新能力、集成创新能力和引进消化吸收再创新能力；要加快社会主义新农村的建设，努力解决好“三农”问题等。

落实“又好又快”方针最重要的是要解决体制、机制障碍。目前，不正确的政绩观还较为普遍地存在，地方政府追求高速增长的冲动依然很强烈，企业自主创新的动力还不强，市场体系还不够完善，有效竞争的机制还没有完全形成，准确反映资源、能源稀缺程度的定价机制还没有完全形成，政府职能转变有待进一步推进，“以人为本”的观念在一些地方还没有完全落实。这些都制约着经济又好又快的发展。因此，必须不断增强贯彻落实科学发展观的自觉性，努力建立健全落实科学发展观要求的体制和机制。

三、科学发展观与“五个统筹”

贯彻落实科学发展观，大力推进社会主义经济、政治、文化、社会的全面发展，要努力做到“五个统筹”，即统筹城乡发展、统筹区域发展、统筹经济社会发展、统筹人与自然和谐发展、统筹国内发展和对外开放，使各个方面的发展相适应，各个发展环节相协调。“五个统筹”是科学发展观的重要内容，是深化改革和促进发展的重要战略方针，努力贯彻落实“五个统筹”对于推进新时期我国经济和社会的发展具有十分重大的意义。

贯彻“五个统筹”的实质是兼顾不同方面群众的利益，妥善处理各方面的突出矛盾，调动一切积极因素，推动社会主义和谐社会的构建。贯彻“五个统筹”的核心是要充分体现全面协调可持续发展的内在要求，促进经济社会发展和人的全面发展相统一，实现经济发展与人口、资源、环境相协调。

（一）统筹城乡发展

农业是我国国民经济的基础，没有 8 亿农民的小康，我国就不可能实现全面的小康；没有农村的现代化，就不可能有全国的现代化。统筹城乡发展，就要更加注重农村的发展，解决好“三农”问题，大力推动社会主义新农村的建设，千方百计增加农民收入，坚持贯彻工业反哺农业、城市支持农村的方针，积极推动城镇化进程，逐步改变城乡二元经济结构，逐步缩小城乡发展差距，实现以城带乡、城乡互动、协调发展，实现农业和农村经济的可持续发展。

（二）统筹区域发展

统筹区域发展，逐步扭转地区差距扩大的趋势，促进地区协调发展，不仅是重大的经济问题，也是重大的政治问题，不仅关系现代化建设的全局，也关系社会稳定和国家的长治久安。统筹区域发展就是要继续发挥各个地区的优势和积极性，推进西部大开发，振兴东北地区老工业基地，促进中部地区崛起，鼓励东部地区率先发展，发挥中心城市的带动和辐射作用，建立以经济核心区、城市群和重要经济带为主体的大都市经济圈，通过健全市场机制、合作机制、互助机制、扶持机制，形成东中西相互促进、优势互补、共同发展的新格局。

（三）统筹经济社会发展

经济发展是社会发展的前提和基础，也是社会发展的根本保证；社会发展是经济发展的目的，也为经济发展提供精神动力、智力支持和必要条件。随着人民群众的物质生活水平日益提高，他们对精神文化、健康安全等方面的需求也日益增长，更加要求社会与经济共同发展。统筹区域发展就要在大力推进经济发展的同时，更加重视社会发展，加快科学、教育、文化、卫生、体育等事业的发展，不断满足人民群众在精神文化、健康安全等方面的需求，促进物质文明、政治文明、精神文明协调发展。

（四）统筹人与自然和谐发展

我国人口众多，资源相对不足，生态环境承载能力弱，随着经济快速增长和人口的不断增加，能源、水、土地、矿产等资源不足的矛盾越来越尖锐，生态环境的形势十分严峻。高度重视资源和生态环境问题，增强可持续发展的能力，是全面建设小康社会的重要目标之一，也是关系中华民族生存与长远发展的根本大计。统筹人与自然和谐发展就要高度重视资源和生态环境问题，着力建设生态节约型和环境友好型社会，处理好经济建设、人口增长与资源利用、生态环境保护的关系，增强可持续发展的能力，推动整个社会走上生产发展、生活富裕、生态良好的文明发展道路。

（五）统筹国内发展和对外开放

要实现这个目标，我们就必须适应经济全球化深入发展和我国加入世贸组织的新形势，在更大范围、更广领域和更高层次上参与国际经济技术合作和竞争，提高对外开放水平。统筹国内发展和对外开放就要处理好国内发展和国际环境的关系，既利用好外部的有利条件，又发挥好我们自身的优势，利用国际国内两个市场、两种资源，把扩大内需与扩大外需、利用内资与利用外资结合起来，在扩大对外开放的同时要把立足点放在依靠自身力量的基础上，注意维护国家的主权和经济安全，注意防范和化解国际风险的冲击，始终保持对关键行业和领域的控制力。使对外开放更健康地发展，更有利于社会主义现代化建设。

因此，为了全面落实科学发展观，实现经济社会又好又快的发展，必须进一步贯彻“五个统筹”的原则，形成经济社会全面协调可持续发展的良好格局。

四、科学发展观与中国经济发展模式的创新

中国共产党第十六届五中全会通过的《中共中央关于制定国民经济和社会发展第十一个五年规划的建议》，以科学发展观为统领，提出了未来五年我国经济社会发展的总体目标和战略部署。《建议》强调，发展必须是科学发展，要坚持以人为本，转变发展观念、创新发展模式、提高发展质量，落实“五个统筹”，把经济社会发展切实转入全面协调可持续发展的轨道，实现这一目标需要做好以下几个方面的工作。

（一）加快转变经济增长方式

改革开放 30 多年来，我国国民经济持续快速增长，人民生活总体上达到了小康水平，现代化建设取得了举世公认的成就。然而，长期以来支撑我国经济发展的粗放型增长方式仍然占主导地位。这种经济增长方式主要依靠生产要素的数量扩张，表现为高投入、高消耗、低产出、低效率，因而在取得经济增长和繁荣的同时也付出了沉重的代价。早在“九五”时期，我国就明确提出要使经济增长方式由粗放型向集约型转变，在实践中增长方式

的转变也取得了一定成效，但由于种种原因，目前我国经济增长粗放问题仍然比较突出。这种粗放型的低效率的增长方式，使环境污染日益严重，生态环境日益恶化，对国际市场的依赖程度日益增强，不仅制约了经济的持续增长，而且威胁到了国家的经济安全。因此，粗放型经济增长方式，既不符合国情，也会引发和加剧各种经济社会矛盾，与科学发展观的要求是背道而驰的，已经到了需要刻不容缓地加以转变的关键阶段。

（二）建设社会主义新农村

建设社会主义新农村，是我们党在深刻分析当前国际国内形势、全面把握我国经济社会发展阶段性特征的基础上，从党和国家事业发展全局出发确定的一项重大历史任务，是新世纪新阶段在解决"三农"问题上全面落实科学发展观的完整思路和具体实践，是统筹城乡发展的根本任务。建设社会主义新农村要按照生产发展、生活宽裕、乡风文明、村容整洁、管理民主的要求，坚持从各地实际出发，尊重农民意愿，扎实稳步推进新农村建设。坚持"多予少取放活"，加大各级政府对农业和农村增加投入的力度，扩大公共财政覆盖农村的范围，强化政府对农村的公共服务，建立以工促农、以城带乡的长效机制。搞好乡村建设规划，节约和集约使用土地。培养有文化、懂技术、会经营的新型农民，提高农民的整体素质，通过农民辛勤劳动和国家政策扶持，明显改善广大农村的生产生活条件和整体面貌。

（三）推进自主创新，建设创新型国家

自主创新能力是国家竞争力的核心，是我国应对未来挑战的重大选择，是统领我国未来科技发展的战略主线，是实现建设创新型国家目标的根本途径。一个国家只有拥有强大的自主创新能力，才能在激烈的国际竞争中把握先机、赢得主动。特别是在关系国民经济命脉和国家安全的关键领域，真正的核心技术、关键技术是买不来的，必须依靠自主创新。建设创新型国家，核心就是把增强自主创新能力作为发展科学技术的战略基点，走出中国特色自主创新道路，推动科学技术的跨越式发展；就是把增强自主创新能力作为调整产业结构、转变增长方式的中心环节，建设资源节约型、环境友好型社会，推动国民经济又快又好发展；就是把增强自主创新能力作为国家战略，贯穿到现代化建设各个方面，激发全民族创新精神，培养高水平创新人才，形成有利于自主创新的体制机制，大力推进理论创新、制度创新、科技创新，不断巩固和发展中国特色社会主义伟大事业。

（四）建设资源节约型、环境友好型社会

中共十六届五中全会提出了建设资源节约型、环境友好型社会的战略任务，这是全面落实科学发展观、构建社会主义和谐社会的重大决策，意义十分深远。改革开放以来，我国的现代化建设取得了举世瞩目的成就，但是，在经济高速增长的同时，我们面临的人口、资源、环境、就业等的压力也在迅速增长，人与自然之间的矛盾不断加深。要使可持续发展能力不断增强，就必须使生态环境得到改善，资源利用率显著提高，促进人与自然的和谐，推动整个社会走上生产发展、生活富裕、生态良好的文明发展道路。

（五）统筹区域协调发展，形成合理的区域发展格局

我国是一个幅员辽阔的国家，客观上存在着东、中、西部等发展区域。经过 30 多年的改革开放，无论东部，还是中部和西部，经济社会发展都取得了巨大的成绩，人民的生活水平都有极大的提高。但与此同时，各区域发展不平衡、不协调的问题也变得愈益突出，区域之间人均国内生产总值差距扩大，各地区人民享有公共服务水平的差距也在扩

大。如果这种情况继续发展下去，社会的和谐、政治的稳定、经济的可持续发展都难以保障，全面建设小康社会的历史使命也难以完成。因此，促进区域协调发展，及时化解区域发展不协调带来的各种矛盾和问题，关系当前与长远，任务重要而迫切。统筹区域发展，就是要继续发挥各个地区的优势和积极性，逐步扭转地区差距扩大的趋势，形成东中西互动、优势互补、相互促进、共同发展的新格局。

（六）不断深化改革开放

要全面落实科学发展观，顺利实现全面建设小康社会的宏伟目标，最根本的是要深化改革，扩大开放。不失时机地推进改革开放，形成更具活力、更加开放的体制机制，既是从根本上解决我国经济发展诸多矛盾的必由之路，也是适应日趋激烈的国际经济技术竞争的迫切需要。要坚持社会主义市场经济的改革方向，完善社会主义基本经济制度，完善现代市场体系，建立反映市场供求状况和资源稀缺程度的价格形成机制，更大程度地发挥市场在资源配置中的基础性作用，提高资源配置效率，切实转变政府职能，健全国家宏观调控体系。统筹国内发展和对外开放，不断提高对外开放水平，增强在扩大开放条件下促进发展的能力。

做好以上几个方面的工作，就能贯彻落实科学发展观的要求，促进经济又好又快的发展，推动我国经济发展模式的创新与发展。

第二节　新型工业化道路

大力发展工业，实现工业化，是新中国半个世纪以来的恒久目标。进入 20 世纪末，处于工业化进程中的中国，遇到了前所未有的信息化与全球化的机遇，也面临着环境问题和资源问题的挑战。因此，中国不能走传统工业化的老路，要走一条可持续发展的新型工业化道路。这就要求我们必须处理好工业化与信息化的关系，选择正确的新型工业化的道路。

一、中国工业化的发展

（一）工业化的概念

“工业化”一般认为是与自然经济条件下以劳动和分散作业为特征的传统农业生产方式相对应的。实际上，它更应该被翻译为“产业化”，即以应用科学技术和机器设备来提高生产效率，改善管理和组织以提高经营管理效率为特征的生产方式现代化的过程。工业化的概念可以分为狭义和广义两个层次。狭义上的工业化可理解为工业在国民经济中比重不断上升的过程，而广义上的工业化不仅仅是工业自身现代化的工业化，还包括农业的机械化和现代化。

“工业化道路”是毛泽东在《关于正确处理人民内部矛盾的问题》中提出的。1949 年 3 月，在西柏坡举行的中国共产党七届二中全会上，毛泽东进一步提出，建立独立的完整的工业体系，使中国由落后的农业国变成先进的工业国。这是最早提出的社会主义工业化思想，构成了中共中央在 1952 年提出的党在过渡时期总路线的政策基础。

（二）中国工业化的发展历程

新中国成立初期中国的工业化水平很低，1949 年底到 1950 年 5 月，燃料工业部、重工业部统计我国重工业生产总值仅为 37 亿元。在开始推进工业化建设的 1952 年，全国人均国民生产总值仅为人民币 104 元。在工业化初期的 20 世纪 50 至 60 年代，中国在赶超战略和工业优先的总体目标下，大力推进工业化，建立了一套相对完善的重工业化体系。1952—1960 年间，中国工业增加值的年均增长速度达到 21.48%，在三次产业结构中的比重迅速上升。但是由于长期以来盛行“左”倾思想的影响和集中计划经济的制约，中国的工业化过程存在不少严重的弊端，表现为：农业受到严重损害，服务业十分落后，高投入和低效率的状况一直存在，经济粗放型增长等。

改革开放以来，我国的工业化迅速发展，经济结构得以改善，农业、轻工业和服务业获得了一定增长，工业进程稳步发展且结构合理。在改革最初的 20 年间，中国发展最快的工业部门是轻工业部门，纺织、鞋子、箱包、五金、玩具、食品饮料等轻工业部门在外向型经济的带动下，呈现出加快增长的局面。进入新世纪以后，中国消费结构开始加速升级步伐，汽车、住房等需求旺盛，并拉动产业结构再次呈现出重化工业化的趋势。1999 年，我国的重工业增长速度比轻工业高 1%。到了 2000 年时，重工业增长速度比轻工业快 3.5%，2003 年又升至 4%。与此同时，我国重工业占国内生产总值的比重从 1997 年的 53.8%猛升至 2000 年的 59.1%，2003 年更是达到了 64.3%。此外，2003 年 1 月至 11 月份，石油、汽车、电力、冶金、电子、化工等六大重化工业行业实现利润 3 914 亿元，占整个工业利润总额的 54%，这六大行业共新增利润 1 281 亿元，占整个工业新增利润的 57.3%，中国进入“重化工业”阶段。①

目前，中国工业产值中重工业比重已超过 70%，而且还在进一步上升。一个国家工业化的水平主要通过人均国内生产总值、非农产业产值比重、非农产业就业比重和工业结构水平四项指标来衡量。从人均国内生产总值来看，2005 年末我国人均国内生产总值约 1 400美元，处于工业化进程的第二阶段；从非农产业产值比重看，2005 年我国非农产业增加值比重为 85.1%，农业增加值比重为 14.9%，已经超过工业化中期阶段；从非农产业就业比重看，2005 年非农产业就业比重为 53.9%，还尚未达到工业化中期第一阶段；而从工业结构水平上看，“十五”期间我国仍处于重化工业快速发展、高加工度重化工业比重不断提高的阶段。②

二、新型工业化道路

中共十六大报告提出：坚持以信息化带动工业化，以工业化促进信息化，走出一条科技含量高、经济效益好、资源消耗低、环境污染少、人力资源优势得到充分发挥的新型工业化路子。新型工业化道路是相对于世界许多国家曾经走过的工业化道路，即我们称之为传统工业化道路而言的。所谓传统工业化道路，就是农业经济向工业经济的转变，或者说是农业国向工业国的转变，即从二元经济转变为一元经济。传统工业化道路的核心在于，

① 参见简新华、余江：《重新重工业化与振兴老工业基地》，载《财经问题研究》，2004（9）。

② 参见中国社会科学院经济研究所：《“十五”计划回顾与“十一五”规划展望》，40 页，北京，中国市场出版社，2006。

它是在二元经济的发展框架中向前推进的，因而我们可以把它称为二元经济结构下的工业化道路。新型工业化道路与传统工业化道路的根本区别就在于它们是不同经济结构下的工业化道路，那么新型工业化道路的本质规定就是工业化与信息化（知识化）的互动发展，即信息化带动工业化，工业化促进信息化，它在具体特征上表现为以下几个方面：

（1）它的科技含量高。在工业化过程中，由于以信息技术为先导的高新技术产业的优先发展，以及运用高新技术和适用技术对传统产业的改造，将会大大提升整个国民经济的科技含量，从而使我国的工业化无须再重复发达国家走过的机械化、电气化、信息化的科技发展老路，而可以充分发挥后发优势，把三者有机结合起来同步发展，大大缩短工业化的时间。

（2）它的经济效益好。在工业化过程中加入信息化，会在以下三个方面提升经济效益：一是以信息技术为先导的高新技术产业提供的产品和服务本身就是高附加值的，它的优先发展可以直接提高整个产业的经济效益。二是以信息技术为先导的高新技术对传统产业的改造，将会大大提升传统产业的技术水平，从而提高其产品的附加值。三是信息技术的发展，网络平台的形成，将会大大降低信息的搜集、处理、传输成本，从而降低交易成本，特别是在网络基础上形成和发展起来的电子商务，将会大大降低传统产业的流通成本，提高企业的经济效益。

（3）它的环境污染少。传统工业化道路的一个重大问题就是在推进工业化的同时造成了严重的环境污染，付出了沉痛的代价。新型工业化道路可以大大减少环境污染，这是因为：一是以信息技术为先导的高新技术产业，就其性质而言，本身就是高知识、低资源消耗、低污染的产业，因而优先发展这一产业，就可以在快速提升经济增长率的同时，降低工业化对环境的污染。二是以信息技术为先导的高新技术对传统产业的改造，也将在快速推进传统产业发展，从而推进工业化的同时，降低对环境的污染。三是以信息技术为先导的高新技术产业的发展，将会促使环保产业的技术水平大大提高，促进环保产业的快速发展，环保产业的发展，又会与其他产业的发展形成互动，形成工业化与环保的良性循环。

（4）人力资源优势能够得到充分发挥。传统工业化道路顺利推进的一个重要条件就是农村剩余劳动力源源不断地进入城市，为工业化带来廉价的劳动力，从而提升工业的利润水平，引致对工业部门的不断投资，最终实现工业化。我国走新型工业化道路，同样还要继续发挥我国劳动力成本低的优势，如跨国公司的制造加工企业纷纷进入我国，就是试图把它们的技术优势、资本优势、品牌优势与我国的劳动力低成本优势结合起来，以形成新的竞争优势。这虽然会对我国的企业造成一定的竞争压力，但对于我国充分发挥人力资源优势，扩大就业，引进国外的先进技术、资本、品牌，以及与外国企业在合作中学习，从而迅速推进工业化，都具有重要意义。但是，我国走新型工业化道路，还需要在更高的层面上充分发挥劳动力的资源优势。也就是说，我国的科学技术人员与国外同行相比，也具有明显的低成本优势，可以说是“物美价廉”。充分发挥这一优势，有利于我国与国外研发机构的合作，从而在合作中迅速提升我国的科技水平和对核心技术的掌握。

三、新型工业化道路是中国特色的工业化道路

工业化就其本质而言，就是实现从农业国向工业国的转变。但为了实现工业化，各国会依据时代的不同、具体国情的不同，选择不同的道路。新型工业化道路，就是依据我国

的具体国情，顺应新世纪的时代要求而选择的中国工业化道路。

（一）新型工业化道路是我国新经济发展阶段的必然选择

虽然我国经过50多年的发展，特别是改革开放20多年的快速增长，工业化取得了显著的进展，但我国的工业化远没有完成。依据国际上衡量一国是否完成工业化的三个重要结构性指标，即农业产值占国内生产总值的比重必须降到15%以下、农业就业人数占全部就业人数的比重降到20%以下、城镇人口上升到60%以上，2005年我国这三个指标分别为12.4%、46.9%和43%，显然，我国至多达到了工业化的中期阶段。

如前所述，一方面，虽然世界已开始进入知识经济的新时代，但由于农业经济、工业经济、知识经济的依次演进，是一个自然的历史过程，它们之间存在着自然的内在联系，因而我国不可能跳越工业化的发展阶段直接进入知识经济阶段；另一方面，知识经济的出现是一场新的产业革命，这就决定了我国也不可能首先推进工业化，待工业化完成后，再推进信息化，发展知识经济。这就是说，工业化和知识化的并起发展，走新型工业化道路是中国实现现代化的唯一选择。

（二）新型工业化道路是我国现有资源约束条件下的必然选择

传统工业化道路是以资源的高投入为基础的，我国以往的工业化，也主要是依靠大规模的资源投入来推动的。我国就总量来说是资源大国，可是从人均来看却是一个资源贫国，人均资源占有量大大低于世界人均水平。在这种情况下，我国要实现国民经济持续、快速的发展，就不可能依赖资源的大规模投入，尤其是水和石油，这两种资源将会成为我国未来发展的两大资源瓶颈。从石油资源来看，我国目前的人均石油消费量仅为0.16吨，如果达到美国人均石油消费量的50%，我国就将消耗全球石油产量的50%；如果人均消费量达到美国目前的水平，全球的石油产量都给我们消费还不够。显然，我国在经济上要赶超美国，但在资源消耗上却不能赶超美国。这就迫使我们只能走资源消耗少的新型工业化道路。

我国在工业化道路选择上的现有资源约束，不仅表现为资源供给不足的约束，还表现为环境承载能力的约束。走传统的工业化道路，我国才达到工业化的中期阶段，就造成了严重的环境污染。显然，这种以牺牲环境为代价的工业化道路在我国今后是根本行不通的。

（三）新型工业化道路是我国现有就业压力下的必然选择

在未来20年，随着国有企业攻坚改革的不断深入和最终完成，大批的企业富余人员需要再就业；随着政府职能的不断转变，大批的公务员需要分流；随着新增人口不断进入就业年龄，每年约有近千万的新增就业人口需要工作；随着城镇化的发展，大约有2.2亿的农业人口需要转移到城镇就业。因此，我国未来一系列政策的制定，都将受到增加就业的强硬制约。走新型工业化道路，一是可以通过发展以信息技术为先导的高新技术产业以增加就业岗位，如美国高新技术产业的发展就为社会创造了大量的就业。二是用信息化带动工业化的快速发展以创造更多的就业机会，这不仅表现在工业部门快速发展能创造出更多的就业岗位，而且更重要的是工业化发展所带动的城镇化的发展，将会大大推动农村劳动力向城镇的转移。三是新型工业化道路不仅不排斥传统工业的存在和发展，而且还是以传统工业的存在和发展为基础或前提的。传统工业，特别是劳动密集型产业的存在和发展，将为缓解就业压力奠定重要的基础。四是新型工业化道路将大大加快我国产业结构的升级进程，从而提升服务业在整个产业结构中的比重。服务业的快速发展和比重的不断提高，就会提高就业的弹性系数，扩大就业量。

（四）新型工业化道路是我国在经济全球化下求生存、求发展的必然选择

随着我国加入世界贸易组织，我国经济已开始融入世界经济，成为国际分工体系中的一个环节。在这样一种开放的经济体制下，一方面，我国的经济发展必须要顺应国际经济发展的潮流，即在知识经济已初见端倪的世界经济体系中，我们已不可能关起门来先搞工业化，再搞信息化；另一方面，我国要充分利用国际资源，发挥后发优势，加快发展。在全球化的竞争中，发展中国家的竞争劣势实际上就是技术的劣势。利用后发优势，就使发展中国家能够在较短时间内迅速缩短与发达国家的技术差距，实现赶超目标。这是因为，由于发展中国家与发达国家存在着巨大的技术差距，就使发展中国家没有必要离开世界技术文明的发展大道而自己费时费力地进行完全独立的技术研发，完全可以通过引进国外先进技术，经过消化、吸收、改造，从而以较低的成本和较快的速度缩短同发达国家的技术差距。

走新型工业化道路，就要求我们在注重传统工业发展的同时，更要重视电子工业和信息化的应用。“以信息化带动工业化的主要任务包括：一是发展以微电子技术为先导的电子信息设备制造业，使之成为新的经济增长点；二是发展电子信息增值服务业；三是推进企业经营管理信息化和电子政务，提高企业经营管理和政府的工作效率；四是用信息技术对国民经济各个部门进行改造，提高社会再生产的效率。”①

第三节　完善产业结构

一、产业结构和产业分类方法

从广义上讲，产业结构等同于“经济结构”，它既指产业之间的关系结构，又指某个产业内部的行业、企业关系结构，还包括产业的地区分布和所有制性质结构等。从狭义上讲，产业结构是指产业之间的比例关系及其变化形态的对比，既指产业之间的关系结构，又指某个产业内部的行业关系结构。

产业分类始自18世纪60年代法国重农学派的代表魁奈，他试图从结构的角度研究国民经济的运动。随着人们对产业结构认识的不断深化、生产力发展所提出要求的不断增加，产业的分类也在不断地发展变化。其中比较有代表性的方法有：马克思的两大部类分类法、农轻重分类法、三次产业分类法、按资源密集度分类法、按能源消耗水平分类法和按所有制性质分类法等。而我们熟知的三次产业分类法是20世纪50年代以来，资本主义国家在研究产业结构时普遍采用的最重要的方法，最早由英国经济学家费舍尔于1935年提出。三次产业的划分产生后，得到了世界发达国家的认可，但三次产业的划分标准在具体产业上仍有一定的差异，于是由英、美、法、日等24国组成的经济合作与发展组织统一提出了具体划分标准。

我国的产业分类方法，是在参照欧美的划分方法和联合国为统一世界各国的产业分类

① 马凯：《“十一五”规划战略研究》，764页，北京，北京科学技术出版社，2005。

制定的《全部经济活动的国际标准产业分类索引》的基础上，结合我国具体国情于1985年首次制定的。为了更好地进行国际比较，国家统计局在2002年修订的《国民经济行业分类》国家标准的基础上，于2003年制定了新的《三次产业划分规定》。该规定认为：第一产业包括农、林、牧、渔业；第二产业包括采矿业，制造业，电力、燃气及水的生产和供应业，建筑业；第三产业包括除第一、二产业以外的其他行业，具体包括：交通运输、仓储和邮政业，信息传输、计算机服务和软件业，批发和零售业，住宿和餐饮业，金融业，房地产业，租赁和商务服务业，科学研究、技术服务和地质勘察业，水利、环境和公共设施管理业，居民服务和其他服务业，教育，卫生、社会保障和社会福利业，文化、体育和娱乐业，公共管理和社会组织，国际组织。

二、中国产业结构的历史演变过程

我国自1949年新中国成立以来，便开始了产业结构的优化和升级的进程。为了便于分析和从中寻找规律，我们按三次产业所占国内生产总值的比重的质变点作为划分点，将我国产业结构的历史划分为五个阶段。

（1）第一阶段：1952—1957年，三次产业结构各年均呈现“一三二”的结构类型。三次产业结构顺次比重从1952年的50.5%、20.9%、28.6%提高到1957年的40.3%、29.7%、30.0%。这种结构类型表明当时我国经济十分落后，生产力水平低下，工业不发达，农业经济占据主体地位。但是，“一五”的顺利实施使我国开始进行工业建设。此时国家156项重大建设项目已经有135个开始施工建设，有68个已经全部建成和部分建成投产，汽车、飞机、机械和冶金等行业从无到有，第二产业平均增速达19.69%，并开始了产业结构的优化升级过程。

（2）第二阶段：1958—1961年，三次产业结构呈现“摇摆”的结构类型。1958年三次产业结构的比重为34.1%、37.0%、28.9%，产业结构上升至“二一三”类型；1959年为26.7%、42.8%、30.5%，产业结构进一步上升至“二三一”类型；1961年则为36.1%、31.9%、32.0%，回落为“一三二”的结构类型。这主要是因为“大跃进”、自然灾害和调整共同作用的结果。“大跃进”片面追求重工业化，结果造成了产业结构比例失调，农业年均下降8.02%，而第二产业年均增长只有4.14%。经过中央及时纠正，我国产业结构得以符合实际，重现“一三二”的结构类型。

（3）第三阶段：1962—1969年，三次产业结构各年都呈现“一二三”的结构类型。三次产业结构顺次比重在1962年为39.4%、31.3%、29.3%，1969年为38.0%、35.6%、26.4%。这一阶段的特点是第二产业位次上升到第二位，这是新中国成立以来发展工业的结果。由于调整的良好基础和广大干群力排干扰，该阶段虽经历了曲折的环境影响，却仍坚持工业化的发展方向。工业年均增长达到9.19%，农业年均增长5.72%。

（4）第四阶段：1970—1984年，三次产业各年都呈现“二一三”的结构类型。1970年三次产业结构比重为35.2%、40.5%、24.3%，1984年进一步改善为32.0%、43.3%、24.7%。该阶段的特点是第二产业进一步上升至第一位，说明了以往工业发展的成就。改革开放以后，党中央纠正了在计划经济时期长期只重视重工业的发展而忽略第三产业和轻工业的倾向，端正了对第三产业及产业关系结构的认识，但此时重工业的优先增长还是较为普遍的。

(5) 第五阶段：1985年至今，三次产业结构都呈现“二三一”的结构类型。1985年三次产业结构比重为28.4%、43.1%、28.5%，2005年提升为12.4%、47.3%和40.3%。这一阶段的特点是第三产业上升至第二位，且发展较为迅速。这主要是市场化进程加快和实施改革开放政策后重视第三产业的结果，国家大力倡导“以经济建设为中心”，加大改革力度，重视市场和第三产业的发展。

在我国，不仅三次产业结构之间的关系随着经济的增长而发生着变化，同时三次产业结构内部也进行着有益的调整。比如第一产业内部，种植业的比重不断下降，由1952年占农业总产值的85.9%下降到2001年的55.2%；牧业比重不断上升，从1952年的11.2%上升到2001年的30.4%；在1990年后渔业比重得到上升，由1990年的5.4%上升到2001年的10.8%。而第三产业内部则变化较为缓慢，批发和零售业和餐饮业的国民生产总值占全国国民生产总值的比重从1952年的11.8%下降到2001年的8.2%；交通运输、仓储和邮政业由1952年的4.3%上升到5.4%。总体来讲，消费性服务业比重趋于下降，生产性服务业比重缓慢上升，但发展空间巨大。第三产业的发展、第一和第二产业内部结构的调整，使我国产业结构日益合理化，为我国经济的持续增长创造了条件。

三、进一步完善我国的产业结构

虽然我国产业结构的调整取得了显著成就，但是，产业结构不合理是当前我国经济发展中的突出问题，包括产业结构层次低、自主创新能力弱、资源消耗量过大等，因此必须进一步调整和完善我国的产业结构，推进产业结构的不断升级。为此，要着重解决以下问题：

一是加快农业科技进步，加强农业设施建设，调整农业生产结构，转变农业增长方式，提高农业综合生产能力。二是坚持以信息化带动工业化，广泛应用高技术和先进适用技术改造提升制造业，形成更多拥有自主知识产权的知名品牌，发挥制造业对经济发展的重要支撑作用。三是要制定和完善促进服务业发展的政策措施，大力发展金融、保险、物流、信息和法律服务等现代服务业，积极发展文化、旅游、社区服务等需求潜力大的产业，运用现代经营方式和信息技术改造提升传统服务业，提高服务业的比重和水平。四是全面增强自主创新能力，努力掌握核心技术和关键技术，增强科技成果转化能力，提升产业整体技术水平。五是加强基础产业基础设施建设，大力发展能源产业，搞好水利建设，形成便捷、通畅、高效、安全的综合交通运输体系，加强宽带通信网、数字电视网和下一代互联网等信息基础设施建设。六是发展规模经济，实现规模效益。主要通过市场作用和必要的宏观引导，进一步打破行业、地区、所有制界限，推动企业改革改组改造，充分发挥现有企业作用，避免低水平重复生产和建设。

第四节　城市化

一、中国城市化的历史进程

马克思指出，现代历史是乡村的城市化。按照《中华人民共和国国家标准城市规划术语标准》的定义，城市化是人类生产与生活方式由农村型向城市型转化的历史过程，主要表现为农村人口转化为城市人口及城市不断发展完善的过程。对于城市化的内涵，狭义的理解认为城市化是在整个国家或地区的人口总数中，居住于城市社区居民数目比重不断增加的过程；广义的理解认为城市化是社会经济变化的过程，既有人口和非农业活动向城市的转型及城市数量的增加，又包括城市进入乡村，城市文化、生活方式、价值观念向乡村地域扩散的过程。

2001年3月，第九届全国人民代表大会第四次会议批准的《中华人民共和国国民经济和社会发展第十个五年计划纲要》第一次将实施城市化战略列入国民经济发展的中长期计划，明确地把“大中小城市和小城镇”统一在同一个“城镇化战略”之中，并以“城镇化”代替过去常用的“城市化”，这说明各类城市都需要进一步发展和增强其功能，小城镇在城市化进程中占有十分重要的地位。城镇化只是城市化的一个阶段，城市化最终还是要发展为城乡一体化，形成合理的城市体系。当城镇化阶段基本实现后，城市化“质”的提高将取代“量”的增加。因此，我们最终还是要实现城市化。我国的城市化进程可以分为下述三个阶段。

1. 新中国成立初期，工业化带动城市化发展（1949—1958年）

新中国成立后，国家对旧社会体制下的城市进行了改造，整顿了城市社会秩序，使城镇吸引劳动力和其他资源的能力得到扩展。为了实现低经济水平下的高积累和重工业优先发展的战略，我国确立了城市的高就业、低工资政策，并且实行了基本生活用品低价政策、农产品统购统销政策和城市职工工资以外的福利制度。为了确保这些政策不受干扰，政府进一步采取了隔绝城乡的发展方式，如建立户籍制度。

在1949年3月5日召开的中共七届二中全会上，我党提出“党的工作重心由农村转向城市”。1953—1957年国家“一五”计划的实施，积极吸引农民进入城市和工厂矿区就业，推进了城市化的发展并诞生了11座新城市。由于大城市的基础设施欠账严重，难以支撑大规模的工业发展，国家建设委员会在1955年9月提出，今后新建的城市原则上以中小城镇及工业镇为主，并在可能的条件下建设少数中等城市，没有特殊原因，不建设大城市。新建的重要工厂应分散布置，不易集中。这逐渐演化成为中国城市建设的基本政策，定下了多搞小城镇，认为城市大了不好的基调。这个阶段我国基本建设成了完整的工业体系，城市化也随之发展。1949—1958年，城市数量从132个增加到180个，城市人口达到10 721万，城市化率从1949年的10.64%上升到1958年的16.3%。

2. 动荡年代，城市化曲折发展（1958—1978年）

1958年开始的“大跃进”运动，使得全国开始“跑步进入共产主义”，城市人民公社开始建立。这种从形式上强行推进城市化的做法，使我国经济发展畸形，经济结构严重恶化。1960年出现了超越现实条件的城市膨胀，新设城市33座，城镇人口达1.31亿，突增了2 000余万，城市化水平由1958年的16.3%跃升至1960年的19.8%。

1961年国家为缓解饥荒开始大规模压缩城市人口，将城市人口人为地变成农村人口被当作解决难题的办法，国家开始动员一切劳动力去参加农业生产。到1963年6月，我国共减少城市人口2 600万，精减职工2 000万，出现了人为的“逆城市化”现象，1963年中国城市化率下降为16.8%。

1966—1978年，在国际环境变化和“文化大革命”的背景下，“反城市化”的观点大肆流行，主要表现为：（1）消灭“三大差别”，将抑制城市发展、实现城乡一体化作为消灭城乡差别、工农差别和脑体劳动差别的重要手段；（2）自然经济思想盛行；（3）城市化阶级性思想盛行，认为“工业化导致城市化是资本主义社会的特有规律”。大规模的“三线建设”和“上山下乡”，使大批资源撤离城市，出现了我国第二次“逆城市化”现象。这一时期我国城市化水平始终徘徊在17%—18%之间。至1978年末，全国城市数量为193个，城镇人口1.73亿，城市化水平为17.9%，比1958年只增长1.8个百分点。可以看出，从1949—1978年，中国城市化率年均增长0.25个百分点，城市数目年均增长2.1个，城市化发展缓慢。

3. 改革开放后，经济转轨和市场化带动城市化发展（1979—2005年）

从1979年开始，随着全党工作重心转移到社会主义现代化建设上来，城市改革开始起步，我国城市化进入了稳定发展时期。1980年，在《全国城市规划工作会议纪要》中确认“控制大城市规模，合理发展中等城市，积极发展小城市”的方针。1984年，随着1月的中共中央《关于1984年农村工作的通知》和10月的《国务院关于农民进入集镇落户问题的通知》的颁布，意味着与乡镇企业发展相匹配的城镇化战略得到了中央的支持。从1984年党的十二届三中全会到1992年党的十四大召开以前，以城市改革为重点的经济体制改革推动着城镇化的发展，各类城镇发展迅速。这一阶段我国城市化发展迅速。1978—1996年，城市数量从193个增加到668个，建制镇数量从1982年的2 664个增加到1996年的18 200个。城镇人口从1.73亿上升到3.73亿，城镇人口比重从17.9%上升到30.5%。这期间，城镇人口年均增长1 114万，远大于农村人口年均增长338万人，城镇人口年均增长速度为4.3%，是全国总人口增长率的3.2倍。城市化水平每年提升0.7个百分点。1996年全国设市城市666个，城市总人口为20 779.1万，比1979年增加了1.4倍，城市数目增加了2.1倍。城市人口占全国城镇总人口57.8%，比1979年提高了10.8%。其中100万以上人口的城市增长了1倍，50～100万人口的增长了50%，50万以下的中小城市从173座猛增到588座。建制镇数量增加很多，但人口仅增长了35%。我国历年来城市发展具体情况如表15—1所示。

表15—1　　我国历年来城市发展情况统计表　　单位：个

年份	城市数量	100万人口以上的城市数量	50～100万人口的城市数量	20～50万人口的城市数量	20万人口以下城市数量
1949	136	5	8	17	106
1950	141	6	7	22	106
1952	157	9	10	23	115
1957	178	10	18	36	114
1958	176	11	19	36	110
1959	183	15	20	32	116
1960	199	15	24	32	128
1961	208	15	22	33	138
1962	198	14	20	52	112
1963	174	15	18	54	87

续前表

年份	城市数量	100 万人口以上的城市数量	50～100 万人口的城市数量	20～50 万人口的城市数量	20 万人口以下城市数量
1965	171	13	18	43	97
1966	172	13	18	46	95
1970	176	11	21	47	97
1973	181	15	21	54	91
1974	181	15	22	53	91
1975	185	13	25	52	95
1976	188	15	22	57	94
1977	188	15	24	56	93
1978	192	13	27	60	92
1979	216	16	27	67	106
1980	223	15	30	70	108
1981	233	18	28	70	117
1982	245	19	29	70	127
1983	289	19	29	73	168
1984	295	19	31	81	164
1985	324	21	31	94	178
1986	353	23	31	95	204
1987	382	25	30	103	224
1988	434	28	30	110	266
1989	450	30	28	116	276
1990	467	31	28	117	291
1991	479	31	30	121	297
1992	517	32	31	141	313
1993	570	32	36	160	342
1994	622	32	41	175	374
1995	640	32	43	191	374
1996	666	34	44	195	393
1997	668	34	47	205	382
1998	668	37	49	205	377
1999	667	37	49	216	365
2000	663	40	53	218	352

资料来源：中国科学院可持续发展战略研究组：《2005 中国可持续发展战略报告》，40 页，北京，科学出版社，2005。

1998年10月，党的十五届三中全会通过的《中共中央关于农业和农村工作若干重大问题的决定》中，第一次提出了“小城镇、大战略”的提法。2000年6月，中共中央、国务院《关于促进小城镇健康发展的若干意见》将“小城镇、大战略”的提法进一步具体化。同年11月，党的十五届五中全会把“积极稳妥地推进城镇化”列为“十五”期间必须着重研究解决的战略问题。2001年3月，第九届全国人民代表大会第四次会议批准的《中华人民共和国国民经济和社会发展第十个五年计划纲要》对我国城市化发展方向表述为：有重点地发展小城镇，积极发展中小城市，完善区域性中心城市功能，发挥大城市的辐射带动作用，引导城镇密集区有序发展。把“积极稳妥地推进城市化”作为必须着重研究和解决的重大政策性问题之一。这说明我国对待大城市由“控制”改为“完善”和“发挥”；对中小城市，从“合理发展”改为“积极发展”。1996—2004年，伴随着我国人口进入低生育水平阶段，年均人口增长率为1.75%，而此时期城镇人口年均增加2 122万，增速达到4.7%。农村人口年均递减1 172万，城镇化水平从30.5%提高到41.8%，年增1.42个百分点。1998年建制镇达到1.88万个，农村集镇已经发展到近5万个。2001年，全国设市城市662个，年均增加24个，建制镇20 358个，年均增加790个。[①] 2003年末，全国有地级市282个，县级市和直辖区1 218个，乡级街道办事处和镇共25 977个。2004年末，城镇人口数量已经达到5.43亿。

二、进一步推进中国城市化要解决的问题

1. 城市化与工业化协调发展的问题

城市化发展的普遍规律是，在工业化初期向中期迈进的时期，城市化增速很快，甚至超过工业化的速度。但是在我国工业化水平显著提高的时期，城市化滞后现象却很明显，这主要是由于我国长期抑制城市发展所致。城市化的本质在于通过工业化把大量的农村人口转化为城市人口。我国的城市化水平长期滞后于工业化水平，造成大量农业剩余人口滞留于农村，既抑制了农民收入水平的提高，也抑制了国内市场的扩大，没有起到带动工业化的发展的作用。

我国工业化与城市化水平不协调的情况可以用图15—1来说明，由图15—1我们可以看出，“一五”期间，随着工业化的发展，我国城市化开始起步，虽然存在一定偏差，但是较为合理。“大跃进”运动盲目地加速工业的发展，使经济结构严重扭曲，从此时起，我国城市化发展远远落后于工业化的发展。改革开放以后，随着经济结构的好转和小城镇的快速发展，我国城市化速度较以前有所上升。近年来，我国城市化率大幅提高，2005年已经达到43%，与工业化水平的差距缩小到10%以内。

2. 完善城市发展结构，合理发展大城市的问题

20世纪50年代初，我国就已经定下了多搞小城镇，认为城市大了不好的基调，到1956年的城市建设指导方针中继续认为新建城市规模一般应控制在几万至十几万人口的范围。1980年，《全国城市规划工作会议纪要》提出“控制大城市规模，合理发展中等城市，积极发展小城市”的方针。1990年4月1日正式实施的《中华人民共和国城市规划法》中再次确定“严格控制大城市规模，合理发展中等城市和小城市”的方针。2001年3

---

① 参见马凯：《“十一五”规划战略研究》，641页，北京，北京科学技术出版社，2005。

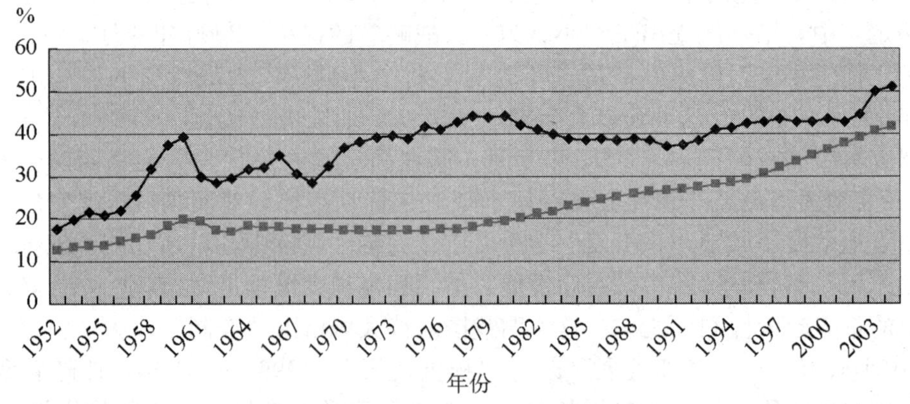

图 15—1 自"一五"以来我国工业化与城市化水平统计图

资料来源：《中国统计年鉴 1953—2004 年》。

月，《中华人民共和国国民经济和社会发展第十个五年计划纲要》提出：有重点地发展小城镇，积极发展中小城市，完善区域性中心城市功能，发挥大城市的辐射带动作用，引导城镇密集区有序发展。从而转变了对大城市的发展基调。直到 2002 年党的十六大报告才明确提出，要逐步提高城镇化水平，坚持大中小城市和小城镇协调发展，走中国特色的城镇化道路。发展小城镇要以现有的县城和有条件的建制镇为基础，科学规划，合理布局，同发展乡镇企业和农村服务业结合起来。消除不利于城镇化发展的体制和政策障碍，引导农村劳动力合理有序流动。

2000 年全国城市 663 个，其中 200 万以上人口的城市 13 个，100 万～200 万的 27 个，50 万～100 万的 53 个，20 万～50 万的 218 个，20 万以下的 352 个。目前中国城市的分布状况距基夫分布有较大的差距，充分表现出中国城市存在"大城市不大、中城市不活、小城市不强、小城镇不优"的总体状况。国家计划委员会在总结改革开放 30 多年国家宏观调控的经验教训时指出，改革开放以来我国宏观调控的最大失误是没有规划和建设较大城市。作为我国"十五"计划的重要战略任务之一，城市化进程被提到一个比较重要的历史高度，建设大城市则成为加速我国城市化的战略重点和必然选择。

新中国成立后我国不同规模城市发展情况可以用图 15—2 表示，由此我们可以看出，我国 50 万人口以上的大城市数目比例一直处于 20%以下，自 20 世纪 80 年代中期开始比重有所下降；20 万～50 万人口规模的中等城市比重上升较多；20 万人口以下的小城市始终占据 50%以上，升级空间很大。1949—2000 年的城市化结构与该时期的国家调控有很大的关系。我国大多数城市的人口规模并不经济，大中城市的发展潜力未能得到充分发挥，由此抑制了城市经济整体效益的提高，也难以发挥其应有的经济和社会功能。"严格控制大城市规模的城市化方针，不符合城市化发展的一般规律。"① "就中国的情况而言，扩大城市规模将会提高生产率，而且如果能够通过良好的规划和合理的监管来避免城市规

① 国家发展计划委员会：《"十五"规划战略研究》，363 页，北京，中国人口出版社，2000。

模不经济的话，城市可以扩大到很大的规模，同时还具有效率。”[①] 进入新世纪后，随着国家对城市化的重视以及科学合理调整城市结构的实行，我国城市结构有望得以改善，大城市有望得到发展。

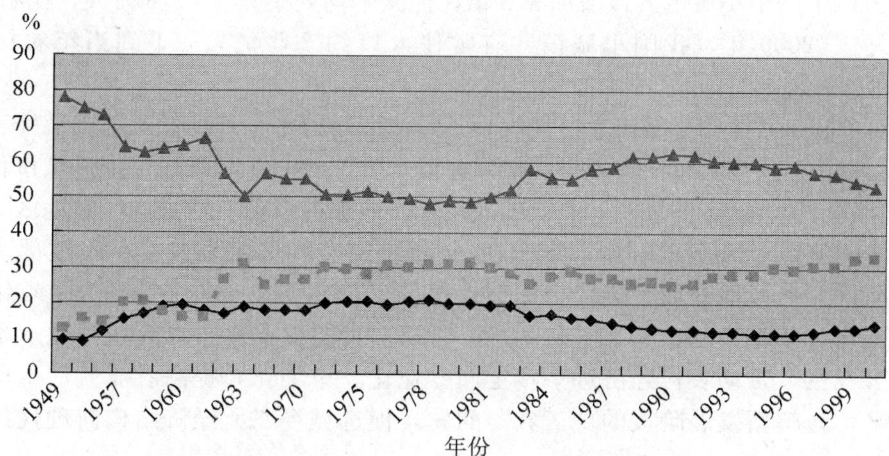

图 15—2　新中国成立后我国不同规模城市发展情况统计图

资料来源：中国科学院可持续发展战略研究组：《2005 中国可持续发展战略报告》，40 页，北京，科学出版社，2005。

3. 高质量发展小城市的问题

党的十五届三中全会指出：发展小城镇，是带动农村经济和社会发展的一个大战略。2000 年 6 月 13 日，中共中央、国务院颁布了《关于促进小城镇健康发展的若干意见》，明确指出：发展小城镇，是实现农村现代化的必由之路。《中华人民共和国国民经济和社会发展第十个五年计划纲要》将城镇化战略进一步提升，提出要“有重点地发展小城镇”。党的十六大报告则明确了小城镇在城镇化进程中的任务。

截至 2003 年底，我国共有小城镇 42 620 个，其中建制镇 20 226 个，集镇 22 394 个。县城以外的小城镇的镇区总人口约 1.91 亿，住户为 5 384 多万户。全国累计有 90%的乡镇完成了乡镇域规划，81%的小城镇和 62%的村庄编制了建设规划，县域城镇体系规划编制工作基本完成。以长三角、珠三角和胶东半岛为代表的小城镇群，以及一批具有全国性和区域性影响力的明星小城镇迅速崛起，对带动农村经济社会发展，加快城镇化进程发挥了重要作用。

我国小城镇的基本特点是数量多、规模小、功能弱，集聚效应和辐射能力差，并不完全具备城市的功能。[②]“县改市”、“乡改镇”等行政区划变动，是我国 20 年来城市化发展迅速的主要原因。现有城市的 54%是“县改市”设立的，建制镇的 83%是“乡改镇”设立的，城镇数量大大快于市镇人口增幅。城市数量增加近 2 倍，建制镇增加 7 倍多，但每个镇区人口约几千人，城市化水平仅提高不到 13%。根据我国第一次农业普查资料，全国

① 马凯：《“十一五”规划战略研究》，676 页，北京，北京科学技术出版社，2005。

② 参见国家发展计划委员会：《“十五”规划战略研究》，394 页，北京，中国人口出版社，2000。

建制镇镇区平均只有 1 221.1 户，4 518.6 人，镇区面积 2.2 平方公里。1978—1998 年我国城镇净增人口 2 亿，其中自然增长 0.5 亿，农转非约 0.6 亿—0.7 亿，行政区划变动使市镇人口增加 0.8 亿，在城市化水平增量中占 40%。20 年来 50 万以上的大城市人口增加 88%，50 万以下的中小城市人口增加 2.2 倍，但其平均规模只有 17.8 万人，比 1979 年减少了 1 万人。① 2000 年，我国小城镇共有常住人口约 2.5 亿人，不到当年农村人口的 30%，却达到城市人口的 60%以上。

目前大多数小城镇和小城市人口规模小，经济活动的聚集程度低，基础设施和公共设施不完备，客观上迫切要求扩大规模、加强建设。因此我们要积极稳妥推进城市化，走新型城市化道路。现有的证据表明，有效的战略是发展那些目前有活力的城镇地区，原因在于它们很多还没有达到最优的规模。② 2004 年建设部会同国家发改委、民政部、国土资源部、农业部、科技部开展了确定全国重点镇的工作，将 1 887 个镇列为重点镇，拉开了重点发展部分小城镇的帷幕。"十一五"期间，我们更要逐步提高城镇化水平，缩减村庄，减少农民，带动农村经济进一步走向专业化、市场化，提高农业劳动生产率和规模经营水平，缓解新发展阶段的"三农"问题，促进城乡二元经济结构向现代经济结构转换。③

4. 城市布局与区域结构协调发展的问题

新中国成立初期，城市人口主要集中在东部地区。国民经济逐步恢复以后，尤其是工业生产向中、西部大后方地区转移后，中、西部地区在全国城市人口所占的比重快速上升。直到改革开放前期，东部地区城市人口增长速度仍慢于中、西部地区。改革开放后，东部地区经济发展速度明显快于中、西部地区，整个区域城市化进程加快，这种情况可以用图 15—3 来表示。

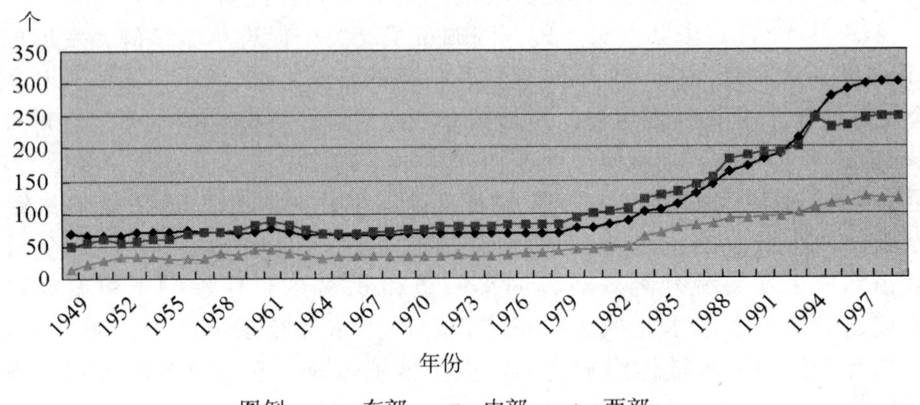

图 15—3 新中国成立后我国城市发展情况统计图

资料来源：《中国统计年鉴 1950—1998 年》。

① 参见国家发展计划委员会：《"十五"规划战略研究》，359～360 页，北京，中国人口出版社，2000。

② 参见马凯：《"十一五"规划战略研究》，657 页，北京，北京科学技术出版社，2005。

③ 参见国务院发展研究中心课题组：《"十一五"规划基本思路和 2020 年远景目标研究》，载《改革》，2005 (5)。

在城市化进程和改革开放过程中，我国要引导沿海地区城市把引资的着眼点放在较高技术含量的国内投资和较高质量的国外直接投资，鼓励中西部地区利用自身的廉价劳动力和资源优势，吸引沿海地区劳动密集型产业的转移。这就要改善投资环境，提高政策透明度，建立高效廉洁的管理制度并给予政策支持。国家要提倡并允许城市因地制宜、多样性的发展，避免全国城市“一刀切”的片面做法。

三、对中国城市化水平的比较和展望

无论与发达国家相比，还是与一些发展水平相近的发展中国家相比，中国仍属于世界上城市化水平较低的国家。中国目前的城市化水平与世界平均水平和中低收入国家的平均水平相比，还有较大差距，与中高收入国家和高收入国家的差距就更为悬殊，这种比较如图 15—4 所示。

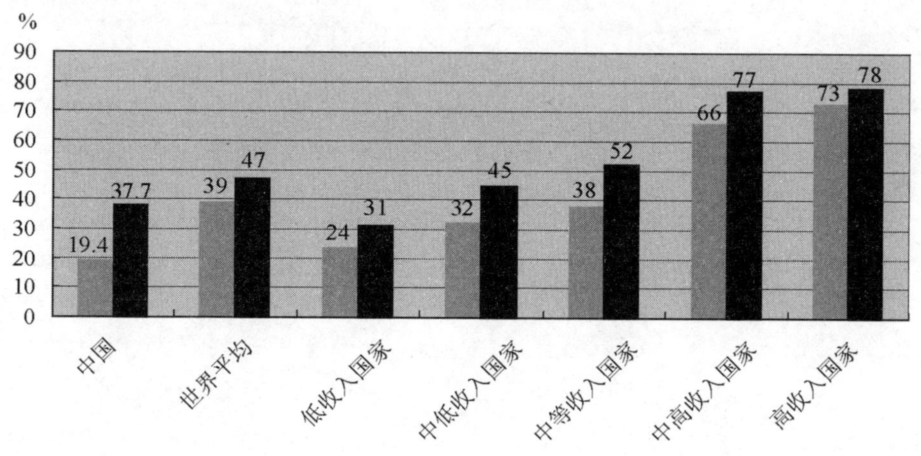

图 15—4　中国与世界其他国家城市化发展水平的比较

资料来源：《中国统计年鉴 2004 年》。

未来 15 年，我国社会主义市场经济体制将逐步完善，城乡分割的体制障碍将进一步被打破，对外开放将不断扩大和加深，人口流动将更加自由，城市化进程也会随之加快，至少会保持改革开放以来年均提高 0.9％的速度。城市化水平 2010 年达到 46％，到 2020 年有望达到 55％。

关键术语

科学发展观　　工业化　　新型工业化道路

产业结构　　城市化

思考题

1. 什么是科学发展观？科学发展观对我国经济发展的指导意义表现在什么地方？

2. 什么是新型工业化道路？我国为什么要走新型工业化道路？
3. 我国产业结构面临的主要问题和进一步完善产业结构的方向是什么？
4. 如何认识我国工业化和城市化发展的路径？

第十六章

政府调节

重点问题

市场失灵与政府调节
宏观调控的目标与手段
财政政策与货币政策的配合
宏观调控方式的改革
微观管制

在社会主义市场经济中，市场尽管在资源配置中起着基础性作用，但它不是万能的，社会主义市场经济运行中依然会出现市场失灵，政府调节是社会主义市场经济的重要组成部分。本章将对社会主义市场经济条件下的政府调节进行考察。

第一节　市场失灵与政府调节

一、市场失灵

自亚当·斯密《国富论》发表以来，“看不见的手”的理论一直是自由主义者信奉的教条。自由主义理论认为，在完全竞争市场条件下，每个行为人都在自身利益的驱使下进行经济活动，市场机制犹如一只“看不见的手”引导人们在增进个人利益的同时最大限度地增进社会利益，达到帕累托最优[①]。在他们看来，市场的自发调节能够保证资源的最优配置和竞争秩序，限制这种自发作用则会降低资源配置的效率，破坏市场竞争秩序。因此他们主张经济自由主义，反对国家干预。

然而，市场机制并非像自由主义者所说的那样完美无缺，它的运行不仅是有成本的，而且会由于市场自身缺陷造成市场失灵或失败。所谓市场失灵，就是市场机制在一些领域

① 帕累托最优是指这样一种状态，即从某种状态移动到另一种状态时不可能在使某个人效用或福利增加的同时不使其他人的境况恶化。

不能有效发挥作用，导致资源配置对最优化状态的偏离。①造成市场失灵的原因主要有以下方面：

（1）由于现实中的市场并非完全竞争的市场。完全竞争的市场是市场赖以发挥作用的前提条件。完全竞争意味着：商品具有同质性；有大量的市场主体参与竞争；市场主体之间没有任何协议；自由进入和退出；对于价格具有完全信息。现实的市场则是不完全竞争的市场：一是存在着自然垄断。如果存在行业规模收益递增，率先进入该行业的企业生产成本就将具有随生产规模的扩大而下降的特点，企业自然会把生产规模扩大到独占市场的程度。这种垄断不是由其他原因导致的，而是由该行业生产技术的性质决定的，或者说是由该行业的规模收益性质决定的，故称为自然垄断。由行业的规模收益性质决定的自然垄断使价格机制难以有效形成并发挥作用，从而导致市场失灵，因为在这种情况下，边际成本定价无法产生足够的报酬以弥补企业成本，而平均成本定价或其他定价规则又可能导致对社会最佳产量水平的违背。二是在市场经济中，竞争本身就有导致垄断形成的趋势。一般说来，竞争会引起资本和生产的集中，资本和生产的集中发展到一定程度就会导致垄断的形成。垄断既是竞争的对立物，同时也是竞争发展的结果。垄断和竞争并存，是现代市场经济的常态，这种条件下的竞争不能不具有垄断竞争的特点。此外，还有另一种意义上的垄断竞争，那就是由产品差异引起的。产品同质性是完全竞争的一个假定，但现实世界中，产品是有差异的，企业占领市场的重要策略之一就是使产品多样化，以其差别产品创造自己独特的市场，使之在该市场具有一定的垄断性。而垄断的存在不仅造成进入和退出方面的障碍，而且使很多产业的产品差异性进一步扩大。而进入和退出方面的障碍和产品差异性的强化，进一步强化了垄断企业的市场控制力。不完全竞争的市场结构和这种市场结构下的企业行为不可避免地引起市场失灵。

（2）现实中的市场也是不完全的市场。因为存在外部性或外在经济效应、公共产品、交易成本和不对称信息以及有害物品的交易，这些都会导致市场失灵。就外部性来看，无论是存在外在经济效应还是存在外在不经济效应，都意味着市场失灵。外在不经济效应最常见的例子就是企业造成的环境污染，外在经济效应典型的例子是污染的治理。某些企业造成环境污染会对其他企业的生产和人们的生活造成不利影响，而治理环境污染则可以使这些企业的生产和个人生活受益。然而市场经济中的外部经济效应和外部不经济效应不可能通过市场价格表现出来，也不可能通过市场机制的自发作用来解决，也就是说市场机制本身并不能使得外部经济效应内在化，这将导致企业成本、收益与社会成本收益的不一致性，因而市场引导的资源配置会引起对社会资源最优配置的偏离。

（3）就公共产品来看，市场不能保证其最优供给或高效率生产。所谓公共产品是指具有非竞争性和非排他性的产品。这里的非竞争性是指消费上的非竞争性，就是同一单位的公共产品可以供许多人共同消费，某些人对该产品的享用并不影响他人的享用；这里的非排他性是指公共产品一旦提供给公众，不论何人，不管是否支付代价，都可以享用，任何人不得加以排斥。由于公共产品具有非竞争性和非排他性的特点，市场不能按最优原则来

---

① 在西方经济学中，市场失灵通常被定义为商品和服务的市场均衡配置对帕累托最优配置的偏离。参见［美］丹尼尔·F·史普博：《管制与市场》，4页，上海，上海三联书店，上海人民出版社，1999。

提供，甚至使其生产成为不可能。

（4）市场交易不是没有成本的。由于信息是不完全的，未来具有不确定性，发现交易机会和交易价格是需要花费成本的。交易成本会由于信息不对称而增加。信息不对称会导致逆向选择和道德风险，增加了市场的不确定性和市场的交易成本。不确定性和交易成本的存在不仅会造成一些市场的缺失，而且使价格机制的作用受到限制，因此交易成本的存在被看做市场机制不能有效发挥作用的重要原因。显然，即便具有竞争性结构的产业也会发生市场失灵，也会由于信息不对称性和交易成本的存在，无法实现帕累托效率的资源分配。商品是使用价值和价值的统一体，然而有些使用价值对社会或人身健康可能产生有害的影响，如海洛因和其他毒品等，这类产品的生产虽然可以为生产者带来好处，也可能存在交易市场，但从社会角度看则应加以禁止。通常把这种应加以限制或禁止生产销售的产品称为非价值性物品。在这类有害物品或非价值性物品方面存在的市场失灵也应包括在市场失灵范围之内。

如果我们把上述原因导致的市场失灵归结为微观领域中的市场失灵，那么由市场机制导致的经济波动和动态的货币失衡，则是宏观领域的市场失灵。现代市场经济不是物物交换的实物经济，而是货币经济，看不到这一点，就不能正确理解宏观领域的市场失灵。在货币经济中，国民经济的运动由于货币因素的加入而变成两个相对独立的运动过程，即实物运动和价值运动。实物运动与价值运动既有其统一性，也有其相对独立性。实物运动和价值运动的统一性，决定了宏观经济平衡的可能性；实物运动和价值运动的相对独立性决定了宏观经济失衡的可能性。市场自发调节作用并不能保证实物运动与价值运动的统一性，从而不能保证宏观经济的动态平衡性。这首先是因为货币是商品流通的媒介使统一的商品买卖过程被分为两个相对独立的过程，这包含着买卖脱节甚至是危机的可能性。马克思说明了这一点，他说："流通所以能够打破产品交换的时间、空间和个人的限制，正是因为它把这里存在的换出自己的劳动产品和换进别人的劳动产品这二者之间的直接的统一性，分裂成卖和买这二者之间的对立。说互相对立的独立过程形成内部的统一，那也就是说，它们的内部统一是运动于外部的对立中。当内部不独立（因为互相补充）的过程的外部独立化达到一定程度时，统一就要强制地通过危机显示出来。"① 其次是因为货币经济不同于实物经济，储蓄与投资过程分离开来，由于决定储蓄与决定投资的因素是不同的，市场并不能保证事前意义上或计划意义上的储蓄等于投资，因此难以保证宏观经济的平衡和稳定。最后，储蓄并不能自然而然地转移到相同收益的投资领域中去，货币、非货币的金融工具和中介机构影响到储蓄和投资的形成以及资源配置效率，影响到实际经济的均衡与稳定。抽象货币经济的特有性质和运动的特殊规律，将之直接等同于物物交换的实物经济，就看不到宏观经济的不平衡性和不稳定性。② 实际上，正是货币经济的特殊性质和运动的特点，使得市场在宏观经济领域难以有效地发挥作用，导致宏观领域中的市场失灵，这表现为通货膨胀或紧缩、失业、经济波动、国际收支不平衡等。

---

① 《资本论》，第1卷，133页。

② 一些西方学者认识到，他们的微观经济理论"从来没有以令人满意的方式成功地模拟过货币经济"，参见［意］尼古拉·阿克塞拉：《经济政策原理：价值与技术》，107页，北京，中国人民大学出版社，2001。实际上，一些自由主义者的"市场神话"就是建立在对货币经济的不正确认识基础上的。

二、市场失灵与政府调节

市场失灵，使政府调节成为必要。在微观领域，政府调节着眼于克服由于存在外部性、垄断、信息不对称、公共产品等导致的市场失灵，如通过政府干预控制外部不经济效应、利用外部经济效应；通过制定市场进入、市场交易和市场退出规则以及反不正当竞争和反垄断措施，来创造市场公平竞争的环境和市场秩序，促进有效市场结构的形成；直接提供公共产品，直接参与某些经济活动如投资那些民间企业不愿投资而又是国民经济发展所必需的基础设施和基础工业，以促进经济结构的合理化；增加透明度和交易信息供给，减轻信息不对称对经济效率带来的危害。由于微观领域中的政府干预通常以非市场手段直接介入市场过程，造成了对市场的替代或对市场的限制，故又称为微观管制。

宏观领域存在的市场失灵，要求政府进行总量关系的调节，以协调实物运动与价值运动，促进宏观经济的平衡。如通过财政和货币政策调节总供给和总需求，促进国民经济总量平衡和物价稳定；通过对劳动力市场的宏观调节和就业政策，促进充分就业；通过对国际收支的宏观调节实现国际收支的平衡；通过经济逆向调节消除经济运行出现的波动，促进国民经济的稳定健康发展等。

因此，从市场经济的一般要求看，政府调节应包括两方面内容：一是微观方面的干预，也称为微观管制；二是宏观方面的调节，也称宏观调控。对市场经济的政府调节是这两方面的统一（当然，在社会主义市场经济条件下，政府的宏观经济调控还具有制度上的含义，这一点我们在前面的有关章节中已作了分析，这里不再赘述）。无论微观管制还是宏观调控都是通过政府对经济的干预，弥补市场的缺陷，促进资源的合理和有效利用，但二者在调节对象、调节手段、调节的具体目的等方面是不同的。

从调节的对象看，政府在微观领域中的调节主要是由外部性、垄断、市场不完全等引起的，其调节或管制的对象是涉及此类问题的具体的微观经济主体。例如政府实施的“三废”（废气、废水、废渣）排放管制，其管制对象就是超标准排放污染物的具体经济单位，任何单位超标准排放污染物都将受到惩罚，在其管制范围之外的单位则不受其管制约束。政府在宏观经济领域的调节对象不是某些产业或某些经济单位，而是国民经济整体以及构成这个整体的所有经济主体。政府的宏观调节通过市场间的宏观联系而影响微观经济主体，尽管在这一过程中不同微观主体所受影响会有所不同，但由于宏观调节将引起总量关系的改变，所有微观单位都将会受到这样或那样的影响，它们的经济行为会因为总量关系的改变而有所调整。

从调节的方式看，政府在微观领域中的调节，主要是进行价格数量管制或直接指令控制，如对某些产品或服务实施直接价格管制。政府在宏观领域的调节主要是参数调节，通过向经济体系输出一定的参数，引起总量关系的调整。从调节的目的看，政府在微观领域的管制或调节的主要目的在于纠正由外部性、垄断等造成的效率损失和福利损失，促进资源配置效率和福利水平的提高。政府宏观调节的主要目的在于协调总量关系、实现宏观经济的平衡、避免宏观经济的波动。显然，政府调节的两方面内容即微观管制和宏观调控是不能混同的，更不能把微观管制等同于宏观调控，把加强宏观调控等同于强化微观管制。

无论政府进行微观管制还是进行宏观调控，都必须控制在适度范围内，否则会导致政府失灵，理论和实践都证明了这一点。在西方国家，20 世纪 30 年代的大危机打破了市场神化，各国纷纷放弃了自由放任的政策，在第二次世界大战后相当长时期内都加强了国家对经济活动的干预。然而，国家干预的强化特别是其管制范围的扩大和对竞争的限制，弱化了经济增长的动力，抑制了效率的提高，引起了资源配置的扭曲，出现了政府失灵。

政府失灵在社会主义经济中也同样存在。在高度集中的计划经济体制下，政府的指令性计划取代了市场，本以为这样可以消除资源的浪费和资源配置的低效率，促进经济的快速发展，然而实践证明，没有市场调节的政府干预会出现比市场失灵更为严重的后果，不仅会导致国民经济比例严重失调，降低资源配置效率，而且由于决策失误会导致资源的巨大浪费。这种形式的政府失灵，有时也称为计划失灵。

导致政府失灵的原因并不难理解，因为政府也要受到信息不充分和市场不完全的限制，政府决策也会由于信息不充分而失误。不完全市场也会引起政府失灵，这是因为不完全市场意味着没有合适的价格指导资源配置，在政府控制的领域不存在指导资源配置所需的价格。因此导致政府失灵的原因有些与导致市场失灵的原因是相同的或相似的。同时，由于政府不具有市场经济其他主体的一些特征，如缺乏经济约束和激励等，政府部门可能产生官僚主义、寻租行为、道德风险等，这些都会导致政府失灵。政府失灵导致的损失有时比市场失灵还要大。由此看来，政府调节在克服市场失灵的同时，必须避免政府失灵。

第二节　社会主义市场经济中政府的经济职能

一、政府经济职能的主要内容

根据前面我们所作的分析，在不同社会制度和历史阶段下，市场经济具有不同的特点和不同的模式，政府和市场的地位、作用和相互关系也各不相同，政府所承担的职能及其运作方式也会有所差别。在社会主义市场经济中，政府的经济职能主要包括以下几个方面的内容：

(1) 计划统筹。市场机制具有自发性、盲目性和滞后性等内在缺陷，为了减少市场机制的这些缺陷对经济发展产生的消极影响，国家需要从全局和长远利益出发，对国民经济和社会发展进行有计划的调节和统筹兼顾。计划统筹是国家最基本和最高级的经济职能，它的目的是从宏观上对国民经济和社会发展的目标、结构、速度、效果等基本因素进行有计划调节，统筹城乡发展、统筹区域发展、统筹经济社会发展、统筹人与自然和谐发展、统筹国内发展和对外开放，推动经济的又好又快发展。

(2) 公共服务。公共服务是指政府为社会全体居民提供的基本的非营利性的产品和服务，包括国防、治安、公共医疗、公共教育、社会保障、环境保护和基础设施建设等内容。这些基本的产品和服务是经济和社会发展的重要保证，但是由于其特殊的非营利属性，市场机制无法有效地加以满足，必须由政府来提供。只有加快建立公共服务型政府，通过为经济发展营造良好的法律政策环境和有序竞争的秩序，加大公共管理力度，保证公共产品和公共服务的充分供给，才能为经济增长提供新的动力。

(3) 宏观调控。宏观经济的失衡是市场经济的一个固有缺陷。在市场经济条件下，生产与需要的平衡是通过价格机制自发调节的，这种自发的调节不能保证整个社会的总生产与总需要平衡，在一定条件下可能会造成工人大量失业和通货恶性膨胀。宏观领域存在的这种市场失灵，要求政府进行总量关系的调节，促进宏观经济的平衡。如通过财政和货币政策调节总供给和总需求，促进国民经济总量平衡和物价稳定；通过对劳动力市场的宏观调节和就业政策，促进充分就业；通过对国际收支的宏观调节实现国际收支的平衡；通过经济逆向调节消除经济运行出现的波动，促进国民经济的稳定健康发展等。

（4）微观管制。市场机制的失灵是市场经济的另一个重要缺陷，市场失灵主要表现为外部性、垄断、信息不对称、公共产品等方面。在市场失灵的情况下，市场机制配置资源的作用就会受到限制。因此，需要政府进行调节，如通过政府干预控制外部不经济效应、利用外部经济效应；通过制定市场进入、市场交易和市场退出规则以及反不正当竞争和反垄断措施，来创造市场公平竞争的环境和市场秩序，促进有效市场结构的形成；通过增加透明度和交易信息供给，减轻信息不对称对经济效率的危害。由于微观领域中的政府干预通常是以非市场手段直接介入市场过程，造成了对市场的替代或对市场的限制，故又称为微观管制。

（5）国有资产监管。在社会主义市场经济中，国有经济在国民经济发展中起主导作用，在一些关键性的领域和一些重要的行业中，国有经济占有较大比重。在这种情况下，国家作为国有经济的所有者需要承担起所有者的职能，要代表全体人民对国有资产进行有效监管，保证国有资产的保值和增值，通过国有资产管理机构和代理机构来管理国有经济的资产和股份，任命或提名国有控股公司的负责人，参与国有资产经营的重大战略决策，监督国有资产的营运。这是社会主义市场经济中政府的一项重要职责。

从根本上来说，在社会主义市场经济中，政府的根本任务就是实现科学的发展，即坚持以人为本，促进经济和社会的全面、协调、可持续发展。

二、构建社会主义和谐社会与政府经济职能的发展

全面认识社会主义市场经济中政府的经济职能必须紧密结合构建社会主义和谐社会的战略任务。中共十六届六中全会通过的《中共中央关于构建社会主义和谐社会若干重大问题的决定》（以下简称《决定》）指出：我们要构建的社会主义和谐社会，是在中国特色社会主义道路上，中国共产党领导全体人民共同建设、共同享有的和谐社会。必须坚持以马克思列宁主义、毛泽东思想、邓小平理论和“三个代表”重要思想为指导，坚持党的基本路线、基本纲领、基本经验，坚持以科学发展观统领经济社会发展全局，按照民主法治、公平正义、诚信友爱、充满活力、安定有序、人与自然和谐相处的总要求，以解决人民群众最关心、最直接、最现实的利益问题为重点，着力发展社会事业、促进社会公平正义、建设和谐文化、完善社会管理、增强社会创造活力，走共同富裕道路，推动社会建设与经济建设、政治建设、文化建设协调发展。

《决定》还提出，到2020年，构建社会主义和谐社会的目标和主要任务是：社会主义民主法制更加完善，依法治国基本方略得到全面落实，人民的权益得到切实尊重和保障；城乡、区域发展差距扩大的趋势逐步扭转，合理有序的收入分配格局基本形成，家庭财产普遍增加，人民过上更加富足的生活；社会就业比较充分，覆盖城乡居民的社会保障体系基本建立；基本公共服务体系更加完备，政府管理和服务水平有较大提高；全民族的思想道德素质、科学文化素质和健康素质明显提高，良好道德风尚、和谐人际关系进一步形成；全社会创造活力显著增强，创新型国家基本建成；社会管理体系更加完善，社会秩序

良好；资源利用效率显著提高，生态环境明显好转；实现全面建设惠及十几亿人口的更高水平的小康社会的目标，努力形成全体人民各尽其能、各得其所而又和谐相处的局面。

构建社会主义和谐社会的战略任务为社会主义市场经济中政府如何确立和发挥自己的经济职能提出了新的更高的要求。根据《决定》的要求，构建社会主义和谐社会，政府必须着重做好以下五个方面的工作：

(1) 要坚持协调发展、加强社会事业建设，扎实推进社会主义新农村建设，落实区域发展总体战略，实施积极的就业政策，坚持教育优先发展，加强医疗卫生服务，加快发展文化事业和文化产业，加强环境治理保护。

(2) 要加强制度建设、保障社会公平正义，完善民主权利保障制度、法律制度、司法体制机制、公共财政制度、收入分配制度、社会保障制度。

(3) 要建设和谐文化、巩固社会和谐的思想道德基础，建设社会主义核心价值体系，树立社会主义荣辱观，培育文明道德风尚，营造积极健康的思想舆论氛围，广泛开展和谐创建活动。

(4) 要完善社会管理、保持社会安定有序，建设服务型政府，推进社区建设，健全社会组织，统筹协调各方面利益关系，完善应急管理体制机制，加强安全生产，加强社会治安综合治理，加强国家安全工作和国防建设。

(5) 要激发社会活力、增进社会团结和睦，发挥人民群众的首创精神，巩固和壮大最广泛的爱国统一战线，维护香港、澳门长期繁荣稳定，推进祖国统一大业，坚持走和平发展道路。

构建社会主义和谐社会是建设中国特色社会主义的重大战略任务，它坚持以科学发展观统领经济社会发展全局，从更高更宏观的层面上提出了社会主义市场经济中政府的管理目标和责任，从经济、政治、文化和社会管理等各个方面阐明了社会主义市场经济中政府工作的总体目标和责任，这从根本上超越了传统的资本主义市场经济中政府作用的范围，体现了社会主义制度的特殊要求和历史意义，对于新时期政府职能实施和创新具有重大指导意义。

三、有效发挥政府经济职能

（一）建立与社会主义市场经济相适应的宏观调控体制

有效发挥政府经济职能首先要建立与社会主义市场经济相适应的宏观调控体制。在传统的计划经济体制下，国家不仅控制着宏观经济决策权，而且控制着微观决策权，政府制订宏观经济计划，并以指令的形式将计划层层分解，通过行政系统组织落实，这样宏观调控与微观管制直接混在一起。从计划经济向社会主义市场经济的过渡，要求宏观调控方式的转变，要求把调控的重点由对企业的管制转向对宏观总量关系的调节，由实物计划分配转向对实物运动与价值运动的协调，由依赖行政指令转向主要依赖宏观经济政策。在社会主义市场经济条件下，政府既不能像原有体制下那样利用行政指令或命令直接控制企业经济活动，决定总量关系，也不能直接规定市场价格信号指导资源流动和配置，而只能通过财政货币政策实现宏观经济的平衡，为市场机制的作用创造宏观环境。

1. 改革财政体制

我国传统的财政体制是同计划经济相适应的，它把不同性质的财政收支统一为国家财政收支，把不同性质的经济关系混为一体，表现在：(1) 把公共财政收支与所有权财政收支混为一体；国家既是公共权利的代表，行使公共权利机构的职能，又是生产资料的所有者，行使所有者的职能。公共财政收支与所有权财政收支是两种性质根本不同的收支，体现着不同的经济关系。但在传统体制下，这两种不同性质的财政收支混为一体，模糊了国家与企业的财务关系。(2) 中央财政收支与地方财政收支混为一体；中央财政和地方财政缺乏相对独立性，造成地方财政对中央财政的依赖，使地方财政丧失了应有的功能和作用，同时也造成中央财政宏观调控能力的弱化。(3) 把对宏观收入调节与微观收入分配混为一体；国家作为收入分配的调节者，同时也作为全民生产资料的所有者直接介入微观收入分配过程，直接决定初次分配收入和再分配收入，造成收入分配中的严重平均主义。

为适应社会主义市场经济下进行有效宏观调控的需要，必须改革财政体制，建立起有效宏观调控的体制基础和传导机制。就财政体制改革而言，需要实现三个分开：即公共财政与所有权财政分开，中央财政与地方财政分开，宏观收入调节与微观收入分配分开，逐步建立与社会主义市场经济相适应的公共财政制度。根据中共十六届六中全会《决定》的精神，进一步完善公共财政制度的基本要求是：完善公共财政制度，逐步实现基本公共服务均等化。健全公共财政体制，调整财政收支结构，把更多财政资金投向公共服务领域，加大财政在教育、卫生、文化、就业再就业服务、社会保障、生态环境、公共基础设施、社会治安等方面的投入。进一步明确中央和地方的事权，健全财力与事权相匹配的财税体制。完善中央和地方共享税分成办法，加大财政转移支付力度，促进转移支付规范化、法制化。保障各级政权建设需要。完善财政奖励补助政策和省以下财政管理体制，着力解决县乡财政困难，增强基层政府提供公共服务能力。逐步增加国家财政投资规模，不断增强公共产品和公共服务供给能力。

2. 改革金融体制

同样，我国金融体制也具有一体化、行政化的特点，这表现在：(1) 银行附属于财政，缺乏应有的独立性；(2) 金融管理与金融经营混为一体，金融管理机构同时经营金融业务；(3) 政策性金融与商业性金融混为一体，金融机构既办理政策性金融业务，也办理经营性业务，二者之间没有严格的界限；(4) 单一间接金融，实行资金供给制。在这种体制结构下，财政金融仅仅是服务于政府直接控制的工具。

就金融体制改革而言，需要做到以下几个方面的工作：(1) 确立强有力的中央银行宏观调控体系。由中国人民银行行使中央银行职能，掌握货币发行权、基础货币管理权、信用总量调控权和基准利率调节权，负责制定和执行货币政策。(2) 政策性金融与商业性金融分离，解决国有专业银行身兼二任的问题，割断政策性贷款与基础货币的直接联系，确保人民银行调控基础货币的主动权。(3) 政策性金融业务分离出去后，国家的专业银行逐步转变成真正的商业银行，按现代商业银行经营机制运行，实行自主经营、自担风险、自负盈亏、自我约束的经营原则。(4) 实行直接金融与间接金融并重，建立适应我国国情的金融结构。

(二) 改革国有资产管理体制

有效发挥政府经济职能还必须改革国有资产的管理体制，实现政府的行政管理权、经济调控权和资产所有权职能的分离，对国有企业进行建立现代企业制度的改革，使其成为具有独立法人财产权的经营主体。在此基础上重新构造国有资产管理体制，其主要方向是：国有资产管理机构对授权监管的国有资本依法履行出资人职责，维护所有者权益，维护企业作为市场主体依法享有的各项权利，督促企业实现国有资本保值增值，防止国有资产流失。建立国有资本经营预算制度和企业经营业绩考核体系。积极探索国有资产监管和经营的有效形式，完善授权经营制度。建立健全国有金融资产、非经营性资产和自然资源资产等的监管制度。

四、转换政府职能的重点

转换政府职能的一个重点是建设服务型政府，强化社会管理和公共服务职能。当前，我国政府职能中存在的一个突出问题是公共服务职能弱化，公共教育体系、公共卫生体系、科技创新体系、文化事业体系以及社会救助体系、社会保障体系、社会危机处理体系等各项社会事业体系的发展比较滞后。同时，教育资源的分配也不均衡，城乡之间的教育发展的差距很大；我国公共卫生体系的建设也严重滞后，群众看病、就医难的问题比较突出，一部分低收入人群的卫生健康得不到充分保障；我国的就业形势也比较严峻，“十五”期间，我国每年有 1 000 万新增劳动力，还有 1 000 多万下岗失业人员，2003 年城镇登记失业率为 4.3%，农村剩余劳动力近 1.5 亿需要逐步转移。上述问题的存在制约着我们实现更好更快地发展，因此，必须按照科学发展观的要求，大力加强公共服务职能的建设。要按照转变职能、权责一致、强化服务、改进管理、提高效能的要求，深化行政管理体制改革，优化机构设置，更加注重履行社会管理和公共服务职能。以发展社会事业和解决民生问题为重点，优化公共资源配置，注重向农村、基层、欠发达地区倾斜，逐步形成惠及全民的基本公共服务体系。创新公共服务体制，改进公共服务方式，加强公共设施建设。深化行政审批制度改革，进一步减少和规范行政审批事项，简化办事程序，创新管理制度，为群众和基层提供方便快捷优质服务。推行政务公开，加快电子政务建设，推进公共服务信息化，及时发布公共信息，为群众生活和参与经济社会活动创造便利条件。完善公共服务政策体系，提高公共服务质量，增强政府公信力。推进政事分开，支持社会组织参与社会管理和公共服务。加强市场监管，整顿和规范市场经济秩序。

第三节　政府宏观调控的目标和手段

一、政府宏观调控的目标

政府宏观调控的目标一般说来包括四个方面，即促进经济增长、增加就业、稳定物价和保持国际收支平衡。

（一）促进经济增长

经济增长是社会经济发展的基础，促进经济快速增长，是我国经济发展和宏观调控所要达到的基本目标。只有经济快速增长，才能为经济发展和社会进步奠定基础。尤其是现阶段，能否实现经济快速增长，还关系到许多社会问题的解决，例如我国失业人口的再就业和农业人口的非农化问题，在一定程度上都依赖于经济增长的状况，如果经济增长放慢，现有的就业岗位还要减少，那么巨大的人口压力就难以缓解。当然，我们追求经济增长并不是一味追求高速度，我们曾吃过多次片面追求高指标、高速度的亏。宏观调控的经济增长目标必须是切实可行的，这种经济增长不仅体现在经济总量增加，也体现在人均收入的增长和生活质量的改善上，同时这种经济增长应是建立在比例协调、结构优化和效率提高基础上的经济增长。衡量经济增长的一个重要指标是国内生产总值的年增长率。按照国内生产总值的年增长率，30多年的改革开放中，我国的经济增长率一直处于世界前列，在近一两年整个世界经济形势低迷的情况下，我国仍然保持了快速增长的良好态势。只要我们能保持这样的经济增长势头，我国在21世纪中期步入中等发达国家行列的宏伟目标就一定能实现。

（二）增加就业

增加就业不仅能充分利用劳动力资源，而且能促进劳动者收入的普遍增长和社会的稳定。在市场经济中，劳动力供大于求的矛盾会造成公开失业，经济发展中的结构性变化和资本有机构成的提高也会引起失业的增加。严重的失业，不仅影响经济的健康发展，而且造成许多社会问题，威胁社会的安定。因此，各国都把充分就业作为其政策的一个重要目标。我国是世界上人口最多的国家，就业的压力自然较其他国家更大。特别是随着我国农业现代化的发展，将会有大量的农业人口转移到非农领域，这又给就业问题增加了巨大压力。就目前来说，国有企业改革中的一大问题就是消除冗员，因此，应把增加就业作为我们宏观调控的重要目标，采取切实可行的措施，降低失业率。

（三）稳定物价

市场经济要正常运转，价格信号就要真实可靠，价格总水平要保持大体稳定，这样才能稳定人们的预期，促进经济平稳增长，避免经济大幅波动。无论是通货膨胀还是通货紧缩，都会影响人们的正常预期，扭曲正常的经济关系，误导资源配置，对社会稳定和经济发展产生不良影响，所以各国政府都把稳定币值与物价放在相当重要的位置。计划经济体制下，我国不重视商品经济、价值规律的作用，采取固定物价的方针，几十年价格变化很小。这并非按照经济规律办事，反而扭曲了价格体系，使价值规律的作用难以发挥。改革开放后，一度价格放开步伐过快，物价升幅过大，引起了社会的不安定。但国家及时调整了价格货币政策，控制住了物价的过快增长。近几年，受世界经济低迷的影响，加之国内各因素的综合作用，我国出现了通货紧缩的局面，宏观调控目标就转而要解决这方面的问题。保持物价稳定，应特别注意通过货币政策调节货币供给量，使货币供给与经济发展相适应。同时要控制预算赤字的过度增加和国际收支逆差，因为长期的预算赤字和国际收支逆差也会引起物价的波动。

（四）保持国际收支平衡

国际收支是指一定时期内一国从其他国家收入货币总额与对其他国家支出货币总额的总和。由于黄金和外汇通常是国际结算的最终手段，所以，国际收支是否平衡主要反映在国家黄金和外汇储备收支对比关系上。在国际经贸关系不断发展的情况下，要使每年的国际收支都保持平衡是不可能的，重要的是要避免长期国际收支不平衡，因为长期的国际收支不平衡往往会引起连锁反应，影响正常的对外经济活动和国内经济活动，在开放经济条件下更是如此。如经常性项目长期出现逆差，不仅会影响物价稳定，而且会消耗本国的国际储备，削弱本国的抗风险能力，同时还会降低人民群众对本国的信心，严重时会出现资本外逃，甚至导致经济危机。因此，出现国际收支不平衡应引起政府的重视，并采取切实可行的政策手段加以有效调节。

促进经济增长、增加就业、稳定物价和保持国际收支平衡是宏观调控的基本目标。这四个目标可能是一致的，也可能是不一致的。一般说来，促进经济增长和增加就业具有正相关关系：经济增长，就业增加；经济下滑，则失业增加。除此之外，各个目标之间可能存在冲突或矛盾，这表现在：（1）促进经济增长与稳定物价目标之间可能发生矛盾或冲突，因为实现经济增长，就要增加投资，增加投资包括增加政府投资和民间投资，增加政府投资，在政府收入一定条件下，往往会导致财政赤字；增加民间投资，一般要求降低利率，增加货币供给量；赤字的扩大和货币供给的增加，最终可能威胁物价稳定。反过来，稳定物价，就要控制投资，这可能又会影响经济增长。[①]（2）增加就业与稳定物价的矛盾。为增加就业，通常采取扩展性财政政策和货币政策，其结果可能影响物价稳定。而采取紧缩性的财政政策和货币政策控制物价，有可能导致失业的增加。(3) 促进经济增长与保持国际收支平衡的矛盾。经济增长通常会增加对进口商品的需要，同时由于国民收入增加带来支付能力的增强，又可能提出对一部分本来用于出口的商品的需求。两方面作用的结果使出口的增长慢于进口的增长，就可能导致贸易差额的恶化。就资本项目来说，要促进经济增长，就要增加投资，在国内资金来源不足的情况下，必须借助于外资的流入。外资流入可能使国际收支中的资本项目出现顺差，一定程度上可弥补贸易逆差造成的国际收支失衡，但并不一定能使经济增长与国际收支平衡共存。(4) 稳定物价与保持国际收支平衡的矛盾。在通货膨胀出现的情况下，有时需要采取措施降低利率。但利率的降低，在资本自由流动的条件下，有可能导致资本外流并使资本项目恶化。如经常项目不能保持顺差或顺差不足以抵补资本项目逆差，则可能使国际收支失衡。

可见，四大目标之间存在可能冲突，往往使得宏观调控难以同时实现四大目标。在这种情况下，政府往往从四大目标中选择一至两个作为某一时期的重点目标。尽管如此，政府一般不会放弃其他目标。为兼顾这些目标，政府必须进行有效的政策协调，选择适当的调节手段和手段组合，促进经济增长、稳定物价、增加就业和保持国际收支平衡目标的实现。

二、政府宏观调控的主要政策手段

社会主义市场经济条件下，政府宏观调控的目标主要依靠以下政策手段来加以实现。

（一）财政政策手段

财政政策在宏观经济管理中占据着重要的地位。我们知道，财政是国家从宏观上对一部分社会产品进行分配的最直接、最主要的手段，通过财政的分配、再分配，不仅决定着社会成员可支配收入的多少，而且直接影响社会需求的形成，进而影响社会总供给与社会总需求的关系，同时通过财政收支直接和间接影响生产条件或生产要素的分配和生产结构的状态。因此，财政政策在调节收入分配，保持宏观经济的平衡和促进结构优化调整等方面具有重要地位和作用。

---

① 对此，人们有不同看法。有人认为，适度的物价上涨能刺激投资和产出的增加，从而促进经济增长；而经济增长又取决于新生产要素的投入和劳动生产率的提高，在劳动生产率提高的情况下，产出的增加伴随着单位产品生产成本的降低。因此随着经济的增长，价格可能趋于下降或稳定。即稳定物价目标与经济增长目标并不矛盾。还有人认为，物价稳定也完全能维持经济增长。原因在于，生产率是随时间前进的进程而不断提高的，生产率的提高自然伴随着经济的增长，而且也只有物价稳定才能使整个经济正常运转并维持其长期增长的势头。

财政政策手段就是指为实现既定政策目标而选择的具体财政工具。财政政策手段主要包括国家预算、税收、国债、财政支出等。

1. 国家预算

国家预算是国家基本的财政收支计划，它是财政政策手段中的基本手段，它全面反映国家财政收支的规模和平衡状况。国家预算包括预算收入和预算支出。预算收入大于预算支出，即为预算盈余；预算支出大于预算收入，即为预算赤字；预算收入与预算支出相等，即为预算平衡。国家预算对经济的调控主要是通过调整国家预算收支之间的关系实现的。当出现社会总需求小于社会总供给时，可以通过赤字预算政策来扩大社会总需求，刺激生产和消费。而当社会总需求大于社会总供给时，可以通过实行预算盈余削减社会需求总量。此外，通过调节国家预算支出结构还可调节社会供给结构与产业结构。例如，调整预算支出方向和不同支出方向的数量，促使供给结构与产业结构的合理调整；或者通过调整预算支出结构，形成相应需求结构以影响供给结构与产业结构的发展变化等。

2. 税收

税收是国家凭借政权力量强制地、无偿地取得收入的一种形式。税收不仅是国家财政收入的一个重要财源，而且是重要的财政政策手段，在宏观调控中具有重要的作用。税种、税率、征税环节和税收结构的改变都会影响利益的分配和资源配置，影响总量关系。例如通过调节税收总量和税收结构可以调节社会总供求，影响社会总供求的平衡关系；利用税收支持或限制某些产业的发展，调节产业结构，优化资源配置等。由于税收具有强制性、无偿性、固定性特征，它的调节作用较为强烈、持久。

3. 国债

国债即国家的负债，包括内债和外债。国债是一种特殊的财政政策手段，与税收不同，国债具有有偿性的特点。政府通过对国债发行数量与期限、国债利率等的调整，可以将一部分消费基金转化为积累基金，调节国民收入中积累和消费的比例，影响总供给和总需求的平衡关系。发行国债本身是一种国民收入的再分配，同时也是社会资源的一种重新配置，利用国债资金可以调节经济结构，促进经济向既定方向发展。发行适度国债有助于疏通社会储蓄—投资渠道，促进储蓄转化为投资，进而促进资金积累和经济增长。

4. 财政支出

财政支出项目大体包括三个方面：政府经常性支出、政府投资支出和转移性支付。政府可以通过调节支出的总量和结构来影响宏观总量关系和结构关系。例如政府扩大或减少支出相应会增加或缩减总需求；可以通过增加对各种新兴工业部门、基础工业部门与基础设施等的财政投资，促进产业结构的更新换代或消除经济发展的瓶颈制约；通过转移性支付，影响社会收入分配，促进生产或消费等。

（二）货币政策手段

货币政策手段是指为实现货币政策目标选择的具体货币或金融工具。货币政策手段一般有一般性货币政策手段、选择性货币政策手段和补偿性货币政策手段三种类型。

1. 一般性货币政策手段

一般性货币政策手段是通过对货币供给量和信贷规模实施总量调控，能对整个经济运行施加普遍影响的手段，包括法定存款准备率、再贴现率和公开市场业务。

(1) 法定存款准备率是指商业银行按中央银行的规定，必须向中央银行交存的存款准备金与存款总额之间的比率。一般对不同期限的存款规定不同的准备率，存款期限越短，其货币性越强，规定的准备率就越高，故活期存款准备率多高于定期存款准备率。中央银行通过提高和降低法定存款准备率的办法，来控制商业银行的信用创造能力，从而影响市场利率和货币供给量。如中央银行认为货币供给量偏多和利率过低，影响稳定物价目标的实现，就可提高法定存款准备率，使商业银行交存中央银行准备金增加，用于发放贷款的超额准备金减少，促使商业银行收缩信贷规模，使货币供给量减少，利率回升，以保持物价的稳定。反之，则可降低法定存款准备率来促进经济增长，实现充分就业的目标。

(2) 再贴现率是指中央银行对商业银行贴进或开具的合格票据进行贴现时所采用的利率。中央银行通过对再贴现率的调整，可以影响商业银行借入资金的成本，从而调节货币供应量。如中央银行要实现经济增长和充分就业，可以降低再贴现率，使其低于市场一般利率水平，商业银行通过再贴现获得的资金成本下降，促使其向中央银行借款或贴现，使商业银行超额准备金增加，相应地扩大对工商业的贷款，从而引起货币供给量的增加和市场利率的降低，进而刺激有效需求扩大，达到经济增长和充分就业的目的。反之，可采用提高再贴现率的办法来促使物价稳定目标的实现。再贴现率还可与规定向中央银行再贴现的资格相配合使用，即对要再贴现的票据种类和申请机构加以规定，以区别对待，发挥抑制或扶持作用，改变资金流向。

(3) 公开市场业务是指中央银行在公开市场上买卖有价证券以控制货币供给量和利率的业务活动。目前各国中央银行从事公开市场业务，主要是买卖政府债券。一般情况下，当经济停滞或衰退时，中央银行就在公开市场上购进有价证券，从而向社会投放一笔基础货币。无论基础货币是流入社会大众手中，还是流入商业银行，都必将使银行系统的存款准备金增加。银行通过对准备金的适用，扩大了信贷规模，增加了货币供给量。当利率过热、物价不断上升时，中央银行则在公开市场上出售有价证券，以促使商业银行收缩信贷规模，减少货币供给量，保证社会经济在稳定的价格环境下正常进行。

2. 选择性货币政策手段

选择性货币政策手段是指为了调整经济结构，依靠国家授予中央银行的权力，从调整信贷部门入手，对某些特定的部门或领域实行控制的工具。这类工具主要有以下几种：消费信用控制、证券市场信用控制、不动产信用控制、优惠利率和直接信用控制等。

(1) 消费信用控制是指中央银行对不动产以外的各种耐用消费品的销售融资予以控制，包括规定用分期付款购买耐用消费品时第一次付款的最低金额；规定用消费信贷买商品的最长期限；规定可用消费信贷购买的耐用消费品种类；对不同消费品规定不同的信贷条件等。在消费信用膨胀和通货膨胀时期，中央银行采取消费信用控制，能起到抑制消费需求和物价上涨的作用。

(2) 证券市场信用控制是中央银行对有关证券交易的各种贷款进行限制，目的在于限制过度的投机。如规定一定比例的证券保证金率，并根据证券市场的状况随时加以调整。

(3) 不动产信用控制是指中央银行对金融机构在房地产方面放款的限制措施，以抑制房地产投机。如对金融机构的房地产贷款规定最高限额、最长期限及首次付款和分摊还款的最低金额等。

(4) 优惠利率是中央银行为鼓励国家重点发展的经济部门或产业，如出口工业、农业等，所采取的低于市场利率的利率。优惠利率为各国所普遍采用。

(5) 直接信用控制是指对金融机构尤其是商业银行的信用活动进行直接控制，包括利率最高限额、信用配额、流动性比率和直接干预等。

3. 补偿性货币政策手段

补偿性货币政策手段是指在利用一般性货币政策手段和选择性货币政策手段对宏观经济进行调控时，所采取的一些辅助性调控措施。主要有道义劝告与窗口指导等措施。(1) 道义劝告，是指中央银行利用其声望和地位，对商业银行和其他金融机构经常发出通告、指示或与各金融机构的负责人进行面谈，劝告其遵守政府政策并自动采取贯彻政策的相应措施。如国际收支赤字时劝告各金融机构减少海外贷款；在房地产市场与证券市场投机盛行时，中央银行要求商业银行减少对上述领域的信贷等。(2) 窗口指导，是指中央银行根据产业行情、物价趋势和金融市场动向，规定商业银行每季度贷款的增减额，并要求其执行。如商业银行不按规定的增减额对产业部门贷款，中央银行可削减该银行贷款的额度，甚至可以采取停止提供信用等制裁措施。虽然它没有法律的约束力，但其作用有时很大。补偿性货币政策手段的优点是较为灵活，但要起作用，必须是中央银行在金融体系中有较强的地位、较高的威望和拥有控制信用的足够的法律权力和手段。

财政政策手段、货币政策手段和计划手段构成宏观调控的主要手段，除此之外，还有法律手段和行政手段。法律手段主要是通过法律规范约束经济主体的行为（包括政府的行为），维持正常的经济秩序，为有效宏观调控提供法律规范和法律保证。行政手段是通过行政命令贯彻政府宏观调控意图，行政手段在宏观调控中主要是必要时出台的暂时性、过渡性措施。正常情况下市场经济的运行，应以法制为基础，以财政、货币政策手段和计划手段作为主要调节手段，只有在这些基本手段都不奏效时，在必要的情况下，才可出台行政措施。比如，对付突发的严重经济事故，如灾害、饥荒等，如等着立法或用利益诱导的经济方式来解决，则远水不解近渴，只能以行政方式，调动必需的资源、人力和物力以解燃眉之急。所以，一般而论，行政手段只能在必要的时候作为补充手段，而不能作为一种常规调控手段。

三、财政政策和货币政策的配合

财政政策和货币政策可以根据不同标准划分为不同的类型。通常根据财政政策和货币政策对社会经济总量的影响，可以把财政政策和货币政策划分为放松型和紧缩型两类。放松型财政政策是指通过减少财政收入或扩大财政支出刺激社会总需求增长的政策。紧缩性财政政策是指通过增加财政收入或减少财政支出以抑制社会总需求增长的政策。放松型货币政策是指放松货币供给、降低利率，刺激社会需求的政策。紧缩型货币政策是指紧缩货币供给、提高利率，控制社会需求的政策。财政政策与货币政策的配合，主要涉及两个方面，一是主辅关系的确定，二是财政政策和货币政策调节方式的搭配。

（一）财政政策和货币政策的主辅关系

货币政策与财政政策的主辅关系，主要取决于两种政策在社会总需求形成中的作用强度和效果。实践表明，政策配合中主辅关系的确定，要考察社会供求总量和结构矛盾的关系的具体情况，并分析各项政策在社会供求总量和结构矛盾中的作用强度。在一定时期内对经济的非均衡运行影响大，对防止经济非均衡的过度累积有效性最强的政策，应成为宏观调控体系中居于主导地位的政策。

（二）财政政策和货币政策调节方式的搭配

运用货币政策或财政政策对宏观经济进行调控，分别都有两种政策选择：紧缩型政策和放松型政策。它们可以构成四种不同的政策组合模式：松的货币政策和松的财政政策；紧的货币政策和紧的财政政策；松的货币政策和紧的财政政策；紧的货币政策和松的财政政策。货币政策与财政政策究竟采取怎样具体的松紧搭配方式，这取决于一国经济失衡的累积特点以及两项政策对经济趋于均衡的调节能力。

（1）松的财政政策和松的货币政策，即“双松”政策。松的财政政策是通过减少税收和扩大政府支出规模来增加社会的总需求；松的货币政策是指通过降低法定存款准备率和再贴现率，在公开市场上买进证券而扩大信贷支出的规模，增加货币的供给。显然，“双松”政策的结果，必然使社会的总需求扩大。在社会总需求严重不足，生产能力和生产资源未得到充分利用的情况下，利用这种政策配合，可以刺激经济的增长，扩大就业，但却会带来通货膨胀的风险。

（2）紧的财政政策和紧的货币政策，即“双紧”政策。紧的财政政策是指通过削减政府支出规模等来限制消费与投资，抑制社会的总需求；紧的货币政策是指通过提高法定存款准备率和再贴现率，在公开市场上卖出证券来压缩信贷支出的规模，减少货币的供给。显然，“双紧”政策的结果，必然使社会总需求缩小。在社会总需求膨胀，物价上涨的情况下，这种政策组合可以有效地制止通货膨胀和经济过热的势头，但可能会带来经济停滞的后果。

（3）紧的财政政策和松的货币政策。紧的财政政策可以抑制社会总需求，防止经济过热和通货膨胀；松的货币政策可以保持经济的适度增长。因此，这种政策组合的效应是在控制通货膨胀的同时，保持适度的经济增长。但货币政策过松，也难以制止通货膨胀。

（4）松的财政政策和紧的货币政策。松的财政政策在于刺激需求，对经济萧条较为有效；紧的货币政策可以避免过高的通货膨胀率。因此，这种政策组合的效应是在保持经济高速增长的同时尽可能地避免通货膨胀。但长期运用这种政策组合，会积累大量的财政赤字。

上述分析是把财政政策与货币政策的调节效应放在对社会总需求的影响上，其实，不管是松还是紧的政策措施，在调节需求时也在调节供给。因而紧的政策措施与松的政策措施并不是相互排斥的，而是相互补充的。就财政政策与货币政策的实施过程而言，二者存在一个显著的差别，即调节时滞不同。财政政策的时滞一般较长，而货币政策的时滞相对短得多。在政策操作过程中，货币政策有一个相对较长的传导时滞。而采取财政政策，只要扩大政府的预算赤字，增加支出，总需求水平就会提高，采取相反措施，总需求水平就会降低，其影响较选取利率为中介指标的货币政策更加直接和迅速。另外，货币政策的调节方向趋向于灵活，而财政政策的调节方向难以随时变动。原因在于改变税收和支出政策，对许多国家来说，均需立法机构的讨论，而且增税和减少福利性支出这类问题，是很难获准通过的。还有一点区别是，财政政策对供给的作用也较为直接、有力，而货币政策却没有这样的功能。

第四节　政府管制与放松管制

一、政府管制

政府管制是政府所实施的一种同宏观调控相对应的、对微观经济主体的行为直接管理和控制的一种政府调节方式。政府管制具有强制性、规范性特点。所谓强制性，是指政府的管制措施对被管制对象具有强制约束力，政府依靠行政手段和法律手段强制贯彻其管制措施。所谓规范性，是指政府管制是依据一定的政策法规来规范被管制对象的行为。政府管制的目的在于纠正市场失灵，促进资源有效配置，维护市场秩序，增进社会利益。

（一）直接管制

政府管制有直接管制和间接管制之分。直接管制是以防止发生与自然垄断、外部不经济、信息不对称以及有害物品生产交易等导致的市场失灵为目的，依据政府（行政机构）认可和许可的法律手段直接介入经济主体决策的管制方式。

1. 直接社会性管制

按照管制的性质，直接管制可分为直接社会性管制和经济性管制。这里的社会性管制是指以保障劳动者和消费者的安全、健康、卫生、环境保护、防止灾害为目的，对物品和服务的质量和伴随着提供它们而产生的各种活动制定一定标准，并禁止、限制特定行为的规制。

2. 经济性管制

经济性管制是政府通过认可和许可等手段，对企业的进入、退出、价格、服务质量以及投资、财务、会计等方面的经济活动进行的管制，目的在于实现资源有效配置，确保企业内部效率，避免收入再分配，保证企业财务的稳定化。经济性管制的内容一般包括：(1) 对自然垄断性的产业实施进入管制，赋予特定的企业法定的垄断权，在保证经济效率的基础上，从制约企业行使垄断的市场控制能力的角度实施价格管制。(2) 为保证消费者能公平地享有服务，以制约企业的歧视供给为目的的管制。(3) 对消费者对于选择何种服务及价格而不能获得充分信息的部门，为了保证消费者利用信息以及防止由于企业破产而引起的对消费者的损害，而实行的进入管制和价格管制。对于那些存在规模经济和范围经济效应的产业，很多国家都实行多重管制，包括对进入实施的管制、对退出实施的管制、对价格实施的管制、对投资实施的管制和对物品和服务的质量实施的管制。

（二）间接管制

间接管制是以形成、维持竞争秩序的基础为目的，不直接介入经济主体的决策而仅对阻碍市场机制发挥职能的行为进行限制，以有效地发挥市场机制职能而建立完善的制度为目的的政府管制。

间接管制主要包括禁止垄断和禁止不正当竞争。

1. 禁止垄断

垄断有自然垄断、经济垄断和人为垄断。自然垄断是由生产技术方面的特性而形成的，并非人为地造成的，这种垄断一般不是反垄断法禁止的对象。经济性垄断一般不为反垄断法所绝对禁止，但要受到反垄断法的限制。人为垄断为反垄断法所禁止。反垄断一般涉及这样四个方面：(1) 禁止卡特尔。除个别卡特尔组织外，如标准化卡特尔、出口卡特尔和中小企业卡特尔等，其他卡特尔组织尤其是限定产量和价格的卡特尔组织，均在其禁止之列。(2) 控制企业合并或集中。企业无限制地合并或集中会形成垄断，限制竞争，因此反垄断要对企业的合并或集中行为给予限制。(3) 禁止滥用市场地位和市场权力。在市场占据统治地位、具有市场权力的企业，也要遵循市场的统一规则，如果以其市场地位和市场权力损害其他竞争者的权益，强迫它们接受不合理的报酬或其他合同条件，或阻碍它们进入市场进行公平竞争，则属于滥用市场地位和市场权力，为反垄断法所禁止。(4) 禁止行政垄断。

2. 禁止不正当竞争

禁止不正当竞争是间接管制的一个重要方面。所谓不正当竞争，是指企业或经营者采用欺诈、利诱、诋毁、议价等其他违背诚实信用和公平竞争原则的手段，从事市场交易的各种行为总称。不正当竞争行为包括：(1) 以产品、商品或服务的来源地误导公众；(2) 以夸大等方式进行欺骗，使人对所提供的商品、服务产生误解；(3) 诋毁竞争对手；(4) 侵犯商业秘密；(5) 不合理地利用他人已有的已被消费者承认的成果；(6) 以对比方式做广告；(7) 有奖销售等其他行为等。在我国，以不正当手段诱导顾客、以不正当手段阻碍竞争对手、窃取他人成果、利用违法手段进行竞争、干扰市场正常秩序如强买强卖等，都属于不正当竞争，属于法律所禁止的。

实施政府管制的手段是多种多样的，包括禁止特定行为，如根据反垄断法，禁止滥用市场权力，禁止企业间采取协调市场行为等；对企业的进入、价格等采取许可认可制度；制定产品、服务的内容、质量的技术标准和污染排放标准，强制企业执行；与企业签订合约以限制价格和产出等。由于行业的性质和特点不同，政府对不同行业管制的手段也不尽相同，对同一行业，不同国家管制的手段也有所不同。

二、放松管制

政府管制范围、管制方式、管制内容、管制措施等都是为适应一定时期经济发展的需要而确定的，也会随着社会经济的发展而发展变化，否则就会成为经济发展的障碍。20世纪70年代以后，西方一些国家开始放松了管制，这主要是因为传统的政府管制导致企业内部低效率和政府管制关联成本的提高，同时管制当局由于滥用自由裁量权导致寻租成本增加。为解决传统管制带来的这些问题，各国逐步放松了管制，改变了管制的方式，通过不同形式引入竞争和激励机制，使得管制向着激励性管制方向转变。激励性管制与传统管制的根本区别在于，它是通过一定的利益诱导机制，来激发微观经济主体在追求自身利益的过程中增进社会利益。因此，激励性管制不仅有助于克服市场失灵，而且有助于克服传统管制带来的弊端。激励性管制代表着管制改革的方向。

自然垄断行业是政府管制的天然领域，如何在这一领域中引入竞争和激励机制是政府管制改革中面临的一个重要课题。理论和实践都证明，在自然垄断行业也可以通过不同的途径引入竞争和激励机制。(1) 可以采取将企业分割、分离的办法，增加竞争主体，以形成有效竞争。在自然垄断行业内，由巨大的沉淀成本形成的进入壁垒使新企业难以进入，由此增加了企业的垄断程度。在改革中，可由政府出面，把某些过大的垄断企业分解成为几个独立的实体，形成相互竞争的格局。如电信业，由于我国电信市场容量非常大，仅靠目前的双寡头市场结构不足以形成有效竞争，有必要引入更多的竞争者。可考虑成立区域性的、独立的电信公司，然后允许跨地区经营。(2) 允许业务相关的自然垄断企业相互进入，提高市场竞争程度。在我国有些部门之间技术业务上很容易交叉，但往往由于条条分割使得它们难以交叉经营，形成行政性垄断。在这种情况下，如果允许业务相关的自然垄断企业相互进入，既可以提高电信市场的竞争程度，也可以有效地发挥各网络的作用，提高资源的利用率。(3) 地区间竞争。在某一自然垄断行业内如果仅仅存在一家企业独家经营，往往会因为企业规模过大而使企业运转不灵，导致企业内部无效率。在这种情况下，可将受管制的全国性垄断企业分为几个地区性企业，引入内部竞争使特定地区的企业在同其他地区企业的比较和间接竞争中，不断提高其效率。从一些国家的实践来看，地区间竞争对于提高这类行业的效率是有效的。

关键术语

市场失灵	政府调节	财政政策
货币政策	法定存款准备率	再贴现率
公开市场业务	政府管制	

思考题

1. 什么是市场失灵？造成市场失灵的主要原因是什么？
2. 政府调控的目标是什么？政府调控目标之间的关系如何？
3. 宏观调控手段有哪些？
4. 财政政策和货币政策配合的意义何在？
5. 什么是政府管制？政府管制的方式有哪些？
6. 社会主义市场经济中政府有哪些主要的经济职能？
7. 试述政府职能转换的主要内容。
8. 试述政府宏观调控的目标和手段。
9. 政府管制的主要依据是什么？

第十七章

经济全球化与中国的对外开放

重点问题

对外开放的政策和意义
对外贸易
利用外资
“走出去”战略
维护国家经济安全

对外开放是中国的基本国策。在经济全球化迅猛发展的当今世界，没有哪个国家能够游离于经济全球化之外。在这种情况下，我们只有积极参与到经济全球化的过程中，制定正确的开放战略和对策，趋利避害，抓住机遇，才能实现经济的现代化。

第一节　对外开放的政策演变和意义

一、对外开放的政策演变

所谓对外开放，是指国家放弃闭关自守的政策，放开或者取消各种对外交往的限制，积极参与经济全球化的进程。对外开放既包括发展对外贸易，也包括鼓励外国资本、技术等生产要素流入中国；既包括“请进来”，也包括“走出去”；既包括资源的国际配置，也包括经济体制与国际接轨。

在新中国成立以后的30年中，由于各种内部和外部因素的影响，中国基本上走的是封闭的自我发展的道路。虽然在第一个五年计划时期我国曾经与当时的苏联东欧等社会主义国家进行了大规模的经济合作，但这种合作与在经济全球化和市场化基础上的对外开放有本质的差别。关起门来搞建设虽然在当时也取得了巨大的成就，但与世界发达国家的差距却在不断扩大，长期脱离世界经济发展的轨道，不利于社会主义经济发展和现代化。

1982年，中共十二大确立了以经济建设为中心、坚持四项基本原则、坚持改革开放的基本路线，对外开放成为基本路线的重要内容之一。1984 年《中共中央关于经济体制改革的决定》明确提出“把对外开放作为长期的基本国策”。为此，“必须继续放宽政策，按照既要调动各方面的积极性、又要实行统一对外的原则改革外贸体制，积极扩大对外经济技术交流和合作的规模，努力办好经济特区，进一步开放沿海港口城市”。同时提出“利用外资，吸引外商来我国举办合资经营企业、合作经营企业和独资企业”，“充分利用国内和国外两种资源，开拓国内和国外两个市场”①。1987 年党的十三大又明确提出，进一步扩大对外开放的广度和深度，不断发展对外经济技术交流与合作。从这一时期到 20 世纪 90 年代初期，中国的对外开放有了长足进展，全方位多层次的对外开放格局已初步形成。1992 年，党的十四大进一步提出了扩大对外开放的三个主要目标和任务：(1) 对外开放的地域要扩大，形成多层次、多渠道、全方位开放的格局。(2) 利用外资的领域要拓宽，采取更加灵活的方式；继续完善投资环境，为外商投资经营提供更方便的条件和更充分的法律保障。(3) 积极开拓国际市场，促进对外贸易多元化，发展外向型经济，积极扩大我国企业的对外投资和跨国经营。在随后不久《中共中央关于建立社会主义市场经济体制若干问题的决定》中，又重申了“坚定不移地实行对外开放政策，加快对外开放步伐”，“积极参与国际竞争与国际经济合作，发挥我国经济的比较优势，发展开放型经济”。同时，提出了对外贸易体制改革的具体目标和任务，并要求“改善投资环境和管理办法，扩大引进规模，拓宽投资领域，进一步开放国内市场”。针对对外开放中，特别是利用外资中存在的某些问题，明确规定了“创造条件对外商投资企业实行国民待遇，依法完善对外商投资企业的管理”②。从这一时期到 1997 年党的十五大召开，是我国对外开放发展最为迅速、最为活跃的时期，我国的对外经济贸易已经有相当大的规模。党的十五大继续坚持把对外开放作为“一项长期的基本国策”，提出了“努力提高对外开放水平”的重要任务，并要求“完善全方位、多层次、宽领域的对外开放格局，发展开放型经济”，“积极合理有效地利用外资”，“正确处理对外开放同独立自主、自力更生的关系，维护国家经济安全”。中共十六大进一步提出“坚持‘引进来’和‘走出去’相结合，积极参与国际经济合作和竞争，不断提高对外开放的水平”的开放战略，这标志着我国对外开放进入了一个新的发展阶段。

二、对外开放是我国的基本国策

对外开放作为我国的一项基本国策，是建设中国特色社会主义的必由之路。

(1) 实行对外开放是经济全球化发展的必然趋势。经济的全球化是社会生产力不断发展的必然结果，在经济全球化不断扩大和加深的情况下，各国经济之间日益相互依存，相互依赖，没有任何一个国家可以无视经济全球化所带来的巨大经济影响。各国政府只有正视经济全球化的要求，主动实行对外开放，参与到国际经济体系中，抓住机遇，趋利避害，努力分享经济全球化可能带来的经济利益，才能实现经济的健康发展。相反，一味排斥和抗拒全球化的趋势，实行闭关锁国的政策，只会阻碍生产力的发展和社会的进步。

(2) 实行对外开放是发展社会主义市场经济的必然要求。市场经济本质是一种开放的

---

① 《中共中央关于经济体制改革的决定》，34 页，北京，人民出版社，1984。

② 《中共中央关于建立社会主义市场经济体制若干问题的决定》，25、26 页，北京，人民出版社，1993。

经济，它必然要冲破地区和国家之间的限制，把不同地区和国家的市场连成一体，不同国家的市场都会程度不同地纳入到这个体系之中。我国目前正处在市场经济发展过程之中，市场体制还不健全，对于搞市场经济还缺乏经验，因此，更需要通过对外开放，逐步了解和适应国际市场经济的惯例，学习国外发展市场经济成熟的经验，按照发达市场经济的标准和要求，改革我国的经济体制，建立规范的市场规则，校正经济主体的行为方式。

（3）实行对外开放是经济现代化的必要条件。我国现在正处于社会主义初级阶段，面临着实现工业化和现代化的艰巨任务，存在着资金短缺、科学技术落后、劳动者素质不高、管理经验不足和经济效率差等矛盾和困难。实行对外开放，是解决这些矛盾和困难的一个重要条件。实行对外开放，可以购买国外先进的设备和需要的物资，弥补国内的不足；可以利用国外资金，加速资金的积累；可以引进国外的先进技术和管理经验，以提高我们的技术水平和管理水平；可以通过参与国际分工和交换，发挥比较优势，获得比较利益；可以更好地吸收世界文明成果，在比较高的水平上起步，加快经济增长，尽快缩短与发达国家的差距。

总之，打破地域和国家的界限，参与国际分工，发展对外贸易，广泛开展对外经济技术交流，全方位对外开放，是尽快发展社会生产力和适应经济全球化要求的必然选择。

三、我国对外开放的历程和成就

从 1979 年起，中国的对外开放大体经历了三个阶段：即从 1979 年改革开放起，到 1990 年代初是中国对外开放的第一个阶段，在这个阶段，建立沿海经济开放地带成为全国开放的重点；第二个阶段是从 1992 年邓小平南方谈话到 20 世纪末，是中国改革开放事业全面发展全面推进的阶段；第三个阶段是以加入世界贸易组织为契机，我国的对外开放在新世纪进入了一个崭新阶段，是我国全面参与经济全球化的阶段。

（一）沿海经济开放地带外向型经济的迅速发展

中国的改革是从农村开始的，而中国的对外开放则是从沿海地区开始的。1979 年 7 月，国务院批准处于沿海地带的广东省和福建省在对外经济活动中率先实行特殊政策和灵活的管理办法。1980 年 8 月，国家又进一步开办了深圳、珠海、汕头、厦门四个经济特区。在当时的具体经济条件下，经济特区实行的特殊政策的内容主要是：（1）经济特区可以在社会主义公有制为主导的、多种经济成分并存的情况下，让外商投资企业所占比重超过内地的外商独资企业；（2）经济特区的经济体制实行在国家宏观经济指导下，以市场机制为主的经济运行体制；（3）给予到经济特区投资的外商比内地更多的优惠待遇；（4）给予经济特区政府相当于省级的经济管理权限，属于中央统一管理的外事、边防、公安、海关、金融、外汇等一系列专门经济和行政业务等，可以由国务院主管部门结合经济特区实际情况，制定专项管理办法；（5）中央政府对经济特区建设实行政策倾斜。

1984 年 4 月，中央政府在肯定改革开放前五年的经济成就，特别是总结了对两省实行特殊政策和建立经济特区的经验的基础上，决定进一步扩大对外开放的步伐，开放沿海的天津、上海、大连、秦皇岛、烟台、青岛、连云港、南通、宁波、温州、福州、广州、湛江、北海 14 个港口工业城市，让它们在进行对外经济贸易活动、外商投资企业的优惠待遇等方面有更大的自主权，创造吸引外商投资的有利经济条件。1985 年 2 月，中央又将珠江三角洲、长江三角洲以及闽南厦门、漳州、泉州三角地区的 51 个市、县开辟为沿海经济开放区。1988 年 3 月，中央决定将沿海经济开放区扩展到北方沿海的辽东半岛、山东半岛以及其他沿海的一些市、县。紧接着在 4 月又作出了设立海南经济特区的决定。至此，我国的对外开放区域从沿海个别地区和少数城市，扩展到了共有 293 个市、县，2.8 亿人口，42.6 万平方公里面积的广大沿海地区。

（二）对外开放事业全面推进

1990 年 4 月，中央决定开发和开放上海浦东新区，显示了中国进一步推进改革开放的巨大决心。上海是中国最大的工商业中心和口岸，具有雄厚的工业实力和科学技术基础，浦东新区的开发和开放会对上海产业结构调整，增强中心城市的综合服务能力，进而使上海成为国际性的经济、贸易、金融、航运中心，带动长江整个流域的经济发展发挥关键性的作用。开发开放浦东是中央政府改革开放中的又一重大、具有全局意义的战略决策，不但对上海经济的发展起到至关重要的作用，对整个长江流域，以至全国的经济发展都产生重大影响。

1992 年春，邓小平视察南方并发表重要谈话，强调指出必须抓紧有利时机，加快改革开放步伐，力争国民经济更好更快地上一个新的台阶。随后中国政府作出了一系列重大决定，出台了众多措施，在全国范围内推进对外开放，形成了中国改革开放的又一高潮。(1) 开放长江中上游的芜湖、九江、黄石、武汉、岳阳、重庆 6 个沿江城市，形成了沿江开放格局。(2) 开放吉林的珲春，黑龙江的绥芬河、黑河，内蒙古的满洲里、二连浩特，新疆的伊宁、塔城、博乐，云南的瑞丽、畹町、河口，广西的凭祥、东兴共 13 个沿边城市，形成了沿边开放雏形。(3) 批准大连、广州、青岛、张家港、宁波、福州、厦门、汕头和海口举办保税区；增设一批经济技术开发区；扩大外商投资领域。(4) 进一步深化外贸体制改革，努力建立适应国际贸易惯例、符合社会主义市场经济要求的新型外贸体制，统一对外经贸政策，提高政策法规透明度。尤其是在“九五”期间，进一步提高部分出口商品退税率；继续放开外贸经营权，对国有大中型生产企业、商业企业和科研院所等的进出口经营权实施了登记备案制，对达到一定条件的私营生产企业也赋予了进出口经营权；制定并颁布了《指导外商投资方向暂行规定》和《外商投资产业指导目录》；对外商投资企业实行低税收政策，对国家鼓励投资的行业、地区实行一系列优惠政策，对外贸易和利用外资都取得了巨大增长。

至此，我国对外开放已经扩大到全国各地和国民经济的众多领域，形成了沿海、沿江、沿线、沿边、内地的多层次、全方位开放的格局。

（三）加入世界贸易组织后对外开放的新阶段

早在中国改革开放之初的 1987 年，中国就曾向世界贸易组织（WTO）的前身即关税及贸易总协定提出重返关贸总协定的申请。经过 15 年的努力，中国终于在 2001 年 11 月 11 日在卡塔尔的多哈签署了中国加入世界贸易组织的协议，并在 2001 年 12 月 11 日正式成为世界贸易组织成员。

世界贸易组织作为一个多边的国际经济组织，以市场经济体制为基础，以促进世界范围的贸易自由化、全球经济和福利的增长为宗旨，通过货物贸易总协定、服务贸易总协定、与贸易有关的知识产权协定，以及其他一些协定管理和协调成员方的活动。世界贸易组织的原则、规则和各项协定组成一个完整的多边贸易法律体系，这一体系对世界贸易的运行和发展起着重要的规范作用。加入世界贸易组织是我国面对世界多极化、经济全球化

和科学技术突飞猛进的国际形势，从国内进一步改革开放和发展的需要出发，作出的战略选择。

我国加入世界贸易组织的权利和义务在加入 WTO 的法律文件中得到了具体体现。这些法律文件是多边和双边谈判的结果。中国加入议定书和中国工作组报告书的谈判和起草过程是多边谈判，而申请加入方与 WTO 成员方之间的市场准入谈判是双边谈判。多边谈判重点解决了我国遵守 WTO 的基本原则和要求、享受具体的发展中成员的权利、WTO 成员逐步取消对华歧视性贸易限制和措施、我国根据 WTO 要求进一步改革外贸体制、调整与贸易有关的投资措施等内容；双边谈判重点解决了逐步降低关税、逐步取消进口限制、逐步开放服务贸易等市场准入内容。

加入世界贸易组织，标志着中国改革开放进入一个崭新的阶段，新一轮对外开放拉开大幕，对外开放也呈现出新的格局：加入世界贸易组织不仅使中国改革开放的领域扩大和加深，而且使中国从原来的自主单边开放变成中国和世界贸易组织各成员方之间的相互开放，从中国原来按政府政策实行改革开放到按照世界贸易组织的规则开放。

加入世界贸易组织后，我国可以享受多边谈判的成果；可以通过开放自身市场，扩大吸引外资，并获得进入其他成员方市场的机会；可以通过多边争端解决机制，公正、平等地解决贸易争端，可以推动经济体制改革。世界贸易组织遵循的基本原则，如非歧视、透明度、公平竞争、开放市场等，都是建立在市场经济基础上的。根据这些原则，各方在谈判中确立了各种具体规则。遵守这些基本原则和具体规则，可以有力地推动我国社会主义市场经济体制建设。

到 2005 年 12 月 11 日，中国加入世界贸易组织已经四周年了。从这四年来的情况看，我国大幅修订包括外资法、外贸法在内的 2 500 多个法律法规，各地清理了 19 万多件地方性法规、地方政府规章和其他政策措施，国务院先后分三批取消和调整行政审批项目 1 800多项，各地政府取消了数十万件行政审批项目。取消大量内部文件，推行“阳光政务”，公布了所有与贸易有关的法律法规，极大地提高了法律、法规和政策的透明度。大幅度降低了关税，关税总水平从 40%左右降到 9.9%。其中，农产品平均税率为 15.2%，工业品平均税率为 9.0%。包括配额、进口许可在内的各种非关税措施也已逐步取消。进一步放宽外贸经营权。开放金融、保险、电信、法律、会计、建筑、旅游、教育、运输等服务贸易领域，改善外国服务供应者进入上述领域的条件。在完善保护知识产权立法的同时，加大了实施保护知识产权的法律力度，通过教育使各行各业保护知识产权的自觉性大大提高。同时，各行各业充分利用加入 WTO 所带来的机遇，大力推进国内的开放与改革的步伐，调整国内产业结构，提高企业在国际市场上的竞争能力，认真应对各类贸易摩擦与国际竞争所带来的压力，使企业在国际竞争中不断壮大实力。

正是由于我国认真履行入世承诺，积极抓住入世机遇，对外贸易才得以获得超常规增长，服务贸易等众多领域都出现了新的气象，服务的范围与水平不断扩大与提高，消费者得到了更多的实惠，经营者在实践中提高了竞争能力，服务行业为社会提供了更多就业机会，外商直接投资迅速增加，跨国公司纷纷进入我国市场，“走出去”战略有条不紊地实施，对外投资迅速增加，一批企业走上了跨国经营之路。

当然，随着入世“过渡期”接近尾声，我们面临的挑战也越来越严峻。所谓过渡期，就是入世后市场、产业、产品保护的时限、调整的时限、推迟开放的时限。从加入世贸组织四年来的情况看，过渡期为国内相关产业争取了调整和发展时间和应对空间，这些产业至今未受太大冲击，很大程度上是缘于过渡期的“屏蔽”作用。以2005年为分界线，我国服务业的最敏感领域陆续达到加入WTO承诺终点，除少数行业外，大部分将取消限制，允许外商独资或控股。比如，银行业将取消对外资银行从事人民币业务的地域和客户限制；保险业将取消强制分保，并允许设立外商独资保险经纪公司；分销业将允许外商开展所有进口和国产品的佣金代理和批发，从事特许经营、直销、零售服务，没有股比和地域之限；证券业也允许外商设立合营公司，从事国内证券投资基金管理业务，外国证券机构可直接进行B股（人民币特种股票）交易；旅游业将允许设立外资独资子公司，在华建设、改造和经营饭店餐馆，外商独资旅行社不受地域限制；电信业将允许外资在移动话音和数据服务中的比例达到49%，并到2006年底取消地域限制，基础电信的国际国内业务范围也将放开。这样，我们将面对以下主要的挑战：

(1) 金融安全。随着资金实力雄厚的外国银行和保险公司全面进入中国市场，取消经营地域限制和开放人民币业务，我国的商业银行和保险公司将面临严峻的竞争局面。处理好呆坏账比例相对较高的问题，降低金融风险，改善服务水准，开发服务产品，留住优质客户，避免经过多年培养的业务骨干大量流失问题，以及妥善处理人民币汇率问题，关系到我国的金融安全，特别是银行业实现平稳过渡。

(2) 农业安全。我国在加入WTO时对农业作了广泛的承诺，承诺不仅不能对农业提供任何出口补贴，而且国家对农业的支持只能占农业产值的8.5%，不能享受发展中国家占农业产值10%的待遇；在农业关税方面，我国承诺的农产品关税最终要降到15%左右，而各成员平均农产品关税实际高达62%。我国一些大宗农产品进口允许采用关税配额限制，小麦配额数量高达963.6万吨，玉米720万吨，大米532万吨，而且配额内关税仅为1%～10%。[①] 这对我国农业生产和农产品市场造成巨大压力。我国是一个农业人口众多的国家，农业人口占全国人口的70%左右，人均的耕种面积仅有0.1公顷左右。在大宗农产品的生产与销售方面很难与国外竞争，尤其在发达国家大规模补贴农产品生产与出口的情况下，使我国农产品市场面临严峻挑战。因此，如何尽快落实“三农”政策，减轻农民负担，提高我国农产品竞争力，确保广大农村的发展与稳定，确保主要农产品较高程度的自给，从长远看对我国经济、社会和国家安全具有重要战略意义，是我们面临的重大课题。

(3) 贸易保护主义的挑战。一些主要的发达国家，一方面宣扬经济全球化、贸易自由化给各国经济带来的好处，宣扬贸易保护主义的危害与弊端；另一方面在实践中却利用各种关税的、非关税的措施为贸易自由化设置障碍。尤其是大量使用严格但又超出正常必要水平的技术标准与卫生检疫标准限制发展中国家扩大出口；大量使用反倾销、反补贴与贸易保障措施，对来自发展中国家的进口货物课以高额反倾销税或实施配额限制。所有这些都严重制约了包括中国在内的发展中国家出口的扩大，中国成为最大的反倾销调查受害国。[②] 我国各行各业及企业必须尽最大努力防止并克服国际贸易保护主义措施造成的负面影响，确保外贸出口健康有序地发展。

---

① 参见石广生：《中国加入世界贸易组织知识读本》，22、32、34页，北京，人民出版社，2002。

② 据世界贸易组织秘书处统计，自WTO成立到2004年12月11日，世界贸易组织各成员总共发起了近2 539件反倾销调查，其中针对中国的反倾销调查高达380多起，约占总数的1/7。

第二节　中国对外贸易的发展

一、中国对外贸易发展的作用

对外开放改变了我国自身的经济面貌，也改变了国际经济贸易的格局。在改革开放以前，我国的对外经济贸易长期处于萎缩的状态，对外贸易只是为了互通有无，外商投资几乎为零，国际经济技术文化交流屈指可数，对外经济贸易对社会生产力的拉动作用几乎可以忽略不计。对外开放彻底改变了对外经济贸易在国民经济中的地位，对外经济贸易在经济发展和社会全面进步中发挥了不可替代的作用。

1950 年，我国进出口总额仅有 11.35 亿美元，到改革开放的 1978 年，也只有 206 亿美元，中国的出口额占世界出口总额的比重不足 1%，在世界出口总额上所占的位次仅为第 32 位，可以说与中国这样一个大国地位很不相称。然而到 2005 年，我国进出口总额达到 14 221 亿美元，进出口总额占世界贸易的比重上升，在世界的排名居第 3 位，巩固了世界贸易大国的地位。对外经济贸易对国民经济增长的贡献率提高，对外开放 27 年中国的进出口总值增长 69 倍，对外贸易的增长速度大大高于中国同期国内生产总值的平均增长率，也大大高于同期世界贸易的增长速度，有效拉动了国民经济增长。①

（1）对外贸易发展为我国提供了大量的就业岗位。到 2005 年，我国从事出口业务并与此直接有关的职工达 9 000 多万人，有效地缓解了国内就业和再就业压力，对保持社会稳定至关重要。外贸发展对国家税收的贡献也十分显著，关税和进口环节税占全国税收总额的比重不断上升，这些税收用于建立社会保障制度，对于改善低收入人群的生活，实现共同富裕，功不可没。

（2）对外贸易发展极大地改善了我国的国际收支。到 2005 年底，我国外汇储备已增至 8 189 亿美元，居世界第二。国家外汇储备的增加和国际收支的不断改善，为保持人民币汇率稳定、维护国家经济安全和人民的长远利益提供了重要的可靠保证。②

（3）对外贸易发展使我国的进出口商品的结构不断改善。在改革开放以前，中国的外贸出口和许多发展中国家一样，仍然是初级产品为主的出口商品结构。在 20 世纪 80 年代，我国抓住国际性产业结构调整的机遇，在对外开放先行一步的广东、福建两省以优越的地理位置、便利的交通条件和充裕的劳动力资源，吸引一些劳动密集型产业进入我国，从承接“三来一补”的加工贸易入手，发展劳动密集型产品的加工和出口，有效促进了这些地区经济的振兴。通过参加国际交换和竞争，这些地区不断提高经济素质，促进经济体制改革，增强经济活力。许多沿海地区的企业吸取了先行开放地区的经验，把国外的资金、技术、设备和管理引入企业，加快中国企业的技术改造，实现产品更新换代。从而改变了中国出口产品陈旧、单一的老面孔，并从根本上改变了中国的出口商品结构，在中国

---

① 参见中国商务部：《2006 年对外经济贸易简要统计》。

② 参见中国商务部：《2006 年对外经济贸易简要统计》。

出口商品中，深加工、高附加值的产品出口的比重不断上升，机电产品成为主要出口产品。①

（4）在发展对外贸易的过程中，我国还在全方位开拓国际市场方面取得积极成效。我国与世界200多个国家和地区都建立了贸易关系，形成了全方位、多角度的外贸出口格局。外贸在促进中国经济发展，产业结构调整，技术进步和经济效益提高等多方面都发挥了十分重要的作用。

二、中国对外贸易发展的历程

（一）1978年以前的对外贸易

我国外贸事业的飞速发展是与改革开放事业同步发展的。1978年以前，受到各种条件限制，我国基本上处于一种闭关自守的状况，外贸的作用基本上被看作是社会主义扩大再生产的补充手段，局限于互通有无、调剂余缺的范围，因而发展受到严重限制。在外贸体制上，我国当时执行高度集中的贸易体制：国家集外贸经营和管理于一身，国有外贸专业公司垄断经营，政企不分，国家财政统负盈亏，外贸企业在财务上长期“吃大锅饭”。这种外贸体制使得我国的外贸渠道和经营方式单一，工贸脱节，产销脱节，外贸企业经营自主权很小，难以积极参与国际竞争，极大制约了中国外贸事业的发展。改革开放后，我国把发展外贸事业放在重要的地位，并大刀阔斧改革外贸体制，开创了外贸发展的新局面。

（二）1978年到1987年的对外贸易

1978年到1987年的十年间，我国首先明确了政府部门在对外经贸管理中的地位和作用，部分下放了外贸出口的自主权，打破了原有的由外贸专业公司垄断经营的局面，调动了各方面的积极因素，以发展外贸出口。各地方和有关部委都建立了一批贸易公司，一些大中型生产企业也开始经营本企业产品的出口业务和一些进口业务。与此同时，国家改革外贸计划，缩小指令性计划的管理范围，取消外贸收购调拨计划，并开始运用汇率、利率等经济杠杆，推动外贸发展。

（三）1988年到20世纪末的对外贸易

1988年到20世纪末，中国的外贸进出口体制发生了根本的变化。针对改革和发展中出现的各种问题，中国对外贸出口企业实行了一系列的改革措施，其主要内容是，在外贸出口改革中，坚持统一政策，放开经营，平等竞争，自负盈亏，工贸结合，推行代理制。为了强化外贸企业自负盈亏的机制，建立适应国际经济通行规则，符合社会主义市场经济体制的新型外贸管理体制，国家还在1994年胜利实行了人民币汇率制度的重大改革，将原有的双重汇率并轨，实行了有管理的浮动汇率制。同时，国家还从原有的行政管理手段为主的外贸管理体制，转向主要以法律和经济手段的外贸管理体制，加快外贸企业经营机制向规范化的现代企业制度的转换。经过多年的改革，中国的外贸体制发生了根本的改变。一个符合社会主义市场经济要求，与国际惯例接轨的外贸体制已经初步展现在人们面前。

---

① 2005年，机电产品出口占全国出口总额的比重提升到56.0%，已成为拉动我国整体出口增长的最主要力量；高新技术产品出口从少到多，占全国出口总额的比重上升到2005年的28.6%；服务贸易快速增长，在对外贸易中的比重节节上升。

（四）加入世界贸易组织之后的对外贸易

随着我国加入世界贸易组织，对外贸易事业进入一个崭新的阶段。加入世界贸易组织使我国的外贸事业面临着前所未有的巨大机遇和挑战，它预示着我国的外贸出口不仅受到国内经济和政府政策的影响，还必须逐步按照国际通行的规则和惯例参与到国际竞争中。我们必须进一步深化中国进出口管理体制改革，加快加大改革的步伐。一方面，我们在外贸中需要逐步地、有计划地履行加入世界贸易组织的承诺，降低关税总水平，减少乃至消除非关税壁垒，采用国际通行的做法发展与各个国家之间的外贸关系，建立按照国际通行做法管理进口的新体制。另一方面又要积极地和更深入地参与到国际多边贸易体系中，增强我国企业的国际竞争力，实现我国经济与国际经济的互接互补，促进我国社会主义市场经济体制的建立和完善，加快社会主义建设的步伐。尤其是在我国成为世界贸易大国后，如何成为真正的贸易强国是我们必须正视的课题。今后，我们必须努力提高对外贸易的效益，改变过分依赖数量扩张和粗放型的贸易增长方式；继续推进市场多元化，改变过分依赖传统大市场的市场格局；促进贸易主体多元化，改变过分依赖外商投资企业的局面；推动多种贸易方式共同发展，改变过分依赖加工贸易的状况。

第三节　利用外资促进我国经济发展

一、利用外资的主要形式

利用外资是我国对外开放的主要形式之一，也是加速我国现代化建设、解决资金不足问题的有效途径。

（一）利用直接投资

在对外开放中，我国吸收外资的能力在不断增强，成为国际投资重要热点地区。2005年实际吸收外资超过724亿美元，吸收外资的规模已连续12年居发展中国家首位。截止到2005年底，全国累计批准设立外商投资企业55.3万多家，合同外资金额12 856.7亿美元，实际使用外资金额6 345.1亿美元。来华投资的国家和地区现已超过180个。[①]

同时，我国吸收外商投资领域扩大，投资方式增加，结构趋于优化。外商投资的重点已从一般制造业发展到电子、通讯、基础设施建设、商业、外贸、电信、金融、保险等领域，尤其是我国开放服务贸易领域后，服务业已成为外商新一轮投资的热点。大型跨国公司来华投资活跃，世界500强中有九成来华投资，并设立多家投资性公司和外商投资研发中心。研发中心从针对中国市场的、改进型的、专有技术的研发，开始向面向全球制造体系的研发转变，跨国公司投资的科技含量大大提高。随着在中国投资规模的扩大，跨国公司更加重视在中国投资的整体协调和在未来市场的战略投资，并把作为其经营战略地区化、全球化的控制协调机构——地区总部纷纷转移到中国，这表明跨国公司十分看重中国的潜在市场和在中国的巨大利益。以购并、股份制等方式吸收外资取得新的突破。

（二）利用间接投资

改革开放以来我国还通过多种渠道和多种方式借用外国贷款。这里的外国贷款既包括

① 参见中国商务部：《2006年中国外资统计》。

外国的政府贷款，也包括从各个国际金融机构（比如世界银行）的贷款，以及国际商业贷款等。在1980年代初我国借用的外国贷款每年只有十几亿美元，但是随着我国对外开放规模的扩大和国民经济的持续快速发展，以及我国对外国资本消化吸收能力的增强，外国贷款的规模不断扩大。

（三）发行有价证券筹集外资

在国际资本市场上，通过发行各种有价证券筹集国外资金是我国利用外资的另一渠道。这包括我国通过向境外发行债券，筹集用于国家大、中型基础设施建设、基础产业项目建设的资金，也包括我国大型公司和企业通过向海外发行股票筹集资金。虽然从目前来看，中国能够在世界大的资本市场上通过发行股票筹集资金的企业还不多，但是其发展势头却不可忽视，并且随着中国企业股份制改造和股票市场的发展，必将有更多的企业和公司在国外资本市场融资。

在当今经济全球化的世界中，国际资本在全球范围内高速流动，资金流入哪个国家，往往取决于投资者对该国资信的评估以及投资回报的高低。中国自改革开放以来，不断加快和深化经济体制改革的步伐，坚定不移地坚持多种经济成分和多种经营方式的平等发展，并把非公有制经济成分的外商投资企业当作我国社会主义市场经济的重要组成部分，为外商投资企业投资中国经济创造了良好的投资条件，因而对外商投资形成巨大的吸引力。特别是在我国的第九个五年计划期间，我国虽然遭遇了亚洲金融风暴和内需不足双方面的冲击，但是仍然坚定不移实行改革开放政策，顶住了金融风暴的压力，并且采取了扩大内需的一系列政策，因而在世界经济一片萧条的情况下，中国经济“风景这边独好”，继续成为全球资本投资的风水宝地，取得了骄人的战绩。

二、利用外资的重要作用

利用外资在国民经济建设中发挥了重要作用，有力地促进了改革开放和发展。

（1）外国资金进入首先弥补了我国在社会主义市场经济发展中资金的不足。在我国现代化建设中，资金缺乏是一个长期的制约因素。外国资金的流入对我国弥补资金缺口，加快经济建设的步伐具有重要意义。特别是在对于中国经济发展具有战略意义的基础设施建设方面，基础设施建设要求的投资期限长，资金规模大。中国作为一个发展中国家，基础设施非常落后，欠账很多，一下子要拿出大笔资金确实存在很多困难。虽然国家曾经发行了大量的国债，支援国家在水力电力、道路交通等各个领域的建设，但是仍然显得力不从心。外国资金的流入会明显加快中国进行基础设施建设的步伐。最近几年，中国就利用国外贷款建设了北京首都机场、上海浦东机场、广州—北海—成都光缆、南昆铁路、小浪底水利枢纽工程、干线高速公路等一大批基础设施项目，大大缓解了基础设施的紧张状况。同时在发展一些具有全局战略意义的投资项目中，外国投资也发挥了巨大的作用。外资对中国经济的重要性不断提高，对经济增长的贡献不断增大。①

（2）外国资金进入还给中国带来了外国先进的技术和管理经验，促进了中国经济结构

① 2005年实际使用外商投资占全社会固定资产投资的比重为6.69%，外资依存度（实际使用外商直接投资总额占GDP的比重）为3.26%，外商投资企业工业产值占全国工业总产值的比重由1990年的2.28%上升到2005年的31.41%。参见中国商务部：《2006年中国外资统计》。

的调整和产业升级。外商投资带来的先进技术、工艺、设备和产品，在相互竞争和配套协作中推动了国内相关工业的技术进步，加快了我国产业结构和产品结构的调整步伐，这方面的例子可以说是不胜枚举。我国生产的日用家电在十几年前不仅产量低，其质量、设计、工艺等各个方面都与国外先进国家不可同日而语。然而经过外资进入，不仅带来了先进的技术，也带来了先进的管理理念和管理经验，同时也给国内企业以极大的竞争压力，迫使国内的家电企业把压力转化成动力，促进了企业的改革和产品升级换代，增强了国际竞争力。现在国产家电不仅在国内市场中占据了统治地位，而且还在国际市场上搏击，逐渐也占据了一席之地。与日用家电情况类似的国产电脑、汽车、机械、电子、通讯、化工、轻工、纺织、建材、医药、食品等许多行业的产品也在与外资的既合作又竞争的环境中得到更新换代，技术水平和生产工艺有明显进步。某些领域通过利用外资在较短的时间内迅速形成了一批新兴高技术产业，大大缩小了我国在产品、技术上同发达国家的差距。一批外商投资项目的建设，对我国中西部的对外开放和经济发展也发挥了重要作用。在近五年里，国外优惠贷款也加大了向我国中西部地区、特别是西部地区的倾斜力度，重点支持了中西部地区基础设施、生态和环境保护、教育、扶贫等项目建设，如四川二滩水电站、朔黄铁路、黄土高原治理、西南农业开发扶贫等，有力地配合了西部大开发战略的实施。

(3) 外商投资还给政府带来了大量税收，增加了我国的外汇储备，创造了许多就业机会。统计表明，以外商投资税收为主的涉外税收占全国工商税收总额的比重节节上升，外商投资企业银行结售汇保持较大顺差，增加了我国的外汇储备，增强了中国抵御外来风险的能力，外商投资企业吸收劳动力就业已经成为解决我国就业难题的重要途径。①

(4) 外商投资企业发展还带动了我国进出口贸易快速增长，外商投资企业进出口额、进口额和出口额占全国的比重较大且持续上升，目前都已经超过全国的50%，有力推进了我国全方位、多层次、宽领域开放格局的形成。②

(5) 促进了国内产业结构调整，提高了经济增长质量和效益。比如，引进国外技术改造提升我国传统的纺织、轻工等行业，使这些行业的技术水平、产品质量和档次都发生了根本性的变化，在国际市场上长期保持了竞争优势；我国家电产业发展合资、合作与引进消化先进技术，使彩电、洗衣机、电冰箱、DVD等产量已跃居世界生产大国行列，不仅满足了国内需要，而且还大量出口；商业零售领域通过引进跨国连锁集团和现代化的营销技术与管理经验，发展仓储式商场、大型综合超市、专业店、便利店等新型业态，使我国的商场设施、购物环境、商品质量和服务水平等得到了很大提高，物流业正成为国民经济中快速成长的新兴产业。机电产品特别是高新技术设备的进口，使我国电子信息技术等高新技术产业和重大装备的设计制造，从无到有、从小到大地发展起来，如通信和电子行业的程控交换机、移动通信设备、数字通信、计算机、卫星通讯的设计制造，以及冶金行业的连铸连轧技术、大型薄板的冷热轧技术和设备制造等，大大提高了我国的综合国力。

---

① 以外商投资税收为主的涉外税收占全国工商税收总额的比重由1992年的4.25%上升到2005年的20.71%。截至2005年底，外商投资企业吸收就业的人数超过2 500万人，约占到全国城镇劳动力的10%。参见中国商务部：《2006年中国外资统计》。

② 外商投资企业进出口额、进口额和出口额占全国的比重从1995年的39.10%、47.66%和31.51%上升到2005年的58.48%、58.70%和58.29%。参见中国商务部：《2006年中国外资统计》。

总的来看，中国在利用外资方面取得了巨大的成就，也在如何控制外资投资规模，引导合理的外资结构，确定合理的外资投资地域，发展长期战略合作方面获得了许多宝贵的经验。当然，在引进外资的过程中也出现了一些值得重视的问题，例如，外商投资企业利润转移问题，技术转移问题，跨国公司垄断问题，引资成本过高问题，环境污染问题。跨国公司在对外投资中实行全球化经营战略，利用全球网络转移价格或者利润是普遍现象，应该采取适当的规制措施，防止其转移利润。跨国公司对外直接投资的根本动机是追求利润，技术的转移和采用主要基于市场竞争状况，我国有必要在促进市场竞争的同时，进一步推动跨国公司更多地向我国转移技术。跨国公司存在限制性商业措施，滥用市场垄断力量，出现一些反竞争行为，是一个世界范围内有待解决的问题。为此，制定反垄断法是一个有效方法。

第四节　实施“走出去”战略

一、实施“走出去”战略的重要意义

对外开放不仅意味着要引进外国资金、技术和劳动力，即实施“引进来”的战略，还包括发展对外投资、技术和劳务输出，即实施“走出去”的战略。改革开放以来，我国生产力水平不断提高，综合国力明显增强，为实施“走出去”的战略奠定了良好的物质基础。1997 年，党的十五大就提出“鼓励能够发挥我国比较优势的对外投资。更好地利用国内国外两个市场、两种资源”的新方针，实施“走出去”战略，使我国对外投资进入了一个新的阶段。

加入世贸组织后，我国对外开放进入了新的阶段，为了适应经济全球化和加入世贸组织的新形势，我国必须在更大范围、更广领域、更高层次上参与国际经济技术合作与竞争，充分利用国际国内两个市场，拓展发展空间，以开放促改革促发展；既要积极引进国外资金、技术和设备，也要鼓励具备资金、技术、人员和管理等方面优势的企业，到海外进行投资，把资源优化配置扩展到国际国内两个市场，推进国内结构调整，拉动经济持续快速增长；既要积极吸收国际投资和跨国公司投资，也要大力支持和鼓励国内企业开展对外投资，从事境外生产、贸易、服务，带动商品、技术和劳务出口，形成一批我国自己的跨国企业和企业集团，培育一批在国际上享有知名度的著名品牌；利用我国劳动力资源丰富的优势，大力发展对外承包和劳务合作，加大开拓国际工程承包市场的力度。“走出去”就是要更加积极主动地参与经济全球化，更加广泛地开展同世界各国特别是广大发展中国家的经济技术交流合作，更好和更多地利用国外一切可能利用的市场和资源，以弥补国内资源的不足，扩大国际市场空间。“引进来”与“走出去”是对外开放的两个轮子，两个轮子同时转起来，有助于我们发挥优势，扬长避短，促进我国经济持续快速稳定发展。中共十六大报告又进一步明确提出，坚持“引进来”和“走出去”相结合，全面提高对外开放的水平，这是对外开放新阶段的重大举措，对于我国积极参与经济全球化，充分利用国内外两个市场，实现资源优化配置，全面提高对外开放水平，具有重要而深远的意义。

二、我国实施“走出去”战略带来的成效

实施“走出去”战略后，我国境外投资从少到多，逐步扩大，已拥有一批具备一定技术经济实力、熟悉国际化经营管理和适应国际市场激烈竞争需要的企业，在“走出去”方面积累了许多宝贵经验。从“走出去”的实践看，对外经济合作呈现出以下特点：

(1) 初步形成了全方位、宽领域的格局。对外经济合作业务遍及全世界近200个国家和地区，基本形成了“亚洲为主，发展非洲，拓展欧美、拉美和南太”的多元化市场格局；业务范围拓展到以工业制造、建筑、石油化工、资源开发、交通运输、水利电力、电子通讯、商业服务、农业等行业为主，并涉及环境保护、航空航天以及医疗卫生、旅游餐饮、咨询服务等国民经济其他诸多领域。

(2) 投资方式多样化，层次渐次提高。我国对外投资由最初的货币投资、实物投资向跨国并购等方式扩展，有越来越多的企业采取入股和股权置换等方式投资。企业到境外收购销售网络、许可证、技术专利、建立研发中心和工业园区的做法明显增多。①

(3) 对外承包工程大型项目增加，劳务合作稳步发展。近年来，我国已经成为世界工程承包大国，在境外承揽许多大型总承包和交钥匙工程项目，② 从事对外承包工程与劳务合作的企业2 600多家。通过对外承包工程带动了劳务输出，按供求双方签订劳务合作合同派出劳务人员不断增加。

(4) 境外资源能源开发合作取得进展。我国对外投资领域涉及油气开发、矿产开发、信息传输、计算机服务和软件、加工制造、商贸旅游、农林牧渔、交通运输、劳务输出、医疗卫生和中介服务等方面，对外投资项目运作良好，经济效益逐步显现。其中，境外资源开发成为投资热点，油气、紧缺矿产、木材等境外资源开发合作开始取得成效，带资承包有新的进展。我国已与30多个国家建立资源能源长期合作关系，与俄罗斯、哈萨克斯坦、沙特、苏丹、澳大利亚、印度尼西亚等国的大项目和中长期合作取得突破，在西欧、北非、南美、东南亚、中亚—俄罗斯四大海外战略区域建立了年产百万吨以上的原油生产基地；铁、铜、铝、铬、锌等矿种均在境外形成了一定的生产能力。

(5) 涌现出一批跨国经营业绩较好的企业。2005年我国有23家企业进入世界500强，49家企业进入世界最大225家国际承包商行列。研发能力强、拥有自主知识产权和核心技术的高端产业领域的制造企业，在“走出去”中逐步形成了国际品牌，提升了“中国制造”的品牌影响力和品牌价值。③

当然，我国还处于“走出去”的起步阶段，需要政府在金融、财税、外汇、对外关系等多方面的支持，政府应建立和完善政策促进体系，并加快立法进程，建立和完善制度保障体系、监管和调控体系、市场服务体系，推动“走出去”战略顺利实施。

---

① 2005年，我国企业跨国并购金额占对外投资总额的56.5%，并购主要集中在资源、电信、家电、石化、纺织、汽车等领域，如中石油成功收购哈萨克斯坦PK石油公司，中国网通收购香港盈科电讯，蓝星集团收购法国安迪苏（ADISSO）集团等；绿地投资（投资建厂）占总额的43.5%；一批境外研发中心、工业园区（如海尔巴基斯坦园区、华源泰国园区等）逐步建立。

② 仅2005年，我国对外工程承包合同额在5 000万美元以上的大项目就达115个，其中上亿美元的项目49个。

③ 截至2005年底，我国从事跨国经营的企业达3万多家，民营企业越来越成为实施“走出去”战略的生力军。

第五节　对外开放与经济安全

随着我国对外开放日益扩大，参与经济全球化的程度加深，经济安全问题逐渐成为人们关注的焦点。

一、经济安全的内涵与表现

经济安全是与经济不安全即经济风险相对应的。在对外开放和参与经济全球化过程中，经济利益与风险从来就是并存的。当国际经济交往中经济风险上升到一定程度，使本国经济无法正常发展，根本经济利益受到损害或威胁时，就意味着经济陷入不安全状态。与之相对应，所谓经济安全，即在国际经济交往中本国根本经济利益不受损害或威胁。

对外开放可能导致的国家经济安全问题主要表现在以下四个方面：

（1）当今的经济全球化是由跨国公司主导的，跨国公司在本质上是反对国家干预的，由于其实行全球化经营，要求在贸易、投资、金融等各个方面实现自由化，因此国家主权可能会遭到一定程度的削弱。弱势国家在游戏规则的制定方面明显缺乏实力。

（2）在对外贸易方面，随着对外贸易规模扩大，贸易依存度上升，如果缺乏对外贸易主导权，世界经济波动就会传导到国内，使本国经济运行受到世界经济波动的影响，无法实现持续稳定发展。

（3）在利用外资方面，跨国并购是国际直接投资的主要方式，相对于发展中国家的大部分企业，跨国公司实力强大，并购操作经验也非常丰富，其中的许多并购，其意义已经超出了一般的商业经济范围，会影响产业安全和国家经济安全。跨国并购实质是跨国公司为了培植核心竞争力在世界范围内寻找优质资产，因此，往往是跨国公司并购其他国家或地区的龙头企业。因此，会造成一个国家或地区某个产业的龙头企业易主，产业发展的主导权发生变化。如果涉及国民经济支柱产业和关系国民经济命脉的关键行业、主要领域，产业发展主导权发生变化不仅影响产业安全，还可能使国家经济发展的主导权掌握在外国投资者即跨国公司手中，威胁到国家的经济安全。

（4）在金融领域，随着金融业对外开放和资本跨国流动规模扩大，一旦国际金融市场与货币市场发生剧烈波动，或出现资本项目逆差和国际收支恶化等情况，就可能触发金融安全问题。特别是，跨国公司一般都依靠高能量的金融资本作为后盾，同时利用全球金融市场来规避或转移风险。而跨国公司这种自我利益导向型的风险转移，常常与民族国家的利益相冲突。因此，当跨国公司的资本战略与国家的金融战略发生冲突，就可能导致金融危机；如果和国家的产业战略发生冲突，就可能给国家带来潜在的产业风险；而如果跨国公司的总体战略和国家的经济战略发生矛盾，就可能导致国家整体经济危机。

二、应对经济安全问题的原则与策略

经济安全问题是在对外开放和参与经济全球化过程中出现的问题，而对外开放和参与经济全球化过程是顺应国际生产力发展要求的战略措施，因此，应对经济安全问题也只能以继续对外开放和深入参与经济全球化为前提，而不能因为对外开放可能产生经济

安全问题，就简单排斥对外开放，在经济全球化进程中做旁观者，因噎废食。当对外开放和经济安全之间产生冲突、原有的对外开放的具体政策和措施损害国家的根本经济利益时，应该服从国家的根本经济利益要求，对对外开放政策做出调整。调整对外开放的措施和具体政策，不等于回归到闭关自守的状态，也不等于排斥对外开放，而是为了更好地在对外开放中维护国家根本经济利益。

为了在对外开放和深入参与经济全球化过程中维护国家经济安全，我国有必要采取以下策略：

（1）坚持根据我国现有的经济发展状况和社会承受能力，循序渐进地推进贸易、投资、金融的自由化进程，把贸易、投资和金融自由化与有效监管结合起来。

在国际经济贸易谈判和制定双边、多边经济贸易规则中，应继续保持独立自主性。重视运用多边规则合理保护国内产业的权益，坚决抵制进口产品的不公平竞争，根据世贸组织规则处理对外经贸纠纷。推动企业抗辩国外的反倾销、反补贴和保障措施调查，建立多层次、多渠道的应诉机制，维护我国企业的合法权益。建立和完善自己的技术标准体系，积极探讨冲破国外技术性贸易壁垒的新路子。

（2）培育企业自主创新能力，改变贸易增长方式，提高对外贸易水平，从贸易大国转变为贸易强国，增强对外贸易主导权。

对外贸易规模扩大和外贸依存度上升，并不必然导致经济安全问题。如果我们在对外贸易中拥有主导权，就可以有效降低世界经济波动带来的风险，分享更多的贸易利益。而要增强对外贸易的主导权，提升对国际贸易的影响力和控制力，关键在于提高我国企业和产品的国际竞争力。其核心是在发展对外经济贸易过程中，不能过分倚重比较优势，而应着力培植竞争优势，从主要依赖比较优势转向依靠竞争优势，实现从贸易大国向贸易强国的转变。

企业及产品在国际上的竞争优势来源于国家竞争优势。根据迈克尔·波特的国家竞争优势理论，国家竞争优势表现为国家在某个或数个产业领域中的竞争优势，而产业竞争优势取决于以下四个关键因素：

一是生产要素条件。生产要素分为初级生产要素和高级生产要素。初级生产要素包括天然资源、气候、地理位置、非技术工人和半技术工人等，这些要素是被动继承的，或仅需要简单的投资就能拥有。高级生产要素包括现代化通信的基础设施、知识、科学技术以及大学研究所等。对于不同产业而言，除了主要依赖自然资源的产业以及对技术要求不高或技术已经普及的产业，初级生产要素的重要性已经越来越低。初级生产要素的数量与素质是创造高级生产要素的基础。要想通过生产要素建立起产业的持久竞争优势，必须发展高级生产要素。政府、企业、行业协会和个人应共同对高级生产要素进行持续性的投资，促进其发展。

二是需求条件。国内市场的需求会刺激企业的技术改进和创新，是产业发展的动力，同时，内需的大小对企业能否形成规模经济有着重要的影响。即便是需求结构相似的国家，仍然存在着各自特有的需求特点。正是这些需求的差异才使产品或产业形成竞争优势。维护并保持差异化的需求条件是提升产业竞争优势的重要内容。

三是供应商及相关的支持产业。一个产业若要形成竞争优势，就不能缺少世界一流的供应商，而且供应商彼此之间必须保持紧密的合作关系。如果在国内的一定区域内能为某个产业聚集起健全而且具备国际竞争力的支持性产业，形成强大的产业集群，有利于降低交易成本，改进激励方式，创造出信息、专业化制度等集体财富，从而改善创新的条件，形成产业的竞争优势。

四是企业战略和同业竞争。企业的目标、战略和组织结构往往随产业和国情的差异而有所不同，各种差异条件的最佳组合形成国家竞争优势。来自国内竞争者的压力会使企业时刻拥有不能落后的忧患意识和赶超的欲望，是推动企业创新的动力。强劲的良性国内市场竞争和随之而来的长期竞争优势是外国竞争者无法复制的。

上述四个关键因素不是相互独立的，而是相互依赖、相互强化的一个系统，每个要素作用的发挥都建立在与其他要素的配合之上。

在培植竞争优势的基础上，对外经济贸易的发展才能不仅表现为量的扩张，而且表现为质的改进；才能不仅在贸易总量上名列世界前茅，而且有一批产品在国际上具有显著的竞争力；才能在一些产品、一些产业上具有绝对优势，尤其是在一些代表当代生产与技术水平的产业上具有领先优势。

（3）提高利用外资的质量和水平，把积极、合理、有效地吸收外资与改善外资监管结合起来，调整外资产业政策，防范外资并购造成市场垄断。

第一，在调整外商直接投资产业政策中，对于涉及我国国民经济命脉的主要行业和关键领域、涉及国家安全的行业（战略物资的储备体系、重要的军事工业等）、自然垄断行业以及重要的公共产品生产经营领域，应该保持国有经济的控制力，禁止外商独资和控股。对于国民经济支柱产业、高新技术产业中主要门类的骨干企业，外资控股会降低我国自主的经济控制力，丧失国民经济主导权，甚至影响国家安全，应该限制外资并购和控股。对于支柱产业和高新技术产业非主要门类中的非骨干企业，外商投资有利于促进竞争，提高效率，又不会威胁国民经济的主导权，对于外资并购、控股不必设置鼓励或限制政策。对于一般竞争性领域，有的是我国缺乏国际竞争优势，但产业全球化程度较高的领域，利用外商投资可以获得更多发展机会，应该鼓励外商控股或独资经营；有的是我国暂时缺乏国际竞争优势的幼稚产业，产业全球化程度不高，则应该实行适当保护，限制外商并购、控股或独资经营；有的是我国具有竞争优势的产业，外资并购带给我国的收益大于危害，则应该允许外资并购。

第二，继续完善外资并购的审查机制，建立反垄断法律体系，防止跨国公司并购我国骨干企业后形成垄断。在外资并购中的反垄断审查制度至少应包括三项制度：外资并购的反垄断申报制度、外资并购的反垄断听证制度和外资并购的反垄断审查制度。在外资并购的审查标准方面，要采纳综合审查标准，即应包括竞争政策、产业政策和经济效率的因素，使之既能通过外资并购的方式引进外国资金、技术和管理经验，又能防止跨国公司在国内市场上形成垄断，促进国内相关产业的有效竞争，并防止对落后企业的保护。

第三，建立关键产业的政府扶持体系。在市场机制下，企业之间的并购和资产重组是正常的商业活动，跨国公司并购我国企业也属正常现象。但是，考虑到关键行业和主要领域的国有企业在整个国民经济的重要地位和作用，以及一些国有骨干企业在长期发展中积累了巨额债务，背负冗员包袱，经营机制僵化，缺乏应对激烈国际竞争的能力，单纯靠自身力量无法取得国际竞争的优势，中央政府有必要给予适当保护，建立面向关键行业和主要经济领域国有骨干企业的政府扶持体系，进一步化解企业的负债，加大技术改造和技术研发投入，提升骨干企业的竞争力。①

（4）完善金融市场监管，防范金融风险。

完善金融市场信息披露制度，改革人民币汇率形成机制，适度加大人民币汇率浮动区间，完善有管理的浮动汇率制；把握金融领域对外开放的主动权，审慎开放资本账户；完善金融管理制度，提高管理的透明度，加强金融信息的披露制度建设；密切关注国际资本市场动向，加强对国际游资的监控；健全金融风险预警系统，提高对金融市场的预警能力；建立完善的金融风险防范机制；积极参与国际货币金融制度改革，谋求建立能够抑制投机、防范危机、稳定和权责对称的国际金融体系。

思考题

1. 我国参与经济全球化和对外开放的利与弊是什么？
2. 为什么要把对外开放作为我国的基本国策？
3. 利用外资有哪些作用？利用外资会不会影响国内企业的发展？
4. 怎样看待对外开放与经济安全的关系？我国为什么要实施“走出去”战略？如何实现“走出去”战略？

① 国务院于2006年2月出台的《国务院关于加快振兴装备制造业的若干意见》就属于关键产业的政府扶持政策。

主要参考文献

1. 资本论第1卷. 北京：人民出版社，1975

2. 资本论第2卷. 北京：人民出版社，1975

3. 资本论第3卷. 北京：人民出版社，1975

4. 马克思恩格斯选集第1卷. 北京：人民出版社，1995

5. 马克思恩格斯选集第2卷. 北京：人民出版社，1995

6. 马克思恩格斯选集第3卷. 北京：人民出版社，1995

7. 马克思恩格斯选集第4卷. 北京：人民出版社，1995

8. 列宁选集第1卷. 北京：人民出版社，1995

9. 列宁选集第2卷. 北京：人民出版社，1995

10. 列宁选集第3卷. 北京：人民出版社，1995

11. 邓小平文选第2卷. 北京：人民出版社，1994

12. 邓小平文选第3卷. 北京：人民出版社，1993

13. 江泽民. 全面建设小康社会 开创中国特色社会主义事业新局面. 北京：人民出版社，2002

14. 胡锦涛. 高举中国特色社会主义伟大旗帜 为夺取全面建设小康社会新胜利而奋斗. 北京：人民出版社，2007

15. 中共中央关于建立社会主义市场经济体制若干问题的决定. 北京：人民出版社，1993

16. 中共中央关于完善社会主义市场经济体制若干问题的决定. 北京：人民出版社，2003

17. 中共中央关于构建社会主义和谐社会若干问题的决定. 北京：人民出版社，2006

18. 卫兴华，张宇. 社会主义经济理论. 北京：高等教育出版社，2007

19. 张宇，卢荻. 当代中国经济. 北京：中国人民大学出版社，2007

20. 逄锦聚等. 政治经济学. 北京：高等教育出版社，2007

21. 中共中央宣传部理论局. 科学发展观学习读本. 北京：学习出版社，2006

22. 马凯. “十一五”规划战略研究. 北京：北京科学技术出版社，2005

23. 中国社会科学院经济研究所. “十五”计划回顾与“十一五”规划展望. 北京：

中国市场出版社，2005

24. 中国社会科学院工业经济研究所．2005 中国工业发展报告．北京：经济管理出版社，2005

25. 张宇，孟捷．马克思主义经济学从经典到现代的发展．北京：中国人民大学出版社，2002

26. 程恩富等．现代政治经济学．上海：上海财经大学出版社，2000

27. 高峰．现代资本主义的经济关系和运行特征．天津：南开大学出版社，2000

28. 卫兴华，林岗．马克思主义政治经济学原理．北京：中国人民大学出版社，1999

29. 张维达等．政治经济学．北京：高等教育出版社，1999

30. 魏埙等．现代经济学论纲．济南：山东人民出版社，1997

新编21世纪远程教育精品教材

公共基础课系列

书名	作者
应用写作（第四版）（“十一五”国家级规划教材）	孙秀秋
计算机应用基础	李　刚
马克思主义哲学原理（第二版）	霍福广
“毛泽东思想和中国特色社会主义理论体系概论”教学专题研究	王向明
政治经济学（第二版）	张　宇　陈享光
全国高校网络教育大学英语词汇必备手册	王建华
全国高校网络教育大学英语学习与考试辅导	王建华
高等数学“学习包”（第二版）	张家琦　曹承宾
北京地区成人本科学士学位英语统一考试历年试题解析	常红梅
北京地区成人本科学士学位英语统一考试辅导（第三版）	常红梅
大学语文	黄　鹤
大学英语学习与考试辅导	常红梅
数据库基础教程	苏　俊
毛泽东思想概论	江长仁

经济与管理系列

书名	作者
西方经济学	缪代文
西方经济学（第二版）（微观经济学部分）	刘凤良
西方经济学（第二版）（宏观经济学部分）	刘凤良
经济法概论（第三版）	宋立成
国际金融（第二版）	刘　震
税务管理	王秀芝
邮政储汇实务	周艳海
中国税制（第二版）	杨　虹
投资银行学教程（第二版）	胡海峰　等
金融学概论（第三版）	宋　玮
国际贸易实务（第二版）	王晓明
财政管理	王秀芝
保险学	戴稳胜
证券投资学（第三版）	赵锡军　李向科

续前表

书名	作者
统计学教程（第三版）	金勇进
财政学	安秀梅
中国政治制度史	侯 力
经济学原理	韦曙林
商务英语	王学文
国际贸易理论与政策	王亚星
国际投资	胡曙光
人力资源开发与管理（第四版）	姚裕群
项目管理（第三版）（“十一五”国家级规划教材）	李 涛
物流管理（第三版）（“十一五”国家级规划教材）	刘 刚
组织行为学（第二版）	徐建平
公共政策原理	谢 明
公共政策案例分析	谢 明
公共管理伦理学	李传军
公共政策导论（第二版）	谢 明
公共经济学导论	代 鹏
公共关系学（第二版）	李兴国
领导力	祁凡骅
企业战略管理	邹昭晞
管理学原理	安 维
公务员管理	王甫银
秘书工作实务	张大成
人员选拔与聘用管理	苏 进 刘建华
绩效管理	徐 斌
质量管理学	李晓光
营销渠道决策与管理	吕一林
高级会计学（第二版）	张志凤 谢瑞峰
公司财务管理（第二版）	肖 万
财务管理学（第四版）	孙茂竹 范 歆
基础会计学（第三版）	徐 泓
管理会计（第二版）	孙茂竹
审计学（第二版）	杨闻萍

续前表

书名	作者
财务会计学（第三版）	郭建华
成本会计	曹　伟
纳税筹划教程	张中秀
会计制度设计（第二版）	阎至刚
计算机会计理论与实务（第二版）	蔡立新
税务筹划教程	张中秀
国际税收（第二版）	杨志清

法学系列

书名	作者
刑事诉讼法（第三版）	王新清　李　蓉
民事诉讼法（第二版）	汤维建　等
行政法与行政诉讼法（第三版）	胡锦光　罗　杰
宪法学（第三版）	胡锦光　任端平
劳动法和社会保障法（第三版）	黎建飞
保险法（第三版）	贾林青
刑法学（第二版）	黄京平
中国法制史（第二版）	赵晓耕
企业和公司法学（第二版）	王欣新
税法（第三版）	朱大旗
海商法（第二版）	贾林青
刑法学	徐松林
继承法（第二版）	孙若军
破产法学（第二版）	王欣新
经济法（第二版）	吴宏伟
国际法（第二版）	白桂梅　朱利江
法理学（第二版）	张曙光
法律文书写作（第二版）	陈卫东　刘计划
民法学（第二版）	龙翼飞

汉语言文学系列

书名	作者
中国古代文学史（一）（先秦至魏晋南北朝）（第二版）	叶君远
中国古代文学史（二）（隋唐五代宋辽金）（第二版）	冷成金
中国古代文学史（三）（元明清及近代）（第二版）	张国风
古代汉语（第二版）	殷国光
现代汉语（第二版）	吴永焕
外国文学作品导读（第二版）	刘洪涛
中国民间文学概论（第二版）	黄　涛
美学概论（第二版）	牛宏宝
文学概论（第二版）	许　鹏
中国古代文学作品选读（一）	诸葛忆兵
中国古代文学作品选读（二）	王　燕
中国文学理论史简编	成复旺
中国现当代文学作品导读	姚　丹
影视文学教程	邹　红
电视剧批评与欣赏	刘晔原
中国现当代文学	刘　勇
语言学概论	岑运强
西方文论概要	杨慧林
新时期文学思潮	张永清
文艺心理学	金元浦

新闻与传播系列

书名	作者
新闻理论教程	陈力丹　张建中
中国新闻传播史	赵云泽　孙　萍
外国新闻传播史	陈力丹　钱　婕
新媒体实务	黄　河
广告学概论	王　菲
新闻采访与写作	张　征

图书在版编目(CIP)数据

政治经济学（第二版）/张宇，陈享光主编. —北京：中国人民大学出版社，2007
ISBN 978-7-300-08692-7

Ⅰ. ①政… Ⅱ. ①张…②陈… Ⅲ. ①政治经济学-远距离教育-教材 Ⅳ. ①F0

中国版本图书馆 CIP 数据核字（2007）第 167922 号

新编 21 世纪远程教育精品教材 · 公共基础课系列
政治经济学（第二版）
张 宇 陈享光 主编
Zhengzhi Jingjixue

出版发行	中国人民大学出版社		
社 址	北京中关村大街 31 号	邮政编码	100080
电 话	010－62511242（总编室）		010－62511770（质管部）
	010－82501766（邮购部）		010－62514148（门市部）
	010－62515195（发行公司）		010－62515275（盗版举报）
网 址	http://www.crup.com.cn		
	http://www.ttrnet.com（人大教研网）		
经 销	新华书店		
印 刷	北京昌联印刷有限公司	版 次	2003 年 10 月第 1 版
规 格	185 mm×260 mm 16 开本		2007 年 11 月第 2 版
印 张	20.75	印 次	2019 年 12 月第 24 次印刷
字 数	485 000	定 价	39.00 元